ABOLIR LE HASARD ?

Responsabilité individuelle et justice sociale

DU MÊME AUTEUR
À LA MÊME LIBRAIRIE

Aux origines de la théorie politique libérale. Droit de propriété et droit de nécessité chez Grotius, 2023, 242 pages.

La propriété de soi. Essai sur le sens de la liberté individuelle, 2018, 240 pages.

L'amour de l'égalité. Essai sur la critique de l'égalitarisme républicain en France 1770-1830, 2000, 288 pages.

PHILOSOPHIE CONCRÈTE
Directeur : Jean-Baptiste RAUZY

ABOLIR LE HASARD ?

Responsabilité individuelle et justice sociale

par

Jean-Fabien SPITZ

Ouvrage publié avec le concours du Centre national du livre

LIBRAIRIE PHILOSOPHIQUE J. VRIN
6, Place de la Sorbonne V[e]

PARIS

ISBN 978-2-7116-2160-6

www.vrin.fr

Le projet de ce livre a pris forme lors d'un séjour au Centre de recherche en Éthique de l'Université de Montréal au printemps 2006. Je remercie Daniel Weinstock, directeur du CREUM, pour avoir rendu ce séjour possible, et Christian Nadeau, professeur à l'UDM, pour son amitié et son soutien. Merci également à Jean-Baptiste Rauzy qui a accueilli l'ouvrage dans la collection qu'il dirige aux éditions J. Vrin, et qui a grandement contribué à rendre le manuscrit plus présentable. Ce livre est dédié à Patricia T. en gage d'attachement.

Novembre 2007

INTRODUCTION

I.

Un des motifs sur lesquels s'appuient la poussée conservatrice contemporaine et le désenchantement de plus en plus grand à l'égard des politiques visant à promouvoir, par le biais de la sphère publique, une forme d'égalité des ressources que le marché est incapable de produire est que l'État providence et la redistribution à laquelle il se livre sont trop peu soucieux de la responsabilité et traduisent une insuffisance de l'individualisme: la redistribution ne tient pas compte de l'hypothèse selon laquelle certaines des personnes qui se trouvent dans une situation défavorisée pourraient s'y trouver à la suite de leurs propres choix ou, du moins, qu'elles pourraient en porter une part de responsabilité[1].

Dans certains cas, cette idée prend un tour nettement paternaliste et moralisateur, comme lorsqu'on impute aux mères célibataires la responsabilité des difficultés qu'elles rencontrent[2] mais, dans d'autres cas, il n'est pas absolument évident que l'accusation soit totalement dépourvue de fondements et certaines questions méritent au moins d'être discutées: le revenu minimum, s'il existe, doit-il être distribué sans aucune contrepartie[3]? Les revenus issus de la

1. *Cf.* R. Dworkin, *Is Democracy Possible Here*? (2006), p. 102-103.

2. *Cf.* A. Horin, « Single Parent? Prove It. » *The Sydney Morning Herald*, 30 juin 2005.

3. *Cf.* les travaux de S. White: « Is Conditionality Illiberal », *in* L. Mead and C. Beems (éds.) *Welfare Reform and Political Theory* (Russell Sage Foundation, New York, 2005); « Is conditionality unfair? » *in* P. Collins and A. Rossiter (eds), *On Condition* (Social Market Foundation, 2004); « Universal Capital Grants; The Issue of Responsible Use » *in* W. Paxton

redistribution n'ont-ils pas dans certains cas des effets pervers lorsqu'il s'agit d'arbitrer en faveur du travail aux dépens des allocations chômage ? L'existence de seuils et de filets de sécurité a-t-elle des effets sur la déresponsabilisation des comportements et constitue-t-elle une forme de désincitation à la conduite prudente, en particulier en matière de formation ? N'est-il pas fondamentalement injuste de procéder à des transferts de ressources en direction des moins favorisés sans tenter de faire une distinction, parmi les membres de ce groupe, entre ceux qui s'y trouvent par pure malchance et ceux qui s'y trouvent parce qu'ils ont choisi de ne pas travailler ? Cette manière de faire n'a-t-elle pas pour effet de rendre les choix indifférents, et dépourvus de sens[1] ?

La question de la responsabilité individuelle se pose aussi à l'autre extrémité de l'échelle sociale : ceux qui jouissent des patrimoines et des revenus les plus importants ne peuvent-ils prétendre qu'ils en sont les auteurs, qu'ils en sont responsables en ce sens, et qu'il serait donc illégitime de les priver d'une partie des fruits de leurs actions et de leurs initiatives pour les redistribuer à d'autres qui se sont abstenus de tout effort ou qui, tout simplement, n'ont pas eu de chance ?

Ces questions sont d'autant plus pressantes que, en tant que théorie philosophique, le courant principal de l'égalitarisme contemporain – issu de Rawls – envisage une répartition des avantages et des charges qui est assez largement indépendante des considérations de responsabilité personnelle[2]. Il a tendance à considérer qu'il n'est pas possible de bâtir un système de répartition des ressources fondé sur la contribution personnelle de chacun parce qu'il lui paraît difficile – voire impossible – de postuler que chacun est responsable de sa propre contribution et mérite par conséquent d'en supporter

and S. White (eds) *The Citizen's Stake : Exploring the Future of Universal Assets Politic*, Bristol, (2006).

1. *Cf.* R. Dworkin, *Is Democracy Possible Here* ? (2006) chapitre 3.

2. La figure la plus provocante de cette tendance est la proposition de P. Van Parijs consistant à allouer un revenu minimum inconditionnel au « surfeur de Malibu » qui ne songe qu'à prendre du bon temps sur la plage en laissant les autres s'escrimer au travail. *Cf.* Van Parijs, *Real Freedom for all. What (if anything) can justify capitalism* ? (Oxford, 1995). Pour une discussion de la question du revenu minimum ; *cf.* aussi S. White, *The Civic Minimum, The Rights and Obligations of Economic Citizenship* (2003).

seul les conséquences[1]. Il est donc vrai, dans une certaine mesure, que cette philosophie politique néglige les intuitions les plus spontanées quant à la responsabilité personnelle, par exemple dans le domaine de la justice pénale où l'on a souvent tendance à minorer la responsabilité des auteurs de délits au profit de la mise en lumière des causes sociales qui les déterminent à adopter une conduite délinquante, et à concevoir les pénalités moins comme des rétributions pour une conduite dont l'auteur assume le caractère fautif que comme un mécanisme destiné à dissuader la réitération d'actes semblables[2].

Cette tendance se manifeste aussi dans le domaine de l'économie où l'égalitarisme avance la thèse selon laquelle les individus ne peuvent être tenus pour responsables de la situation dans laquelle ils se trouvent, ni lorsque cette situation est avantageuse (car ceux qui s'y trouvent le doivent à des contingences favorables, aussi bien en termes d'origine sociale et de talents naturels que de formation et de relations), ni lorsque cette situation est défavorisée (car à nouveau, ceux qui s'y trouvent le doivent à des facteurs dont ils ne sont pas responsables : origine sociale, défaut de capital culturel, manque de ressources initiales, manque de capacités, adaptation des préférences à la situation objective, inaptitude à faire des choix rationnels, etc.). Mais, là encore, cette thèse est très éloignée des notions communes, et les programmes d'assistance aux plus défavorisés sont d'autant plus aisément accusés de miner la notion de responsabilité individuelle et d'inciter les assistés à ne pas faire d'efforts pour subvenir à leurs propres besoins, tandis que la pratique de la discrimination positive passe pour encourager les individus à se représenter leur propre situation, non pas comme l'effet de leurs propres comportements, mais comme celui de leur appartenance à un groupe ethnique ou sexuel. Cette forme de négation de la responsabilité des individus dans la situation à laquelle ils parviennent est

1. S. Scheffler, *Boundaries and Allegiances : Problems of Justice and Responsibility in Liberal Thought* (2001), chapitre 1 ; *cf.* aussi. S. Scheffler, « Choice, Circumstance and the Value of Equality », *Paper Presented in the Center for the study of Law and Society Jurisprudence and Social Policy program*, University of California, Berkeley (2004).

2. Pour cette critique du rétributivisme, *cf.* P. Pettit and J. Braithwaite, *Not Just Deserts* (1995).

profondément contre-intuitive, et elle est sans aucun doute l'une des raisons de ce que certains, aux États-Unis comme en Europe, se représentent comme l'inexorable déclin de la gauche « libérale » au profit d'une vision plus libertarienne de la société qui souligne la perversité de l'État providence : au lieu d'inciter les individus à se prendre en mains et à s'aider eux-mêmes, il les incite à tout attendre de l'État et à se dédouaner de toute responsabilité en incriminant les circonstances défavorables où ils se trouvent placés[1].

II.

Les partisans de la justice sociale et de la redistribution peuvent répondre à cette accusation de deux manières distinctes : ils peuvent prétendre, ou bien que la conception politique qu'ils défendent n'est incompatible avec la notion de responsabilité personnelle que lorsque celle-ci est conçue de manière caricaturale et incohérente, ou bien qu'il existe sans doute une incompatibilité entre la théorie politique progressiste et la notion de responsabilité individuelle mais que, en toute hypothèse, la volonté de distribuer les biens et les ressources dans une société en fonction de la responsabilité personnelle correspond à une mauvaise théorie[2].

La première stratégie implique de montrer que la politique de la justice sociale est compatible avec la notion de responsabilité personnelle à condition de concevoir cette dernière correctement[3]. Il faut alors défendre l'idée que la responsabilité et le mérite sont des notions institutionnelles et non pas naturelles : c'est un système d'institutions qui attribue aux individus certaines conséquences de leurs actions et les leur fait supporter personnellement, et qui, dans le même temps, affirme que ces mêmes individus n'ont pas à supporter seuls les conséquences de certains facteurs. Dès lors, la structure des institutions sociales n'est pas fondée sur la volonté de faire en sorte que les individus assument la responsabilité de leurs

1. *Cf.* R. Murray, *Losing ground, American Social Policy 1950-1980* (1984). Cet ouvrage, énormément diffusé, a été le porte-parole de la révolution reaganienne aux États-Unis.

2. S. Scheffler, *Boundaries and Allegiances*, *op. cit.*

3. *Cf.* C. Lake, *Equality and Responsibility* (2001), p. 33-41.

actions, mais elle construit elle-même une notion de responsabilité qui répartit les conséquences des actions individuelles entre celles dont les auteurs doivent personnellement assumer les conséquences et celles dont, au contraire, ils n'ont pas à assumer ces conséquences[1].

On peut développer une version purement conventionnaliste de cette théorie. P.F. Strawson défend par exemple l'idée que la pratique consistant à louer certaines actions et à en blâmer d'autres n'a rien à voir avec l'idée que les individus sont louables ou blâmables en eux-mêmes[2]; en revanche, la pratique de la louange et du blâme est socialement bénéfique parce qu'elle oriente les individus vers certains comportements utiles et décourage au contraire les comportements nuisibles, en sorte que, même si les individus n'étaient en rien responsables de leurs actions au sens métaphysique du terme, cela n'impliquerait nullement que la louange et le blâme soient inutiles. Si l'on est un déterministe strict (c'est-à-dire si l'on pense que la notion de responsabilité personnelle est un mythe parce que les actions des hommes sont toutes strictement déterminées), on peut néanmoins continuer d'adhérer à cette version « faible » de la responsabilité individuelle. Il ne fait cependant aucun doute qu'elle n'est pas complètement satisfaisante et que, dans le domaine de la justice rétributive comme dans celui de la justice distributive, nos intuitions nous incitent à conserver l'idée d'une responsabilité qui n'est pas tributaire de la règle mais qui doit, au contraire, lui servir de modèle. L'idée que nous ne sommes pas seulement responsables de ce dont la règle sociale nous attribue la responsabilité mais que la règle sociale devrait être instituée de manière à reconnaître et à enregistrer la responsabilité des individus vis-à-vis de leurs actions et des situations dans lesquelles ils se trouvent est donc une idée qui

1. Pour une théorie complète de ce genre d'approche, *cf.* A. Ripstein, *Equality, Responsibility and the Law*, Cambridge, 1999 ; cf. *infra*, chapitre VIII.

2. P.F. Strawson, « Freedom and Resentment », *Proceedings and Addresses of the British Academy*, 48 (1962), p. 1-25 ; c'est aussi la thèse défendue par Smart, « Free Will, Praise and Blame », *Mind*, vol. 70 (1961), p. 291-306. Sur ce sujet *cf.* T.M. Scanlon, « The Significance of Choice », *The Tanner Lectures on Human Values*, sections 2-4, ainsi que R. Arneson, « The Smart Theory of Moral Responsibility » *in* S. Olsaretti (éd.) *Desert and Justice* (Oxford, 2003), p. 233-258.

oppose la résistance la plus vigoureuse aux démonstrations philosophiques de son caractère vain ou contradictoire. Pour le dire autrement : nous demeurons convaincus que le concept de responsabilité ne se contente pas de décrire une pratique sociale.

Il est cependant possible de dépasser la conception purement conventionnaliste sans renoncer à l'idée que le concept de responsabilité est une conséquence du système institutionnel et non pas son modèle. Il suffit pour cela de faire une distinction essentielle entre système institutionnel juste et système institutionnel injuste. Chez Rawls, par exemple, le système des institutions justes, parce qu'il entend inciter les porteurs de talents à faire une utilisation productive de ces derniers, leur promet des revenus importants en échange d'une mise en œuvre de leurs capacités, mais il contrôle les inégalités engendrées par cette tactique de telle sorte qu'elles demeurent compatibles avec le principe de différence, c'est-à-dire qu'elles aient pour effet de maximiser la position des membres les moins favorisés de la société. En ce sens, les titulaires de ces revenus peuvent à juste titre prétendre les mériter, ou plus exactement y avoir droit; cependant, ils ne les méritent pas parce qu'ils les ont créés ou parce qu'ils en sont responsables, mais seulement parce que les inégalités qui se matérialisent dans ces revenus élevés sont elles-mêmes justes, au sens où elles sont profitables à tous et mutuellement avantageuses. Inversement, si les institutions sont injustes à l'aune d'un critère indépendant de ce genre – elles jouent au bénéfice exclusif des mieux pourvus et rendent la situation des moins favorisés moins bonne que ce qu'elle pourrait être dans un système institutionnel différent – nul n'y mérite ce qu'il y reçoit et la règle sociale qui détermine de quoi les individus peuvent être considérés comme responsables est elle-même injuste et dépourvue de validité.

Nous allons voir que, en dernière instance, cette manière de raisonner est la seule qui soit capable de donner une acception cohérente du concept de responsabilité dans le contexte d'une théorie de la justice sociale. Mais il n'en demeure pas moins qu'elle aussi paraît contre-intuitive, car il existe une différence considérable entre le fait de dire qu'un individu est responsable de ce qu'il a fait et le fait de dire qu'il existe une règle – même équitable – qui attribue à cet individu la responsabilité de ce qu'il a fait. Dans le premier cas, la responsabilité précède la règle et implique que la règle devrait être faite de manière à enregistrer et à reconnaître une responsabilité qui lui préexiste ; c'est donc l'aptitude de la règle à reconnaître correctement les responsabilités qui fonde son équité. Dans le second, la responsabilité est établie par la règle qui ne peut donc être conçue pour enregistrer ou reconnaître une réalité qui ne lui préexiste pas ; si elle est équitable, elle l'est pour des raisons indépendantes de sa capacité à reconnaître correctement les responsabilités, par exemple son aptitude à promouvoir l'avantage mutuel ou la liberté comme non domination[1].

Rawls est manifestement un adepte de la seconde option : pour lui, les plus talentueux ont le droit d'exiger que la société respecte la règle dont elle est elle-même l'auteur et qui leur attribue la responsabilité de leurs efforts, mais, en revanche, ils n'ont aucun droit à revendiquer que les institutions sociales elles-mêmes soient construites de manière à récompenser leurs talents. Les notions de mérite et de responsabilité peuvent donc figurer dans une théorie de la justice sociale mais uniquement sous la forme d'une responsabilité et d'un mérite post-institutionnels et non pas sous la forme de fondements normatifs de la validation de ces institutions. Comme le dit John Rawls :

> c'est l'un des points fixes de nos jugements bien pesés que personne ne mérite la place qu'il occupe dans la répartition naturelle des talents, pas plus que quiconque ne mérite sa place de départ au sein de la société [...]. Les principes de justice qui régulent la structure de base de la société et qui spécifient les devoirs et les obligations des individus ne mentionnent pas le mérite moral[2].

On pourrait donc dire que les philosophes libéraux comme Rawls considèrent que la validité de la pratique par laquelle nous traitons les individus qui se conduisent d'une certaine manière comme méritant certaines récompenses (ou certains avantages) dépend entièrement de la validité et de la justice antérieure du système d'institutions qui donne lieu à ces pratiques. Ainsi, il y a une

1. Pour cette dernière idée, *cf.* P. Pettit, *A Theory of Freedom : From the Psychology to the Politics of Agency* (Oxford, 2001).
2. J. Rawls, *A Theory of Justice*, *op. cit.*, § 17.

pratique qui consiste à promettre aux plus talentueux certains avantages s'ils développent leurs talents : elle est valide et l'on peut dire que ceux à qui ces avantages sont promis y ont droit si et seulement si le système institutionnel dans lequel cette pratique consistant à promettre est lui-même un système « juste » ou équitable, c'est-à-dire s'il est mutuellement avantageux et s'il est tel que les principes de base en seraient choisis derrière un voile d'ignorance. L'idée de fonder l'équité du système sur son aptitude à reconnaître la responsabilité des individus dans leurs situations respectives et à les traiter en conséquence est bel et bien rejetée[1].

Il convient de souligner que les libertariens – pourtant ennemis de toute politique de redistribution – ne souscrivent pas non plus à l'idée que les individus devraient être tenus pour responsables de leur situation. Jamais ils n'affirment que ceux qui détiennent des ressources importantes peuvent s'en attribuer le mérite ou qu'ils peuvent prétendre en être les auteurs, mais ils affirment seulement – ce qui est tout à fait différent – que la société ne peut pas les en priver parce que, pas plus qu'eux-mêmes, elle n'est capable d'en revendiquer la responsabilité ou le mérite. Leur tactique consiste donc moins à injecter la notion de mérite dans la théorie de la justice qu'à tirer toutes les conséquences de sa déconstruction. En l'absence de toute preuve que les ressources en question ont l'individu ou la société pour auteur, la solution logique consiste à les laisser là où elles sont. En effet, il y a une différence de principe entre le fait de les transférer (qui implique que celui au profit de qui elles sont transférées y a droit) et le fait de les abandonner là où le hasard les a placées (qui ne suppose aucune revendication de ce genre de la part de celui que le hasard a favorisé). La thèse des libertariens n'est donc pas que les individus méritent leurs avantages naturels, ou qu'ils sont responsables de leur situation, mais qu'on ne doit pas leur prendre les premiers ou modifier autoritairement la seconde, et que nul ne peut se prétendre fondé à invalider l'idée selon laquelle on

1. Prétendre, selon Rawls, que les institutions justes ont pour but de récompenser un mérite établi de manière indépendante d'elles serait comme prétendre que la propriété privée a été inventée pour que l'on puisse punir les voleurs. C'est évidemment impossible puisque, là où il n'y a pas de propriété, il ne peut pas y avoir de voleurs. (*Théorie de la justice*, § 48).

doit considérer les individus comme les auteurs de leurs actions et des conséquences qu'elles entraînent. Ils ont droit à leurs ressources parce qu'elles se trouvent en eux et parce que, dans cette mesure, il n'y a absolument aucune raison pour que quelqu'un d'autre qu'eux-mêmes ait le droit de les utiliser; mais nul n'a besoin de prouver qu'il mérite ces ressources ou ces talents naturels pour être en mesure de dire qu'il y a droit et que personne n'a le droit de les lui prendre. De même, il n'est pas nécessaire de prouver que les plus défavorisés sont les auteurs de leur situation pour établir qu'ils n'ont pas droit de revendiquer l'assistance des autres comme un dû, ni que les plus riches sont responsables des avantages qu'ils détiennent pour prouver qu'il est illégitime de leur en prendre la moindre partie. Il suffit de prouver que, nul ne pouvant revendiquer le contrôle complet et la responsabilité des avantages existant dans la société, leur transfert forcé de ceux qui les détiennent à ceux qui en sont dépourvus est illégitime. Les plus pauvres ne méritent peut-être pas leur situation, ils n'en portent peut-être pas la responsabilité car il est fort possible qu'ils soient victimes de hasards malheureux, mais cela n'implique pas qu'ils aient droit à une quelconque assistance car ceux qui sont appelés à les assister n'ont aucune responsabilité non plus dans la situation défavorisée dont ils sont victimes[1].

Égalitaristes et libertariens semblent donc communier pour rejeter toute notion pré-institutionnelle de responsabilité et de mérite. Il demeure que cette attitude paraît difficile à défendre car la notion de responsabilité personnelle est solidement établie dans l'esprit commun. Par exemple, l'extraordinaire prolifération des actions en justice tend à prouver que lorsque les gens sont victimes, ils ont de moins en moins tendance à incriminer le hasard ou la fatalité : ils cherchent des responsables. De même, on tend de plus en plus à dire que si les gens sont malades, c'est à cause de comportements à risque qu'ils étaient libres de ne pas adopter[2].

Par ailleurs, la reformulation égalitariste interdirait de penser la différence entre mériter une chose et y avoir droit; or tout le monde est capable de comprendre qu'il s'agit de deux choses différentes et

1. R. Nozick, *Anarchy, State and Utopia*, Oxford, 1974.

2. *Cf.* S. Scheffler, *Boundaries and Allegiances*, *op. cit.*

que, en beaucoup d'occasions, celui qui a droit à une chose (parce qu'il a fait ce qu'un système institutionnel juste demandait en échange) n'est pas celui qui mérite de l'avoir[1]. En d'autres termes, tout le monde comprend que ceux à qui le système institutionnel équitable promet certains avantages ne sont pas nécessairement ceux à qui ce système devrait les promettre, ce qui n'est qu'une autre manière de dire que la justice du système ne devrait pas pouvoir être définie par un critère indépendant de la question de savoir qui est responsable de quoi. Ou encore, tout le monde comprend que la notion de mérite ne s'épuise pas dans celle de droit, et que la vraie question n'est pas de savoir à qui le système promet des avantages, mais quels sont ceux à qui le système institutionnel devrait les promettre. Il semble que, même s'il est possible de définir un système comme juste à l'aune d'un critère indépendant (l'avantage mutuel ou la maximisation de la liberté), il reste une place pour la question de savoir si ce système traite les individus comme il convient, c'est-à-dire conformément à ce qu'ils sont et à ce qu'ils ont fait. On pourrait très bien imaginer un système de répartition des ressources qui serait tel que tous les partenaires, sans exception, y seraient mieux lotis que dans tous les autres systèmes possibles et où, cependant, on pourrait continuer à se poser la question de savoir si ce qui échoit à certains n'est pas hors de proportion avec la manière dont ils se sont conduits dans le passé[2].

Nous avons donc de manière persistante tendance à penser que la question de la justice porte sur l'identification des personnes qui méritent les avantages, ou encore sur l'identification des personnes qui méritent que le système social les récompense en leur promettant des avantages. C'est une question normative et non pas seulement

1. Sur cette distinction et ses implications, *cf.* J. Feinberg, « Justice and Personal desert » in *Doing and Deserving : Essays in the Theory of Responsibility* (1974).

2. Supposons, par exemple, un ensemble de naufragés sur une île déserte : ils ont réussi à sauver une partie de ce qui se trouvait sur le navire qui les transportait et cet ensemble constitue leur stock de ressources commun pour commencer une nouvelle vie. Mais parmi eux, il s'en trouve un, particulièrement vigoureux et intelligent qui, au moment du naufrage, n'a songé qu'à sauver sa propre vie et n'a contribué en rien à recueillir les ressources maintenant disponibles. L'avantage mutuel commande sans doute de lui céder une partie du stock d'instruments de travail disponibles par exemple, mais cette solution risque de ne pas apparaître comme moralement satisfaisante aux yeux de tous.

une question descriptive à laquelle on pourrait répondre en désignant les individus dont le système équitable encourage les comportements et ceux dont, au contraire, il tente de dissuader les conduites. Il en va de même dans le cas de la responsabilité : les systèmes sociaux demandent aux individus de subir seuls les conséquences de certaines de leurs conduites et socialisent au contraire les conséquences de certaines autres conduites ; la question – en apparence – n'est pas seulement de décrire le mode de répartition des responsabilités dans tel ou tel ensemble social, mais de se demander si cette répartition est correcte, et la réponse à cette question ne paraît pas pouvoir consister seulement à montrer que telle option a des effets plus favorables que telle autre, ni même à montrer que cette option est mutuellement avantageuse, qu'elle promeut la liberté de tous et que, pour cette raison, elle serait l'objet d'une acceptation unanime derrière un voile d'ignorance. En d'autres termes, une société juste devrait commencer par poser clairement la question de savoir de quoi les individus sont responsables, et bâtir ensuite un système institutionnel qui laisse chacun subir les conséquences de ce dont il *est* objectivement responsable, et qui lui procure au contraire l'assistance des tiers lorsque sa responsabilité n'est pas engagée. Il se peut que ce système ne soit pas mutuellement avantageux ou qu'il ne soit pas le plus favorable à la liberté de tous, mais c'est ce que le mot justice signifie : *suum cuique tribuere*.

Certes, on pourrait objecter que le critère normatif est présent car les individus ne méritent les avantages que le système leur promet que si le système est juste ; or, selon la théorie rawlsienne de la justice comme équité, par exemple, nous pouvons savoir que le système est juste au moyen d'un critère *indépendant* qui est l'acceptabilité rationnelle dans les conditions d'incertitude créées par le voile d'ignorance. Mais cette solution n'en est pas une car, comme nombre de critiques de Rawls l'ont montré, ce critère de la justice du système n'est pas un critère qui peut fonctionner indépendamment de toute appréciation de la valeur des individus. Loin de récuser toute réponse à cette question, il y répond implicitement par l'affirmation selon laquelle tous les membres de la société ont la même valeur et méritent des avantages égaux, de même qu'il répond implicitement à la question de la responsabilité en disant que la répartition des ressources et des droits ne doit pas se faire en fonction des contributions personnelles de chacun mais en fonction de ce que requiert la possibilité d'agir comme un partenaire libre et égal de la société. Implicitement, la théorie de la justice comme équité rejette donc l'idée d'une responsabilité individuelle au profit de la thèse selon laquelle l'interdépendance des activités sociales nous contraint à neutraliser entièrement la question de savoir qui a fait quoi. La définition même de la position originelle, par la manière dont elle définit les conditions formelles d'un jugement valide sur le plan normatif, inclut cette affirmation dans ses propres postulats. À nouveau, nous constatons que les théories égalitaristes n'évacuent pas, comme elles le prétendent, les questions du mérite et de la responsabilité personnelle; elles donnent des réponses implicites à la question de savoir qui mérite quoi (chacun mérite la même chose) et qui est responsable de quoi (antérieurement aux règles qui définissent socialement la responsabilité, personne n'est responsable de rien car toute action humaine est au moins en partie déterminée par des causes que l'agent ne contrôle pas). En revanche, elles prennent bien des décisions sur ce dont les individus doivent être considérés comme les auteurs et par conséquent sur ce dont il convient de leur attribuer la responsabilité. Mais cette notion est une construction sociale et elle ne tente pas de dire de quoi chacun est objectivement l'auteur.

Le problème demeure donc et il est irritant : une conception qui définit la justice sans faire allusion à ce que les individus méritent de recevoir, à ce qu'ils ont fait, à ce dont ils sont responsables, nous laisse une forme persistante d'insatisfaction qui atteste de la difficulté à mener à bon port l'entreprise consistant à réconcilier les politiques de redistribution recommandées par la philosophie politique égalitariste et la notion de responsabilité personnelle, parce que cette notion semble nous orienter de manière inéluctable vers l'idée d'une caractéristique pré-institutionnelle que la structure institutionnelle serait destinée à reconnaître et à récompenser ou punir. Il semble que ce dont nous avons besoin, c'est une idée claire de ce dont les gens *doivent* être tenus pour responsables si l'on veut que le système social soit équitable. En ce sens, la thèse selon laquelle le seul sens acceptable de la notion de responsabilité envisageable est un sens post-institutionnel demeure bien contre-intuitive[1].

La première stratégie de réponse de l'égalitarisme paraît donc aléatoire, même si, comme nous le verrons, c'est celle qui doit s'imposer – *cum grano salis* – tant l'entreprise consistant à donner une substance conceptuelle forte à la notion d'une responsabilité définie indépendamment de tout système institutionnel paraît *encore plus* aléatoire et paraît entrer en contradiction avec certaines de nos intuitions les mieux ancrées sur la nature de l'existence sociale. Ce n'est donc que lorsqu'on comprend que la notion de responsabilité personnelle nous obligerait à renoncer à l'idée de l'interdépendance radicale des activités humaines que l'on peut développer sans entraves la thèse selon laquelle la responsabilité est elle-même une notion sociale : il est absurde de demander de quoi nous sommes responsables en tant que personnes séparées et, cette approche doit être abandonnée au profit d'une interrogation sur la manière de construire équitablement la règle qui attribue aux individus les conséquences de certaines de leurs actions[2].

Quant à la seconde stratégie, elle paraît encore plus problématique précisément parce qu'il y a quelque chose d'irréductiblement paradoxal dans une théorie de la justice qui prétend dire qu'elle ne se soucie pas du tout de résoudre la question de savoir qui est responsable de quoi, qui peut revendiquer le mérite de ce qu'il est ou de ce qu'il fait. À cet égard, une théorie de la justice qui ne tenterait même pas de faire une place à la notion de responsabilité personnelle et de montrer que, prise dans une certaine acception, elle peut être réconciliée avec une norme de justice fondée sur un critère qui en est indépendant, est d'emblée inacceptable. Bien entendu, le partisan de cette exclusion de la question peut répondre, comme Hobbes, que le problème de savoir qui vaut mieux ne se pose pas dans la nature parce que les hommes ont fondamentalement une valeur égale et que, dès lors, il est logique que tous, ayant la même valeur en tant

1. C. Lake, *op. cit.*, p. 40-41.

2. Sur l'approche holiste des phénomènes sociaux et sur les raisons pour lesquelles elle doit l'emporter sur toutes les représentations atomistes, *cf.* P. Pettit, *The Common Mind : An Essay on Psychology, Sociology and Politics* (1996); *cf.* aussi « Groups with Minds of their Own » *in* F. Schmitt (éd.) *Socializing Metaphysics* (2004).

qu'êtres libres ou en tant qu'êtres humains, aient la même part de ressources. On ne doit s'écarter de ce postulat que pour des raisons pratiques, c'est-à-dire toutes les fois que l'inégalité est avantageuse à ceux qui ont le moins. C'est la solution du principe de différence. On pourrait employer le même raisonnement dans le cas de la responsabilité et considérer comme évident que les individus sont au moins partiellement déterminés à agir comme ils agissent par des éléments qui font partie des circonstances dans lesquelles ils se trouvent. Or, s'il en est ainsi, on en conclut que la responsabilité n'existe pas, et que tous doivent être considérés comme non responsables de la situation qui est la leur au sens où il est impossible de dire qu'ils en sont les auteurs. On peut ensuite s'écarter de cette position initiale pour des raisons instrumentales, ou pour des raisons morales indépendantes de l'impératif de tenir compte de la responsabilité des individus, comme lorsque l'expérience nous enseigne que le fait de faire porter à certains individus les conséquences de certains de leurs comportements possède des conséquences uniformément favorables, ou lorsqu'un test moral établit qu'il y a là une pratique mutuellement avantageuse et équitable à ce titre. Il s'agit alors, pourrait-on dire, d'une théorie non métaphysique de la responsabilité, car elle ne tente pas du tout de trancher la question de savoir quelles sont les actions dont les individus sont les auteurs. Nous venons de voir que c'était la position implicite des théories égalitaristes contemporaines, mais qu'il n'était pas besoin d'une analyse très poussée pour comprendre que, loin de récuser la question du mérite et de la responsabilité personnelle, ce genre de démarche la résout implicitement en affirmant que tous méritent la même chose et que tous sont également non responsables.

Ces théories ont certainement raison d'affirmer que leur approche de la question – les responsabilités sont définies par une règle sociale qui ne peut être validée que dans le cadre de la validation d'un ensemble de règles définissant une structure sociale comme équitable – est la seule qui soit politiquement acceptable, c'est-à-dire qui soit susceptible d'être inscrite dans la culture publique d'une société démocratique. Elles sont également fondées à soutenir qu'il ne s'agit pas là d'une théorie métaphysique de la responsabilité et que la décision de considérer que, objectivement, les individus ne peuvent être tenus pour les auteurs de ce qu'ils font est une prise de parti politique qui ne prétend pas être vraie – mais politiquement praticable – et qui n'empêche pas de poursuivre, dans la sphère privée, la discussion sur le statut objectif de la responsabilité. Il leur incombe néanmoins de montrer que cette élision de la notion métaphysique de responsabilité demeure compatible avec nos intuitions morales ou, inversement, que la volonté de ne pas procéder à cette élision aurait des conséquences encore plus problématiques pour l'unité de notre vision morale de la société et de l'action humaine.

III.

Dans les deux stratégies (qui ont en fait tendance à se rejoindre pour récuser l'usage d'un concept de responsabilité personnelle au sens fort dans la théorie de la justice) le fait d'allouer des avantages ou des charges en accord avec une conception du mérite et de la responsabilité personnelle est conçu comme requérant une justification qui se rapporte à quelque chose qui est pensé comme plus fondamental : soit au fait que cette attribution est dotée d'une utilité sociale, soit au fait qu'elle fait partie d'un système d'institutions qui est doté d'une justification indépendante, c'est-à-dire qu'il est mutuellement avantageux, qu'il promeut la liberté, ou qu'il traite les individus comme ayant une valeur égale et qu'il les considère de manière non-paternaliste (ou neutre d'un point de vue métaphysique) en ne postulant pas qu'ils étaient libres de ne pas agir comme ils ont agi. Ni dans un cas ni dans l'autre nous n'avons une conception qui traite le mérite ou la responsabilité comme un fait moralement fondamental dont il faudrait produire l'analyse. Si la théorie de la justice comme équité semble bien partir de l'égalité de mérite comme une contrainte normative indépendante qui serait elle-même applicable aux institutions, c'est-à-dire comme une contrainte extérieure qui détermine la forme que devraient prendre les institutions pour prétendre à la légitimité, elle annule la notion plus qu'elle ne l'analyse. Il en va de même lorsqu'elle part du postulat que, lorsqu'il s'agit de donner la justification ou l'explication d'une action politique de redistribution par voie de contrainte fiscale ou autre, nul ne peut être considéré comme intégralement responsable des efforts qu'il déploie et des résultats qu'il engendre, en sorte que la seule question qui demeure est celle de l'équité de la règle qui décide d'attribuer à certains la responsabilité de leur conduite (avec la conséquence qu'ils peuvent s'en *considérer comme* les auteurs et en conserver les avantages). Dans ce cas, on ne se demande jamais si les individus *sont* responsables de leur conduite, mais uniquement s'il est socialement équitable de les considérer comme responsables de telle ou telle de leurs conduites. Et cette question est en fait assimilable à l'affirmation selon laquelle, la responsabilité des individus dans la situation qui est la leur étant de toute manière absolument inscrutable, nous pouvons seulement nous demander si le système social dans lequel nous vivons traite tous les individus comme des valeurs égales ou permet entre eux une coopération libre et exempte de toute domination et de tout pouvoir. Ce système comporte des règles qui définissent ce dont les individus doivent être considérés comme responsables, mais la validité normative de ces règles ne peut pas être appréciée indépendamment de celle de l'ensemble du système de principes qui gouvernent la structure sociale et elle ne sert pas de fondement à ce système.

Or, comme le montre Samuel Scheffler, le problème est que nos pratiques expriment quelque chose de beaucoup plus profond : ce que Scheffler appelle une *attitude réactive*, le fait que, lorsque nous parlons à des êtres humains, nous leur *attribuons* la responsabilité de ce qu'ils disent et font ; nous n'avons pas à leur égard une attitude objective qui consisterait à tenter d'orienter leur conduite en leur indiquant qu'ils devront assumer la responsabilité de leurs actes ou en leur distribuant l'éloge et le blâme. C'est ainsi que nous nous comportons avec les enfants ou des individus que nous considérons précisément comme « irresponsables », mais pas avec des adultes normalement constitués. Fondamentalement, lorsque nous avons affaire à des personnes au plein sens du terme, nous disons qu'elles sont les auteurs de ce qu'elles ont fait et que les conséquences leur appartiennent. Par exemple, si nous avons affaire à un meurtrier, nous affirmons qu'il mérite une punition très sévère et nous ne nous contentons pas d'une anticipation consistant à dire qu'il peut s'attendre à se la voir appliquer, ni même d'une affirmation quant au fait que la règle qui punit le meurtre serait acceptée derrière un voile d'ignorance ou qu'elle maximise la liberté[1]. Ceci, bien entendu, ne préjuge pas de la validité d'une conception rétributiviste de la justice pénale, mais constitue pour le moins une indication du fait qu'il est impossible de faire comme si cette question n'existait pas.

Inversement, si nous avons affaire à des personnes qui ont accompli quelque chose d'exceptionnel, nous affirmons bien qu'elles méritent une récompense et qu'il serait légitime qu'elles l'obtiennent même si le système social ne le leur promettait pas; nous ne nous contentons pas de dire qu'elles y ont droit étant donné les règles en vigueur, même si ces règles peuvent nous paraître équitables à l'aune d'un autre critère, mais nous affirmons que les règles devraient être telles qu'elles leur donnent droit à cette récompense et que, si ce n'est pas le cas, les règles sont dépourvues de légitimité. Nous parlons bien de responsabilité, pas de conséquences, et nous faisons la différence entre « mériter » et « avoir droit »[2].

Toutefois, cette attitude elle-même comporte une difficulté insurmontable car nous voyons bien à quel point nous sommes démunis si nous voulons faire porter la question normative sur une personne ou sur une action isolée. Comment dire ce que vaut une personne, comment mesurer sa contribution, celle qui doit lui être attribuée, en retranchant l'influence des facteurs sociaux dont elle a fait usage dans ses actions ? Comment mesurer la part de l'éducation qu'elle a reçue, des institutions et des équipements matériels qu'elle a trouvés prêts à l'emploi ? Comment établir qu'une personne est l'auteur de tel ou tel trait de sa situation ? La question normative ne peut donc porter que sur un système institutionnel : si le système est normativement valide (il est juste), la manière dont il distribue les responsabilités et les mérites possède elle-même une valeur normative, mais le système ne peut pas être normativement juste parce qu'il distribue correctement les responsabilités. Nous sommes invinciblement portés à penser que la justice des institutions *doit* se mesurer à l'aune d'un critère qui n'est pas celui de la responsabilité individuelle.

1. S. Scheffler, *Boundaries and Allegiances*, *op. cit.*
2. *Cf.* J. Feinberg, « Justice and personal desert » *loc. cit.*

Mais dans ces conditions – c'est ce que montre Samuel Scheffler[1] – il faut entreprendre de réduire l'incompatibilité apparente qui existe entre nos attitudes morales ordinaires (et nos attitudes dans le domaine de la justice rétributive) et une théorie de la justice sociale (c'est-à-dire une théorie de la répartition des avantages ou des ressources) qui ne se fonde pas sur le critère de la responsabilité extra-institutionnelle ou de la contribution personnelle. Cela suppose qu'il n'y a pas de lien d'implication réciproque entre l'attitude réactive consistant à attribuer la responsabilité de telle action à telle personne dans la vie ordinaire, et la conception de la justice distributive qui affirme que les avantages économiques et les ressources doivent être répartis en fonction des contributions personnelles de chacun. Il s'agit donc bien de suggérer que la pratique consistant à répartir les avantages sociaux en fonction d'un critère qui neutralise la « question de l'auteur » est compatible avec notre manière ordinaire de penser la morale[2].

Scheffler pense qu'il n'est pas très difficile de faire percevoir une telle compatibilité. Lorsque nous disons qu'un cadre ne mérite pas son haut salaire, nous ne disons pas qu'il mérite notre désapprobation pour avoir violé une norme à laquelle il aurait dû se conformer, ou qu'il s'est écarté de la conduite à laquelle on pouvait légitimement s'attendre de sa part et que cela lui a procuré des avantages indus, comme c'est au contraire le cas lorsque nous exprimons une attitude de blâme dans nos relations morales avec les autres, ou

1. S. Scheffler, « Distributive Justice and Economic Desert » *in* S. Olsaretti (éd.), *Desert and Justice* (2003) p. 69-91.

2. Les conservateurs ennemis de toute redistribution jouent de la difficulté inhérente à cette suggestion : accepteriez-vous de donner de l'argent à votre voisin alors qu'il refuse de travailler et passe sa journée à boire ? Accepteriez-vous la leçon moralisatrice qui tenterait de vous enseigner que vous devez l'aider parce que ce n'est pas sa faute s'il boit et a perdu son travail ? Non, alors vous devez aussi refuser que l'État vous oblige en droit à aider ce genre de gens en vous contraignant à participer à un système de transferts publics de ressources. C'est précisément cette implication de la première proposition à la seconde qui paraît inacceptable : l'appréciation morale de la conduite de notre voisin n'est pas une politique appuyée par la coercition et l'on voit bien que le fait de le blâmer n'entraîne pas nécessairement que nous soyons prêts à approuver des mesures répressives à son endroit. Lorsqu'il s'agit d'un principe applicable à tous par les voies de la force, la justification doit être politique et ne comporter que des idées que les citoyens peuvent partager, ce qui n'est évidemment pas le cas de la réprobation morale qui nous fait attribuer à notre voisin la pleine responsabilité de sa conduite.

lorsque nous disons que le criminel mérite la punition qui lui est infligée. En d'autres termes, nous ne traitons pas ce cadre de voleur ou d'escroc et notre désapprobation s'adresse moins à l'individu qu'aux institutions elles-mêmes. Ceci signifie que, à la différence des réactions qui s'expriment dans des jugements de justice rétributive ou dans des jugements moraux, les réactions qui s'expriment dans des jugements de justice distributive (« *X* ne mérite pas un si gros salaire ») ne sont pas le genre de réactions qui jouent normalement un rôle constitutif dans la pratique consistant à nous traiter mutuellement comme des agents responsables. Personne ne viole une norme et l'on ne peut pas dire que ce qui est mérité ou non mérité exprime un jugement social sur ce qui doit suivre le respect ou la violation de cette norme. On pourrait en conclure que l'idée selon laquelle les individus sont responsables de leur situation économique et qu'ils méritent les avantages ou les désavantages qui y sont attachés ne fait pas partie intégrante de notre conception morale et peut en être séparée sans dommage pour cette dernière, parce que nous ne pensons tout simplement pas qu'il y ait une règle de conduite qui, antérieurement à toute conception de la justice, exige que l'on traite chacun selon ce dont il est lui-même l'auteur et qui affirme que toute violation de cette règle entraîne une réaction justifiée de condamnation[1].

En revanche, à l'intérieur des institutions, si ces dernières se comportent de manière à ne pas donner à certains ce à quoi ils ont droit en vertu de ces institutions, nous exprimons notre condamnation en disant que les personnes n'ont pas eu ce qu'elles méritaient. Dans ce cas il y a bien une réaction de blâme devant le fait que des attentes ont été illégitimement violées. Cependant, lorsque nous disons de la même manière qu'un cadre dirigeant ne mérite pas le salaire très élevé qui lui est alloué, notre désapprobation ne s'adresse pas à un individu qui se serait rendu coupable d'une action blâmable, car ce sont les institutions sociales qui lui permettent de toucher un si gros salaire qui sont blâmables. Devant un cadre qui touche un trop gros salaire nous exprimons notre condamnation mais notre condamnation ne dit pas que le cadre a violé une règle de

1. S. Scheffler, « Distributive Justice and Economic Desert », *loc. cit.*

comportement à laquelle il aurait dû se tenir : elle s'adresse aux institutions pour dire qu'elles sont injustes, non pas parce qu'elles ne traitent pas les gens conformément à ce qu'ils ont fait, mais parce qu'elles ne règlent pas leurs rapports respectifs d'une manière telle que tous puissent les considérer comme équitables sans pouvoir y faire d'objection raisonnable, ou parce qu'elles induisent des frictions sociales et des obstacles à la liberté et à l'autonomie[1].

Une fois que cette compatibilité est mise en lumière, on peut alors faire fond sur la difficulté insurmontable qui découle de la thèse de la responsabilité pré-institutionnelle pour montrer que, puisque tout système qui tente d'établir la valeur et la contribution d'un individu de manière isolée est voué à l'impasse, et puisque le système alternatif est compatible avec nos attitudes réactives dans le domaine de la morale et de la rétribution, ce système alternatif peut prévaloir : il n'y a rien d'absurde ni de moralement scandaleux dans l'idée que la responsabilité est déterminée par une règle sociale équitable qui fixe ce dont les individus doivent supporter les conséquences et ce dont ils ne sont pas individuellement responsables.

Comme le montre Samuel Scheffler, cette discussion est urgente[2] : on ne peut en effet pas exclure la possibilité que le progrès du conservatisme et la résistance à laquelle se heurtent aujourd'hui les politiques de justice sociale soient la réponse à une tension sous-jacente entre le projet de justice et l'attitude spontanée qui nous pousse à attribuer aux individus la responsabilité de leurs actes. La résistance ne vient en effet pas seulement de traits conjoncturels liés au climat politique actuel et au fait que la fin de tout modèle concurrent redonne aux plus favorisés une occasion de stigmatiser l'irresponsabilité des pauvres dont ils n'avaient plus joui depuis le XIXe siècle. Il y a des problèmes plus fondamentaux liés à une forme d'organisation sociale dans laquelle on pourrait soupçonner une tendance excessive à considérer que les comportements ne sont jamais que la résultante ou la conséquence des circonstances qui leur ont donné naissance et qui repose sur une naturalisation de l'action humaine qui n'est pas nécessairement acceptable par tous. Il y aurait

1. S. Scheffler, « Distributive Justice and Economic Desert », *loc. cit.*

2. S. Scheffler, *Boundaries and Allegiances*, *op. cit.*,

donc une forme de déterminisme implicite qui serait à l'origine de la surprenante convergence entre toutes les tendances du libéralisme contemporain[1] pour ne laisser quasiment aucune place à une conception de l'action humaine qui soit susceptible d'appuyer l'idée d'un mérite individuel, et ce scepticisme général sur la réalité de l'autonomie individuelle, sur la liberté de la volonté, dit Scheffler, paraît caractériser la pensée politique d'aujourd'hui[2]. Or, même si l'on peut dissoudre, comme on vient de le voir, l'impression qu'il existe une contradiction entre cette vision et l'intuition la plus commune qui accompagne nos attitudes réactives, cette même impression de contradiction demeure, ce qui est plus grave, avec les propres postulats d'une théorie politique qui prétend n'introduire dans ses prémisses aucune thèse métaphysique ou compréhensive que tous les citoyens des démocraties libérales ne pourraient pas partager. Une partie de la crise du « libéralisme » égalitariste vient sans doute, précisément, du fait que nombre de citoyens ne sont pas convaincus de la validité de l'élision quasi complète de la notion de responsabilité personnelle – au sens métaphysique – à laquelle il faut donner son assentiment pour y adhérer et que, au demeurant, le scepticisme à l'égard d'une philosophie qui prétend créer les conditions de l'autonomie individuelle tout en s'appuyant sur des postulats qui nient la réalité de l'auto-détermination individuelle est assez compréhensible. En tout état de cause, la réponse consistant à dire que la politique égalitaire de redistribution ne comporte pas d'assertion métaphysique déterministe ou naturaliste et qu'elle ne repose que sur une assertion politique qui prend la non-responsabilité des individus dans leur situation comme principe de base de la coopération et non comme assertion objective, doit être sérieusement étayée.

1. Au sens anglo-saxon du terme.

2. Dans *The Common Mind*, P. Pettit tente cependant de montrer qu'il n'y a pas de contradiction entre le holisme social – appuyé sur la conscience de l'interdépendance des membres de l'ensemble social – et le rejet de toute forme de détermination par l'appartenance sociale. Le fait que nous soyons assujettis aux lois sociales ne signifie pas que notre responsabilité soit supprimée ; qu'il y ait par exemple une régularité (ou une loi) sociale qui fait que le taux de criminalité est plus élevé parmi les chômeurs que parmi les personnes qui ont un emploi régulier n'implique en rien que le chômeur qui commet un crime ou un délit ne le commet pas librement et n'en est pas responsable. Il s'agit bel et bien de deux propositions différentes.

IV.

Pour des analystes qui, comme Scheffler, tentent de comprendre la crise actuelle de l'égalitarisme, il y a donc une tension évidente entre la philosophie politique égalitariste et la notion de responsabilité individuelle. Cette tension, dit-il, est importante pour trois raisons.

La première est que le destin de la politique de redistribution et de justice sociale est sans doute lié à la manière dont cette tension peut ou ne peut pas être résolue. Il est clair en effet aujourd'hui que c'est la philosophie politique égalitariste qui apparaît comme le fondement théorique de ces « programmes sociaux ». S'il s'avère que cette philosophie politique échoue sur le plan théorique en raison de son inaptitude à intégrer à leur juste place des notions qui nous paraissent centrales dans notre approche du monde social et dans les attitudes que nous avons à son égard, la validité même de l'objectif de justice sociale paraît aléatoire. C'est la raison pour laquelle il est si urgent d'établir qu'il n'y a pas d'incompatibilité entre le fait de traiter, dans la vie courante, les individus comme responsables de leurs actions, et le fait d'adopter une théorie de la justice sociale qui exclut toute notion pré-institutionnelle de responsabilité.

La seconde raison est que le refus de toute notion pré-institutionnelle de mérite et de responsabilité paraît désigner le fait que l'entreprise de justice sociale repose sur une conception de l'homme qui n'est pas neutre et qui – contrairement à ses propres affirmations – n'est pas universellement acceptable. C'est une erreur puisque, précisément, cette entreprise repose non pas sur une métaphysique déterministe mais sur une conception politique qui ne prend pas parti sur la question du déterminisme et de la liberté de la volonté.

Il n'en demeure pas moins qu'elle paraît de manière persistante avaliser une conception de l'homme comme être largement naturalisé, mû par des causes dont il n'est pas intégralement le maître, et auquel il n'est pas possible – c'est le problème – d'attribuer une responsabilité au sens fort. Or, le moins que l'on puisse dire est qu'un tel naturalisme est éminemment contestable et que l'idée selon laquelle il ne s'agit pas d'un naturalisme métaphysique mais, si l'on peut dire, d'un naturalisme « politique », a du mal à s'imposer. La question est en outre surdéterminée aujourd'hui par le fait que la question de la responsabilité tend à être détachée de celle du déterminisme. Les philosophies compatibilistes qui ont vu le jour au cours de la période récente s'attachent précisément à montrer que la présence de causes déterminantes de l'action n'est pas un obstacle de principe à l'attribution à l'agent de la responsabilité de son action[1]. Ce serait donc une bonne raison de remettre la notion de responsabilité au cœur de la réflexion politique sur les principes de distribution des ressources, en profitant pour ainsi dire de son allègement métaphysique. Cependant, la notion de responsabilité que le compatibilisme permet de préserver à l'intérieur de l'univers du déterminisme – ou dont il entend montrer qu'elle est indifférente à la querelle du déterminisme puisqu'il soutient qu'elle est compatible avec la détermination – paraît trop faible pour satisfaire nos intuitions, car si elle permet bien d'attribuer l'action à l'agent et de déclarer ce dernier responsable lorsque les causes qui l'ont déterminé sont des raisons d'un certain genre, elle ne paraît pas en mesure de fournir à la philosophie politique la ligne de démarcation clairement tranchée qui permettrait d'organiser une politique de distribution de ressources en la fondant sur l'opposition entre ce que les agents ont voulu et ce qu'ils ont subi. La différence que le compatibilisme laisse subsister entre ce dont les agents sont responsables et ce dont ils peuvent être dédouanés est en effet une différence de degré plus que de nature. La notion forte (impliquant une différence de nature et non pas seulement une différence de degré) est donc le véritable adversaire que la philosophie politique égalitariste doit affronter aujourd'hui et c'est la raison pour laquelle il est d'autant plus urgent de mettre à nu les incohérences auxquelles elle conduit. Ce n'est que si l'on parvient à établir que la proposition consistant à distribuer les avantages et les ressources en fonction d'une ligne de partage entre ce dont les individus sont responsables et ce dont ils ne

1. *Cf.* en particulier R. J. Wallace, *Responsibility and the Moral Sentiments* (1998); J. M. Fisher and M. Ravizza, *Responsibility and Control : A Theory of Moral Responsibility* (1993); Fisher and Ravizza (éds.), *Perspectives on Moral Responsibility* (1993); J.M. Fisher, *Free Will, Critical Concepts in Philosophy* (2005), vol. III (*Libertarianism, Alternative Possibilities and Moral Responsibility*) et IV (*Free Agency, moral responsibility and scepticism*). Cf. *infra*, chapitre VI.

sont pas responsables est une impasse logique que l'on pourra réhabiliter le naturalisme « politique » que l'égalitarisme redistributeur et la justice sociale paraissent entraîner dans leur sillage. Ce naturalisme est possible parce que sa négation ne l'est pas.

La troisième raison est que l'existence de cette tension pourrait bien nourrir le soupçon qu'il existe un véritable problème de cohérence au sein de la philosophie politique de l'égalitarisme libéral. En effet les relations auxquelles les égalitaristes se déclarent attachés dans la sphère personnelle (en particulier l'autonomie) pourraient bien impliquer des principes politiques qui ne sont pas en accord avec ceux du libéralisme politique au sens de Rawls : on ne peut pas en même temps se réclamer de Kant et opter pour une métaphysique naturaliste et déterministe ! Nos attitudes réactives dans la vie privée présupposent en effet une notion de mérite pré-institutionnel qui n'est pas du tout compatible avec la notion rawlsienne d'attentes légitimes ni avec l'ensemble du dispositif induit par le principe de différence[1]. Spontanément, les individus se représentent non pas comme des personnes morales abstraites interchangeables et douées d'égale valeur, mais comme des individus doués de qualités morales spécifiques qui les rendent plus ou moins dignes d'éloge ou de blâme, et c'est en fonction de ces caractéristiques morales personnelles qu'ils ont tendance à s'associer et à s'attribuer les uns aux autres la responsabilité de certaines au moins de leurs actions. Bien entendu, nous percevons immédiatement les raisons pour lesquelles cette attitude n'est pas nécessairement légitime : il est bien trop facile (et malhonnête) d'affirmer que les exclus sont responsables de leur exclusion, que l'égalité des droits suffit à garantir l'égalité des chances, que le milieu social d'origine n'influe en rien sur les destinées personnelles, que les parcours scolaires sont uniquement le reflet des efforts consentis par les individus, que ceux qui commettent des incivilités et tombent dans la délinquance doivent toujours assumer la responsabilité de leurs actes. Nous savons très

1. R. Dworkin remarque cette discontinuité entre les attitudes spontanées et les thèses principales de la philosophie politique libérale *in* « Foundations of Liberal Equality » section 2, *The Tanner Lectures on Human Values, XI*, éd. Grethe Peterson (1990). Une version modifiée de ce texte figure dans R. Dworkin, *Sovereign Virtue, The Theory and Practice of Equality* (2000) chap. 6 : *Equality and the good life.*

bien que les notions de responsabilité et de mérite personnels sont très difficiles à manier en raison de l'interdépendance évidente entre tous les membres de la société et de l'enchevêtrement de causes qui donnent naissance à un parcours individuel. Nous savons aussi, c'est le principe même de la philosophie rawlsienne, que ces notions sont entachées de partialité, et que, derrière un voile d'ignorance, il y a de sérieux arguments en faveur d'une volonté unanime de nous considérer les uns les autres comme des êtres moraux abstraits doués de valeur égale. Mais l'attitude que gouverne cette réflexion, c'est-à-dire l'attitude qui évite d'un point de vue politique – sans la nier d'un point de vue métaphysique – la responsabilité des individus dans ce qui fait d'eux des êtres distincts, et qui procède par conséquent à l'élision complète des notions fortes d'autonomie et de responsabilité dans la réflexion sur la justice sociale, doit être réconciliée avec une philosophie politique qui plaide en faveur de l'égalité au nom de l'exigence que l'accès à l'autonomie soit ouvert à tous et que la coopération sociale puisse être exempte de domination et de pouvoir.

Cette réconciliation – comme le montre Rawls – doit se fonder sur l'idée que cette attitude est une représentation politique qui n'est pas censée nous dire quoi ce soit sur la manière de concevoir l'action humaine. Ce n'est pas une théorie métaphysique et nous pouvons l'employer pour régler les institutions qui nous gouvernent tout en employant, sans contradiction, des notions métaphysiques fortes de responsabilité et d'autonomie individuelle dans notre existence privée. Rawls explique ainsi que le principe d'avantage réciproque ou mutuel serait psychologiquement bien plus acceptable aux citoyens d'une société stable que le principe utilitariste et le sacrifice qu'il rend possible. Il convient également de montrer qu'il est possible de créer une société stable en inscrivant dans la culture publique l'idée que le mérite pré-institutionnel est une notion dépourvue de valeur et que la responsabilité des individus dans leur propre situation est toujours absente parce que cette situation est toujours aussi le produit de facteurs que les individus eux-mêmes ne contrôlent en rien et qui, de leur point de vue, sont arbitraires. On ne peut le faire qu'en établissant que cette approche repose sur l'inscription dans la culture publique de notions sur lesquelles les individus peuvent converger (égalité de valeur, coopération entre personnes libres et égales) alors que ce n'est pas le cas d'une approche qui tenterait d'inscrire dans la culture publique de la société juste l'idée que chacun est métaphysiquement libre et indépendant et qu'il est responsable – au sens où il en est l'auteur exclusif – de certaines de ses actions. Si le compatibilisme permet d'introduire une notion de responsabilité dans la culture politique, cette notion – nous l'avons vu – serait bien trop faible pour jouer le rôle politique discriminant que l'on voudrait alors lui faire jouer : expliquer pourquoi il est juste que certains soient entièrement abandonnés aux conséquences de leurs « propres » actions.

Il n'en demeure pas moins que, dans l'atmosphère intellectuelle du début du XXIe siècle, nous avons quelques difficultés à accepter de placer nos jugements sur la manière dont les ressources sociales devraient être réparties sous le signe exclusif de l'idée d'avantage mutuel ou de maximisation de la liberté, et que nous avons le plus grand mal à résister à l'idée que la part détenue par chacun devrait au moins en partie être déterminée par la conduite qui aura été la sienne. L'attitude spontanée qui est au fondement de tous les conservatismes – les pauvres doivent s'en prendre exclusivement à leur propre paresse – continue d'exercer sur nous une trouble séduction qui, parfois, nous fait perdre de vue les fondements de la légitimité d'une politique de transferts, d'égalisation et de redistribution des ressources. Il se peut que, en dernière instance, l'idée même de faire une distinction politiquement acceptable (et praticable) entre ce dont les individus doivent assumer seuls les conséquences et les éléments de leur situation dont, au contraire, il convient d'assumer collectivement les effets, nous apparaisse comme une impossibilité ; on verra que tel est bien le cas, mais on ne peut se contenter de répudier purement et simplement la question.

En ce sens, comme le remarque encore Scheffler[1], la critique communautarienne du libéralisme (qui affirme que nous ne sommes pas des individus abstraits mais que nous nous réunissons sur la base de caractéristiques morales concrètes) pourrait bien converger avec l'accusation selon laquelle l'égalitarisme libéral ignore les notions

1. S. Scheffler, *Boundaries and Allegiances*, *op. cit.*

de mérite et de responsabilité personnelle. Dans les deux cas en effet, l'égalitarisme libéral est conçu, au niveau politique, comme une attitude qui commande d'être absolument impartial, de ne pas faire la moindre différence de valeur entre les individus; or, sur le plan psychologique, cette attitude n'est pas réaliste, car nous faisons tous les jours la distinction entre les gens qui partagent nos valeurs et ceux qui ne les partagent pas, et nous faisons aussi des différences entre des gens qui méritent ce qu'ils ont et ceux qui ne le méritent pas, entre ceux qui ont agi comme il convenait et ceux qui se sont comportés de manière irresponsable. Toute invitation à venir en aide aux autres indépendamment de ces considérations heurte en nous quelque chose de profond, et il nous paraît difficile de réfléchir à des questions de justice en nous contentant de remarquer que le fait que *X* gagne trois fois plus que *Y* accroît l'utilité globale ou moyenne, ou en remarquant que personne ne peut faire d'objection raisonnable à cette inégalité puisqu'elle est avantageuse à tous, et en particulier à ceux qui sont situés au plus bas de l'échelle, ou même en notant qu'un système qui neutralise ainsi la question des contributions individuelles a pour effet de maximiser la liberté. Inéluctablement, nous voulons savoir s'il est juste et équitable – indépendamment des conséquences et de toute autre considération – que *X* gagne trois plus que *Y*, c'est-à-dire que nous voulons transformer nos intuitions psychologiques immédiates en principes politiques. La route est longue pour montrer qu'il faut résister à cette tentation et qu'il s'agit d'une question insoluble à laquelle il convient donc de renoncer, mais c'est à ce prix que nous comprendrons pourquoi il n'est pas possible d'annuler l'exigence de justice sociale au nom de l'affirmation selon laquelle, les individus étant tous différents les uns des autres, il est logique que leurs situations respectives soient gouvernées exclusivement par ce qu'ils sont et font, et non par un principe applicable à la structure sociale dans son ensemble. Certes les individus sont tous différents. Est-ce que cela les empêche d'avoir les mêmes droits ? Non. Et la même valeur ? Non plus.

Le présent ouvrage est un essai d'analyse des tentatives faites, au cours des vingt dernières années, pour marier la théorie égalitariste de la justice à une notion forte de la responsabilité personnelle et pour exposer les raisons que nous avons de résister à cette introduction. La conclusion à laquelle il parvient est donc qu'un tel mariage est essentiellement instable : les théories concernées évoluent soit vers une forme de négation de l'exigence égalitariste soit, au contraire, vers une atténuation telle de la notion de responsabilité qu'elle se transforme à nouveau en une notion non pas pré- mais post-institutionnelle.

PREMIÈRE PARTIE

DE L'ÉGALITÉ DES RESSOURCES AU *LUCK EGALITARIANISM*

L'une des réactions majeures aux difficultés que nous venons d'évoquer consiste dans l'élaboration d'une théorie de l'égalité qui prétend modifier la théorie de la justice comme équité pour y injecter le principe de responsabilité individuelle. Une telle entreprise suppose une analyse philosophique de la notion de responsabilité et elle implique une tentative pour proposer une solution cohérente à la question de la distinction entre ce dont les individus doivent assumer la responsabilité et ce dont ils n'ont pas à supporter seuls les conséquences.

Dans ce domaine ce sont les recherches de Ronald Dworkin qui ont joué un rôle pionnier. Dworkin a incontestablement tenté d'infléchir la théorie rawlsienne en essayant de faire le partage, dans la situation des individus, entre ce qui dépend du contexte dans lequel ils se trouvent sans aucune responsabilité de leur part, et ce qui dépend de leur personne et dont ils doivent assumer la responsabilité[1]. La distinction entre le contexte et la personne est ainsi une première tentative pour intégrer la notion de responsabilité dans la théorie de la justice et montrer qu'une société est sans aucun doute injuste si elle n'égalise pas les contextes dans lesquels les personnes

1. Cette lecture du travail de R. Dworkin ne fait cependant pas l'unanimité; *cf.* A. Ripstein, « Liberty and Equality » *in* A. Ripstein (éd.) *Ronald Dworkin* (2007), p. 98-104.

agissent, mais qu'elle est tout aussi injuste – et irrationnelle – si elle fait en sorte que la situation dans laquelle se trouvent les personnes n'est en rien affectée par les choix qu'elles ont faits : si les choix que nous faisons n'affectent en rien notre situation, ou encore si notre situation sur le plan des ressources demeure la même quels que soient nos choix, il devient absolument impossible de dire qu'une vie est moralement bonne ou meilleure qu'une autre. Or pourquoi voulons-nous la justice et l'égalité, sinon parce qu'elles sont les conditions d'une vie réussie ? Une théorie de la justice qui prône une égalisation indifférente aux choix rend, en ce sens, toute pensée éthique impossible ; elle est donc contradictoire et nous ne pouvons pas refuser de la reformuler de manière à y loger la possibilité de l'éthique. C'est précisément, aux yeux de Dworkin, l'objet du concept de responsabilité individuelle, ou de l'idée que le niveau des ressources dont nous disposons doit être affecté par les choix que nous faisons.

Cette distinction entre le contexte et la personne – ainsi que la théorie de l'égalité des ressources qui en est solidaire – s'est ensuite vue exposée à la critique d'un groupe de penseurs que l'on a appelés *luck egalitarians* parce qu'ils sont convaincus qu'une société juste est une société qui doit s'efforcer autant que faire se peut de neutraliser les effets du *hasard* et de faire en sorte que les différences de situation entre les individus ne soient déterminées que par les initiatives et les choix de ces derniers. Or, et c'est le principe des critiques qu'ils adressent à la thèse dworkinienne, il est impossible d'affirmer que la distinction entre le contexte et la personne est une interprétation plausible de la distinction entre ce qui relève du hasard et ce qui relève des choix des individus parce que cette seconde distinction passe à l'intérieur de chacune des catégories distinguées par Dworkin. Une part de notre personne relève de la contingence (les talents, les dons, comme Dworkin le reconnaît, mais aussi les goûts et les aspirations contre lesquels on ne peut rien), alors même qu'il est impossible de nier que les éléments en question font partie intégrante de notre personne puisque nous nous identifions à eux. Inversement, certains des éléments qui constituent la situation ou le contexte dans lequel nous nous trouvons peuvent et doivent incontestablement être représentés comme relevant d'un choix. Aux yeux des *luck egalitarians*, Dworkin a donc compris la principale faiblesse de la théorie rawlsienne – elle ne prend pas en compte les choix des individus dans les ressources qu'elle entend leur attribuer – mais la distinction grâce à laquelle il a proposé de remédier à cette faiblesse est imparfaite : derrière la distinction de la personne et du contexte, c'est la distinction entre ce qui est choisi et ce qui est dû au hasard qui doit être amenée au premier plan.

Ce débat est évidemment capital car il établit le programme d'ensemble de l'entreprise consistant à définir une notion cohérente de responsabilité censée remédier à la singularité d'une conception de l'équité qui paraît faire l'impasse sur l'idée que les choix des individus – ou leurs décisions d'agir de telle ou telle manière – ne peuvent pas demeurer sans aucun impact sur la situation matérielle dans laquelle il est juste qu'ils se trouvent.

CHAPITRE PREMIER

RONALD DWORKIN, L'ÉGALITÉ DES RESSOURCES ET LA DISTINCTION ENTRE LE CONTEXTE ET LA PERSONNE

Supposons, dit Dworkin, une politique économique radicalement égalitaire qui procèderait chaque année au prélèvement de l'ensemble des ressources existantes et qui les redistribuerait de manière strictement égale entre tous les membres de la société de manière à annuler le produit des transactions réalisées pendant l'année écoulée et à permettre à chacun de repartir à nouveau sur des bases égales.

Si l'on pratiquait une politique de ce genre les actions des individus seraient sans aucune conséquence pour eux-mêmes puisqu'on remettrait les compteurs à égalité chaque année. Les individus seraient en quelque sorte protégés contre les conséquences de leurs propres actions et ils seraient de ce fait incapables d'assumer la responsabilité de la dimension économique de leur existence. Cela n'aurait aucun sens de mettre de l'argent de côté pour étudier, par exemple, ou pour réaliser un autre projet puisque, quelles que soient les décisions que je prenne, je me retrouverais exactement dans la même situation du point de vue de mes ressources. La mise en œuvre d'une théorie de ce genre priverait l'interaction sociale de tout sens et de toute rationalité, de même qu'une partie de Monopoly dans laquelle on introduirait la règle additionnelle selon laquelle, tous les quarts d'heure, on annule tous les investissements et toutes les transactions pour revenir à une égalité absolue perdrait tout intérêt et tout sens[1]. Mais elle aurait aussi et surtout pour effet, comme nous le verrons au chapitre II, de rendre contradictoire l'idée de bâtir de manière autonome un plan d'existence cohérent dont chacun puisse assumer la responsabilité pour lui-même.

Dworkin affirme que la théorie rawlsienne de la justice comme équité compromet la notion de responsabilité personnelle de la même manière[2]. Le principe de différence définit en effet le groupe le moins favorisé exclusivement dans les termes des ressources dont disposent les personnes, sans faire aucune distinction entre ceux qui disposent d'un très faible niveau de ressources à cause de la malchance et ceux qui sont dans cette même situation à la suite de leurs propres choix. Si une personne se trouve dans le groupe le moins favorisé en termes de ressources, elle recevra automatiquement – quels que soient ses propres choix – le surcroît de ressources exigé par le principe de différence (et qui consiste, à l'aide de transferts, à hausser le niveau de ressources des moins favorisés jusqu'au niveau où des transferts additionnels entraîneraient une contraction de la quantité globale de ressources disponibles et une baisse du niveau absolu de ressources dont disposent les membres du groupe le moins favorisé).

Dans ces conditions, on est en droit de dire que les principes de la justice comme équité coupent le lien entre le sort d'une personne et sa conduite alors même que le principe de responsabilité exigerait précisément que notre situation soit sensible aux choix que nous faisons[3]. Pour Ronald Dworkin, il ne s'agit pas d'un point que Rawls a négligé ou admis par inadvertance ; son propos délibéré était en effet de créer ce qu'il appelle une conception politique de la justice que les gens soient capables d'accepter quelles que soient leurs conceptions compréhensives de la vie bonne, et en particulier quelles que soient leurs idées sur la question de savoir si les individus sont ou ne sont pas responsables de la situation qui est la

1. R. Dworkin, *Is democracy possible Here? Principles for a New Political Debate* (2006), p. 102.

2. *Ibid*, p. 103.

3. R. Dworkin, *Sovereign Virtue, The Theory and Practice of Equality*, (2000), p. 322-325, 330-331.

leur. Sa thèse est donc que le débat public doit être mené en faisant appel uniquement à des principes politiques, et non pas à des idées éthiques portant sur la manière dont les gens doivent conduire leur existence[1] ; or la responsabilité est un *idéal éthique* qui affirme que les individus doivent supporter les conséquences de leurs propres choix et conduire leur existence en choisissant eux-mêmes, sans laisser ce soin à d'autres, la manière dont ils veulent vivre. Elle est en ce sens exclue de la théorie de la justice[2].

L'idée directrice de la justice comme équité n'est donc pas de marier l'égalité à la responsabilité mais d'organiser la structure de base de la société de manière à permettre à tous les citoyens de coopérer les uns avec les autres en qualité de personnes libres et égales, sans relation de dépendance ou de domination[3]. On sait que les deux éléments qui rendent une telle coopération possible sont, d'une part, une garantie des libertés fondamentales pour tous et, d'autre part, une disposition des inégalités économiques telle que ces inégalités fonctionnent à l'avantage de tous, et en particulier des moins favorisés[4].

Dans une approche de ce genre, le cœur de la théorie de la justice n'est pas occupé par l'idée qu'il existe un *X* qui devrait être réparti entre tous les membres de la société de sorte que cette répartition reflète à la fois l'égale valeur des individus et la différence de leurs choix, mais plutôt par l'idée de construire des relations égalitaires entre les personnes ou d'empêcher que les uns ne puissent gouverner la vie des autres et porter atteinte à ce qui fait leur valeur morale, à savoir la possibilité de prendre des décisions autonomes et de décider soi-même de son plan de vie[5]. Si l'on excepte les libertés – dont il est évident que la répartition inégalitaire porterait atteinte à l'autonomie de ceux qui en seraient dépourvus – la répartition des biens premiers n'obéit pas, chez Rawls, à un impératif de répartition

1. R. Dworkin, « Foundations of Liberal Equality » *in* S. Darwall (éd.), *Equal Freedom, Sdelected Tanner Lectures on Human Values* (1995), p. 193-207 ; *cf.* aussi « The Roots of Justice » *in* S. Wesche et V. Zanetti (éds.), *Dworkin, un débat* (1999).

2. R. Dworkin, *Is Democracy Possible Here ? op. cit.*, p. 104.

3. J. Rawls, *Justice as Fairness : A Restatement* (2001) § 7.

4. J. Rawls, *Justice as Fairness, A Restatement*, *op. cit.*, § 18.

5. J. Rawls, *Théorie de la justice*, *op. cit.*, § 77.

égalitaire modifié par les effets des choix, mais à une exigence plus complexe : ce dont les uns disposent ne doit pas les mettre en mesure d'empêcher les autres de mener une existence moralement autonome[1].

La réflexion de Ronald Dworkin – développée dans les années 1980 – est quant à elle motivée par une idée tout à fait différente car il s'agit bien pour lui de concevoir la justice comme l'égalisation des biens ou des ressources dispensées par le contexte et les circonstances dans lesquelles se trouvent les individus[2]. La société juste doit donc organiser des transferts de manière à égaliser les quantités de ressources dispensées par l'ensemble des facteurs indépendants des choix des individus[3]. Compte non tenu des choix, ces ressources doivent être égales, et la société est juste si les ressources sont égales de ce point de vue, sans considération aucune de la question de savoir si les individus sont en mesure de coopérer les uns avec les autres comme des personnes libres et égales. Toute autre option – en faveur de ressources inégales par exemple – reposerait nécessairement sur le postulat inacceptable selon lequel les personnes ont des valeurs inégales et doivent être traitées comme telles[4]. Inversement, la même exigence d'égalité commande que les ressources dont les individus disposent soient affectées par les choix qu'ils font. Le système social qui n'intégrerait pas cette exigence serait non seulement profondément irrationnel – comme la partie de Monopoly – mais il serait aussi moralement méprisable parce qu'il reposerait sur l'idée que la manière dont les individus conduisent leur existence est indifférente et dépourvue de valeur. Or ce qui fonde et légitime l'exigence de justice c'est que, lorsque la société est injuste, la valeur morale de l'existence devient impossible à apprécier[5].

1. J. Rawls, *Libéralisme politique* (tr. fr. 1995) p. 347-361.

2. *Cf.* R. Dworkin, *Justice in Robes* (2006) chapitre 3.

3. R. Dworkin, *Sovereign Virtue*, *op. cit.*, p. 11-14.

4. R. Dworkin, *Sovereign Virtue*, *op. cit.*, p. 128-130; *cf.* aussi R. Dworkin, « Do Liberty and Equality conflict » *in* P. Barker (éd.) *Living as Equals* (1996) p. 39-57 ainsi que « Comment on Narveson; In Defense of Equality », *Social Philosophy and Policy*, 1983, p. 24-40.

5. R. Dworkin, *Sovereign Virtue*, *op. cit.*, p. 276-284.

Il s'agit donc bien d'une réorientation de la théorie de la justice qui fait passer celle-ci de la préoccupation pour la nature des relations entre les individus (sont-elles ou non marquées par la domination ?) à la préoccupation pour la proportionnalité des rapports entre les personnes et les « donnes » qui leur sont attribuées par les circonstances dans lesquelles elles n'ont pas choisi de se trouver. À son tour, cette préoccupation pour la justice dans la répartition des ressources dispensées par le contexte est gouvernée par le souci de réaliser les conditions objectives dans lesquelles les personnes peuvent faire des choix qui ont du sens – comment pourraient-ils en avoir si leurs effets sont indifférents ? – et mener de ce fait une existence douée d'une signification éthique.

Cette réorientation implique, pour Dworkin, un bouleversement du rôle que Rawls accordait à la notion de choix ou de responsabilité : chez Rawls, la quantité de biens premiers dont nous disposons n'est pas affectée par nos choix. C'est évidemment le cas des libertés, mais aussi des ressources matérielles, dont le niveau est commandé par la mise en œuvre du principe de différence. La responsabilité ne s'exerce que dans l'emploi que nous faisons de nos ressources, en sorte que si nous décidons de poursuivre des fins difficiles à satisfaire nous devrons en supporter la conséquence, à savoir que le degré de satisfaction que nous pourrons atteindre sera moins important[1]. Mais précisément, pour Dworkin, ce dispositif est injuste car il interdit que le niveau de ressources matérielles dont disposent les individus soit sensible à leurs choix. Si le premier impératif d'une société juste est bien de faire en sorte que la répartition des ressources qui résulte des circonstances soit égale, le second impératif est de faire en sorte que cette répartition porte la marque des décisions prises par les individus et des choix qu'ils ont faits. Si ce second impératif n'était pas satisfait, il deviendrait parfaitement indifférent de mener une existence plutôt qu'une autre.

Dworkin est donc sensible au paradoxe d'une théorie de la justice qui envisage de répartir les ressources matérielles exclusivement en fonction de l'impératif consistant à garder le territoire social vierge de tout rapport de domination, car ce réductionnisme néglige la

1. J. Rawls, *Théorie de la justice*, *op. cit.*, § 15.

dimension éthique de l'existence humaine dont la seule justification possible de la justice sociale est qu'elle la rend possible. Il pense par conséquent que l'impératif égalitaire doit être marié au principe de responsabilité et que les deux exigences surgissent l'une et l'autre du concept de justice : il est juste que les individus soient égaux en ressources s'ils font les mêmes choix mais il serait injuste que cette égalité soit préservée s'ils font des choix différents car cela annulerait toute possibilité de dire qu'un individu mène une vie éthiquement supérieure à un autre, ou qu'il mène une vie bonne[1]. Reste à savoir si cette réorientation de la théorie de la justice est possible et cohérente, car il ne suffit certainement pas de montrer que la notion de responsabilité nous apparaît comme une nécessité lorsque nous voulons valider une conception éthique dont, à son tour, la pratique du juste n'apparaît comme fondée que parce qu'elle en est la condition de réalisation[2]. Il faudrait aussi, et l'on va s'apercevoir que ce n'est pas le cas, que cette notion de responsabilité de chacun pour les choix qu'il a faits soit une notion cohérente et pratiquement utilisable.

L'ÉGALITÉ COMME ÉGALISATION DES RESSOURCES

Pourquoi concevoir l'égalité dans le registre des ressources? Pourquoi ne pas la concevoir dans le registre du bien-être ou des satisfactions auxquelles les individus peuvent parvenir grâce à ces ressources? Après tout, ce sont ces satisfactions qui importent plus que les moyens. La thèse défendue par Ronald Dworkin au cours des années 80 affirme que la notion d'égalité des ressources est seule en mesure de penser en même temps l'exigence égalitariste

1. R. Dworkin, *Sovereign Virtue*, *op. cit.*, p. 116-117; pour une presentation synthétique de la thèse de Dworkin, *cf.* H. Varian, « Dworkin on Equality of Resources », *Economics and philosophy* 1, (1985) p. 110-121.

2. *Cf.* R. Dworkin, *Sovereign Virtue*, *op. cit.*, p. 323 : « Il nous est impossible de planifier ou de juger notre propre existence, écrit Dworkin, si nous ne pouvons pas faire la distinction entre ce dont nous nous sommes responsables parce que nous l'avons choisi, et ce dont nous ne pouvons endosser la responsabilité parce que cela échappe à notre contrôle. » Mais les notions de choix et de contrôle sont-elles des notions auxquelles il est possible de donner un sens cohérent ?

et l'exigence de responsabilité individuelle. Elle est donc seule en mesure d'engendrer une théorie du juste dont il soit possible de fonder l'obligation en montrant qu'il est la condition de la vie bonne[1].

L'objection essentielle qui s'oppose à toute interprétation du principe d'égalité en termes d'égalité de bien-être repose, d'après Ronald Dworkin, sur certaines conséquences contre-intuitives et éthiquement inacceptables : d'après cette thèse, il faudrait en effet donner des ressources supplémentaires à ceux qui ont des goûts onéreux, afin de leur permettre d'atteindre un niveau de bien-être égal à ceux dont les goûts sont satisfaits à meilleur compte. Intuitivement, une telle conséquence est inacceptable parce qu'elle rend les choix indifférents et moralement nuls dans la mesure où, quels qu'ils soient, leurs conséquences sont identiques. Dès lors, le problème que pose Dworkin aux partisans d'une interprétation de l'égalité en termes d'égalité de bien-être est simple : êtes-vous capables de construire une théorie qui qualifie le principe essentiel selon lequel tous les individus devraient être égaux du point de vue du bien-être de manière à éviter ces conséquences désastreuses, sans pour autant contredire ouvertement le principe lui-même[2] ? Dworkin soutient que c'est impossible et que toute qualification suffisamment puissante pour éviter ce genre de conséquences équivaut en fait à une négation du principe lui-même[3].

Voyons comment procède sa démonstration sur ce point essentiel, qui vise à montrer la solidarité conceptuelle entre l'interprétation de l'égalité en termes de bien-être et des conséquences aussi inacceptables sur le plan éthique et aussi éloignées de toute conception plausible de l'égalité.

Au nom de quoi pourrait-on refuser un surcroît de ressources à ceux qui ont des goûts onéreux si l'on croit que les individus ne sont égaux que lorsque leurs niveaux respectifs de bien-être le sont aussi ? Il n'est pas possible de dire – dans ce contexte tout au moins – que les individus sont responsables de leurs choix et que la

1. R. Dworkin, *Sovereign Virtue*, *op. cit.*, p. 11-14.
2. *Ibid.*, p. 57-59.
3. *Ibid.*, p. 49.

communauté n'a pas à payer si les goûts pour lesquels ils ont opté sont particulièrement difficiles à satisfaire. Rien, dans la thèse de l'égalité de bien-être, ne permet de faire appel à ce principe de responsabilité et, au demeurant, il est évidemment faux que tous ceux qui ont des goûts onéreux ont *choisi* de les avoir. Le plus souvent, ces goûts découlent d'opinions qui n'ont pas fait l'objet d'une adoption délibérée[1].

On pourrait certes justifier ce refus d'accorder des ressources supplémentaires à ceux qui ont des goûts onéreux en avançant que céder à cette exigence reviendrait à encourager un plus grand nombre d'individus à développer ce genre de goûts et à diminuer ainsi la quantité de bien-être qu'il est possible de produire avec une quantité de ressources données. Mais, dit Dworkin, cet argument utilitariste nous explique bien pourquoi la compensation du déficit de bien-être dont souffrent les individus aux goûts onéreux est contraire à l'efficacité, mais non pourquoi cette compensation est injuste et contraire à l'égalité. Or c'est d'une explication du second genre que nous avons besoin[2]. Les théories de la justice ont l'habitude de situations dans lesquelles l'égalité est sacrifiée à l'efficacité et où l'on est obligé d'accepter des entorses à l'égalité stricte lorsqu'elles ont pour effet de favoriser l'ensemble des citoyens. Mais ici, il s'agit de tout autre chose puisque ce que nous voulons, c'est un exposé des raisons pour lesquelles il faut, au nom de l'égalité elle-même, renoncer à compenser les goûts onéreux. Les goûts onéreux posent donc un problème parce que c'est le concept d'égalité lui-même, considéré indépendamment de toute question d'efficacité, qui nous paraît exiger qu'ils ne soient pas compensés[3].

Au demeurant, dit Dworkin, l'argument utilitariste expose à une réaction en chaîne : si la possibilité d'offrir une plus grande quantité globale de bien-être exige que l'on décourage le goût des amateurs de champagne en ne leur donnant pas le surcroît de ressources dont ils auraient besoin pour arriver au même indice de bien-être que les buveurs de bière, pourquoi ne pas utiliser le même argument à

1. R. Dworkin, *Sovereign Virtue*, *op. cit.*, p. 52-53.
2. *Ibid.*, p. 49-54.
3. *Ibid.*, p. 55.

l'encontre des buveurs de bière, et pourquoi ne pas soutenir que tout le monde devrait aimer boire de l'eau pure, car cela permettrait – avec les mêmes ressources – de produire une plus grande quantité absolue de bien-être pour tous[1] ? Une société qui agit ainsi est-elle réellement en mesure d'augmenter le bien-être total par ce genre de mesures ? Là encore, on est en droit d'en douter, et on peut affirmer que, de ce fait, il n'existe aucune justification utilitaire bien fondée permettant de refuser de donner des ressources additionnelles aux individus dotés de goûts onéreux.

Dworkin aboutit ainsi à l'idée qu'il est impossible de fonder le refus de dispenser des ressources additionnelles aux individus qui ont des goûts onéreux sans leur faire remarquer qu'ils ont sans doute droit à une part *équitable* des ressources de la communauté pour satisfaire leurs goûts mais qu'il n'y a aucune raison de leur donner plus que leur juste part sous prétexte que leurs goûts sont plus difficiles à satisfaire que ceux des autres[2]. Toute autre attitude reviendrait à nier l'idée que chacun est tenu d'assumer la responsabilité de ses propres choix et d'accepter que des choix fortement consommateurs de ressources rares soient moins satisfaits que des choix faiblement consommateurs de ces mêmes ressources. Cet argument est bon, mais il n'est pas un compromis interne à l'idée d'égalité de bien-être : il contredit ouvertement cette thèse en prenant appui sur la théorie rivale de l'égalité des ressources, qui établit l'égalité de manière entièrement indépendante – et préalable – par rapport à la notion d'égalisation du bien-être[3].

C'est d'ailleurs bien à ce résultat que Dworkin veut nous conduire : si l'on adopte l'interprétation du concept d'égalité qui conçoit celle-ci comme une égalisation du bien-être des individus, dit-il, il faudra accepter de donner plus de ressources à ceux dont les goûts sont plus difficiles à satisfaire. Or cette conséquence est tellement contre-intuitive – elle donne naissance à un monde d'irresponsabilité généralisée – qu'il faut trouver une bonne raison de ne *pas* procéder à cette compensation. Cette bonne raison ne peut

1. R. Dworkin, *Sovereign Virtue*, *op. cit.*, p. 15.
2. *Ibid.*, p. 57.
3. *Ibid.*, p. 58.

pas se trouver à l'intérieur de l'hypothèse selon laquelle l'égalité entre les individus doit se traduire par une égalité de leurs bien-êtres respectifs, et elle ne peut se trouver au contraire que dans le contexte de l'égalité des ressources. L'hypothèse est donc fausse puisqu'on ne peut récuser les conséquences contre-intuitives qu'elle entraîne sans la contredire en recourant à l'hypothèse inverse, qui interprète le concept d'égalité en disant que celui-ci exige que les individus se voient allouer des *ressources* égales[1]. Quant à la quantité de bien-être à laquelle les individus peuvent avoir accès grâce aux ressources égales que la société juste leur alloue, elle ne dépend que des choix qu'ils font, et les inégalités qui en résultent ne constituent pas de ce fait un problème pour une société juste.

La conception de l'égalité en termes de bien-être est en outre un idéal peu attirant et, en toute hypothèse, difficilement intelligible, en particulier parce que, comme le souligne Dworkin, une communauté qui tenterait effectivement de rendre les individus égaux du point de vue de leur bien-être devrait recourir à une identification monolithique et collective de ce bien-être, c'est-à-dire, au fond, à une conception unique de ce que doit être une existence humaine réussie. Elle devrait dire, par exemple, que toute existence humaine doit comprendre, pour être réussie, une quantité maximale de plaisir. Or, Dworkin souligne que les individus accordent une importance très variable à la place du plaisir dans leur existence, ce qui n'est qu'une autre manière de dire qu'ils ont des conceptions irréductiblement distinctes de ce qu'est une existence humaine réussie[2]. Dès lors, on voit que l'interprétation du concept d'égalité en termes d'égalité de bien-être *doit* violer les principes de l'individualisme éthique, qui exige au contraire que la décision de considérer tel genre de vie comme meilleur que tel autre soit abandonnée à la liberté des individus. Il est donc tout simplement impossible et contradictoire de prétendre qu'une communauté traite les citoyens comme des égaux si elle fonde la répartition des ressources sur la validation d'une réponse unique et collective à la question de la vie bonne, comme devrait pourtant le faire une

1. R. Dworkin, *Sovereign Virtue*, *op. cit.*, p. 58-59.
2. *Ibid.*, p. 63-64.

communauté qui aurait choisi de concevoir l'égalité en termes de bien-être[1].

COMPENSER LES EFFETS INÉGALITAIRES DES FACTEURS CONTINGENTS

L'alternative à l'égalité de bien-être est donc l'égalité de ressources : les individus sont traités comme des égaux lorsque les ressources mises à leur disposition par les circonstances ou par le contexte dans lequel ils sont placés sont égales[2]. En revanche, chacun assume les conséquences de ses propres choix selon qu'il poursuit un mode de vie plus ou moins consommateur de ressources sociales et selon que ses options sont plus ou moins onéreuses aux autres. Ce principe de responsabilité s'étend aussi au hasard auquel on peut choisir de ne pas s'exposer : les individus peuvent en effet souffrir de malchance alors qu'ils ont décidé de s'embarquer dans une entreprise à risques (ils peuvent par exemple essuyer des pertes importantes à l'occasion d'une spéculation boursière) ; dans ce cas, les différences de ressources qui naissent entre ceux qui prennent des risques et ceux qui n'en prennent pas sont compatibles avec l'égalité des ressources, de même que les différences qui naissent, parmi ceux qui ont accepté de prendre des risques, entre ceux qui ont de la chance et ceux qui n'en ont pas, à condition bien entendu que tous les partenaires aient pu faire exactement le même genre de pari[3]. Le principe est donc non seulement que chacun assume les conséquences de ses choix mais qu'il assume aussi les effets d'un hasard auquel il aurait pu choisir de se soustraire.

Mais, à l'évidence, cette forme d'égalité des ressources, même lorsqu'elle s'étend à l'ensemble de l'existence et pas seulement à sa phase initiale, ne suffit pas à garantir une authentique égalité, parce que les individus peuvent aussi être victimes d'une pure malchance sans porter en rien la responsabilité de s'être trouvés dans la

1. R. Dworkin, « Do Liberty and Equality conflict ? » *loc. cit.*, p. 44 - 45.

2. R. Dworkin, *Sovereign Virtue*, *op. cit.*, p. 12.

3. R. Dworkin, *Sovereign Virtue, op. cit.*, p. 73-77 ; *cf.* sur ce point, M. E. Sandbu, « On Dworkin's Brute-luck/option-luck Distinction and the Consistency of Brute-luck Egalitarianism » *Politics, Philosophy and Economics*, 2004, p. 283-312.

situation où ce hasard négatif les a frappés (par exemple, le fait d'être brutalement atteint de cécité sans qu'aucune pratique dangereuse de notre part en ait accru le risque)[1]. Autant il est juste que les différences de choix et d'options conduisent les individus à des niveaux de ressources distincts, autant il paraît injuste que ces mêmes niveaux soient affectés par des facteurs qui ne relèvent en rien de leur volonté ou de leurs choix.

> Une communauté qui entend faire preuve d'une attention égale pour tous les citoyens, écrit Dworkin, ne peut pas ignorer purement et simplement ce genre de variables liées au talent et à la chance, parce qu'elle aurait eu le loisir d'opter pour un système social dans lequel la répartition des ressources aurait été très différente et les inégalités bien moindres[2].

Sous ce rapport, la thèse de l'égalité des ressources diffère de la théorie de l'égalité des chances qui exige seulement que les individus soient placés sur la ligne de départ de l'existence avec un maximum d'égalité initiale mais qui légitime ensuite les différences nées, non seulement des choix, mais aussi du talent et de la chance[3]. Pour Dworkin, la société juste ne peut donc être seulement un cadre formellement égalitaire permettant le libre déploiement des différences individuelles arbitraires, à l'exclusion des seules différences ou inégalités résultant du statut, de la position sociale et de la richesse initiale. Elle doit considérer que les distinctions produites par le hasard sont aussi contingentes et aussi moralement injustifiées que les différences de statut, d'origine sociale et de fortune initiale, et qu'elles ouvrent donc un droit à la compensation et à l'égalisation pour les moins bien pourvus en dons naturels[4]. À l'instar de Rawls, Dworkin soutient donc que les talents et les autres facultés "naturelles" qui permettent de les cultiver sont moralement dépourvus de fondements et ne donnent aucun titre à un surcroît

1. R. Dworkin, *Sovereign Virtue*, *op. cit.*, p. 75-76.
2. R. Dworkin, *Is Democracy Possible here ? op. cit.*, p. 107.
3. R. Dworkin, *Sovereign Virtue*, *op. cit.*, p. 86-89; *cf.* M. Fleurbaey, « Equality of Resources Revisited », *Ethics*, 113 (2002) p. 82-105.
4. *Cf.* sur cette question, J. Feinberg, *Doing and Deserving* (1970), p. 58-61, ainsi que l'analyse proposée par M. Sandel, *Liberalism and the Limits of Justice* (1998) p. 82-95.

de ressources pour ceux qui les possèdent : ils font partie des *circonstances* dans lesquelles les individus se trouvent (le contexte), et non pas de la personne elle-même[1]. Or, précisément, la théorie de l'égalité des ressources dit qu'il convient d'égaliser les contextes individuels et non les personnes[2].

Comment compenser ces différences dues à la chance ? Pour répondre à cette question, nous devons faire une distinction, dit Dworkin, entre deux formes de neutralisation du hasard : *ex post* – ou après que le hasard s'est produit –, et *ex ante* – ou avant que le hasard ne se produise[3].

Une société compense *ex post* les facteurs arbitraires lorsque les différences de ressources entre les citoyens sont uniquement dues à leurs choix sans être aucunement affectées par le hasard. Si un individu possède moins de ressources que les autres sous l'influence d'un manque de chance quelconque, la société s'efforce immédiatement de le ramener au niveau commun, c'est-à-dire de ramener sa situation à ce qu'elle aurait été si le hasard en question ne s'était pas produit.

En revanche, une société instaure une égalité *ex ante*, lorsqu'elle fait en sorte que les individus se trouvent dans une position identique face au hasard qui pourrait les rendre inégaux. Une manière de construire cette égalité *ex ante* serait d'instaurer un système d'assurance qui garantit que tout individu frappé par l'un des effets du hasard possédera au moins le niveau de ressources *X* et que sa situation à cet égard ne sera pas différente de celle d'une autre personne également frappée par le hasard[4]. L'idéal serait sans doute qu'un tel système garantisse aussi qu'il n'y aura aucune différence de ressources entre ceux qui sont victimes du hasard et ceux qui auront été épargnés. Nous verrons que cet idéal est irréalisable et que, tout bien réfléchi, personne ne le voudrait en raison des

1. Michael Sandel a très clairement mis l'accent sur les difficultés de cette distinction en montrant que, séparé de ses attributs, la personne devient si abstraite et si désincarnée que la question même de sa dignité et de la protection de son autonomie perd toute signification (*Libéralism and the Limits of Justice*, *op. cit.*).

2. R. Dworkin, *Is Democracy Possible Here ? op. cit.*, p. 108.

3. *Ibid.*, p. 106-111.

4. R. Dworkin, « Sovereign Virtue Revisited », *Ethics*, 113 (2002), p. 107-108.

conséquences négatives de l'adoption d'un tel principe; mais le système d'assurance pourrait du moins garantir que tous ceux qui sont frappés par le hasard se verront garantir le même niveau de ressources[1].

On voit tout de suite que l'égalité *ex post* est économiquement irrationnelle : elle conduirait à consacrer l'ensemble des ressources disponibles à compenser – parfois sans même y parvenir – les accidents malheureux dont certains sont victimes, une option qui ne satisferait personne, pas même les victimes du hasard qui, *a priori*, n'auraient pas choisi de sacrifier toutes leurs ressources pour acheter la meilleure assurance possible.

Mais, outre son irrationalité économique, l'égalité *ex post* viole à l'évidence le principe de responsabilité; une partie des hasards dont nous sommes victimes est en effet – comme nous venons de le voir – liée aux choix que nous faisons (par exemple en matière d'investissements) et nous n'aurions plus aucune raison de faire des choix intelligents si la société nous donnait l'assurance que nos pertes seront compensées dans tous les cas. Par ailleurs, on ne voit pas comment les individus pourraient assumer la responsabilité de leur existence dans un contexte de ce genre : l'égalité *ex post* aurait pour effet de rendre la vie bonne tout simplement impossible[2].

L'égalité des ressources doit donc se concevoir comme une égalité *ex ante* : les citoyens paient des impôts qui fonctionnent comme des primes d'assurance venant alimenter un fonds de garantie grâce auquel la communauté accorde des compensations à ceux dont la situation est moins bonne que celle des autres sous l'impact de facteurs arbitraires dont ils n'ont pas à supporter seuls les conséquences. Dès lors, on peut avancer que, s'il existait une possibilité de s'assurer contre les coups du hasard, il n'y aurait aucune raison de compenser ceux qui sont victimes de cette pure malchance lorsqu'ils ne se sont pas assurés[3]. Il suffit, pour s'en convaincre de voir que, si la possibilité de s'assurer existait, ceux

1. *Cf.* C. Armstrong, « Equality, Risk and Responsibility : Dworkin on the Insurance Market », *Economy and Society*, 34 (2005), p. 451-73 ; *cf.* aussi R. Van der Veen « Equality of Talent Resources ; Procedures or Outcomes », *Ethics*, 113(octobre 2002), p. 55-81.

2. R. Dworkin, *Is democracy Possible Here ? op. cit.*, p. 109-111.

3. R. Dworkin, *Sovereign Virtue*, *op. cit.*, p. 76-77.

qui ont souscrit une assurance et qui n'ont pas été frappés par la malchance ne seront pas remboursés de leurs frais, c'est-à-dire des primes qu'ils ont acquittées pour se couvrir. Puisqu'ils doivent assumer les conséquences de leur choix, il n'y a aucune raison que ceux qui n'ont pas souscrit d'assurance n'assument pas eux aussi la responsabilité de leur propre choix négatif[1].

Il reste toutefois à déterminer le montant de cette compensation, étant bien entendu que, dans le contexte de l'égalité des ressources, l'objectif n'est pas de compenser le hasard de manière à ce que ceux qui en sont victimes parviennent à un niveau de bien-être identique ou équivalent à celui dont on peut jouir lorsqu'on est indemne de toute malchance. On sait en effet que, de toute manière, l'égalité de bien-être n'est pas une conception viable de l'égalité.

Pour répondre à cette question du montant de la compensation, Dworkin propose de partir d'une situation hypothétique où chacun disposerait initialement de ressources égales, où chacun serait exposé à un risque identique d'être victime du hasard, et où la proportion des personnes qui seront frappées serait à la fois connue et invariable (1% par exemple). Dans ces conditions, on peut essayer de déterminer – par le biais du marché hypothétique des assurances – quelle serait la quantité de ressources que les individus seraient disposés à dépenser en moyenne pour s'assurer contre les risques considérés. Le montant des compensations offertes aux personnes frappées serait alors fonction du montant souscrit par l'ensemble de ceux qui auront accepté de s'assurer; il serait prélevé sur les primes effectivement versées et réparti entre les personnes frappées. Bien entendu, parmi ceux qui seront frappés, seuls ceux qui auront souscrit recevront la compensation. Les victimes du hasard auront donc droit à un surcroît de ressources de manière à compenser l'infériorité du contexte initial dans lequel elles se trouvent; mais leur surcroît de ressources ne leur permettra sans doute pas d'atteindre un niveau de bien-être égal à celui des personnes que le hasard n'a pas frappées, et il sera déterminé par une décision prise sur le marché par les individus qui auront accepté de s'assurer, ou du moins par une proposition contrefactuelle indiquant la décision qui

1. R. Dworkin, *Sovereign Virtue*, *op. cit.*, p. 76.

aurait été prise sur le marché si tous avaient été exposés à un risque égal d'être victimes de ce hasard[1].

Il s'agit bien d'un marché hypothétique car, sur le marché réel des assurances, les choses fonctionnent d'une tout autre manière : les individus disposent de ressources différentes en sorte que, s'ils souscrivent une assurance de même nature, les ressources qui resteront aux uns et aux autres ne seront pas identiques. Il y a des chances pour que les moins riches optent pour un niveau de garantie plus bas. En second lieu, la probabilité d'être victime des différentes contingences négatives qui existent dans la sphère sociale n'est pas la même selon l'âge, la profession, la classe sociale, etc. Ceux qui sont plus exposés devront donc acquitter des primes supérieures pour un niveau de couverture égal. Enfin, en particulier dans le cas des handicaps ou de la maladie, le risque s'est déjà matérialisé pour certains individus qui ne peuvent donc plus s'assurer. Le marché hypothétique neutralise ces distinctions en se plaçant dans l'hypothèse fictive où tous disposeraient de ressources égales, et seraient également exposés à des risques qui ne se sont matérialisés pour aucun d'eux et dont l'incidence globale est connue. Ce sont les primes d'assurances que les individus seraient disposés à acquitter dans cette situation qui doivent servir à déterminer le montant des versements au fonds de garantie.

Le raisonnement de Dworkin montre par conséquent qu'il faut doubler l'égalisation initiale des ressources – que l'on réalise en distribuant des paquets de biens jusqu'à ce que l'on atteigne une répartition telle qu'aucun des partenaires n'envie la part de ressources détenue par un autre – par un marché assuranciel hypothétique, mis en œuvre par le biais d'une assurance à taux fixe fondé sur les hypothèses portant sur la quantité d'assurance que chaque partenaire serait disposé à acheter si les revenus et les risques *a priori* d'être victimes du hasard étaient égaux[2].

1. R. Dworkin, *Sovereign Virtue*, *op. cit.*, p. 92-96 ; *Is Democracy Possible Here ? op. cit.*, p. 114-118.

2. R. Dworkin, *Sovereign Virtue*, *op. cit.*, p. 80-81.

COMPENSER LES DIFFÉRENCES DE TALENTS

Dworkin admet que l'ensemble de son argumentation repose sur une certaine conception de la frontière entre la personne et le contexte dans lequel elle se trouve. Les goûts, les ambitions, les projets, la volonté de s'exposer au risque, relèvent incontestablement de la personne, tandis que les capacités physiques et mentales relèvent incontestablement du contexte. Il s'ensuit que chacun forme des projets et développe des goûts à la lumière d'un arrière-plan fait d'informations concernant ce que la réalisation de ses goûts et de ces projets coûtera aux autres. Chacun est tenu d'assumer les conséquences de ses propres choix – qui émanent de sa personnalité et ne sont donc pas déterminés par le contexte – et en particulier du coût qu'ils représentent pour les autres : si j'ai choisi de consacrer mon existence à rassembler des objets précieux que les autres recherchent eux aussi, je dois accepter que, le coût de mon projet étant très élevé pour les tiers, il me soit difficile de le mener à bien et qu'il ne reste guère de ressources pour autre chose. Je ne suis donc pas fondé à réclamer des ressources plus importantes sous prétexte que mes choix sont onéreux pour les autres[1]. Chacun doit tenir compte de ce fait dans ses propres choix, et ceux qui font des choix "onéreux" pour les autres doivent accepter d'en payer le prix.

En revanche, il n'y a aucune raison que les individus soient inégaux en raison de facteurs qui ne relèvent ni de leurs choix, ni de leurs projets, ni de leurs ambitions. L'aveugle n'a pas choisi de l'être et, par exemple, le coût très élevé que représente pour les autres la mise à sa disposition d'un chien spécialement formé à cette tâche et qui le guide dans ses déplacements n'est pas choisi par lui non plus. Il n'a donc pas à en assumer les conséquences ni à accepter d'avoir, pour cette raison, beaucoup moins de ressources que les autres pour s'habiller ou se nourrir[2].

Ce mécanisme d'assurance *ex ante* vaut non seulement pour les handicaps mais aussi pour le risque d'être dépourvu de talents et d'aptitudes à produire ce que les autres veulent acheter. Après tout,

1. R. Dworkin, *Sovereign Virtue*, *op. cit.*, p. 81.
2. *Ibid.*, p. 97-99.

de tels « défauts » ne sont rien d'autre qu'un genre très particulier de handicap ou de malchance. Certes, il peut paraître tentant de dire qu'il n'y a pas d'obligation de neutraliser les effets des talents individuels et que, si un individu, grâce à ses capacités naturelles, emploie sa part égale de ressources pour créer plus de biens qu'un autre, ou des biens qui ont plus de prix aux yeux des autres, il a incontestablement droit au profit qu'il réalise, puisque son gain n'est pas obtenu aux dépens de ceux qui sont capables seulement d'extraire des profits inférieurs de la quantité de ressources dont ils sont dotés[1]. La tentation de se ranger à cette conclusion classique vient du fait que, si l'on dit que les talents doivent être compensés, on dérive dangereusement vers l'idée que ce ne sont pas les ressources qui doivent être égalisées, mais les personnes, et que le test d'envie (deux personnes sont égales si aucune des deux n'envie le paquet de ressources possédé par l'autre) s'applique non pas à *ce que j'ai* mais à *ce que je suis,* avec mes talents, mon énergie, mon aptitude à travailler et à produire ce que les autres valorisent[2].

Dworkin pense qu'il faut néanmoins résister à cette tentation, parce que ces deux objections confondent l'égalité des ressources avec une théorie tout à fait différente – et à ses yeux dépourvue de sens – qui est l'égalité des chances . Il y a plusieurs raisons à cela.

Tout d'abord, il n'est évidemment pas vrai que celui qui réalise des profits supérieurs grâce à ses talents exceptionnels ne diminue en rien les ressources dont disposent les autres. S'il était moins efficace, les efforts de ses concurrents seraient plus rentables et mieux récompensés par le marché en l'absence de produits plus compétitifs que les leurs. Il est donc essentiel de rejeter l'idée que, si les individus partent avec des parts égales (théorie de l'égalité des chances), la réussite de l'un ne cause aucun dommage à l'autre. On ne peut en ce sens affirmer que l'inégalité due aux talents est compatible avec l'égalité initiale[3].

En second lieu, il est parfaitement vrai qu'il est difficile de maintenir une situation dans laquelle ceux qui ont moins de talent

1. R. Dworkin, *Sovereign Virtue*, *op. cit.*, p. 86, *cf.* aussi p. 325.
2. *Ibid.*, p. 86.
3. *Ibid.*, p. 86-87.

continueraient de ne pas envier la situation de ceux qui ont plus de talents ; il est vrai aussi que, si l'on veut que le test d'envie continue d'être satisfait au cours des transactions qui suivront la vente initiale, on risque fort de glisser hors d'une théorie de l'égalité des ressources et d'aboutir à une théorie absurde de l'égalisation des personnes, car ce qui est envié par ceux qui sont moins bien pourvus n'est pas la quantité de ressources que possèdent les plus doués, mais les talents qui leur permettent de les engendrer.

Dworkin pense cependant que cette objection est dépourvue de fondement et que l'on peut continuer à dire que le test d'envie doit demeurer satisfait en permanence sans s'exposer à ce glissement dangereux. Si, en effet, *X* réussit mieux que *Y* parce qu'il a plus de talents et plus d'énergie, on peut néanmoins dire qu'il possède deux *ressources* que *Y* lui envie et voudrait bien posséder lui aussi. Or ces deux ressources font bien partie du *contexte* dans lequel *X* se trouve et non pas de la personnalité de *X* lui-même, puisqu'il s'agit d'une part des désirs des clients de *X* (qui permettent à ce dernier d'exercer une profession qu'il affectionne), et d'autre part des revenus additionnels de *X*. Dworkin affirme donc qu'il est possible de compenser ces deux désavantages (par exemple en procurant une meilleure éducation à *Y* et à ses enfants et en opérant des redistributions de *X* à *Y* par la voie de l'impôt) sans que cette compensation des désavantages dus à des talents moindres implique nécessairement le dangereux glissement que l'on évoquait plus haut. On peut parfaitement envier des éléments du contexte d'autrui dus à ses talents sans envier sa personne : *Y* envie les possibilités et la fortune que ses talents procurent à *X*, mais il n'envie pas *X* lui-même[1].

Voilà donc deux bonnes raisons de penser que les désavantages dus aux talents arbitrairement détenus par certains peuvent et doivent être compensés. Il n'existe pas d'argument probant établissant que, après une distribution initiale égalitaire, une société juste devrait, comme le prétend la théorie de l'égalité des chances, laisser se créer sans compensation toutes les différences qui tiennent non pas à la différence de situation de départ entre les individus mais aux distinctions qui les séparent du point de vue de leurs qualités

1. *Ibid.*, p. 87.

purement "personnelles". Il est possible de considérer que ces qualités ne sont justement pas *personnelles* et que, à l'instar des autres ressources, elles font partie du contexte qui a besoin d'être égalisé dans le cadre de la théorie de l'égalité des ressources.

Il existe cependant une troisième raison de procéder à cette égalisation des différences dues aux distinctions de talent et de capacité, c'est l'incohérence interne de la théorie de l'égalité des chances. Cette théorie suppose en effet que si tout le monde est sur la même ligne au départ et si personne ne triche ou ne vole, la répartition postérieure est juste même si certains ont plus de talents que d'autres pour faire valoir leurs ressources initiales et sont capables d'en tirer des revenus plus élevés. Selon Dworkin, la contradiction interne de cette théorie est patente, car on voit mal pourquoi l'égalité des ressources serait requise à un moment (au point de départ) et pas à un autre (à l'issue des transactions postérieures). S'il est juste que les dotations initiales soient égales et ne prennent pas en compte les différences contingentes ou génétiques entre les individus, pourquoi cette exigence cesse-t-elle de valoir par la suite [1] ? En ce sens, la thèse de l'égalité initiale des ressources, qui neutralise les différences arbitraires visibles sur la ligne de départ, est clairement incompatible avec l'idée que les transactions pourraient ensuite être gouvernées par un principe du *laissez-faire* où les talents diversifiés des individus joueraient à plein. Si le principe du *laissez-faire* est invalide pour déterminer la structure de la répartition initiale, il l'est en effet tout autant pour gouverner la répartition postérieure, et l'inverse est vrai également, car si ce principe est valide à un moment donné du temps, il le demeure par après. Dès lors, si la considération des facteurs arbitraires doit être neutralisée dans la distribution initiale (c'est-à-dire si les dotations de départ ne doivent pas tenir compte des facteurs arbitraires qui distinguent les individus), pourquoi ne doit-elle pas l'être dans le déroulement des échanges postérieurs ?

Le point de vue de Dworkin est donc que, si la thèse de l'égalité des ressources est en mesure de montrer la nécessité d'une répartition initiale qui ne tienne pas compte des différences arbitraires, elle

1. R. Dworkin, *Sovereign Virtue*, *op. cit.*, p. 88-89.

est *ipso facto* en mesure de montrer que cette égalité doit être maintenue dans les transactions postérieures puisque les facteurs exclus dans la première démonstration (parmi lesquels les talents, puisqu'on refuse de donner *a priori* une plus grande quantité de ressources à ceux qui sont plus doués) n'ont aucune raison d'être réintroduits dans la seconde phase. Bref, si une théorie de la légitimité de l'acquisition de type lockien n'a pas de validité dans la phase initiale de l'appropriation, c'est-à-dire si l'on exige une distribution initiale égale, on voit mal pourquoi elle pourrait avoir une validité ou une légitimité ensuite[1]. La thèse de l'égalité des chances est bien incohérente puisque, sans justifier cette disparité, elle exige l'égalité à un moment sans l'exiger à un autre.

La conclusion paraît acquise : les inégalités liées aux différences de talents sont illégitimes et la société doit une compensation à ceux qui sont désavantagés sous ce rapport. Rappelons cependant que cette nécessité de compenser les désavantages dus aux différences de capacité n'implique pas du tout que les ressources doivent demeurer égales en permanence, et qu'aucune différence dans les ressources possédées ne soit jamais compatible avec la thèse de l'égalité des ressources. Il est en effet normal et légitime que, dans ce contexte où les facteurs arbitraires sont compensés, les ressources deviennent inégales sous l'impact des *choix* faits par les individus. Par exemple, si deux individus ont des talents égaux, et si on leur propose à tous deux d'occuper soit un poste très bien rémunéré mais très prenant, soit un poste moins bien rémunéré mais qui laisse des loisirs, il est juste que celui des deux qui choisit la première solution ait, au bout de quelques années, un compte en banque mieux garni que celui qui a choisi la seconde. Mais la condition de la légitimité de cette différence – et de sa compatibilité avec la thèse de l'égalité des ressources – est qu'elle ne soit pas due à une différence de talent ou de capacité et que les deux partenaires aient eu la possibilité effective d'occuper l'un ou l'autre poste, en sorte que seul leur choix personnel les distingue. L'égalité des ressources exclut que deux personnes qui ont toutes les deux fait le même choix professionnel, et qui ont eu les mêmes ambitions, possèdent néanmoins des

1. R. Dworkin, *Sovereign Virtue*, *op. cit.*, p. 87-88.

ressources différentes à cause d'une différence de chance ou à cause d'un handicap dont celui qui est victime ne porterait en rien la responsabilité. La même conclusion s'applique ici à propos des talents : si deux individus ont voulu exercer la même profession et s'ils ont fait le même choix, il est injuste que l'un ait plus de ressources que l'autre à cause de la supériorité de ses talents. Chacun a donc droit aux mêmes ressources que les autres pour réussir dans ses projets, y compris en matières de qualités soi-disant personnelles comme les talents et les capacités[1].

Quant à la manière de procéder, dans la pratique, pour compenser le manque de talents ou d'aptitudes dont certains sont « victimes », elle n'est qu'une application de l'idée de marché hypothétique des assurances[2]. Ce mécanisme doit cependant être précisé, dans la mesure où, dit Dworkin, il faut ici imaginer un système permettant de neutraliser les effets des différences de talents tout en préservant les effets des choix effectués par les individus[3]. Or le problème est précisément que ces deux types d'effets sont souvent impossibles à distinguer. C'est parce que je suis doué pour le football que je choisis de me consacrer à ce sport et, inversement, c'est parce que nous aimons telle ou telle forme de vie que nous nous employons à développer les talents qui pourraient nous aider à la mener. Il peut se produire aussi que nos choix divergent de nos talents et qu'un individu particulièrement doué pour les affaires méprise l'argent, donne ses biens aux pauvres et se fasse moine. Il n'est pas possible d'imposer les talents d'un tel individu sans faire de lui un esclave de ses propres capacités, et sans, par conséquent, l'empêcher de se faire moine. Mais on ne peut pas non plus imposer les revenus supérieurs sans savoir s'ils proviennent réellement d'un talent supérieur car, s'ils sont dus seulement à des choix, ils n'ont pas à subir d'égalisation. À l'autre bout, le désavantage de ceux dont la situation est inférieure du point de vue des ressources peut être dû à un choix et non à un manque de talent, mais ce choix lui-même peut être lié à un manque de talent, comme dans le cas d'un individu

1. R. Dworkin, *Sovereign Virtue*, *op. cit.*, p. 88.
2. *Ibid.*, p. 93.
3. *Ibid.*, p. 91.

qui “choisirait” de devenir infirmier parce qu’il n’a pas le talent nécessaire pour devenir chirurgien.

Il faut ainsi viser à égaliser les ressources de manière à ce qu’elles soient ce qu’elles seraient si les talents étaient égaux, mais qu’elles soient néanmoins sensibles aux décisions prises par les individus eux-mêmes. La politique d’égalisation des ressources doit donc être un compromis entre l’exigence d’égalisation des différences dues aux talents et l’exigence de non-égalisation des différences dues aux choix personnels. Cependant, Dworkin prend bien soin de le souligner, il ne s’agit pas d’un compromis entre une exigence égalitaire et une autre exigence qui ne le serait pas ; les deux exigences viennent d’un idéal égalitaire unique, qui veut à la fois que les individus subissent les conséquences de leurs choix (dont ils sont responsables), et qu’ils n’aient pas à payer le prix de désavantages dont ils ne sont en rien responsables et qui sont moralement arbitraires (comme les différences de talents). En ce sens, une société qui ne ferait pas porter aux individus les conséquences de leurs choix ne pourrait pas du tout prétendre être une société qui traite tous ses membres avec un respect égal.

D’une certaine manière, dit Dworkin, le problème créé par la différence des talents n’est donc bien qu’un cas particulier du problème général posé par la neutralisation du hasard et la compensation des handicaps. Si je ne peux pas jouer au football comme le plus talentueux des joueurs, je souffre d’un hasard malheureux ou d’un « handicap » par rapport à la poignée d’individus qui en sont capables. Ce handicap est partagé par beaucoup mais il n’en existe pas moins. Or on a vu que, pour Dworkin, les handicaps dus au hasard devaient être compensés par un surcroît de ressources mesuré par ce que les individus seraient disposés à payer – sous forme de primes d’assurance – pour se garantir contre le risque d’être victime d’un tel handicap. Les handicaps ou les désavantages dus au défaut de talent peuvent être traités de la même manière.

On doit ainsi se placer dans l’hypothèse où les individus sont appelés à se garantir contre le manque possible d’un certain talent en souscrivant des polices d’assurance qui leur garantiront le versement de la différence entre le revenu dont ils jouiront effectivement et celui dont ils auraient pu jouir s’ils avaient eu le talent en question; pour les besoins de la démonstration, on suppose que les individus ignorent quels sont leurs talents et qu'ils savent en revanche quelle est la répartition des talents – du plus lucratif à celui qui l'est le moins – dans la population générale. Ils savent donc que la probabilité pour qu'ils aient le talent footballistique de Zinedine Zidane est très faible et que, en conséquence, la prime à acquitter pour se garantir contre le risque de n'avoir pas le revenu engendré par le talent footballistique de Zizou sera probablement très élevée, voire même exorbitante puisque la compagnie d'assurance est exposée au risque de payer de très fortes indemnités à ses souscripteurs éventuels. Étant donné le prix, il y aura probablement très peu d'amateurs pour ce genre de garantie[1]. Se prémunir contre le risque de ne pas avoir le talent de Zidane (et les revenus correspondants) est en outre très risqué pour une autre raison. Celui qui aura souscrit la police et qui se retrouvera avec les talents de Zidane ne recevra rien en échange des primes qu'il payera, mais il ne pourra pas cesser de les payer; et comme elles seront très élevées, il sera prisonnier de ses talents puisqu'il devra faire la carrière la plus lucrative possible (sans aucune possibilité de choix) pour acquitter les primes en question. Une très mauvaise affaire pour lui puisque ses choix seront drastiquement limités[2].

En revanche, on trouvera sans doute beaucoup d'amateurs prêts à souscrire une police d'assurance les garantissant contre le risque de ne pas avoir des talents moyens et un niveau de revenu correspondant. Beaucoup voudront se garantir des revenus correspondant à un niveau de talent moyen, et ils seront prêts à payer pour cela une prime qui sera très inférieure à celle qu'il faudrait acquitter pour se garantir les talents et les revenus de Zizou[3]. Au demeurant, il y aura beaucoup d'individus qui auront effectivement le niveau moyen de talents et les revenus correspondant au niveau auquel ils ont voulu s'assurer; n'oublions pas que ceux-là devront payer les primes sans rien recevoir en échange, et cela constitue un garde-fou très puissant

1. R. Dworkin, *Sovereign Virtue*, *op. cit.*, p. 94-95.

2. *Cf.* sur ce point, Christofidis, M. C. « Talent, Slavery and Envy in Dworkin's Equality of Resources » *Utilitas, A Journal of Utilitarian Studies*, 16 (2004), p. 267-28.

3. R. Dworkin, *Sovereign Virtue*, *op. cit.*, p. 99.

contre la tentation d'élever le niveau de talents et de revenu que l'on veut se garantir en souscrivant une assurance, car personne ne souhaite, pour avoir visé un peu haut, se trouver dans cette situation. Au fond, cette manière de voir est exactement parallèle à ce qui se passe dans le cas d'une assurance ordinaire contre l'incendie de notre domicile : on peut être tenté de souscrire une police qui surestime la valeur de notre maison ; si la maison brûle, nous touchons le gros lot, mais si elle ne brûle pas (et on peut consulter les statistiques pour déterminer cette probabilité), il faudra néanmoins payer les primes élevées liées à un tel contrat. Là aussi, c'est une bonne raison d'être très prudents.

Ce raisonnement est destiné, selon Dworkin, à établir qu'il existe un niveau moyen de talents et de revenus correspondants que les gens chercheront à se garantir en souscrivant une assurance s'ils sont dans une situation où ils ignorent quels seront leurs talents effectifs. Une fois que les talents et les niveaux de revenus qu'ils commandent sont connus, ceux qui sont au-dessus du niveau pour lequel tous se sont assurés ont "perdu" puisqu'ils ne recevront rien en échange de leurs primes ; mais comme la prime est assez faible, leur situation ne diffère guère de celle des gens qui assurent leur domicile contre l'incendie ou le vol : la maison ne brûle pas et n'est pas cambriolée, mais ils sont néanmoins disposés à payer les primes d'assurance pour parer à de telles éventualités. À l'inverse, ceux qui se trouvent en dessous du niveau moyen de talents et de revenus pour lesquels tous se sont assurés ont "gagné", puisqu'ils reçoivent une compensation en échange de leurs primes. Ils gagnent dans des proportions différentes puisque la compensation correspondra à la différence entre le niveau moyen de talent et de revenu garanti par l'assurance et le niveau de talent et de revenu réellement atteint par chacun. Bien entendu, ces compensations seront payées avec la masse des primes collectées et les primes elles-mêmes seront d'autant plus élevées que le niveau de revenu effectif le sera lui-même[1].

On peut dès lors, dit Dworkin, traduire ce raisonnement sur le marché hypothétique des assurances en structure fiscale. Il est en

1. R. Dworkin, *Sovereign Virtue*, *op. cit.*, p. 94-99.

effet possible de fixer le niveau de la fiscalité en déterminant contrefactuellement le montant des primes que les individus auraient été disposés, dans la situation prise comme hypothèse, à acquitter pour se garantir un niveau moyen de talents et de revenus correspondants[1]. On opère ensuite une redistribution en direction de ceux qui se situent au-dessous de ce niveau moyen ; les impôts payés par ceux qui sont au-dessus du niveau moyen – et qui ne bénéficient d'aucune redistribution – sont donc employés pour donner un surcroît de ressources à ceux dont les talents et les revenus sont inférieurs au niveau moyen. Pour compléter ce raisonnement on doit supposer que, sur le marché hypothétique des assurances, les individus sont informés que la prime qu'ils auront à payer pour se garantir un niveau moyen de talents et de revenus sera fonction des revenus et des talents qu'ils possèderont réellement lorsque le voile d'ignorance sur ce point sera levé ; elle sera évidemment d'autant plus élevée que ce niveau lui-même le sera[2]. Dans la structure fiscale que Dworkin est en train d'élaborer, il en va de même : les impôts seront progressifs, de sorte que chacun est assuré de bénéficier de mécanismes de redistribution lui assurant le niveau moyen dont il est question plus haut, et que le prix payé pour avoir cette garantie varie en fonction des revenus dont on dispose effectivement[3].

On voit comment s'organise, dans la problématique dworkinienne de l'égalité des ressources, le mécanisme de compensation des désavantages résultant de l'inégalité des talents. On établit un impôt progressif finançant des transferts de ressources qui compenseront les différences entre le niveau de revenu que l'on peut atteindre avec les talents que l'on a et le niveau moyen pour l'obtention duquel on s'est assuré. On arrive à une situation dans laquelle ceux qui ont moins de talents – et donc des revenus inférieurs - reçoivent des ressources additionnelles, mais pas au point de jouir des mêmes ressources que les plus talentueux. Le niveau auquel ces versements compensatoires se situent est déterminé non par une décision bureaucratique mais par des propositions contrefactuelles

1. R. Dworkin, *Sovereign Virtue*, *op. cit.*, p. 99-101.
2. R. Dworkin, *Is democracy Possible Here ? op. cit.*, p. 116-117
3. R. Dworkin, *Sovereign Virtue*, *op. cit.*, p. 100.

portant sur les décisions que prendraient les individus sur un marché hypothétique des assurances comme celui qui a été analysé par Dworkin. On remarquera aussi que, dans ce schéma redistributif, ceux dont les revenus sont les moins élevés (ils se situent au seuil minimal garanti par l'assurance) ne peuvent pas se plaindre d'être mal traités par le hasard car le revenu dont ils jouissent est aussi la conséquence des choix qu'ils ont faits en décidant de s'assurer à ce niveau ; ce sont eux qui, avec tous les autres, ont arbitré en faveur d'un niveau moyen et rejeté l'idée de se garantir un niveau de ressources plus élevé parce que, derrière le voile d'ignorance dworkinien, les primes à acquitter dans le cas où ils se trouveraient au-dessus du niveau choisi leur paraissaient trop élevées.

Dworkin montre ainsi que la notion de l'égalité des ressources nous porte dans deux directions distinctes : la répartition des ressources doit demeurer sensible aux projets, aux ambitions, aux décisions relevant de la personnalité de chacun, mais elle doit être insensible aux différences de dotations, c'est-à-dire qu'elle ne peut pas être légitimement affectée par une différence des talents du genre de celle qui conduit à des différences de revenu dans une économie de laissez-faire parmi des individus qui ont les mêmes projets et les mêmes ambitions. Et surtout, il montre qu'il est possible de procéder à cette compensation des talents sans porter atteinte au principe de responsabilité – c'est-à-dire sans rendre les choix des individus moralement indifférents – en l'instituant *ex ante* et non pas *ex post*. Affirmer que tous seront garantis contre les effets du hasard est incompatible avec un comportement responsable et moralement appréciable si la compensation de la malchance a lieu après qu'elle s'est produite ; mais cette incompatibilité s'évanouit dans un système de compensation qui revêt la forme d'un mécanisme d'assurance *ex ante*.

OBJECTIONS ET RÉPONSES

L'idée d'organiser ainsi une redistribution fiscale pour compenser la différence des talents est-elle sensée ? Il peut y avoir, selon Dworkin, deux objections opposées et symétriques : la première serait que la redistribution ainsi projetée est trop importante, tandis que la seconde soutient au contraire que cette redistribution n'est pas assez importante[1].

Pour juger du bien-fondé de la première objection, il faut rappeler les deux exigences auxquelles nous sommes censés avoir souscrit, et dont Dworkin affirme, dans *A Matter of Principle*, qu'elles sont les fondements jumeaux de la théorie de l'égalité des ressources[2]. La première de ces deux exigences porte que ceux qui ont choisi une vie onéreuse pour les autres doivent en supporter la responsabilité et doivent accepter d'avoir moins de ressources et moins de satisfactions que ceux qui ont opté pour un mode de vie dont le coût est moindre pour les tiers. Cette première exigence veut en particulier que ceux qui ont *choisi* des métiers moins productifs du point de vue de ce que les autres désirent et demandent aient des ressources résiduelles moins importantes (à condition, bien entendu, qu'il s'agisse effectivement d'un choix authentique). Elle affirme donc que les effets des choix que nous faisons en tant que personnes nous incombent et que nous avons à en payer les conséquences. Sans ce principe, l'idée que les individus sont responsables de leur existence est aussi contradictoire que celle qui consiste à tenter d'apprécier cette même existence d'un point de vue éthique.

La seconde des deux exigences veut à l'inverse que personne ne dispose d'un revenu inférieur à celui des autres pour l'unique raison qu'il aurait moins de chance, qu'il serait handicapé, ou qu'il aurait moins de talents. Les talents, en effet, ne sont pas une composante de la personnalité mais un élément du contexte où les individus sont situés; à ce titre, les désavantages liés à la possession de talents inférieurs doivent être compensés dans le cadre de la théorie de l'égalité des ressources et l'on a vu, avec la fiction de l'assurance hypothétique, comment Dworkin envisageait de déterminer le niveau auquel cette compensation doit s'effectuer. La raison de cette seconde exigence est la même que celle qui valide la première : comment apprécier la qualité morale d'une existence par rapport à une autre si celui à qui incombe la charge de construire cette existence de

1. R. Dworkin, *Sovereign Virtue*, *op. cit.*, p. 102.
2. R. Dworkin, *A Matter of Principle*, *op. cit.*, p. 207.

manière cohérente et adéquate est *arbitrairement* – c'est-à-dire sans faute de sa part – privé des moyens dont d'autres disposent pour cela ? Toute inégalité de ce genre implique que la communauté pense que cette existence est moins importante ou possède intrinsèquement – mais pour quelle raison ? – moins de valeur que les autres.

L'objection selon laquelle la redistribution envisagée serait trop importante implique l'idée qu'une telle redistribution viole la première exigence, c'est-à-dire qu'elle ne tient pas assez compte, dans la fixation de la structure des ressources, des choix dont nous sommes responsables[1]. La structure fiscale envisagée risque de redistribuer les ressources en direction de gens dont le niveau de revenu se situe en dessous de la moyenne garantie, non pas en raison de leur défaut de talents mais en raison des choix qu'ils ont faits, violant ainsi le principe cardinal qui veut que nul ne doit recevoir de ressources additionnelles sous prétexte qu'il ne dispose pas du niveau moyen de ressources alors qu'il aurait pu en disposer s'il avait fait des choix différents (par exemple, s'il avait choisi un métier plus lucratif, comme les talents dont il disposait le lui auraient permis).

Aux yeux de Dworkin, cette objection est cependant mal fondée, parce que, dans le système de primes que l'on a mis en place, on suppose que chaque individu travaille pour le niveau de revenu le plus élevé que ses talents lui permettent d'atteindre. On ne compensera donc que ceux qui n'avaient pas les talents pour atteindre le niveau de revenu moyen pour lequel on a voulu s'assurer, et ceux, bien entendu qui avaient les talents mais qui n'ont pas pu trouver de travail à ce niveau de revenu, mais en excluant de la redistribution ceux qui avaient les talents nécessaires pour se procurer le niveau moyen de revenus et qui ont fait le choix de ne pas exploiter ces talents à ce niveau. Ceci, bien entendu, ne dit rien sur les solutions qu'il faudrait mettre en œuvre, en pratique, pour distinguer entre les deux catégories de personnes ; en revanche, cela nous indique que l'idée d'égalité des ressources fait clairement cette distinction et que sa validité en dépend.

1. R. Dworkin, *Sovereign Virtue*, *op. cit.*, p. 103.

La seconde objection affirme à l'inverse que cette structure fiscale ne va pas assez loin dans le mécanisme de redistribution, et qu'elle risque de priver des bienfaits de la redistribution des individus dont les désavantages ne sont pas dus aux choix qu'ils ont faits mais à leur manque de talents; elle est donc fondée sur l'idée que les seules différences qui devraient subsister entre les niveaux de ressources des individus sont celles qui dérivent des choix qu'ils ont faits[1]. Dworkin reconnaît que, même si l'on met en œuvre le projet de fiscalité calculé à partir du niveau de revenu pour lequel les gens voudraient s'assurer, il restera des situations marquées par une inégalité de ressources qui ne sera attribuable ni aux choix effectués par les individus, ni aux différences de goûts, d'ambitions ou de conceptions du bien, en particulier parce que – irritant problème – certains choix sont effectués sous l'influence de la connaissance que les individus ont de leurs talents. Mais, dit Dworkin, il n'est pas possible de recommander un changement général qui serait en mesure de porter remède à cette situation; en revanche, la théorie de l'égalité de ressources permet de démontrer que toute mesure permettant de s'en rapprocher doit, si elle est praticable, être étudiée avec faveur. L'idée que de telles mesures devraient être rejetées parce que beaucoup d'individus verraient alors leur situation détériorée n'est pas une objection valable, puisque la structure de répartition des ressources qui existe actuellement dans le contexte de l'économie du laissez-faire ne jouit d'aucun statut privilégié. Les individus n'ont donc *a priori* aucun droit à la préservation des positions qu'ils y ont acquises[2].

Il est vrai en outre que, dans la structure fiscale envisagée, les individus les moins talentueux recevront une compensation qui ne les mettra pas à égalité de ressources avec les plus talentueux, puisqu'elle leur permettra seulement d'avoir le niveau de revenu moyen pour lequel chacun voudrait acheter une garantie si tous étaient placés dans une situation où ils ignorent leurs talents réels et les revenus qu'ils pourront en tirer. L'inégalité due aux talents subsiste donc puisque ceux dont les talents ne commandent que

1. R. Dworkin, *Sovereign Virtue*, *op. cit.*, p. 103-104.
2. *Ibid.*, p. 105-107.

des revenus inférieurs à la moyenne garantie ne seront compensés qu'au niveau de cette dernière, tandis que ceux qui ont des talents supérieurs à la moyenne auront, malgré la fiscalité qui pèse sur eux, des revenus bien supérieurs à cette moyenne. Zidane va devoir payer des impôts très conséquents, mais ses talents supérieurs vont quand même lui permettre des revenus réels bien plus confortables que ceux de l'individu moyen.

La réponse de Dworkin est donc que ceux qui sont en dessous de la moyenne *auraient pu* s'assurer pour avoir le revenu des plus talentueux ; or, ils n'ont pas voulu courir ce risque qui les exposait, au cas où leurs talents auraient été très élevés, à se trouver prisonniers de ces derniers et à devoir travailler dur pour payer les primes de l'assurance qu'ils auraient souscrite et qui se serait révélée inutile[1]. De plus, ces inégalités subsistantes – et dont on doit reconnaître qu'au fond, elles ne doivent rien aux projets, aux choix et aux ambitions des individus les moins favorisés – sont impossibles à éliminer sans provoquer un bouleversement intégral de la structure sociale : comment peut-on, en effet, imaginer un état social dans lequel tout le monde se verrait garantir les revenus annexés aux talents les plus élevés ?

Quel est, en fin de compte, l'argument décisif permettant d'affirmer qu'il n'est pas juste que des gens qui ont les mêmes ambitions que moi, les mêmes goûts, le même plan de vie, aient des ressources supérieures pour les satisfaire sous prétexte qu'ils ont des talents supérieurs ? On peut comprendre les raisons avancées par Dworkin si l'on revient à son idée de marché hypothétique des assurances. Cette idée oppose en effet, selon Dworkin, deux mondes possibles. Dans le premier, ceux qui sont désavantagés parce que leurs propres talents ne correspondent pas ou correspondent mal à ce que veulent les autres (c'est-à-dire à ce qu'ils veulent acheter) sont connus à l'avance, et ils supportent les conséquences de leur désavantage en termes de revenu. Il se trouve qu'ils ont moins de talents pour lesquels les autres sont disposés à payer et c'est tant pis pour eux. Leur vie est gâchée, la réussite éthique leur est rendue plus difficile qu'à d'autres ou impossible, mais cela nous est indifférent.

1. R. Dworkin, *Sovereign Virtue*, *op. cit.*, p. 104.

Dans le second monde, au contraire, il y a toujours des gens qui possèdent des talents pour lesquels les autres sont disposés à payer très cher, tandis que d'autres n'ont aucun talent ou ne possèdent que des talents pour lesquels les autres ne sont pas disposés à payer. Mais, dans ce second monde possible, on ne sait pas qui possède les talents pour lesquels les autres sont disposés à payer et qui en est au contraire dépourvu ; on y suppose au contraire, *ex ante*, que chacun a une chance égale de se trouver pourvu de talents lucratifs, mais aussi une chance égale de se trouver dans la position de celui qui est complètement dépourvu de talents pour lesquels les autres sont disposés à payer. Dans ce second monde, on donne alors à tous les membres la possibilité de souscrire une assurance qui leur permettra de se garantir un niveau moyen de talents que les autres veulent acheter (et par conséquent de revenus). En d'autres termes, on donne à tous le moyen de s'assurer contre la possibilité de se retrouver dans la peau de celui qui n'a aucun talent recherché par les autres et pour lequel ceux-ci seraient disposés à payer, et de se garantir, par le biais de cette assurance, un niveau de revenu équivalent à celui que procure la possession de talents moyens et moyennement recherchés par les autres. On fait donc en sorte que la possibilité de réussir son existence et de mener une vie bonne ne soit pas substantiellement affectée par de tels facteurs contingents, ou encore que le fait d'être dépourvu de talents que les autres veulent acheter n'affecte pas négativement la possibilité de disposer des ressources matérielles indispensables pour mener une vie éthiquement douée de sens.

La thèse avancée par Dworkin est que le concept d'égalité de valeur, de respect et d'attention qui est due à tous les êtres humains en tant qu'ils sont des êtres dotés d'une importance morale implique le second monde aux dépens du premier. Ce second monde est simplement plus égalitaire que le premier, et la raison en est que les ressources issues des talents y sont réparties – grâce au système d'assurance – de manière plus égalitaire[1]. L'impression contraire ne peut venir que de ce que, dans le monde réel, la disposition à souscrire une assurance garantissant des revenus moyens corres-

1. R. Dworkin, *Sovereign Virtue*, *op. cit.*, p. 106-107.

pondant à des talents moyens varie en fonction de ce que les individus savent à propos d'eux-mêmes, et en particulier du risque qu'ils encourent de se trouver dans la position de quelqu'un dont les revenus sont inférieurs au niveau commandé par des talents moyens. Mais cachons à tous les talents qu'ils possèdent et mettons-les dans une situation égale de revenu et d'exposition à ce risque, et la perspective changera. Ce voile d'ignorance dworkinien est infiniment moins épais que celui de Rawls, puisqu'il laisse aux individus la connaissance de leur personnalité propre, de leurs choix, de leurs ambitions et de leurs projets et qu'il ne dissimule à leurs yeux que les éléments – contingents – du contexte dans lequel ils auront à œuvrer pour réaliser ces projets. Il n'en permet pas moins de conclure que les individus souhaiteront que les contextes soient égaux et que les différences de talents soient compensées. Chacun, réfléchissant aux principes de justice qu'il veut sélectionner, cherchera, non pas à maximiser la quantité de biens premiers dont il disposera dans tous les cas, mais à se garantir au même titre que les autres la possibilité de mener une existence éthiquement douée de sens.

L'égalité des ressources n'est donc pas l'égalitarisme des revenus, mais les inégalités qu'elle laisse subsister entre ces revenus ne sont en aucun cas le reflet d'un compromis que l'égalité devrait passer avec d'autres valeurs comme la liberté ou l'efficacité économique. Pour Dworkin, c'est bien le concept d'égalité lui-même qui commande les deux exigences qu'il faut tenir ensemble : que la répartition des ressources porte la marque des choix opérés par les individus, de leurs ambitions, de leurs projets, mais aussi que cette répartition soit le moins possible marquée par des différences de talent et de capacité dont les individus n'ont ni la responsabilité ni le mérite. Toute tentative pour nier cette complexité, et pour affirmer que l'égalité ne doit prendre en compte que les *quantités* de ressources dont disposent abstraitement les individus, équivaut selon Dworkin à un “dogme” qui méprise les finesses analytiques du concept d'égalité. Loin de refléter la décision de ne pas laisser compromettre l'exigence égalitariste par des valeurs qui lui sont étrangères, elle barre la route à la possibilité même de montrer les raisons pour lesquelles l'égalité est un idéal politique à la fois incontournable et séduisant parce que – sans aucune discrimination, qui serait de toute manière impossible à fonder – il est la condition de la vie bonne pour chacun[1].

On voit comment, contrairement à la théorie rawlsienne – qui paraît décider *a priori* que les individus ne sont pas responsables de la situation dans laquelle ils se trouvent – Dworkin introduit dans le concept de justice une idée essentielle : il est *injuste* de ne pas considérer sérieusement l'hypothèse selon laquelle certains traits de la situation dans laquelle nous nous trouvons sont des conséquences de notre propre choix. Ignorer cette dimension serait manquer de respect pour les individus, les considérer seulement comme des parties d'un organisme social qui les détermine à être ce qu'ils sont et à faire ce qu'ils font. On peut et on doit donc vouloir une certaine forme d'égalité, mais pas au prix d'un renoncement aux principes cardinaux de l'individualisme, dans la mesure où la distinction entre le contexte – qui doit être égal pour tous – et la personne, qui n'est constituée que par la liberté de chacun et qui ne peut être égalisée sans tort fondamental, est indispensable à une pensée de la justice et de l'égalité authentiques. Une société est injuste si elle n'égalise pas les contextes dans lesquels les individus font leurs choix, mais elle est tout aussi injuste si, dans le mouvement d'égalisation auquel elle procède, elle ne préserve pas les différences et les inégalités qui sont les effets des choix que les individus ont faits dans des contextes égaux. La raison en est facile à comprendre : imaginons un monde comme notre partie de Monopoly du début, c'est-à-dire un monde où nos choix seraient sans impact sur notre situation ; dans un tel monde, tous les choix seraient absolument indifférents et la possibilité même de réfléchir à la manière dont il faut vivre – donc à la nature de la vie bonne – aurait complètement disparu.

1. R. Dworkin, *Sovereign Virtue*, *op. cit.*, p. 108.

CHAPITRE II

RONALD DWORKIN : DE LA DISTINCTION ENTRE LE CONTEXTE ET LA PERSONNE À LA FONDATION DES PRINCIPES DE L'ÉGALITÉ LIBÉRALE

C'est précisément le raisonnement par lequel Dworkin établit que l'individualisme libéral implique cette distinction – absente chez Rawls – entre le contexte et la personne, donc aussi entre ce qui est indépendant de notre volonté et ce qui dépend de nos choix, qui doit maintenant retenir notre attention. Pourquoi cette distinction est-elle indispensable à une théorie de la justice sociale ?

Il faut d'une certaine manière établir que le fondement même de l'individualisme libéral – qui est, aux yeux de Dworkin, son éthique ou sa conception de la vie bonne – implique la distinction entre le contexte et la personne. Si tout est contexte, c'est-à-dire si tout est égalisé, il n'y a plus aucune place pour une activité consistant à agir comme il convient dans un contexte donné ou, en d'autres termes, il n'y a plus aucune place pour l'idée même d'une réussite humaine, laquelle consiste précisément, selon Dworkin, à relever le défi que les circonstances où nous sommes placés nous imposent de relever. Si, quelles que soient nos options et nos choix, notre situation demeure identique, il n'y a plus aucune place pour l'idée d'une vie éthiquement réussie[1]. Mais inversement, si rien n'est contexte,

1. Pour Dworkin, la thèse rawlsienne n'est pas conforme à l'individualisme libéral car, littéralement, elle ne respecte pas les personnes puisqu'elle ne tient pas compte de leurs choix dans la manière dont elle répartit les ressources ; les personnes sont égalisées dans la mesure

c'est-à-dire si rien n'est égalisé, si chacun subit seul l'arbitraire des circonstances, la possibilité même d'une réussite humaine est à nouveau mise en cause car cette réussite, selon Dworkin, réside dans l'art de relever avec compétence le défi que nous imposent les circonstances dans lesquelles nous sommes placés. Or, il n'est possible d'être compétent dans l'art de relever ce défi que si l'on dispose d'une juste part des ressources sociales, et cette juste part ne peut à son tour être que la part à laquelle nous avons droit, c'est-à-dire une part égale selon l'acception de l'égalité des ressources. Peut-on dire d'un pâtissier qu'il a échoué à préparer un gâteau alors qu'il ne disposait pas de la farine nécessaire ? Peut-on dire d'un homme qu'il a échoué à mener une vie bonne alors qu'il ne disposait pas des ressources nécessaires dont l'emploi et la disposition adéquats définissent la vie bonne ?

Nous avons donc, selon Ronald Dworkin, de bonnes raisons morales d'adhérer à la distinction entre le contexte et la personne et de vouloir l'introduction du concept de responsabilité dans la théorie de la justice parce que, sans ces éléments, nous sommes incapables de concevoir ce que signifie la réussite humaine. À son tour – et cette thèse est capitale chez Dworkin – ce concept de réussite humaine nous est indispensable pour répondre à la question du fondement de l'obligation d'obéir et de conformer notre conduite aux principes politiques de la justice libérale. La question essentielle est en effet celle de savoir pourquoi nous devons traiter les autres avec justice, pourquoi nous devons faire allégeance – en conscience – aux institutions égalitaires du libéralisme politique alors même que ces institutions impliquent une attitude abstraite (l'impartialité) qui est en opposition avec nos attitudes spontanées. La réponse est que nous devons vouloir ces principes libéraux d'organisation sociale parce qu'ils forment l'unique contexte social dans lequel la notion de réussite humaine est pensable. Si nous aspirons à réussir notre existence d'un point de vue éthique et si cette réussite est

où elles disposent de ressources identiques quels que soient leurs choix. Ou encore, les personnes sont neutralisées, elles sont traitées comme si les choix qu'elles font étaient sans aucune importance (cf. *Is Democracy Possible Here*? *op. cit.*; *Justice in Robes*, *op. cit.*, chapitre 9).

impossible en dehors d'une société juste, nous avons une bonne raison éthique de vouloir la justice et de vouloir une structure institutionnelle qui traite tous les citoyens avec impartialité, au moment même où nos engagements personnels nous entraînent vers une attitude de partialité envers ceux que nous aimons et dont nous partageons les valeurs[1].

En ce sens, on pourrait dire que la distinction entre le contexte et la personne est indispensable à la validité de la notion d'une vie réussie et que, à son tour, cette notion de vie réussie est indispensable au fondement de l'obligation d'obéir aux règles égalitaires du libéralisme politique qui nous commandent de nous comporter de manière impartiale envers les autres et de leur accorder des ressources égales. Dworkin tente en effet de montrer qu'il est contradictoire de vouloir établir l'obligation des principes du libéralisme politique en faisant – comme le propose Rawls – l'économie de l'idée que ces principes se déduisent d'une éthique (c'est-à-dire d'une conception de la vie bonne) et qu'ils apparaissent comme les conditions d'une vie bonne. Nous ne pouvons vouloir être justes que parce que nous voulons bien vivre et parce qu'il est impossible de bien vivre sans être justes. Telle serait la formule de Dworkin.

Pour Dworkin, la notion de responsabilité est donc indispensable pour penser la validité du libéralisme, parce qu'un libéralisme sans responsabilité – comme celui de Rawls – est privé de principe de validité. Ou encore, s'il est impossible de fonder l'obligation que nous avons de conformer notre conduite aux principes politiques de l'impartialité libérale sans montrer que ces principes définissent le seul contexte possible dans lequel l'idée de réussite humaine peut être pensée et si, en second lieu, la notion de responsabilité – telle qu'elle apparaît à titre de conséquence de la distinction entre le contexte et la personne – est elle-même une notion indispensable à une pensée de la réussite de la vie, on doit en conclure que cette notion est essentielle à la politique libérale. Pour Dworkin, la question de savoir quelle est la bonne raison morale que nous avons d'adhérer aux principes du libéralisme politique et d'y conformer notre conduite enveloppe la question de savoir quelle bonne raison

1. R. Dworkin, « Roots of Justice », *loc. cit.*, p. 17-33.

nous avons de faire porter aux individus les conséquences de leurs propres choix; la réponse est qu'il serait injuste de négliger ces conséquences et de traiter identiquement des individus qui ont fait des choix différents. Quand nous aurons ensuite établi que nous avons de bonnes raisons morales d'être justes parce que, sans la justice, la réussite de notre existence est une impossibilité logique, nous aurons compris pourquoi nous avons de bonnes raisons morales de vouloir que la notion de responsabilité soit pensée comme une pièce maîtresse de notre philosophie politique libérale[1].

On verra toutefois que ceci ne permet pas pour autant de conclure qu'une telle notion de responsabilité est capable de figurer en tant que concept cohérent dans une théorie de la justice sociale. Cette question doit être l'objet d'un examen indépendant dont les conclusions négatives nous contraindront à renoncer au projet initial.

Si nous voulons comprendre le raisonnement dworkinien, il nous faut donc partir de la question du fondement de l'obligation morale que nous avons de conformer notre conduite aux principes de la société politique libérale, et en particulier de sa composante égalitaire et impartiale. Dworkin montre tout d'abord pourquoi Rawls est incapable de donner une réponse satisfaisante à cette question parce qu'il tente de le faire en séparant entièrement la question de la fondation du juste (la validité des principes politiques de la société libérale) de la question du bien (la notion de réussite de l'existence humaine). Il montre ensuite que nous ne pouvons espérer résoudre la question des fondements moraux de la validité des principes du libéralisme politique qu'en renonçant à cette séparation et en démontrant que les principes de la justice libérale sont les moyens indispensables de la réussite humaine. Nous sommes obligés de vouloir le juste parce que nous voulons le bien et parce que nous ne pouvons pas mener une vie bonne sans justice. La validité des principes de justice dérive de leur qualité de moyens indispensables de la vie bonne.

1. *Cf.* M. Clayton, « Liberal Equality and Ethics » *Ethics*, 113, (2002), p. 8-22; E. Sherwin, « How Liberal is Liberal Equality ? A comment on Dworkin's Tanner Lectures » *Legal Theory*, 1 (1995), p. 227-225; *cf.* aussi S. Champeau, « Ronald Dworkin, le libéralisme et l'égalité » *Revue Philosophique de Louvain*, 97 (1999) p. 550-580, en particulier p. 569-574.

L'ÉCHEC DE LA TENTATIVE RAWLSIENNE DE FONDATION DES PRINCIPES DU LIBÉRALISME POLITIQUE

Quelles bonnes raisons avons-nous d'adhérer aux principes politiques d'une société juste ? L'ambition de Dworkin vise à montrer que ces bonnes raisons existent et que, au contraire de ce que pensent la majeure partie des libéraux eux-mêmes, elles ne se trouvent pas dans le domaine de la politique mais dans celui de l'éthique. En d'autres termes, la thèse défendue par Dworkin est que ce sont nos convictions éthiques qui nous donnent de bonnes raisons d'adopter les principes centraux de la philosophie politique libérale, ou encore que notre conception de la vie bonne nous conduit tout naturellement à adopter une conception de la vie politique qui doit nous apparaître comme la condition de cette vie bonne. Ce sont donc bien des fondements éthiques, la manière dont nous définissons ce qu'est une vie réussie, qui nous commandent de faire une distinction tranchée entre le contexte dans lequel nous sommes placés et la personne que nous sommes grâce à ce que nous devons considérer comme nos propres choix ou nos propres décisions[1].

La thèse défendue par Dworkin s'écarte ainsi considérablement du courant principal de la réflexion politique représenté par Rawls, parce qu'elle considère qu'il est impossible d'établir la validité et le caractère obligatoire des principes de la justice politique libérale en partant de l'idée de la priorité du juste sur le bien : la neutralité des institutions publiques – elles se contentent d'égaliser les ressources sans juger ni les personnes ni leurs finalités – n'est pas un axiome mais un théorème qui se démontre à partir de la position antérieure de thèses sur la nature d'une existence humaine éthiquement réussie : c'est parce qu'il est impossible de mener une vie bonne dans des institutions sociales qui seraient dépourvues de ce caractère

1. Comme on va le voir, la faiblesse de la démonstration de Dworkin réside dans le fait qu'elle établit qu'il existe une sorte d'exigence libérale de la distinction entre le contexte et la personne sans pour autant montrer que cette distinction – nécessaire selon lui à la validation de la politique libérale – est possible ou susceptible d'être défendue comme une distinction fonctionnellement cohérente. Dworkin montre que nous ne pouvons être libéraux si nous ne disposons pas de cette distinction, mais il ne montre pas que cette distinction est philosophiquement saine et il ne tente pas réellement de la défendre contre les critiques qu'elle suscite immanquablement.

de neutralité que nous sommes obligés de soutenir de telles institutions[1]. Dès lors, la thèse de Dworkin est que l'entreprise rawlsienne de démonstration du caractère obligatoire des principes de justice (qui prétend faire l'économie de toute référence à l'idée du bien) est une impasse car, sans conception éthique préalable, l'obligation ne peut jamais se constituer. En d'autres termes, les principes de l'équité libérale ne pourront jamais être validés que parce qu'on montre qu'ils sont indispensables à la réalisation d'une conception du bien que Dworkin espère pouvoir établir comme suffisamment large pour être une conception éthique reconnaissable, mais en même temps comme suffisamment mince pour être partagée de manière universelle par tous les membres des sociétés libérales contemporaines[2].

Pourquoi Dworkin est-il convaincu que la stratégie rawlsienne de fondation des principes politiques du libéralisme est vouée à l'échec ? La raison essentielle est que cette entreprise, parce qu'elle repose tout entière sur la séparation du juste et du bien, ne peut nous donner que des raisons *prudentielles* de vouloir une société morale : elle est incapable de nous donner des raisons *morales* de vouloir une société juste et de conformer notre conduite à ses principes.

Dworkin ne croit pas au succès de la tactique rawlsienne de séparation radicale entre l'éthique et la politique. Comment, en effet, peut-on appeler les individus à compartimenter leur existence au point d'avoir deux attitudes opposées selon qu'il s'agit de décider ce qui vaut pour eux-mêmes ou, au contraire, de décider ce qui doit être mis en œuvre dans la sphère publique et par les moyens coercitifs de la politique[3] ? Comment peut-on prétendre qu'il est non

1. R. Dworkin reconnaît avoir changé d'avis par rapport à ce qu'il affirmait dans ses travaux antérieurs et en particulier dans *A Matter of Principle*. Il entend désormais dire que la thèse de la neutralité des institutions politiques n'est pas un axiome mais un théorème. Un axiome est ce que nous postulons sans pouvoir le démontrer et que nous utilisons dans la démonstration des théorèmes ; un théorème est une proposition que nous pouvons démontrer à l'aide de propositions plus fondamentales dont certaines au moins seront des axiomes. La tolérance est-elle un postulat que nous posons sans pouvoir le démontrer, ou bien s'agit-il d'une proposition démontrable de la philosophie politique libérale ? Dworkin opte désormais pour cette seconde solution.

2. R. Dworkin, *Foundations of Liberal Equality*, *op. cit.*, p. 209.

3. *Ibid.*, p. 193-196.

seulement légitime mais indispensable de faire appel à nos propres convictions éthiques et à la manière dont nous concevons la vie bonne dans le premier cas, et affirmer en même temps que ce genre de considérations doit être absolument banni dans le second cas? Comment comprendre que la partialité envers nous-mêmes et ceux qui nous sont proches soit légitime lorsque nous agissons dans la sphère privée alors qu'elle serait absolument illégitime dans la sphère publique, où nous devons toujours nous abstenir de juger les personnes et leurs aspirations et nous contenter d'exiger que les institutions traitent toutes les personnes avec le même respect? Pourquoi n'aurions-nous pas le droit de défendre nos convictions et nos attachements les plus profonds par les moyens de la politique? Pourquoi, si nous sommes convaincus qu'un mode de vie est intrinsèquement meilleur qu'un autre, n'aurions-nous pas le droit d'agir en politique pour le faire partager à nos concitoyens au lieu d'insister sur l'idée que chacun doit demeurer responsable de ses choix et de ses finalités[1]? Pourquoi devrions-nous adopter cette attitude profondément contraignante et profondément anti-naturelle qui consiste à laisser nos conceptions du bien au vestiaire lorsque nous entrons dans l'arène politique, et à nous contenter de créer des conditions égales de réalisation des divers projets dont les citoyens sont porteurs?

L'argument de Dworkin vise donc à montrer qu'il y a des difficultés dans l'idée de neutralité politique. Il reconnaît ainsi la parenté de sa propre démarche avec celle des communautariens contemporains qui ne voient pas comment l'on pourrait éviter de partir d'une définition de ce que nous voulons pour nous-mêmes, du bien que nous poursuivons, des idéaux éthiques que nous défendons, lorsque nous agissons en politique[2]. La définition libérale de la politique comme sphère neutre paraît donc en contradiction profonde avec l'anthropologie libérale qui reconnaît et valide – comment pourrait-il en être autrement – l'importance essentielle

1. R. Dworkin, *Foundations ...*, *op. cit.*, p. 202.

2. *Cf.* M. Sandel, *Democracy's Discontent, America in Search of a Public Philosophy* (1996), pour cette volonté de recentrer le débat politique autour des attachements éthiques fondamentaux.

et constitutive des idéaux éthiques dans l'ensemble des démarches qui, aux yeux des individus, comptent véritablement.

Comment concilier les deux perspectives? La première stratégie – celle de Rawls – consiste à dire que les deux attitudes ne se situent pas sur le même plan : celle que nous adoptons dans notre vie privée est naturelle, tandis que celle que nous adoptons dans la vie publique est un artifice que nous adoptons et pratiquons parce qu'il nous permet de surmonter nos différences de conceptions éthiques. La neutralité et le détachement ne sont des attitudes naturelles pour aucun de nous, mais nous consentons tous à les adopter dans certaines circonstances (lorsqu'il s'agit d'employer les moyens de coercition de l'État) parce que, sans cela, nous ne pourrions pas parvenir à un accord sur l'usage qu'il convient de faire de la sphère politique et de ses instruments. Chacun de nous voudrait imposer ses propres convictions dans la sphère politique, mais comme aucun de nous ne le peut à cause de la divergence de ces convictions, nous convenons de dire que la sphère politique ne sera pas le lieu de la mise en œuvre de convictions éthiques – quelles qu'elles soient – par les moyens de la coercition et des institutions[1].

En ce sens, l'attitude détachée que nous adoptons en politique n'est pas, aux yeux de Rawls, en contradiction avec l'attitude engagée que nous adoptons dans notre vie personnelle. Tout au contraire, elle en est la suite logique car elle nous permet de disposer négativement d'une assurance que la force et les institutions ne seront pas mises au service de convictions qui ne sont pas les nôtres et, surtout, elle nous assure que cette force et ces institutions ne seront jamais utilisées pour réprimer ou pour supprimer nos propres convictions. La divergence des attitudes s'explique donc par un motif unique, qui est le souci de pouvoir donner librement cours à nos convictions personnelles dans la sphère privée, sans avoir à redouter de voir la force publique mise au service des convictions de nos adversaires. Une telle manière de raisonner présente l'évident avantage de pouvoir déterminer des individus très différents les uns des autres à adopter les mêmes principes politiques libéraux sans les

1. J. Rawls, « La théorie de la justice comme équité, une conception politique et non pas métaphysique » in *Justice et Démocratie* (1993) ; *Libéralisme politique*, *op. cit.*, p. 171 *sq.*

appeler à en faire le centre de leurs convictions personnelles, sans leur demander de les reconnaître comme un idéal moral qu'ils doivent suivre dans leur existence privée[1].

Quels sont les arguments qui permettent à Dworkin d'affirmer que cette stratégie de conciliation entre les deux perspectives (qu'il appelle une stratégie discontinuiste[2]) est une impasse? Comment Dworkin entend-il montrer que les principes du libéralisme politique (des ressources égales pour des personnes également libres et responsables de leurs choix) ne peuvent être validés par le biais de cette stratégie qui refuse de déduire le juste du bien et qui prétend au contraire instaurer l'obligation des principes de justice sur une base entièrement indépendante de l'éthique[3] ?

Cette stratégie, dit Dworkin, cherche à isoler les raisons qui pourraient pousser des individus qui ont des engagements et des convictions éthiques profondément ancrés en eux à adhérer aux principes libéraux, et à valider l'obligation qu'ils auraient de conformer leurs actions publiques à ces principes. Quand je suis un individu animé par des convictions éthiques profondes – et quand ces convictions ne me portent pas naturellement à considérer la justice libérale comme un idéal de vie personnelle – qu'est ce qui peut me déterminer à considérer néanmoins que je *dois* mettre de côté mes convictions et à considérer que, en politique, je ne *dois pas* agir par l'intermédiaire de la force et des institutions pour imposer mon point de vue (par exemple quand moi et ceux qui pensent comme moi sommes majoritaires)[4]. Ou encore : quelles bonnes raisons avons-nous de refuser toute forme d'action coercitive et politique qui viendrait se substituer à l'exercice de la responsabilité personnelle et qui prétendrait dicter aux individus les choix qu'ils doivent faire ? Quelles bonnes raisons avons-nous de vouloir que chacun puisse et doive assumer la responsabilité de ses propres finalités et de vouloir que la puissance publique limite sa compétence à donner à tous des moyens égaux de mener à bien leurs

1. J. Rawls, *Libéralisme politique*, *ibid*; *Justice as Fairness*, *op. cit.*, § 54-57; « L'idée d'un consensus par recoupement », in *Justice et démocratie*, *op. cit.*

2. R. Dworkin, « Roots of Justice » *loc. cit.*, p. 24-30.

3 R. Dworkin, *Foundations…*, *op. cit.*, p. 196-197.

4. *bid.*, p. 212-213.

propres entreprises (ou du moins des moyens qui, sans être égaux, peuvent être considérés comme une traduction concrète plausible de l'égalité de respect qui est due à tous)[1] ?

La théorie du contrat social tente de répondre à cette question en montrant qu'il est de l'intérêt personnel de chacun de souscrire à des principes qui traitent l'ensemble des individus également, qui leur confèrent les libertés de base, et qui sont fondés sur la tolérance, c'est-à-dire sur l'idée que la force ne doit jamais être mise au service d'une conception éthique aux dépens d'une autre[2]. Néanmoins, dit Dworkin, une telle réponse est fort peu satisfaisante car – cet argument est classique[3] – l'égalité n'est pas dans l'intérêt de chacun puisqu'il n'est pas dans notre intérêt que les autres jouissent des libertés dont nous jouissons. On sait également qu'il peut parfaitement se produire que certains individus n'éprouvent pas d'intérêt pour des libertés de base étendues[4].

Il nous faut donc un argument d'ordre moral. C'est-à-dire un argument portant sur la manière dont il convient de traiter les autres, de répondre à leurs besoins et à leurs ambitions. Nous ne pouvons pas nous contenter de dire que chacun a un intérêt personnel à souscrire un pacte social ouvrant la voie à une politique tolérante (ce qui n'est pas toujours vrai), mais nous devons aussi montrer que chacun de nous y a un intérêt moral, c'est-à-dire que la création d'une politique de ce genre aurait pour effet de satisfaire notre intérêt moral profond qui consiste en ce que les autres (tous les autres) soient conjointement traités avec un respect égal et tenus d'assumer la responsabilité de leurs choix. Pour le dire autrement nous devons faire apparaître la politique d'égalisation des ressources pour des personnes également libres, non pas seulement comme un compromis qui pourrait éventuellement satisfaire notre intérêt personnel, mais comme un système de principes dotés d'une force morale

1. R. Dworkin, *Is democracy Possible Here* ? (2006).

2. R. Dworkin, *Foundations…*, *op. cit.*, p. 203-204.

3. *Cf.* en particulier H.L.A. Hart, « Rawls on Liberty and its Priority » *in* N. Daniels (éd.) *Reading Rawls* (1975).

4. R. Dworkin, *Sovereign Virtue*, *op. cit.*, p. 276-278 ; comme le suggère Dworkin, fonder l'obligation des principes de la justice libérale sur l'intérêt que nous avons à les respecter rendrait cette fondation otage de faits empiriques qui peuvent ne pas exister.

obligatoire autonome (qui ne repose pas seulement sur les effets, nécessairement contingents, qu'ils sont capables de produire).

Rawls tente de nous donner une telle raison morale de nous plier aux principes de la moralité libérale en montrant que ces principes seraient choisis dans une situation de rationalité et d'impartialité parfaites[1]. Le fondement de l'obligation des principes de la justice n'est donc pas qu'ils sont réellement acceptés, mais le fait qu'ils *seraient* acceptés par tous dans une situation de rationalité et d'impartialité parfaite. Mais la question est de savoir si nous pouvons décoder cette proposition pour montrer qu'elle contient une raison morale identifiable comme une raison qui pourrait exister dans la vie personnelle d'un individu. Avons-nous de bonnes raisons morales d'être justes d'après Rawls ?

On ne peut pas faire appel aux types de raisons morales qui existent dans la vie courante car aucune d'entre elles ne nous incite à être impartiaux envers les autres ou à ignorer nos propres convictions lorsque nous traitons avec eux. Aucune de ces raisons morales ne nous dit que nous agissons injustement lorsque nous nous préoccupons essentiellement de nous-mêmes et de ceux qui nous sont proches. Elles ne nous disent pas non plus que nous agissons injustement lorsque nous cherchons à promouvoir le bien de ceux qui partagent nos convictions éthiques en les assistant dans leur vie privée plus que nous ne le faisons lorsqu'il s'agit de personnes qui ne partagent pas nos propres engagements. Bref, de telles idées n'expliquent pas du tout pourquoi nous devrions nous conduire de façon impartiale dans certaines occasions.

Peut-être est-ce la nature de l'occasion qui est en cause. L'impartialité est requise lorsque nous entrons dans la sphère de la politique parce que celle-ci recourt à la coercition. T. Scanlon suggère par exemple que chacun a une obligation, lorsqu'il agit d'une manière qui affecte sérieusement les autres (donc lorsqu'il agit par les moyens coercitifs de la politique), d'observer des principes que

1. *Cf.* R. Dworkin, *Taking Rights Seriously*, (1978) chapitre 6 pour l'analyse et la critique détaillée de la position rawlsienne.

les autres ne pourraient pas raisonnablement rejeter[1]. Cependant, dit Dworkin, on voit très mal comment une telle règle peut nous déterminer à agir de manière impartiale parce qu'il reste à considérer ce que nous allons définir comme *raisonnable*. Or notre idée des principes que les autres ne pourraient pas raisonnablement rejeter reflète nos propres convictions sur ce qu'est une vie bonne[2]. Il s'ensuit que si nous appliquons le critère de Scanlon, nous n'arrivons pas à une attitude d'impartialité et de tolérance : nous appliquons la coercition à tous ceux qui, d'après nous, ne se conduisent pas raisonnablement en rejetant les principes d'après lesquels nous nous proposons de nous conduire nous-mêmes[3]. S'il nous paraît évident qu'une vie dépourvue de liens communautaires est un gâchis, ou que l'avortement est un mal, ou que les programmes d'assistance sociale sont immoraux parce qu'ils sapent la confiance en soi, ou que l'argent détenu par les individus devrait refléter leurs talents, nous penserons très certainement qu'il est très déraisonnable de la part des autres de rejeter les principes auxquels nous adhérons. Nous ne verrons donc aucun inconvénient à agir avec eux par la voie de la coercition car nous sommes convaincus qu'ils agissent déraisonnablement en refusant de se plier spontanément aux principes que nous proposons[4].

Dworkin montre qu'il existe sans aucun doute un critère plus raffiné de la raisonnabilité. On peut dire par exemple qu'il est raisonnable d'objecter à une politique si cette politique nous désavantage alors qu'il existerait une autre politique produisant les mêmes avantages globaux sans présenter ce désavantage pour nous et sans créer de nouveau désavantage pour d'autres secteurs de la population[5]. En revanche, il n'est pas raisonnable d'objecter à une politique si une telle politique alternative n'existe pas car le désavantage que nous subissons ne peut pas nous être équitablement

1. Scanlon, *What We Owe to Each Other* (2000), chapitre 5; « Contractualism and Utilitarianism » *in* Sen and Williams (éds.) *Utilitarianism and Beyond* (1982).

2. *Cf.* S Mulhall et A. Swift, *Liberals and Communitarians* (Oxford, 1992), p. 280.

3. Pour une critique des principes contractualistes de Scanlon, *cf.* P. Pettit, « Two Construals of Scanlon's Contractualism », *The Journal of Philosophy*, XCVII/1, (2000).

4. R. Dworkin, *Foundations*..., *op. cit.*, p. 215-216.

5. *Ibid.*, p. 217.

épargné. Mais cette reformulation ne sert à rien car c'est maintenant l'idée de désavantage qui est sujette à caution : nous pensons désormais que le fait d'imposer aux autres notre propre conception morale ne constitue pas du tout pour eux un désavantage. Cette idée de désavantage ne peut en effet être rendue indépendante de nos convictions éthiques. Si nous pensons par exemple que l'homosexualité est une forme de vie digne et décente, nous serons convaincus qu'une loi qui en interdit la pratique impose un très lourd désavantage à ceux qui veulent avoir une vie de ce genre. Mais, si nous pensons au contraire que l'homosexualité est une forme de vie dégradante et répugnante, nous ne voyons pas comment la loi qui la prohibe pourrait introduire un désavantage pour qui que ce soit ; au contraire, nous pensons que nous protégeons les homosexuels contre leurs tentations ignobles et que nous leur rendons service ! Nous pensons aussi que la communauté trouve un très grand avantage à ne pas avoir à subir le spectacle public d'une pratique aussi honteuse.

La thèse de Rawls diffère de celle de Scanlon parce qu'elle tente de fonder l'obligation des principes de justice en montrant qu'ils représentent la meilleure interprétation possible des convictions en matière de justice qui sont latentes dans notre société. Mais, dit Dworkin, on voit mal comment il est possible d'identifier ces conceptions latentes comme des conceptions portant sur la justice si l'on ne dispose pas déjà – au préalable – de principes de justice pourvus d'une force obligatoire. Comment savoir que l'intuition selon laquelle l'esclavage ne doit pas être toléré est bien une intuition portant sur la justice si l'on ne dispose pas de principes de justice antérieurs[1] ? Or, si les principes de justice sont indispensables à l'identification des intuitions portant sur la justice, ces dernières ne peuvent pas nous servir à établir la force obligatoire des principes de justice eux-mêmes. Nous devons donc avoir une théorie de la justice pour être en mesure de décider quelle est la meilleure interprétation possible de nos intuitions latentes en la matière. Mais cette théorie doit à son tour disposer d'un fondement de validité qui sera indépendant de sa capacité à présenter certaines

1. R. Dworkin, *Foundations...*, *op. cit.*, p. 218-220.

intuitions latentes comme des intuitions de justice et à en fournir une explication. Dès lors, il n'est possible d'identifier certaines convictions latentes dans notre société comme des convictions portant sur la justice que lorsque nous possédons déjà des principes de justice qui sont pourvus d'une force catégorique d'obliger et que nous sommes capables de défendre autrement qu'en disant qu'ils sont en accord avec les convictions latentes en question. Il y aurait un cercle vicieux à dire que ces principes nous obligent parce qu'ils sont une systématisation et une mise en forme de nos intuitions alors que nos intuitions elles-mêmes n'ont ce caractère d'intuitions de justice que parce qu'elles sont en accord avec certains principes que nous avons déjà par ailleurs.

Résumant ses objections à la stratégie discontinuiste, Dworkin souligne donc que, dans cette perspective,

> le libéralisme n'est pas construit de manière à étendre au champ de la politique les perspectives compréhensives personnelles de quiconque, mais de manière à mettre de côté au moins une partie de ces convictions personnelles lorsqu'il est question de politique[1].

Mais cette stratégie ne peut pas réussir si elle ne montre pas d'où exactement proviennent la force obligatoire et le caractère moral des principes de justice. Or, sur ce plan, l'échec est patent.

Résumons. Tout d'abord, on ne peut pas montrer que les principes ordinaires de la morale nous demandent d'adopter cette perspective politique neutraliste et très austère pour le domaine de la politique, parce qu'ils vont clairement dans le sens opposé : celui de la partialité. Ensuite, on ne peut pas non plus fonder la force catégorique des principes du libéralisme politique dans un quelconque principe de raisonnabilité puisque la raisonnabilité ne peut être définie indépendamment des convictions éthiques. Enfin on ne peut pas soutenir que ces principes sont obligatoires parce qu'ils représentent la meilleure interprétation de nos intuitions latentes en matière de justice puisqu'il nous faudrait déjà disposer de principes valides pour être en mesure d'identifier sans arbitraire ces intuitions comme des intuitions de justice.

1. R. Dworkin, *Foundations…*, *op. cit.*, p. 222.

On ne voit donc pas comment les principes de la justice libérale pourraient obliger ceux qui ne sont pas convaincus qu'ils représentent la forme de vie la plus excellente, pas plus qu'on ne voit comment on pourrait offrir à ceux qui sont convaincus qu'ils représentent la forme de vie la plus excellente, une raison d'y conformer leur conduite qui serait indépendante de cette conviction elle-même[1].

DÉDUIRE LES PRINCIPES POLITIQUES D'UNE THÉORIE DE LA VIE BONNE LA CONCEPTION LIBÉRALE DE LA VIE BONNE

Ces difficultés conduisent Dworkin à formuler une stratégie alternative de justification des principes de la justice libérale : nous ne pouvons, dit-il, trouver une raison non pragmatique d'être justes qu'à la condition de comprendre la justice comme une attitude morale *en continuité* avec nos convictions personnelles profondes. Dans ce cas en effet, nous pourrons dire que nos attachements nous conduisent directement, sans solution de continuité, à l'impartialité et à l'égalité. L'enjeu consiste à montrer que, de l'intérieur même de notre conception de la vie bonne ou réussie, surgissent des raisons qui nous incitent à concevoir la société juste et légitime comme une société qui égalise les ressources dont disposent les individus tout en leur laissant la responsabilité de leurs projets. La distinction entre le contexte et la personne est une conséquence d'une conception partagée de la vie bonne qui est au fond de l'éthique libérale.

Comment comprendre le projet d'une telle stratégie continuiste ? Il s'agirait d'élaborer une éthique libérale, c'est-à-dire une conception spécifiquement libérale de la vie bonne, pour montrer ensuite que les principes de la justice libérale se déduisent de cette conception et sont en harmonie avec elle. Dès lors, les principes politiques du libéralisme seraient justifiés et pourvus d'une force obligatoire non pas au moyen d'un critère indépendant et dépourvu de tout contenu éthique, mais parce qu'ils découleraient de notre conception du bien. Ceci reviendrait au fond à établir que les

1. R. Dworkin, « Roots of justice », *loc. cit.*, p. 30-31 ; *Justice in Robes*, *op. cit.*, p. 253 ; Mulhall and Swift, *Liberals and Communitarians*, *op. cit.*, p. 277-282.

principes de la justice libérale font partie de notre conception du bien, tout en soulignant que, pour les intégrer à une telle théorie du bien (ou les mettre en continuité avec une telle théorie), il faut en reformuler la version rawlsienne de manière à y intégrer le principe de responsabilité[1]. Loin de prétendre que la politique doive se caractériser par la mise entre parenthèses de nos convictions morales les plus profondes, la stratégie continuiste suppose au contraire que « toutes les convictions éthiques de l'individu continuent d'être disponibles pour lui en politique », et que la politique libérale – correctement reformulée de manière à exclure la version rawlsienne du principe de différence – correspond précisément aux convictions les plus profondes et les plus « compréhensives » des individus sur ce que constitue une vie bonne ou une vie réussie. Dans une telle conception, dit Dworkin, « l'éthique et la politique sont à ce point mêlées que certaines des questions les plus profondes touchant le caractère de la vie bonne sont aussi des questions politiques »[2].

On comprend dès lors pourquoi, la stratégie continuiste ne pose pas la justice et la neutralité libérale comme des axiomes mais comme des théorèmes, c'est-à-dire comme des propositions dont il faut montrer la validité et le caractère obligatoire à partir de principes éthiques plus fondamentaux. En ce sens, l'éthique libérale espère être en mesure de montrer aux gens pourquoi ils *doivent* être justes sans avoir à *postuler* le principe de l'égalité impartiale et sans avoir à laisser dans le flou la question centrale des raisons morales pour lesquelles nous devons conformer notre conduite publique aux principes de l'égalité libérale et de la garantie de libertés et de ressources égales pour des personnes qui doivent assumer la responsabilité de leurs propres choix.

Par la force des choses, l'éthique libérale dont Dworkin envisage ici de faire le fondement moral de la politique libérale devra être très abstraite, puisqu'elle ne pourra être composée de principes éthiques qui font l'objet de controverses entre les membres de la communauté. Elle devra donc avoir, selon l'expression de Dworkin, « un caractère structurel et philosophique plus qu'un aspect substantiel »,

1. R. Dworkin, *Foundations...*, *op. cit.*, 207.
2. *Ibid.*, p. 208.

puisque, ne pouvant préciser quelles sont les formes concrètes de vie qui sont bonnes, elle devra mettre l'accent plus sur des manières de vivre son existence que sur des résultats. Il devra donc s'agir d'une conception de la vie bonne qui soit suffisamment large pour accueillir des formes de vie concrète très différentes les unes des autres et pour les reconnaître les unes et les autres comme des formes de la vie bonne. Inversement, cette éthique devra cependant être suffisamment épaisse ou substantielle pour comporter des raisons morales d'adhérer à la politique libérale, c'est-à-dire que sa substance éthique devra être suffisante pour contenir des raisons éthiques de vouloir adhérer aux principes politiques du libéralisme et de traiter les individus selon la norme de l'égalité de valeur et de l'impartialité. Elle devra donc être suffisamment concrète pour permettre de rejeter toutes les conceptions non-libérales de la politique, c'est-à-dire toutes les conceptions qui prétendent nier la validité des deux exigences jumelles de la justice libérale : égalité des ressources ou des contextes, responsabilité de nos choix ou de notre personne.

Pour progresser sur la voie d'une éthique libérale, Dworkin commence par rappeler à quel point il est difficile de comprendre comment nous pouvons avoir l'obligation de vouloir des principes politiques – égalité des ressources, impartialité de l'État, neutralité vis-à-vis des divers modes de vie – manifestement contraires à nos engagements éthiques les plus fondamentaux, qui nous entraînent au contraire à manifester une certaine partialité à l'égard de ceux dont nous approuvons ou partageons les valeurs, à penser que tous les modes de vie n'ont pas la même valeur, à inciter ceux qui nous sont proches à adopter le mode de vie qui nous paraît le plus conforme à ce que nous pensons être la vie bonne. Comment, dès lors, est-il possible de déduire l'attitude impartiale que le libéralisme nous demande d'adopter en politique de nos convictions éthiques personnelles, alors que celles-ci sont toutes fondées sur une partialité légitime envers ce qui nous paraît le meilleur ?

Rawls, on l'a vu, pensait pouvoir contourner cette question en affirmant que l'impartialité est un point de vue en faveur duquel nous ne nous engageons pas et qui ne représente jamais qu'un compromis artificiel sans continuité avec nos convictions personnelles. Mais le prix qu'il paye, comme le montre Dworkin, est particulièrement élevé puisque le défaut d'engagement personnel envers les principes politiques impartiaux du libéralisme politique laisse ceux-ci *sans fondement moral* et interdit de comprendre en quoi et pourquoi ils nous obligent au-delà de l'intérêt personnel que nous pouvons éventuellement trouver à leur application[1].

Mais lorsque nous fermons cette voie à cause de ses conséquences, nous nous retrouvons en présence d'une question qui paraît extrêmement difficile à résoudre : quelles raisons (morales) avons-nous de nous engager en faveur du désengagement ? Quelle est la partialité en faveur de notre intérêt moral qui nous conduit à vouloir l'impartialité dans certains cas ? Ou encore : pourquoi est-il de notre intérêt moral d'être justes ? En quoi le fait que tous les individus soient traités également satisfait-il en nous un intérêt moral ? En quoi le principe qui demande d'allouer des ressources équivalentes à des personnes qui assument également la responsabilité de leurs choix est-il un principe d'organisation sociale indispensable à la satisfaction de notre aspiration morale la plus profonde, celle qui consiste à bien vivre ou à réussir notre propre existence ?

Ce n'est que si l'on peut répondre à cette question que l'on pourra comprendre pourquoi nous avons une obligation d'être justes et de respecter les principes politiques de l'égalité libérale, pourquoi ce respect émane de nos convictions morales les plus profondes et les plus personnelles et pourquoi, en un certain sens, il doit être vrai que nous devons vouloir la justice comme égalité des ressources (ainsi que la distinction entre le contexte et la personne qui l'accompagne), parce que cette théorie satisfait nos intérêts moraux personnels les plus élevés et parce qu'elle est une conséquence et un aspect de notre conception du bien la plus intime. Bref, s'il est vrai que Rawls échoue à montrer que nous devons être justes parce qu'il se prive indûment de la possibilité de dire qu'il faut être juste parce que la justice est un bien, il reste à montrer pourquoi cette justice libérale fait nécessairement partie de notre conception du bien, de notre éthique, de notre conception d'une vie bonne et réussie. Pourquoi est-il bon d'être juste ? Quelle conception du bien faut-il adopter pour que la justice – au sens d'une égalité des ressources qui laisse

1. *Cf.* J. Rawls, *Théorie de la Justice*, § 42.

chacun libre de faire ses propres choix – en fasse nécessairement partie ? Cette conception du bien est-elle convaincante ?

Pour répondre à ces questions, il faut précisément essayer de comprendre ce que signifie la notion d'intérêt *moral,* car c'est de là qu'il faut partir pour montrer ensuite que le principe libéral consistant à allouer des ressources équivalentes à des personnes également responsables de leurs choix est la seule manière de satisfaire cet intérêt fondamental.

Pour cela, Dworkin propose de distinguer entre deux formes de l'intérêt ou deux formes de bien-être : le bien-être volitionnel, qui consiste à avoir ce que l'on veut ou à réussir à faire ce que l'on voulait faire, et le bien-être critique, qui consiste à vouloir ce que l'on devrait vouloir ou à réussir à faire ce que l'on devrait vouloir réussir à faire[1]. Comme cette seconde notion est particulièrement sujette à caution, Dworkin propose de la définir de la manière suivante : le bien-être critique consiste à vouloir faire ou à désirer réussir à faire ce qui est tel que notre vie serait moins bonne si nous ne le voulions pas et si nous ne désirions pas réussir à le faire. Les exemples auxquels recourt Dworkin éclairent cette définition qui, autrement, resterait trop abstraite : lorsque nous avons un intérêt volitionnel pour la pratique de la voile, nous atteignons le bien-être volitionnel en faisant de la voile, et il nous paraît naturel de dire d'une part que la voile est une bonne chose pour nous parce que nous la désirons, d'autre part que notre vie ne serait pas moins réussie si nous n'avions jamais éprouvé un tel désir et si, à la place, nous avions toujours été habités par la passion de la montagne. Il n'en va pas du tout de même dans le cas des intérêts et du bien-être critique : si nous désirons, par exemple, entretenir de bonnes relations avec les membres de notre famille proche (nos parents ou nos enfants ou nos collatéraux), nous sommes convaincus qu'il nous faut désirer ce genre de choses et que nous les désirons parce qu'elles sont bonnes et non pas l'inverse. Nous sommes également convaincus que si nous n'avions pas ce genre de désir – et si par exemple nous étions parfaitement indifférents à la nature des relations que nous entretenons avec l'ensemble des membres de notre famille – nous

1. R. Dworkin, *Foundations…*, *op. cit.*, p. 229 ; *Sovereign Virtue*, *op. cit.*, p. 242-243.

serions des individus de moindre valeur que lorsque nous avons ce genre de désir. En d'autres termes, nous pensons qu'il *faut* avoir ce genre d'objectifs et que notre vie serait moins bonne si nous ne les avions pas[1].

Si l'on revient au projet initial de Dworkin, on comprend alors que son entreprise consiste à montrer que quiconque se soucie de ses intérêts critiques et veut atteindre au bien-être au sens critique du terme doit se soucier d'adhérer aux principes politiques de l'égalité libérale et considérer qu'il est obligé d'y conformer sa conduite[2]. Le fait de prendre les intérêts critiques au sérieux (c'est-à-dire de se poser la question de ce que nous devons vouloir et des aspirations sans lesquelles notre existence ne serait pas ce qu'elle doit être) est en soi un motif moral d'adhérer aux principes politiques de l'égalité libérale et d'avoir l'obligation d'y conformer sa conduite. Telle est du moins, selon Dworkin, la démonstration qu'il faut tenter d'administrer en montrant qu'il nous est impossible de satisfaire nos intérêts critiques – donc de mener une vie éthiquement bonne – dans un contexte d'injustice[3].

La notion d'intérêts critiques est cependant sujette à caution tant il paraît difficile de prétendre qu'il y a des choses que nous *devrions vouloir*[4]. Les conflits d'intuitions qui surgissent à propos d'une telle notion paraissent en effet, selon Dworkin, inextricables[5]. Tout d'abord, l'univers et l'existence humaine étant dépourvus de sens, il est vain de nous demander si notre propre vie est ce qu'elle doit être, et si la manière dont nous vivons ou dont nous avons vécu pourrait avoir pour nous l'importance critique que nous lui accordons parfois subjectivement. Cependant, ce sentiment de l'insignifiance de l'univers n'ôte rien à l'importance que nous accordons à la notion de vie réussie et à la distinction que nous faisons entre celui qui a réussi son existence et celui qui a satisfait ses désirs. C'est un premier conflit.

1. R. Dworkin, *Foundations...*, p. 230-231; *Sovereign Virtue*, *op. cit.*, p. 244; Mulhall and Swift, *op. cit.*, p. 284.

2. R. Dworkin, *Foundations...*, *op. cit.*, p. 233.

3. R. Dworkin, « Roots of Justice », *loc. cit.*, p. 42-51.

4. R. Dworkin, *Sovereign Virtue*, *op. cit.*, p. 245.

5. R. Dworkin, *Foundations...*, *op. cit.*, 235-239; *Sovereign Virtue*, *op. cit.*, p. 246-250.

En second lieu, lorsque nous affirmons que nous avons des intérêts critiques et que la manière dont nous vivons possède pour nous la plus haute importance, nous paraissons dire que la notion d'une vie réussie est une notion dotée d'une validité universelle sur l'acception de laquelle nous pouvons nous tromper. Or ceci entre en conflit avec une autre intuition que les hommes d'aujourd'hui semblent partager dans leur grande majorité, à savoir que les valeurs permettant de définir la réussite humaine sont relatives au moment et au lieu où nous nous trouvons. C'est un second conflit d'intuitions car nous avons à la fois l'impression que les valeurs sont relatives, que plusieurs existences qui diffèrent l'une de l'autre par leur contenu peuvent être également des vies réussies et que, cependant, l'éthique doit échapper au pur relativisme.

Troisième dilemme : est-il vrai que la justice, c'est-à-dire le fait de traiter les autres avec un respect égal et de vouloir que tous les autres soient traités comme ayant une valeur égale, est toujours une chose que nous devons vouloir, que cela fait essentiellement partie de nos intérêts critiques ? Nous sommes partagés entre la tentation de dire qu'il est impossible de réussir sa vie par des actes injustes et que certains actes injustes peuvent néanmoins faire partie, à titre de composante, d'une vie réussie. Après tout si un grand prévaricateur finit son existence dans la peau d'un riche mécène à qui plusieurs créateurs inoubliables devront d'avoir pu développer leur talent, nous avouerons volontiers que sa vie est plus réussie que s'il était demeuré honnête et pauvre.

Une quatrième perplexité liée à la notion d'intérêts critiques porte sur le rapport entre leur aspect subjectif et leur aspect objectif, car nous sommes convaincus, d'un côté, qu'il ne suffit pas de penser avoir réussi son existence pour l'avoir effectivement réussie, et cette intuition capitale nous porte à croire que la dimension subjective est entièrement secondaire et qu'une existence peut être réussie tout autant si l'on est persuadé d'avoir échoué ou d'avoir agi d'une manière indifférente. Mais, en même temps, nous sommes convaincus qu'il y a quelque chose d'impropre dans un raisonnement de ce genre, que la dimension subjective est irremplaçable, et qu'un individu qui est convaincu de ne pas agir comme il convient ne peut pas mener une vie éthiquement bonne[1].

Enfin, certaines de nos intuitions nous font penser que la réussite de notre existence est une affaire entièrement indépendante de la question de savoir si la communauté dont nous sommes membres mène ou non une existence collective réussie[2]. Mais, vu sous un autre angle, il nous paraît impossible de conserver cette logique individualiste jusqu'au bout, et nous finissons par penser que la qualité éthique du groupe auquel nous appartenons conditionne la qualité éthique de notre propre existence, au point qu'il est impossible de réussir notre existence si l'on est intégré à un groupe qui traite ses membres d'une manière contraire à toute moralité.

Tous les conflits d'intuitions qui apparaissent ainsi avec les objections adressées à la notion d'intérêts critiques tiennent à l'incertitude qui s'attache à la notion d'une vie bonne ou d'une vie réussie, elle-même écartelée – selon Dworkin – entre deux conceptions antagonistes : le modèle de l'impact et le modèle du défi[3].

Dans le modèle centré sur la notion d'impact, réussir sa vie, c'est parvenir à exercer un effet, à produire une différence, à ajouter objectivement une valeur dans le monde. Dans le modèle centré sur la notion de réponse à un défi, on va au contraire faire consister la réussite d'une existence dans l'art avec lequel elle a su affronter les défis qui lui étaient opposés. Dans ce second contexte, la réussite objective s'efface au profit d'une performance, d'un art de faire qui peut demeurer même si l'échec est patent en termes d'impact. La réussite éthique réside plus dans la compétence avec laquelle on dispose et utilise certains éléments que dans la production d'un effet extérieur à cette activité elle-même[4].

1. R. Dworkin, *Sovereign Virtue*, *op. cit.*, p. 245-248.

2. Sur ce point, *cf.* R. Dworkin, « Liberal Community », *in Sovereign Virtue*, *op. cit.*, p. 211-236.

3. R. Dworkin, *Foundations…*, *op. cit.*, p. 240-241 ; *Sovereign Virtue*, *op. cit.*, p. 250-251.

4. C'est justement la raison pour laquelle les individus doivent être tenus pour responsables de leurs choix : si tous les éléments de leur existence sont égalisés, ou si cette égalisation obéit à un critère qui ne respecte pas l'exigence de responsabilité, comment pourra-t-on apprécier l'art avec lequel un individu dispose les éléments qui lui sont donnés ? mais inversement, si les contextes ne sont pas égalisés, les éléments à ordonner ne sont pas

Les deux modèles ont sans aucun doute des traits communs. Ni l'un ni l'autre ne nous montrent qu'il faut donner de la valeur à certaines choses et tenter de mener une vie bonne[1]. L'un et l'autre se réduisent à une interprétation de notre expérience éthique, c'est à dire que tous deux tentent d'expliquer ce que ressent celui qui affirme que toutes les existences ne se valent pas et qu'il y a du sens à parler de vies humaines plus réussies que d'autres. Les deux modèles sont donc deux interprétations concurrentes de notre expérience éthique ou, plus exactement, deux manières distinctes d'essayer d'organiser la totalité de nos convictions éthiques en un seul ensemble cohérent. Tous deux s'adressent à des gens qui sont convaincus que nous avons des intérêts critiques et pas seulement des intérêts volitionnels. Ils s'adressent tous les deux à des gens qui sont convaincus que nous avons des intuitions éthiques, et même que nous en avons trop, parce qu'elles entrent en conflit les unes avec les autres[2]. Les deux modèles tentent donc de défendre l'éthique non pas contre le scepticisme extérieur (l'idée que nous n'avons que des intérêts volitionnels et que la notion d'une vie bonne est vide de sens), mais contre le scepticisme qui naît de l'intérieur, celui qui naît de l'impossibilité de concilier toutes nos intuitions au sein d'un seul ensemble cohérent. Ils ne disent absolument rien à ceux qui croient que l'éthique est une chimère et qui refusent de s'en préoccuper ; en revanche, tous deux tentent de répondre à ceux qui, entrés dans l'éthique, désespèrent d'y voir clair à cause du caractère contradictoire des intuitions qu'ils y trouvent[3].

ceux dont il faudrait disposer pour faire preuve de son art et l'on est comme le pâtissier appelé à confectionner un gâteau alors qu'il n'a pas de farine.

1. R. Dworkin, *Foundations…*, *op. cit.*, p. 245 ; *Sovereign Virtue*, *op. cit.*, p. 254.

2. *Ibid.*

3. Bien entendu, il s'agit là d'une faiblesse criante de la conception dworkinienne car, comme le montre Rawls, la société libérale est une coexistence entre des gens qui ont des convictions éthiques et d'autres qui n'en ont pas ou dont les convictions ne pourraient entrer dans un modèle qui postule ce genre d'intérêts critiques. Nous avons donc besoin d'une justification des principes de la coexistence libérale qui ne fasse pas appel à des postulats portant sur la réalité de ce type d'intérêts. Au demeurant, la notion de responsabilité – si l'on y regarde bien – est incluse dans celle d'intérêts critiques, car il est effectivement impossible de penser conjointement qu'un individu doit vouloir X et qu'il n'est pas responsable de ne pas vouloir X.

Lequel de ces deux modèles est-il le plus capable de nous donner une image cohérente de la vie bonne, c'est-à-dire d'intégrer les unes aux autres les différentes intuitions – contradictoires – qui surgissent en nous lorsque nous nous demandons ce qu'est une existence humaine réussie? Dworkin propose de progresser dans cette question en reprenant les conflits d'intuition tels qu'il les a exposés et en montrant que, pour chacun d'eux, le modèle du défi fait preuve d'une capacité supérieure à intégrer les unes aux autres, dans une explication unifiée, les intuitions apparemment contradictoires qui forment la substance de ces conflits.

Prenons tout d'abord le problème de l'apparente insignifiance du monde. Comment pouvons-nous être persuadés conjointement que le monde dans son ensemble est dépourvu de sens et que notre vie n'y est qu'un point microscopique totalement dépourvu de la moindre importance, et en même temps que la manière dont nous menons notre existence possède une importance capitale? Ce dilemme reste insoluble dans le contexte du modèle de l'impact, et il faut donc passer au modèle du défi pour comprendre pourquoi la réussite d'une existence ne dépend pas de la différence de valeur objective qu'elle crée dans le monde. Sa valeur tient en effet à la manière dont elle relève les défis qui lui sont proposés et non pas aux résultats auxquels elle parvient. Le modèle du défi n'exclut cependant pas l'idée que certaines vies ont produit une différence de valeur essentielle dans le monde, par exemple grâce à des découvertes médicales ou à des créations artistiques exceptionnelles. Mais il réinterprète la production de valeur en montrant que les individus qui ont abouti à de tels résultats ont relevé avec la plus haute compétence les défis que leur existence leur proposait[1].

Comment, en second lieu, répondre à l'objection du relativisme et intégrer l'une à l'autre des intuitions aussi différentes que celle qui, d'une part, nous porte à dire que la réussite de l'existence doit transcender l'appréciation subjective que nous en faisons et comporter une sorte de validité universelle, et celle qui, d'autre part, nous porte à dire au contraire qu'une telle réussite ne peut être que

1. R. Dworkin, *Foundations…*, *op. cit.*, p. 246-247; *Sovereign Virtue*, *op. cit.*, p. 255-256.

relative au temps et au lieu où nous vivons ? Là encore, il semble que le modèle de l'impact souffre d'une insuffisance radicale, car il paraît si peu capable de reconnaître autre chose que des valeurs objectives ou transcendantes que l'idée selon laquelle il pourrait y avoir une réussite humaine relative aux temps et aux lieux semble lui être tout à fait étrangère. Pour lui deux existences également bonnes doivent avoir produit un effet du même genre. À l'inverse, parce que le modèle du défi ne pense pas la réussite humaine au moyen de la production d'une valeur transcendante, il paraît faire meilleur accueil à l'idée de relativité, puisqu'il ne définit la réussite humaine que comme une réponse adaptée et compétente aux défis posés par les circonstances et par les lieux où la personne se trouve. Or, si la réussite humaine réside dans cette adaptation compétente, plusieurs existences peuvent être également adaptées à leurs contextes respectifs sans comporter aucun élément commun, et l'on pourra reconnaître comme également réussies des vies très différentes les unes des autres par leur substance, mais également admirables par l'art avec lequel elles affrontent les circonstances dans lesquelles elles se déroulent en comprenant et en relevant les défis que ces dernières posent aux hommes qui y sont confrontés [1].

Le troisième conflit d'intuition portait, selon Dworkin, sur le rapport entre éthique et moralité : l'injustice peut-elle être intégrée, à titre de composante, dans le concept d'une vie réussie. La réussite éthique de la vie en première personne est-elle compatible avec l'injustice morale ? Cette question en renferme en réalité deux autres : la première consiste à se demander si l'on peut réussir sa vie tout en étant soi-même injuste. La seconde consiste à se demander si l'on peut réussir sa vie dans un contexte où les autres sont injustes, ou plus largement dans un contexte qui serait injuste sans que l'on ait soi-même contribué activement à la création de cette injustice. Le modèle de l'impact ne répond pas du tout à la première question puisqu'il est compatible avec toutes les solutions possibles : si nous définissons la nature de l'impact qui fait la valeur de la vie comme la création d'une œuvre d'art, par exemple, nous pourrons facilement

1. R. Dworkin, *Foundations…*, *op. cit.*, p. 249-253 ; *Sovereign Virtue*, *op. cit.*, p. 257-260.

admettre que le fait d'être injuste ne nous empêche pas de réussir notre vie. Si nous disons que la justice est une partie composante de l'impact qui donne de la valeur à l'existence, nous aurons à arbitrer entre la justice et les autres éléments qui donnent de la valeur à la vie, moyennant quoi il ne sera pas impossible de réussir notre vie tout en ayant été injustes. Enfin, si l'impact est défini par la justice (réussir sa vie signifie empêcher l'injustice et accroître la justice dans le monde), il sera impossible de séparer l'éthique et la moralité et de prétendre qu'une existence peut être réussie si elle comporte des actes injustes.

En revanche, le modèle de l'impact aboutit à une solution tranchée sur la seconde question : nous pouvons réussir notre vie, c'est-à-dire créer un impact appréciable dans le monde et y introduire une valeur qui n'y existait pas auparavant même si les autres commettent des actes injustes et si nous vivons dans un contexte marqué par l'injustice[1]. L'injustice du contexte peut même être l'occasion d'une réussite plus éclatante si nous définissons cette dernière comme le fait de combattre l'injustice et de la faire reculer.

Le modèle du défi, à l'inverse, nie catégoriquement qu'une vie puisse être réussie en vertu d'une injustice, car l'injustice est une forme manifeste d'incompétence. Plus exactement, il serait absurde de poser la question de la compétence d'une réponse à des circonstances si celui qui donne cette réponse dispose de droits et de ressources illimités, tout comme cette question serait absurde à propos d'un homme qui ne possède aucun droit et aucune ressource. La compétence ne peut donc s'apprécier que pour un acteur qui dispose de ressources limitées et c'est parce qu'il en fait l'emploi le mieux raisonné et le plus judicieux qu'il démontre sa supériorité ou son excellence dans l'art de vivre et d'affronter les défis que lui opposent les circonstances dans lesquelles il est placé.

Mais comment évaluer la part de ressources et de droits dont il faut disposer pour apporter une réponse compétente à un défi ? Dworkin pense qu'on ne peut répondre à cette question qu'en introduisant l'idée de justice. La compétence dans l'art de relever les défis de l'existence ne peut être appréciée que pour une personne qui

1. R. Dworkin, *Foundations ...*, *op. cit.*, p. 257 ; *Sovereign Virtue*, *op. cit.*, p. 260-263.

dispose des ressources adéquates, c'est-à-dire de celles qui lui reviennent en toute justice. Celui qui dispose de plus que sa part ne peut pas réussir sa vie en ce sens, car l'excès de moyens dont il dispose détruit la possibilité même d'apprécier sa compétence, pas plus que celui qui dispose de moins que sa part car la réussite réside dans une certaine forme de compétence qui intègre à sa propre définition la notion de juste part des ressources. Bref, il est impossible de réussir sa vie en vertu de l'injustice ou dans un contexte d'injustice parce qu'il n'est pas possible de donner une réponse *compétente* aux défis de l'existence si l'on ne dispose pas d'une juste part des ressources sociales. On sait donc que la vie bonne ou la vie réussie doit se définir comme la réponse compétente aux défis que l'existence nous propose de résoudre dans un contexte où les ressources sont distribuées de manière juste[1]. La justice est bien une condition et une composante indispensable d'une vie bonne[2].

La thèse défendue par Dworkin est ainsi que, si bien-vivre signifie répondre de la manière qui convient à un défi posé dans les termes qui conviennent, une vie est moins bonne qu'elle ne peut l'être si elle n'est pas en mesure d'affronter le défi qui lui convient. C'est pourquoi l'injustice est si mauvaise : parce qu'elle interdit à certaines personnes – à cause de leur défaut de ressources – d'affronter avec compétence le défi qui leur convient. On peut en effet dire d'un individu que, étant donné ce qu'il est, son histoire, ses capacités, le contexte dans lequel il se trouve, sa race, sa nationalité, il lui convient de relever tel ou tel défi. En lui assignant ce défi, on suppose implicitement qu'il dispose de la part de ressources à laquelle aurait droit, dans une société juste, un individu qui aurait exactement ces spécifications et l'on dit que cet individu réussira sa vie si, placé dans ces circonstances et nanti d'une juste part des ressources sociales, il relève le défi avec compétence. S'il ne le fait pas, ou s'il fait montre d'une totale incapacité dans sa façon de se colleter avec ce défi, il aura raté son existence. Mais si son échec est dû au défaut de ressources, on ne pourra pas prétendre que l'échec

1. R. Dworkin, *Foundations…*, *op. cit.*, p. 256.

2. Pour une critique de cette forme de néo-platonisme, *cf.* R. Arneson, « Cracked Foundations of Liberal Equality » *in* J. Burley (éd.) *Dworkin and his Critics* (2004) p. 84.

lui est imputable. Sa vie est certes ratée, mais l'injustice dont il était victime le mettait de toute manière hors d'état de réussir. À nouveau ceci nous indique pourquoi l'injustice est importante : elle met ceux qui en sont victimes hors d'état de réussir leur existence. Inversement, personne ne peut satisfaire ses intérêts critiques à un plus haut degré en utilisant plus de ressources que ce à quoi il a droit en toute justice[1].

Le quatrième dilemme, on s'en souvient, portait sur la dimension objective et la dimension subjective de l'éthique : il est certain qu'aucune vie n'est bonne seulement parce que celui qui la mène pense qu'elle l'est, mais à l'inverse, il est tout aussi certain qu'il ne suffit pas qu'une existence soit objectivement conforme à nos intérêts éthiques pour être une existence réussie. Dans le modèle de l'impact, ce dilemme est résolu au profit de la dimension objective puisque, selon ce modèle, la valeur d'une existence réside dans l'apport de valeur qu'elle fait au monde. Elle est donc indépendante du jugement subjectif de celui qui la mène et le modèle de l'impact paraît incapable de comprendre l'importance que nos intuitions accordent à cette dimension subjective. Inversement, selon le modèle du défi, la conviction subjective de la valeur de l'existence est constitutive de cette valeur : elle ne vient pas seulement s'y ajouter comme à une valeur qui existerait sans elle, mais elle en fait essentiellement partie. En d'autres termes, l'une des conditions de la vie bonne est une forme d'intégrité éthique marquée par l'accord entre la conduite et le jugement : aucune vie ne peut être réussie si l'accord n'existe pas entre la dimension objective et la dimension subjective[2]. Aucune compétence ne peut exister en dehors de cette intégrité car comment dire qu'une personne agit de manière compétente par hasard ? Si l'action qu'elle a accomplie était ce qu'il fallait faire, l'idée que cette action était celle qu'il fallait accomplir est indispensable à la caractérisation de cette action comme celle qu'il fallait accomplir.

Enfin, le cinquième et dernier dilemme lié à l'idée d'une existence réussie consistait à se demander si, pour un individu, la

1. R. Dworkin, *Foundations…*, *op. cit.*, p. 256-7.
2. *Ibid.*, p. 258-262 ; *Sovereign Virtue*, *op. cit.*, p. 263-267.

satisfaction de ses intérêts critiques dépend seulement de ses propres actions et de ses propres réussites personnelles, ou si elle est tributaire du succès du groupe auquel il appartient. Le modèle de l'impact soutient que la valeur d'un individu dépend exclusivement de l'impact que lui-même exerce sur le monde, et il ne fait une exception à cette règle que pour introduire la possibilité qu'un individu accroisse son propre impact en s'associant avec d'autres. Or cette réponse est trop pauvre et elle est incapable d'intégrer l'ensemble de nos intuitions, car nous ne nous sentons pas seulement solidaires d'un groupe lorsque cette solidarité nous apparaît comme indispensable pour avancer nos propres intérêts ; il y a aussi des occasions où nous ressentons cette solidarité (la qualité de la décision d'un groupe est aussi la qualité de ma décision en tant que membre de ce groupe) alors que nous ne pouvons absolument pas la concevoir comme un moyen de faire avancer un de nos projets[1].

L'étude de l'ensemble de ces sources de perplexité et de leurs issues possibles nous indique que nous avons bel et bien des intuitions morales – c'est-à-dire des convictions portant sur le genre de vie qui est bon en un sens critique – mais aussi qu'il nous est possible d'en rendre compte par le biais de deux modèles de pensée aux antipodes l'un de l'autre : selon le premier, comme on vient de le voir, la qualité éthique de l'existence est liée à l'aptitude de cette dernière à produire un "objet", une valeur qui est extérieure à elle et qui peut être appréciée objectivement en termes d'impact. Selon le second modèle, au contraire, la qualité éthique de l'existence est liée à la compétence avec laquelle elle est vécue, à l'habileté avec laquelle on y répond aux défis que nous opposent les circonstances dans lesquelles nous sommes placés. Ici, c'est cette compétence elle-même qui est à la source de la valeur ; elle est sans aucun doute "objective" en un sens, même s'il est vrai qu'il est impossible de quantifier une telle compétence ou d'en comparer une à une autre sur une échelle commune de mesure. C'est à l'individu lui-même, placé dans les conditions où il se trouve placé, qu'incombe la responsabilité d'isoler le défi auquel il est confronté et qu'il doit

1. R. Dworkin, *Foundations…*, *op. cit.*, p. 273-275 ; *Sovereign Virtue*, *op. cit.*, p. 275-276.

relever, puis de le relever avec compétence[1]. En revanche, c'est à la société qu'il appartient de lui garantir les moyens (les ressources externes mais aussi l'éducation et les connaissances) nécessaires pour identifier le défi auquel il est confronté et y répondre. Une société qui refuse à certains les moyens d'identifier et de relever le défi qui est le leur juge implicitement que la réussite de l'existence de ceux à qui ces moyens sont refusés est moins importante que celle des autres. Par conséquent, elle ne traite pas tous ses membres avec un respect égal[2]. Inversement, une société qui empêcherait certains de ses membres de faire preuve de libre initiative dans l'art d'identifier le défi et dans l'art de le relever empêcherait tout autant les citoyens de réussir leur existence et les traiterait avec mépris, même si elle leur distribuait des ressources absolument égales. Au demeurant, une telle égalité perdrait tout son sens puisqu'elle aurait cessé d'être la création des conditions dans lesquelles tous auraient une possibilité égale d'exercer leur responsabilité dans le choix d'une existence[3]. C'est pourquoi il apparaît que si nous avons une conception de la réussite en termes de défi, nous devons vouloir vivre dans une société qui égalise les ressources, mais aussi dans une société qui ne se préoccupe pas d'égaliser les réussites de nos entreprises et qui abandonne cette réussite aux décisions que nous prenons et à notre responsabilité en tant qu'individus.

La thèse défendue par Dworkin est donc bien qu'il existe une continuité entre la conception de la vie bonne telle qu'elle nous est présentée dans le modèle du défi d'une part et les principales thèses de la théorie libérale de la justice de l'autre, en particulier la thèse de l'égalité des ressources et la distinction entre la personne et le contexte qui lui est liée. Cela signifie que ces thèses se *concluent* d'une conception de la vie bonne selon le modèle du défi et qu'il n'est nullement nécessaire – bien au contraire – de mettre entre parenthèses une telle conception pour les adopter. On peut dire que non seulement les adeptes d'une conception de l'existence réussie

1. R. Dworkin, *Foundations…*, *op. cit.*, p. 278-280; *Sovereign Virtue*, *op. cit.*, p. 277-280.

2. R. Dworkin, « Roots of Equality », *loc. cit.*, p. 48-50.

3. *Ibid.*, p. 51-57.

qui serait conforme au modèle du défi n'auraient pas besoin de faire abstraction de leur conception de la vie bonne pour devenir des adeptes des principes de justice libérale, mais que, en l'occurrence, ils pourront et devront adopter ces principes sur la base même de leur conception de la vie bonne [1]. C'est donc leur conception éthique qui va les conduire à adopter les principes libéraux de justice politique. Ou encore, on peut dire qu'ils ont de bonnes raisons d'être libéraux puisque, à leurs yeux, l'adoption de ces principes est un moyen indispensable de réaliser leur conception de ce qu'est une vie réussie, ou encore de satisfaire leurs intérêts critiques. La responsabilité est requise par l'éthique.

Ce résultat est d'autant plus souhaitable que les principes du libéralisme politique ont à l'évidence *besoin* d'une justification et qu'ils ne peuvent trouver leur fondement que dans une théorie éthique. On ne peut en effet établir, comme nous l'avons vu au début, qu'il est obligatoire de conformer notre conduite à certains principes de coexistence qu'en montrant que ces principes de coexistence sont indispensables à la vie bonne telle que nous l'entendons. Les autres avenues de la démonstration sont fermées.

Le raisonnement de Dworkin est donc particulièrement serré ici : nous avons des intuitions morales qui semblent souvent en contradiction les unes avec les autres et le champ de l'éthique est le lieu d'un affrontement entre ces intuitions souvent incompatibles. À l'examen, il nous paraît que la meilleure manière de rendre compte de ces diverses intuitions est une approche de l'éthique en termes de défi, c'est-à-dire une approche qui définit la vie bonne en termes de réponse compétente aux défis que l'existence nous propose de résoudre dans les circonstances où nous sommes placés.

Comme nous l'avons vu, cette approche de l'éthique implique un double rejet.

Il faut tout d'abord rejeter l'idée que les individus n'auraient que des intérêts volitionnels, car cette approche est nettement insuffisante pour rendre compte de manière cohérente de la diversité des intuitions qu'il nous appartient d'expliquer, et il nous faut

1. R. Dworkin, *Foundations…*, *op. cit.*, p. 282-285; *Sovereign Virtue*, *op. cit.*, p. 277-278.

adopter l'idée que nous avons en outre des intérêts critiques. Cette seconde idée n'est pas elle-même exempte de nombreuses sources de perplexité, mais elle n'en est pas moins indispensable à une théorie éthique proprement dite.

Le second rejet porte sur l'interprétation de ces intérêts critiques en termes d'impact. Là encore, comme nous l'avons vu, cette interprétation est manifestement incapable d'expliquer de manière cohérente l'ensemble de nos intuitions morales qui ne parviennent pas à s'unifier ou à s'harmoniser dans le modèle de l'impact.

L'étape suivante consiste à montrer que cette conception éthique en termes de défi donne à ceux qui pensent en ces termes de bonnes raisons d'adopter une conception de la justice en termes d'égalité des ressources de préférence à toutes les autres conceptions disponibles de la justice et à toutes les autres interprétations possibles de l'égalité. On sait en particulier qu'une interprétation de l'égalité en termes de bien-être est incompatible avec l'éthique libérale en termes de défi puisqu'elle suppose la possibilité de définir la vie bonne indépendamment de la justice et de procéder en deux étapes, dont la première consiste à définir ce à quoi aspirent les individus et dont la seconde consiste à déterminer quelle part de leurs aspirations ces mêmes individus peuvent légitimement satisfaire[1].

C'est précisément ce qui différencie la théorie libérale de la justice en termes d'égalité des ressources de toutes les théories rivales[2]. Dans ces dernières on doit en effet toujours distinguer deux étapes : dans la première, on va déterminer quel est le niveau de bien-être que chaque individu pourra atteindre dans chacun des différents dispositifs économiques et institutionnels possibles ; dans la seconde, le choix va se porter sur l'un de ces dispositifs en fonction du critère de justice retenu : l'égalité de bien-être, la

1. On sait désormais aussi que toute conception de la justice qui n'intégrerait pas la distinction du contexte et de la personne ainsi que le principe de responsabilité serait hors d'état de recevoir son fondement et de voir son caractère obligatoire validé par l'éthique libérale. Nous avons donc besoin d'une théorie de la justice dont l'obligation puisse se déduire de l'éthique libérale, et nous savons que toute conception de la justice qui ne comporterait pas de principe de responsabilité en serait incapable. Mais la question demeure : la notion de responsabilité est-elle cohérente ? Peut-elle être inscrite dans la culture publique d'une société libérale sans entrer en contradiction avec aucune doctrine compréhensive ?

2. R. Dworkin, *Foundations…*, *op. cit.*, p. 284-285.

maximisation globale de l'utilité, ou encore l'accroissement de l'utilité moyenne, etc. On a donc une distinction entre la part des ressources qui serait susceptible de satisfaire nos intérêts (lesquels sont définis de manière indépendante et sans faire appel au concept de justice) et la part de ces mêmes ressources qui peut nous revenir en fonction de la théorie de la justice retenue. Il n'y a aucune contradiction dans l'idée que des ressources injustement possédées pourraient accroître le degré de réussite de notre existence; simplement, pour des raisons de justice extérieures à l'éthique et indépendantes d'elle, nous ne pouvons pas avoir ces ressources et nous sommes donc empêchés de maximiser notre bien[1].

Le raisonnement de Dworkin nous porte dans une direction tout à fait différente puisqu'il souligne qu'il est impossible de dire qu'une ressource est capable de satisfaire un de nos intérêts (critiques) sans préciser si cette ressource est une ressource que nous pouvons posséder de manière juste ou non. La raison en est que, bien entendu, il est impossible de spécifier la notion d'intérêt critique sans introduire le concept de justice puisque, dans l'éthique libérale, les individus cherchent à relever avec compétence les défis que l'existence leur propose de relever dans les circonstances où ils sont placés. Or, il n'est possible de relever de tels défis avec compétence que dans des circonstances dont certaines au moins sont des paramètres normatifs, c'est-à-dire qu'elles sont définies de manière contraignante comme devant être justes : c'est le cas en particulier du montant des ressources sont on dispose pour relever les défis[2]. Il est donc impossible de définir un bien-être ou un degré de satisfaction, et de spécifier *ensuite* le montant des ressources que nous pourrions définir comme juste, car nous ne pouvons pas légitimement appeler bien ou satisfaction (de nos intérêts critiques) ce qui serait obtenu par des moyens qui ne seraient pas justes : seul ce qui résulte de l'emploi de ressources justement possédées peut se qualifier comme élément de définition d'une vie bonne ou comme satisfaction de nos intérêts au seul sens cohérent de ce terme, c'est-à-dire au sens d'intérêts critiques compris dans le modèle du défi.

1. R. Dworkin, *Foundations…*, *op. cit.*, p. 286.
2. *Ibid.*, p. 287-288.

Il en irait tout autrement, bien entendu, si nous n'avions que des intérêts volitionnels : dans ce cas, en effet, il n'y aurait pas de difficulté à tracer le tableau de différentes situations possibles dans lesquelles les intérêts volitionnels des uns et des autres seraient diversement satisfaits, et à introduire en un second temps un critère de justice pour sélectionner parmi ces différentes situations celle qui satisfait au critère choisi. Dans ce cas, la procédure illustrerait parfaitement l'idée que certaines ressources seraient en mesure de satisfaire nos désirs mais que nous ne les possédons pas car il n'est pas juste que nous les possédions. Mais, comme on l'a vu, il serait alors impossible de fonder l'obligation morale des principes de justice ; nous pourrions seulement montrer que le fait de les respecter maximise les chances que nous avons de satisfaire nos intérêts (eux-mêmes définis indépendamment de tout aspect normatif).

À l'inverse, l'éthique libérale de Dworkin rejette cette idée en soulignant que des ressources injustes ne seraient pas en mesure de satisfaire nos intérêts – lesquels sont des intérêts critiques et non pas des intérêts volitionnels – parce que nos intérêts légitimes ne peuvent et ne doivent se porter que sur la possibilité de relever certains défis avec compétence. Or il n'y a pas de compétence possible pour quiconque ne possède pas une juste part des ressources sociales, puisque le fait de relever un défi avec compétence implique qu'on le fasse avec une juste part des ressources sociales[1].

L'objection vaut tout autant contre les théories éthiques qui renoncent à l'idée d'intérêts volitionnels pour adopter celle d'intérêts critiques, mais qui définissent ces derniers en termes d'impact. Certes, de telles théories reconnaissent que la vie bonne ne saurait se réduire à la satisfaction des intérêts existants et que la justice ne se ramène pas à une certaine structure de satisfaction des intérêts de ce genre. Mais elles n'en persistent pas moins à définir la vie bonne *sans faire allusion à la justice* : elles disent que la vie la meilleure est celle qui produit le plus de valeur *X* (le plaisir par exemple), et elles ne réfléchissent que dans un second temps sur la question de savoir de quelles ressources chacun peut légitimement et justement disposer pour mener cette forme de vie excellente,

1. R. Dworkin, *Foundations…*, *op. cit.*, p. 288-290.

définie antérieurement à la justice et indépendamment de celle-ci (par exemple en se demandant quel serait le principe de répartition des ressources qui serait tel que personne ne pourrait y faire d'objection raisonnable)[1]. Un tel mode de raisonnement conduit en particulier à la thèse selon laquelle il n'y a rien d'impropre à ce que l'on puisse faire plus de bien lorsqu'on a plus de ressources, même si ces ressources sont injustement possédées. Le bien (la vie bonne) est ici défini indépendamment de la justice.

Il n'en va pas de même dans la théorie libérale où, dit Dworkin, l'éthique et la justice sont étroitement mariées l'une à l'autre au point qu'il est impossible de définir le bien sans la justice : la possession d'une ressource qui ne nous revient pas n'est pas un bien et n'est pas non plus une chose avec laquelle on pourrait accroître un bien que l'on produit et que l'on pourrait mesurer en termes d'impact. L'individu libéral, selon Dworkin, ne peut définir ses intérêts sans prendre en compte la question de la justice ; il ne peut pas définir ce qu'est, pour lui, une existence réussie, sans déterminer si la part des ressources qu'il utilise est juste, s'il affecte négativement la vie des autres, etc.[2]. Dworkin a donc isolé ici une bonne raison permettant à ceux qui optent en faveur d'une éthique libérale (qui conçoivent donc la vie bonne dans les termes du modèle du défi) d'opter en faveur d'une théorie qui conçoit la justice comme une question de répartition des ressources et non comme une question de répartition du bien-être.

L'éthique libérale comporte-t-elle en outre une bonne raison de vouloir que cette répartition des ressources soit égale au sens que Dworkin a défini ? On voit mal comment il pourrait en être autrement à partir du moment où nous acceptons la thèse selon laquelle la justice fait partie de nos intérêts au sens critique. Cette thèse implique qu'un individu ne peut réussir sa vie que s'il dispose d'une juste part des ressources sociales. Or cet argument lui-même bloque tout développement du raisonnement en direction d'une forme de validation de l'inégalité car, à supposer que l'on soit en mesure de montrer qu'une société disposera d'une plus grande

1. R. Dworkin, *Foundations…*, *op. cit.*, p. 282.
2. *Ibid.*, p. 283.

quantité de ressources globales si les inégalités y sont importantes, et à supposer même que tous les membres de la société en question aient plus de ressources pour développer leurs projets qu'ils n'en auraient si les inégalités en question n'existaient pas, il resterait encore à se demander si la possession d'un grand surcroît de ressources entre les mains des plus favorisés est juste[1]. Si elle ne l'est pas, ceux qui les détiennent (comme ceux qui, de ce fait, ont moins de ressources que ce qui leur revient) sont par là empêchés de mener une vie bonne, et ils ont donc une raison de vouloir que la répartition soit égale, puisque cette égalité est la condition de leur propre bien. À partir du moment où l'on admet que les intérêts des individus sont des intérêts critiques qui incluent la justice et l'égalité, on ne peut affirmer qu'il est de l'intérêt de tous de posséder une plus grande quantité de ressources que si cette quantité accrue est justement possédée par ceux qui en disposent[2]. À la différence de Rawls, Dworkin s'interdit donc de dire qu'une structure de production et de répartition est juste parce qu'elle aboutit à mettre à la disposition des moins favorisés une quantité plus grande de ressources que n'importe quelle autre structure alternative; il se peut qu'une structure juste ait effectivement cette caractéristique mais elle doit être juste pour une raison indépendante de celle-là et qui tient au fait que chacun détient ce à quoi il a droit en vertu de la théorie de l'égalité des ressources. Dans la mesure où la justice est un paramètre normatif de la vie bonne, il est impossible de prétendre que la justice est fonction de la manière dont certains intérêts individuels sont satisfaits car les intérêts dont il est ici question sont des intérêts critiques; or on ne peut pas dire conjointement que nous avons un intérêt critique pour la justice (c'est-à-dire que la justice est une partie essentielle de ce à quoi nous aspirons sous le nom de vie bonne ou de vie réussie), et que la justice est ce qui permet de satisfaire des intérêts définis préalablement. D'une manière générale, on peut dire que l'éthique libérale fondée sur le modèle du défi n'est pas en mesure d'accepter la définition de la justice qui voit celle-ci comme une forme d'harmonisation entre des intérêts définis

1. R. Dworkin, « Comment on Narveson » *loc. cit.*
2. R. Dworkin, *Foundations*..., *op. cit.*, p. 287.

préalablement parce qu'elle a précisément pour ambition d'intégrer la justice elle-même à la définition de ces intérêts. Dans le modèle proposé par Dworkin, on ne peut donc pas établir la validité d'une théorie de la justice en montrant que celle-ci a pour conséquence de mieux satisfaire que ses rivales les intérêts des individus tels qu'ils existeraient indépendamment de toute idée de justice[1]. Il reste donc à établir cette validité en montrant qu'une théorie de la justice s'harmonise avec les autres critères par lesquels nous définissons la vie bonne. Dans ces conditions, la théorie de la justice devient partie intégrante de l'éthique elle-même. Puisque bien vivre consiste à répondre avec compétence aux défis que l'existence nous propose de relever, et puisque cette compétence elle-même exige la possession d'une juste part des ressources sociales, la détermination de cette juste part est elle-même une partie intégrante de la définition de la vie bonne.

Sommes-nous convaincus ? N'existe-t-il vraiment aucun argument qui permettrait de dire que, normativement, la part de certains individus doit être une part supérieure à celle des autres, c'est-à-dire une part supérieure à celle que leur allouerait le schéma de l'égalité des ressources complété par le mécanisme de redistribution découlant du marché hypothétique des assurances ?

Quels arguments faudrait-il en effet employer pour établir cela ?

Il faudrait dire que, parce que certains ont une part inégale des ressources, la communauté dans son ensemble est plus riche. Mais on a vu, précisément, qu'un tel argument était exclu par les prémisses de l'éthique libérale, puisqu'il ne vaudrait qu'à la condition que l'on ait prouvé au préalable que le surcroît de ressources est justement possédé par ceux qui le possèdent. On ne peut donc prouver qu'il est juste que certains aient plus que les autres *parce que* ceci conduit à un enrichissement général de la société, puisque l'éthique libérale exige précisément que la justice de ce surcroît de richesses soit démontrée de manière indépendante.

1. Comme le fait Rawls : dans la théorie de la justice comme équité, les intérêts sont indéterminés ; il s'agit d'un X pour la satisfaction duquel on postule qu'il est toujours préférable de disposer d'une plus grande quantité de biens premiers.

L'autre possibilité consisterait à dire que, intrinsèquement, certaines personnes ont *a priori* plus de valeur que les autres et méritent donc de recevoir plus de ressources. Mais, fort heureusement, ce genre d'arguments ne peut plus avoir cours dans la réflexion politique contemporaine[1].

Quant à l'affirmation du principe libéral selon laquelle il convient de faire une distinction entre les contextes – que la société juste doit égaliser – et les personnes – que la société juste doit au contraire laisser libres et qu'elle doit considérer comme responsables de leurs choix – Dworkin n'a guère de difficulté, désormais, à montrer qu'il serait tout naturellement adopté, et sans solution de continuité, par quelqu'un qui aurait adopté les principes de l'éthique libérale et défini la vie bonne selon les termes du modèle du défi. On sait que la validité de la distinction entre le contexte et la personne ne repose pas sur l'idée que ce qui relève de la personne est l'objet d'un choix au sens métaphysique du terme car, bien souvent, ce n'est pas le cas. Elle repose plutôt sur l'idée que les caractéristiques de notre personnalité ne peuvent pas être traitées par nous comme des limitations qui entraveraient la poursuite de notre propre bien car elles sont telles que si nous n'avions pas ces caractéristiques, nous ne serions pas la personne que nous sommes et nous ne posséderions pas l'identité éthique qui est la nôtre[2]. La question n'est donc pas tant de savoir si ces caractéristiques sont choisies ou non, mais si elles représentent des limitations à ce que notre personne aspire à faire ou des composantes de cette personne elle-même. Il suffit de raisonner ainsi pour comprendre à quel point il serait contradictoire de prétendre que nos goûts ou nos aspirations ne sont pas « choisis », qu'ils nous sont donnés, qu'ils représentent autant de limitations au développement de notre personnalité, car si tous nos goûts sont des données limitatrices, où est la personne qui est limitée ? Où est la personne à laquelle incombe la responsabilité de disposer correctement et avec compétence les éléments du contexte qui lui sont donnés ? Elle a purement et simplement disparu. Pour qu'elle existe, il faut bien que certains de nos goûts soient considérés par nous

1. R. Dworkin, *Foundations…*, *op. cit.*, p. 290.
2. *Ibid.*, p. 293-294.

comme des composantes de notre personne, comme des éléments qui la définissent et non pas comme des éléments qui la limitent ; la question de savoir si ces goûts sont choisis, c'est-à-dire s'ils sont librement adoptés, est dès lors dépourvue d'importance, dans la mesure où l'égalisation des contextes perdrait toute sa pertinence, et cesserait même d'être compréhensible, si nous ne décidions pas que certaines composantes de ce que nous sommes nous définissent en tant que personnes et échappent au contexte. Les contextes ne doivent être égaux que pour que les personnes soient libres d'y démontrer leur compétence dans l'art d'agir avec ce contexte et sur lui. Mais s'il n'y a pas de personnes distinctes, quelle est la valeur normative de l'égalisation des contextes[1] ?

Cet aspect du principe de l'égalité libérale vise à rendre les individus égaux du point de vue du contexte dans lequel ils sont placés, en incluant dans ce contexte les ressources impersonnelles (comme l'argent et les autres biens matériels) et les ressources personnelles comme les talents, les aptitudes physiques. Comme il est impossible de transférer des ressources personnelles, l'égalité libérale envisage de donner un surcroît de ressources impersonnelles à ceux qui sont désavantagés ou handicapés du point de vue des ressources personnelles. En revanche, l'égalité libérale exclut toute compensation des différences qui naissent des composantes de la personnalité elle-même : si certains individus ont des préférences, des goûts, des convictions, des ambitions ou des attachements qu'ils ont plus de difficulté à satisfaire que d'autres dont les ambitions sont plus modestes, ils doivent assumer eux-mêmes les conséquences négatives – en termes de ressources – de ces composantes de leur identité morale si, bien entendu, ils font le choix d'y céder.

Les partisans de l'éthique libérale ont de très bonnes raisons d'adopter cette distinction. S'ils la rejetaient, il leur faudrait en effet considérer que l'ensemble des composantes de leur existence – aussi bien celles qui ressortissent du contexte que celles qui ressortissent de leur soi-disant personnalité – doivent être traitées comme autant de limitations contingentes qui les empêchent de parvenir à une

1. R. Dworkin, *Foundations…*, *op. cit.*, p. 294-297.

satisfaction aussi grande que celles des autres : ma satisfaction est moindre que celle d'autrui parce que j'ai moins d'aptitudes dont les autres sont prêts à acheter les effets, mais aussi parce que mes goûts sont plus difficiles et plus onéreux à satisfaire que les leurs, et cette inégalité est injuste. Or, à l'intérieur de l'éthique libérale, une telle proposition est insoutenable : la théorie éthique libérale affirme en effet que les individus adoptent une conception du défi qu'il leur appartient plus particulièrement de relever après avoir réfléchi à leur existence et aux circonstances dans lesquelles elle se déroule. Ils choisissent de se conduire d'une certaine manière après avoir ainsi conclu qu'un certain défi était celui qui leur convenait en tant que personne dotée de certaines particularités essentielles (par exemple, leur foi religieuse, leur goût pour la peinture, etc.), et ils assument les conséquences de leurs choix. Une telle décision n'aurait aucun sens si tout était de l'ordre des circonstances et si l'ensemble des composantes de notre existence pouvaient être représentées comme des limitations : elle n'a de sens que parce que certaines de ces composantes sont traitées par nous comme *ce qui nous définit* et comme ce que nous voulons développer et réaliser dans un contexte de limitations ou d'opportunités. Nous décidons en effet que, pour quelqu'un qui a des goûts et des aspirations essentiels comme les nôtres, le défi qu'il convient de relever a telle ou telle forme, et la notion de défi à relever n'a de sens que si certaines de nos particularités au moins sont prises comme des composantes essentielles de notre personnalité, comme des caractères définitionnels de la personne que nous sommes et pour laquelle un certain défi « convient » [1].

La notion même d'un choix moral responsable suppose que nous aspirons à faire certaines choses dans un contexte qui fonctionne comme une limite ou comme un facteur favorable, et que nous ne traitons pas nos propres aspirations comme des facteurs qui s'opposent à la satisfaction de nos désirs ou qui entravent la mise en œuvre de notre conception de la vie bonne. Il y a une dimension morale là où ce à quoi j'aspire, et qui me définit de manière essentielle à mes yeux, prend place dans un contexte qui peut entraver ou favoriser la réalisation de mes aspirations. Mais si tout

1. R. Dworkin, *Foundations…*, *op. cit.*, p. 295-97.

est contexte, la notion même d'aspiration et de défi à relever disparaît. L'éthique libérale dit donc que quels que soient nos choix, nous devons avoir des ressources égales pour les réaliser, mais elle supprimerait l'identité et la responsabilité si elle disait que quels que soient nos choix, la situation matérielle dans laquelle nous nous trouvons doit demeurer la même. Dans ce cas, en effet, le choix deviendrait parfaitement arbitraire et parfaitement indifférent. Si j'ai autant de ressources lorsque j'arbitre en faveur d'une vie de loisir que lorsque j'arbitre en faveur d'une vie de labeur, en quoi le choix est-il important ? Il perd toute signification morale si ses conséquences sont indifférentes.

À cet égard, il serait absurde de notre part de considérer nos propres aspirations – par exemple le choix que nous avons fait de consacrer notre vie à la construction d'édifices à vocation religieuse – comme un facteur qui limite notre possibilité de mener la vie que nous voulons : cette caractéristique est au contraire le genre de vie que nous voulons mener et par rapport à quoi les circonstances extérieures jouent le rôle de limitations ou de facteurs favorables. Mais, si nous ne pouvons donc en aucun sens raisonnable en demander la compensation, ce n'est pas parce que nous l'avons choisie, car cela pourrait fort bien n'être pas vrai si l'on donne à ce terme un accent fortement volontariste ou métaphysique ; ce n'est vrai qu'au sens où nous avons réfléchi sur cette aspiration et qu'elle nous est apparue – après réflexion – comme une de celles sans lesquelles nous ne serions pas ce que nous sommes[1]. C'est donc parce que les notions mêmes de compensation et d'égalité perdraient toute espèce de justification si toutes les composantes de notre existence devaient être égalisées qu'une telle égalisation doit être rejetée. Certaines doivent l'être (les ressources personnelles et impersonnelles) pour que d'autres puissent être des éléments de notre identité pour lesquels nous assumons la responsabilité qui s'impose. Si les contextes n'étaient pas égalisés, la possibilité pour chacun d'assumer son identité morale ne serait pas égale et la discrimination régnerait dans la société. Mais si les personnalités étaient égalisées en même temps que les contextes, la notion même

1. R. Dworkin, *Foundations…*, *op. cit.*, p. 295.

de personnalité et de réussite humaine perdrait tout son sens. Or la non égalisation des personnalités suppose la distinction claire entre le contexte et la personne ainsi que l'idée que nous devons assumer seuls les conséquences de nos choix, c'est-à-dire des traits de notre existence que nous considérons comme nous définissant, à la différence de ceux qui sont en nous de manière simplement adventice et accidentelle. La responsabilité est bien nécessaire à une théorie de la justice.

CHAPITRE III

LE *LUCK EGALITARIANISM*

L'idée de base du *luck egalitarianism* est simple : la société est juste si et seulement si les situations respectives des individus les uns par rapport aux autres ne sont pas affectées par le hasard. Une autre manière de dire consisterait à affirmer que la justice requiert que toutes les inégalités qui existent entre les individus devraient idéalement être la conséquence des choix qu'ils ont eux-mêmes effectués et non pas de facteurs contingents. Une telle conception de la justice impliquerait que la société doit intervenir pour supprimer ou compenser les effets du hasard chaque fois que celui-ci modifie d'une quelconque manière la situation d'un individu par rapport à l'autre. En revanche, la société doit demeurer inactive lorsque ce sont les choix de l'un des individus en présence qui ont pour effet d'induire une modification du rapport entre leurs situations respectives.

Une telle approche de la justice signifie que le hasard est intrinsèquement injuste et que le mot « justice » a précisément le *sens* d'une neutralisation ou d'une suppression des effets du hasard : une situation est juste lorsque le hasard n'y joue aucun rôle et lorsque toutes les inégalités entre les individus – s'il en existe – sont les conséquences de leurs choix. Prêtons bien attention à la force de cette proposition : ce qui est dû au hasard est injuste en tant que cela est dû au hasard et parce que cela est dû au hasard ; tout ce qui est le produit du hasard dans les situations des individus doit être compensé pour revenir à la situation qui existait avant que le hasard affecte nos existences. En revanche, toutes les fois que notre situation est affectée par nos choix, il n'y a pas lieu de modifier ou d'annuler le résultat de la transformation et l'on peut laisser les effets là où ils sont[1].

Pour l'instant, on ne dit absolument rien de la question de savoir comment il est possible de distinguer dans la pratique ce qui est le produit du hasard et ce qui est la conséquence d'un choix. Il se peut donc que les questions concrètes – comment discerner ce dont nous sommes responsables et ce sur quoi nous n'avons aucun contrôle ? – soient excessivement difficiles ou impossibles à résoudre, mais cela n'ôte rien à la validité de la question : idéalement, une société juste ne serait-elle pas une société qui neutraliserait les effets du hasard tout en laissant les individus subir les conséquences de leurs propres choix ?

Pour mieux comprendre ce raisonnement, partons d'un exemple proposé par Richard Arneson : soit un ensemble d'hommes entre lesquels il n'existe aucune forme de société, aucune règle commune, aucun système institutionnel. Chacun occupe solitairement une île séparée des autres, et ces îles sont – fait de hasard – plus ou moins riches en ressources[2]. Au nom de quel argument pourrions-nous fonder la proposition affirmant que les mieux pourvus – les plus chanceux – doivent charger une partie de leurs ressources sur des bateaux et les expédier aux moins bien pourvus – les moins chanceux[3] ?

Le premier argument qui se présente à l'esprit est le suivant : l'inégalité est inacceptable, il est moralement injuste que certaines personnes aient de moins bonnes perspectives d'existence que d'autres. Mais immédiatement, si nous envisageons d'adopter ce principe et, en son nom, d'enjoindre aux plus favorisés de transférer

1. *Cf.* R. Arneson, « Luck and Equality » *Proceedings of the Aristotelian Society*, sup. vol. (2001), p. 73-90 ; « Egalitarianism and Responsibility », *Journal of Ethics*, 3 (1999), p. 225-247 ; « Luck Egalitarianism, an Interpretation and Defense », *Philosophical Topics* 32, (2004), p. 1-20 ; « Egalitarianism and the Undeserving Poor », *Journal of Political philosophy*, 5/3 (1997).

2. R. Arneson, « Egalitarianism and Responsibility », *Journal of Ethics*, 3/3 (1999), p. 225-247.

3. *Cf.* R. Arneson, « Why Justice Requires Transfers to Offset Income and Wealth Inequalities ? », *Social Philosophy and Policy*, 19/1, (2002), p. 172-200.

une partie de leurs ressources aux moins favorisés, il se présente un autre principe qui vient tempérer notre ardeur et freiner notre premier mouvement. Ce principe affirme qu'il est moralement mauvais que certaines personnes soient dans une situation équivalente à celle des autres alors qu'elles sont moins méritantes, lorsqu'elles ont fait moins d'efforts, lorsqu'elles ont par exemple choisi de moins travailler. Nous devons alors nous poser la question de savoir si ceux qui sont les moins favorisés sont aussi méritants que ceux qui disposent de plus de ressources sur leur île. Si ce n'est pas le cas, il est normal et juste qu'ils aient moins de ressources et c'est l'obligation de redistribution qui serait une injustice. Il va donc falloir compléter le principe qui affirme qu'il est moralement mauvais que certaines personnes soient dans une situation moins bonne que les autres en introduisant le qualificatif suivant : il est moralement mauvais que certains soient dans une situation moins bonne que les autres, quand cette situation moins favorable ne résulte pas d'une faute de leur part, ou d'un choix qu'ils ont fait, donc lorsqu'elle a le hasard pour cause[1]. Car, à l'évidence, si la différence de situation est due à un choix de la part de certains des partenaires, il est tout à fait juste et légitime que ceux qui ont fait ce choix soient moins bien lotis que les autres.

L'exemple nous indique qu'il y a donc bien deux questions distinctes : pourquoi est-il moralement condamnable (si c'est le cas) que les situations des individus soient différentes sans que les moins bien lotis en soient responsables ? Pourquoi serait-il moralement condamnable que des individus qui n'ont pas eu la même conduite (qui n'ont pas fait les mêmes choix) soient néanmoins dans une situation identique ? La première question nous invite à préciser quel est le fondement de l'exigence égalitariste, et la seconde nous invite à dire pourquoi il est légitime de s'écarter de l'égalité.

Sur la première question, la position adoptée par R. Arneson est tout à fait claire : ce qui nous préoccupe dans les questions de justice, c'est que certains individus soient dans des positions très défavorables du point de vue de leurs possibilités d'accéder au bien-être par

1. C'est ce que C. Lake appelle l'intuition égalitariste fondamentale (*Equality and Responsibility*, *op. cit.*).

le seul effet du hasard. Il appartient donc à une société juste de tenter de réduire ces inégalités entre les individus du point de la possibilité d'accéder au bien-être lorsqu'elles sont dues à des facteurs contingents.

La position défendue par Arneson est cependant moins un égalitarisme proprement dit qu'une forme de prioritarisme qui ne défend ni l'idée d'une répartition égale de quoi que ce soit ni l'idée d'un niveau minimum pour tous les membres de la société. Elle se contente d'affirmer que l'accroissement des possibilités d'accès au bien-être possède une valeur morale d'autant plus grande que la personne qui reçoit cet accroissement est située plus bas dans ce domaine des possibilités d'accéder au bien-être[1].

Cette réponse à la première question appelle donc deux précisions.

Elle exige tout d'abord une mise en lumière des raisons pour lesquelles la théorie de la justice doit parler le langage de l'égalisation des possibilités d'accès au bien-être et non pas celui des ressources ou des biens premiers[2]. On va voir que cette correction de la position dworkinienne est, selon les *luck egalitarians*, une conséquence nécessaire de la réorganisation de la théorie de la justice autour de la catégorie du hasard.

Elle exige ensuite une explication des motifs pour lesquels la dimension égalitaire de la justice doit prendre la forme, non pas d'une égalité de répartition ni d'un seuil minimum, mais celle d'une priorité accordée à l'accroissement qualitatif des perspectives de ceux qui sont situés au bas de l'échelle.

Sur la seconde question – dans quelles circonstances est-il légitime de s'écarter de l'égalité – Richard Arneson pense qu'il est tout à fait possible de marier cette forme d'égalitarisme prioritariste avec une notion de responsabilité en le redoublant de la manière suivante : si deux personnes sont dans une situation également défavorable du point de vue de leurs possibilités d'accéder au bien-

1. R. Arneson, « Luck Egalitarianism and Prioritarism », *Ethics*, 110/2 (2000), p. 339-349.

2. R. Arneson, « Welfare should be the Currency of Justice », *Canadian Journal of Philosophy*, 30/4 (2000), p. 497-524.

être, la valeur morale d'une augmentation de ces possibilités sera plus grande pour celle des deux personnes qui se trouve dans cette situation sans faute de sa part – et donc sans en être responsable – que pour celle qui s'y trouve par un effet de ses propres choix. Dès lors, il faut affirmer que le fait de procurer une augmentation de possibilités d'accès au bien-être aux personnes qui souffrent d'un déficit important dans ce domaine sans faute de leur part possède une priorité morale sur le fait de procurer une même augmentation de possibilités d'accès au bien-être aux personnes qui souffrent d'un déficit important dans ce domaine par une conséquence de leurs propres choix.

Cette réponse à la seconde question exige de dire comment et pourquoi il est possible de justifier le recours à la notion de responsabilité que l'on introduit ici et quel en est le sens; elle exige également une réponse aux objections de principe à l'emploi d'une telle notion, ainsi qu'une dissolution raisonnée des cas difficiles qu'elle semble engendrer.

POURQUOI LA THÉORIE DE LA JUSTICE NE PEUT-ELLE SE CONTENTER DE PARLER LE LANGAGE DE L'ÉGALITÉ DES RESSOURCES ?

La réponse à cette question nous est donnée par la notion de hasard : si c'est vraiment le fait que les situations des individus s'éloignent les unes des autres sous l'impact de facteurs contingents qui est la première préoccupation d'une société juste, il est impossible de concevoir la promotion de l'égalité dans le seul registre des ressources, car le hasard peut affecter non seulement les ressources dont nous disposons mais aussi la capacité que nous avons de les transformer en bien-être. Deux personnes peuvent donc disposer des mêmes ressources externes tout en disposant de capacités inégales de transformer ces ressources en bien-être[1]. Or cette inégalité dans ce que Arneson appelle nos « fonctions d'utilité » peut être l'effet du

1. R. Arneson, « Liberalism, Distributive Subjectivism and Equal Opportunity for Welfare » *Philosophy and Public Affairs*, 19/2, (1990), p. 158-194; « Equality of Opportunity for Welfare Defended and Recanted », *The Journal of Political Philosophy*, 7, 1999, p. 488-497.

hasard et doit donc, elle aussi, être compensée. Dès lors, ce qui est important, ce ne sont pas les ressources mais la quantité de satisfaction que nous *pouvons* nous procurer avec ces ressources. L'égalité doit se concevoir dans le registre des *possibilités d'accès au bien-être*.

Une société juste n'est donc pas une société qui maximise les biens premiers sous contrainte d'un principe d'équité mais une société qui maximise, sous la contrainte de ce même principe d'équité, les perspectives ou les possibilités d'accéder au bien-être. Ce qui doit être pris en compte, c'est la quantité de bien-être à laquelle on a la capacité d'accéder : ce sont les possibilités qui doivent être égales, ou plus exactement, qui doivent être soumises au principe de priorité qui affirme, comme nous l'avons vu, qu'une possibilité supplémentaire d'accéder au bien-être possède une valeur morale d'autant plus grande que l'individu à qui elle est conférée dispose de moins de possibilités dans ce domaine.

Arneson dit que cette version de la société juste ne cherche pas à maximiser – sous la contrainte du principe de priorité – la qualité réelle des vies auxquelles accèdent les individus, car cette qualité réelle est bien évidemment tributaire des choix que nous faisons les uns et les autres. En revanche, elle considère comme injuste que, pour des raisons qui ne sont pas liées à leurs propres choix ou à leur propre responsabilité, les individus n'aient pas des possibilités équitables d'accès au bien-être, c'est-à-dire que la société répartisse ces possibilités sans pondérer cette répartition par un principe de priorité. La société juste cherche donc seulement à tempérer l'arbitraire dans les perspectives, c'est-à-dire qu'elle veut que nul, à cause de circonstances dont il n'est pas responsable, ait des perspectives inéquitables, ou n'ait pas une perspective ou une possibilité égale – s'il fait les mêmes choix – d'accéder à une quantité équitable de bien-être ; une telle différence, en effet, ne serait pas justifiée sur le plan moral.

En affirmant que la théorie de la justice doit parler le langage des possibilités ou des opportunités d'accès au bien-être, Arneson récuse l'idée selon laquelle la théorie de la justice ne devrait parler que le langage des moyens, des ressources ou des biens premiers. Il lui appartient donc de répondre aux arguments par lesquels Rawls et

Dworkin ont soutenu que, en raison du problème des goûts onéreux, les considérations liées au bien-être, quelle qu'en soit la forme, devaient être exclues de la réflexion sur la société juste. Il lui appartient aussi de montrer que la notion de bien-être n'est pas nécessairement cette règle de Lesbos (qui se déformait en fonction des objets qu'elle devrait mesurer) que ses détracteurs voient en elle, et qu'il est possible d'en donner une conception objective qui ne serait pas exposée aux dérives paternalistes qu'on lui associe en général.

Pourquoi l'argument de ceux qui soutiennent que la théorie de la justice devrait se contenter de parler le langage des ressources ou des biens premiers est-il inacceptable? Parce qu'une telle théorie se contente d'égaliser les moyens dont disposent les individus sans s'assurer que, à moyens égaux, les individus disposent de facultés égales de convertir ces moyens en bien-être. Si ce n'est pas le cas, il y a là, pour ceux qui disposent de capacités de conversion inférieures, une *injustice* qui doit être corrigée lorsqu'ils ne sont pas responsables de cette infériorité[1]. Il faut bien faire la distinction entre cette inégalité – qui se situe au niveau des capacités de conversion – et celles qui peuvent résulter des choix: si deux individus possèdent les mêmes ressources *et les mêmes aptitudes à les convertir en bien-être* et qu'ils font des choix différents (l'un convertit ses ressources en bien-être et l'autre s'en abstient), les inégalités qui en résultent ne posent aucun problème de justice. En revanche, si deux individus possèdent les mêmes ressources mais des facultés inégales de les convertir en bien-être, l'inégalité qui existe entre eux pose des problèmes de justice lorsque l'un a effectivement converti les ressources dont il disposait en bien-être et que l'autre a souhaité se comporter de la même manière mais n'est pas parvenu au même niveau de bien-être en raison d'une capacité inférieure de conversion. Le langage du bien-être – non pas le bien-

1. Cet argument est aussi proposé par A. Sen; *cf.* sur ce point, p. Dietsch, « Is Sen a Luck egalitarian? »; *cf.* également R. Arneson, « Equality and Equal Opportunity for Welfare », *Philosophical Studies*, 56, (1989) p. 77-93.

être effectif mais les opportunités d'accéder au bien-être – ne peut en ce sens pas être exclu de la théorie de la justice distributive[1].

Toute autre manière de raisonner serait illogique. Pourquoi, en effet, les différences dans les ressources dont disposent les individus nous paraissent-elles illégitimes quand elles sont dues à des facteurs arbitraires ? C'est bien parce que nous savons qu'elles correspondent à des perspectives d'existence très différentes en termes de bien-être. Après tout, il serait fétichiste de nous préoccuper du manque de moyens dont certains sont affectés si nous ne savions pas pertinemment que ce manque de moyens va se traduire en une vie misérable, ou en une incapacité de choisir une vie qui en vaut la peine, une vie heureuse[2]. Nous nous préoccupons des inégalités de ressources, et nous pensons qu'elles posent des problèmes de justice, parce que nous comparons différents types d'existences quant aux possibilités de bien-être qu'elles renferment et parce que nous disons que ceux qui ont le moins de ressources ne pourront accéder (ou n'auront la possibilité d'accéder) qu'à des vies peu réussies et misérables, qui comporteront peu de bien-être et contiendront peu de bonheur.

Inversement, nous savons que ceux qui disposent de ressources abondantes *peuvent* mener des existences riches, pleines de sens, réussies et heureuses, des vies qui valent la peine d'être vécues, des vies qui sont proprement humaines : ils en ont la possibilité, ils y ont accès s'ils en font le choix. C'est justement cela qui nous préoccupe : non pas la différence des moyens, mais le fait que, parce que leurs moyens sont faibles, les plus défavorisés ne peuvent pas (ils n'ont pas la possibilité de le choisir) mener une vie riche, épanouie et heureuse. Il va donc de soi que nous comparons des *existences* du point de vue du bien qu'elles sont susceptibles de contenir et que, en

1. *Cf.* S. White, *Equality* (2007), p. 84-89.

2. R. Arneson, « Rawls, Responsibility and Distributive Justice » *in* M. Salles and J. Weymark (éds.), *Justice, Political Liberalism and Utilitariaism : Themes from Harsanyi and Rawls* (2008).; « Liberalism, Distributive Subjectivism and Equal Opportunity for Welfare », *Philosophy and Public affairs*, 19/2, (1990), p. 158-194; « Against Rawlsian Equality of Opportunity », *Philosophical Studies*, 93/1, (1999); *cf.* K. Lippert-Rasmussen, « Arneson on Equality of opportunity for Welfare », *The Journal of Political Philosophy*, 7/4, (1999), p. 478-487.

ce sens l'attitude de Rawls et de Dworkin est déraisonnable, car ils se soucient de la différence injustifiée du point de vue des ressources sans se soucier de l'essentiel, à savoir des conséquences de ces différences; or ces conséquences sont la seule raison pour laquelle ces différences sont importantes.

C'est pourquoi il est essentiel de dire que le bien-être est la monnaie dans laquelle la théorie de la justice doit être exprimée, et les objections à cette approche s'effacent – en particulier celles qui sont liées aux goûts onéreux – sitôt que l'on passe de considérations portant sur les quantités de bien-être à des considérations portant sur les opportunités ou sur les possibilités d'accéder au bien-être[1]. L'argument essentiel est donc que, avec des ressources identiques, des individus distincts peuvent avoir des possibilités très inégales d'accéder au bien-être à cause de circonstances dont ils n'ont pas à assumer les conséquences désavantageuses parce qu'ils n'en sont pas responsables : d'une part certains de leurs goûts intrinsèquement onéreux pour les autres pourraient être *non-choisis* et, en ce sens, assimilables à des handicaps; d'autre part, leurs capacités à faire des choix rationnels et prudents peuvent être, au même titre que leur faculté à convertir les instruments de bien-être en bien-être effectif, inférieures à celles des autres sans que, là encore, la responsabilité puisse leur en être attribuée. Il est donc très clair que l'égalité des ressources ne suffit pas à déterminer des possibilités égales d'accéder au bien-être et que les différences qui peuvent subsister – dues à des inégalités au niveau des goûts non choisis et des capacités subjectives – doivent être corrigées au nom du même principe qui motive la correction dans l'inégalité des ressources : il s'agit d'un facteur qui affecte négativement la vie des individus sans aucune faute de leur part.

Reprenons en effet l'argument des goûts onéreux[2] : il suppose que la société n'assume pas le déficit de bien-être dont sont victimes ceux dont les goûts sont plus difficiles à satisfaire et qui, de ce fait, ne peuvent accéder, avec des ressources égales à celles des autres,

1. R. Arneson, « Welfare should be the Currency of Justice » *loc. cit.*

2. R. Arneson, « Liberalism, Distributive Justice and Equal Opportunity for Welfare » *loc. cit.*

qu'à une quantité de bien-être plus limitée. Toute autre conception, selon Rawls, serait contraire à l'équité parce qu'elle consisterait, pour ceux dont les goûts sont plus onéreux, à faire supporter aux autres le poids de leurs propres choix. Or l'équité exige que chacun assume la responsabilité des buts qu'il poursuit et des choix qu'il fait en fonction des ressources dont il dispose, et elle interdit que, de manière irresponsable, les individus puissent exiger des ressources additionnelles au nom du caractère onéreux de leurs objectifs. Le partage de la responsabilité entre la société et les individus s'opère ainsi de la manière suivante : à la société revient la responsabilité d'égaliser les contextes dans lesquels les individus font leurs choix, tandis qu'il revient aux individus de sélectionner leurs finalités et de les réviser à la lumière des informations que la société leur donne sur la quantité de ressources sociales qui constitue leur juste part[1]. S'ils ne peuvent atteindre leurs finalités avec cette juste part, il leur appartient, soit de réviser leurs objectifs, soit d'assumer les conséquences du maintien de leur choix initial en reconnaissant qu'ils n'ont pas le droit de se plaindre de ne pouvoir atteindre leurs fins. Dworkin souscrit lui aussi à cet argument mais, à la différence de Rawls, il reconnaît non seulement que les satisfactions varient sous l'impact des choix individuels (ceux qui choisissent d'avoir des buts difficiles à atteindre et onéreux aux autres doivent accepter d'avoir de ce fait moins de satisfaction), mais aussi que les ressources doivent être affectées par les choix.

Rawls et Dworkin paraissent cependant tous deux penser que les individus doivent être considérés comme capables d'adapter leurs plans de vie et leurs finalités en fonction de leurs ressources et qu'il s'agit là d'une responsabilité qui leur incombe[2]. Contre cette idée, Arneson avance que s'il est tout à fait vrai que, mes valeurs étant données, je dois adapter les buts que je poursuis aux ressources dont je dispose, on voit mal, en revanche, pourquoi je serais tenu d'adapter mes *valeurs* à ces mêmes ressources. Autant il est raisonnable de demander aux gens d'adapter les moyens dont ils entendent se servir pour poursuivre leurs fins en fonction de leurs ressources,

1. R. Arneson, « Rawls, Responsibility and Distributive justice », *loc. cit.*
2. *Ibid.*

autant il paraît étrange de leur demander d'adapter leurs finalités elles-mêmes, car si les individus choisissent leur plan de vie en fonction de leurs ressources, ce n'est certainement pas le cas de leurs buts ou de leurs finalités qui, pour eux, dérivent de leurs croyances et de leurs jugements : ils ne sont donc pas choisis mais, au moins dans certains cas, subis. Ainsi, chacun peut sans doute choisir de s'engager dans un processus de réflexion, de ne pas se livrer imprudemment à des impulsions, de ne pas sélectionner ses valeurs d'une manière arbitraire et irrationnelle, mais nul ne peut s'engager – ce serait absurde – à ce que les conclusions auxquelles il parviendra soient en rapport avec les ressources auxquelles il aura droit. Autrement dit, s'il s'avère que, au terme d'un processus de réflexion, les valeurs auxquelles il s'est arrêté sont telles que leur poursuite est onéreuse aux autres, il ne sera pas possible de lui expliquer que, s'il ne peut atteindre ses objectifs, il ne doit s'en prendre qu'à lui-même et qu'il lui appartenait de faire des choix plus en rapport avec la juste part de ressources sociales à laquelle il peut prétendre. Si l'individu rationnel peut exercer un contrôle sur la manière dont il choisit ses finalités, il ne peut exercer un contrôle sur les conclusions auxquelles il parvient; ou encore, s'il lui appartient de décider de mettre en œuvre toutes les capacités dont il dispose pour faire un choix raisonnable, il ne lui appartient pas de décider qu'il y réussira, et il peut parfaitement échouer pour des motifs dont il n'est pas responsable : ses capacités n'étaient tout simplement pas suffisantes, ou du moins n'étaient pas équivalentes à celles dont disposent en moyenne les autres individus. Au demeurant, il lui serait difficile d'affirmer que son processus de choix est réglé par la raison si, parvenu au terme d'une démarche argumentée établissant par les meilleures raisons disponibles qu'il doit choisir de poursuivre la finalité *A*, il décidait néanmoins de poursuivre la finalité *B* au prétexte qu'elle est plus en rapport avec les moyens dont il dispose. Le « choix » auquel il s'arrêterait dans ces conditions serait totalement arbitraire, c'est-à-dire que, en présence des meilleures raisons de choisir *A*, il choisirait *B*. Ce serait bien entendu une singulière manière de concevoir l'autonomie d'un choix de valeur que de prétendre qu'il doit être dicté par la considération des moyens que nous avons pour le poursuivre et le réaliser[1].

L'idée que les goûts onéreux incombent à ceux qui les cultivent est donc sujette à caution. Quant à l'argument selon lequel les individus ne sont certes pas responsables de leurs goûts et de leurs ambitions mais qu'ils sont en revanche responsables du fait qu'ils choisissent de poursuivre les goûts et les ambitions qui sont les leurs, il est simplement absurde car il impliquerait de concevoir comme autonome un individu qui pense sincèrement et raisonnablement qu'il doit faire *X* mais qui décide de faire *Y* (qui ne lui paraît pas la bonne chose à faire) parce qu'il est en mesure d'atteindre *Y* avec les moyens dont il dispose.

Par ailleurs, la notion même de choix à laquelle Rawls a recours est discutable : elle paraît supposer que tous les individus, à partir du moment où ils sont rationnels, disposent d'une égale faculté de faire des choix raisonnables[2]. Or c'est loin d'être vrai : non seulement le contexte dans lequel nous sommes placés influe sur la nature des choix que nous faisons, mais il influe aussi de manière considérable sur notre capacité à les faire de manière raisonnable. Notre éducation, notre milieu, l'ensemble des circonstances et des capacités intellectuelles dont nous sommes porteurs déterminent – sans qu'il soit possible de nous en attribuer la responsabilité – nos aptitudes de ce point de vue. Il n'est donc pas possible de dire, sans plus de précisions, que les individus doivent assumer la responsabilité de leurs fins, même si on amende cette thèse pour lui donner une forme atténuée selon laquelle les individus sont d'autant plus responsables de leurs finalités que le choix de leurs finalités a été pour eux moins difficile et moins coûteux, c'est-à-dire qu'ils possédaient une faculté de faire des choix raisonnables plus importante et plus facile à utiliser. La vérité c'est que la société porte une part de responsabilité dans les fins que les individus ont « choisies » si elle

1. R. Arneson, « Rawls, Responsibility and Distributive justice », *loc. cit.*
2. R. Arneson, « The Smart Theory of Moral Responsibility » *loc. cit.*

ne leur donne pas des conditions équivalentes et satisfaisantes de choix[1].

La différence entre les capacités de choisir des individus étant un effet de facteurs contingents, il n'est donc pas possible, dans le contexte d'une théorie de la justice qui entend se définir comme une entreprise de neutralisation du hasard, de demander aux individus de supporter seuls les conséquences du fait que leurs choix ne sont pas aussi rationnels qu'ils devraient l'être. L'essentiel est que nul ne peut être tenu pour responsable d'un choix *X* par rapport à son voisin qui a fait un choix *Y* sauf si tous deux avaient des ensembles de possibilités qui comprenaient *X* et *Y*, et si tous deux avaient la possibilité de choisir *X* et de choisir *Y avec une facilité égale* (si choisir *Y* est beaucoup plus difficile et plus coûteux pour le premier que pour le second il ne peut pas être tenu pour responsable de ne pas avoir choisi *Y* et d'avoir opté pour *X* à la place)[2]. De même, nul ne peut être tenu pour responsable de ne pas se tenir à son choix et de ne pas vivre en fonction de lui, si le fait de s'y tenir représente pour lui une difficulté que ne rencontre pas son voisin qui a au contraire toutes les facilités du monde à se tenir à ce même choix et à gouverner sa vie en fonction de lui. En ce sens, la responsabilité de ce que nous avons choisi est atténuée si nous n'avons pas fait le bon choix alors qu'il nous était plus difficile qu'à d'autres de faire ce bon choix : on ne peut se contenter de dire, comme le fait Rawls, que les gens sont responsables de leurs choix et que la seule chose que la société doit aux individus, ce sont des contextes identiques. En réalité, la société doit aussi des compensations aux gens qui ont fait des mauvais choix parce que le « contexte » dans lequel ils se trouvaient était défavorable (pas en termes de ressources mais en termes de capacité à faire des choix raisonnables et à s'y tenir).

On doit donc tenir un individu pour responsable uniquement dans la mesure où il lui appartient de faire aussi bien que possible dans le contexte qui est le sien (en tenant compte à la fois de ses

1. R. Arneson, « Liberalism, Distributive Subjectivism and Equal Opportunity for Welfare », *loc. cit.*, p. 175.

2. R. Arneson, « Does Social Justice Matter? Brian Barry's Applied Political Philosophy », *Ethics*, 117 (avril, 2007), p. 396.

ressources externes et de ses capacités internes). Dès lors, il est impossible de se contenter d'égaliser les ressources extérieures car ce qui importe, c'est le niveau de satisfaction auquel chacun a la possibilité de parvenir; or, si un individu a des possibilités réduites d'accès au bien-être parce que, tout en disposant de ressources équitables, ses capacités de choix sont inférieures et qu'il a, pour des raisons entièrement indépendantes de sa propre responsabilité, plus de difficulté que d'autres à faire des choix en rapport avec les ressources auxquelles il a droit et à s'y tenir avec constance, il serait contraire à l'équité de le laisser assumer seul les conséquences de cette situation.

Mais est-ce que le fait de considérer que certains ont une faculté de choix moins importante que d'autres et que, pour cette raison, il leur est plus difficile de faire des choix raisonnables ne représente pas un manque de respect pour ces personnes[1] ? Est-ce que le respect n'implique pas que l'on dise au contraire que tous les individus ont la même capacité de faire des choix et de se conduire de manière responsable et libre? Arneson affirme que le mot d'ordre de respect égal des personnes ne peut pas impliquer que l'on nie les faits et que l'on traite les gens comme si ce qui est vrai n'était pas vrai. Il est absolument vérifié que les individus sont différents du point de vue de leur capacité à apprécier des raisons et de leur aptitude à se laisser guider par ces mêmes raisons. On en revient donc à la conclusion selon laquelle il n'est tout simplement pas possible de dire que chacun est responsable de ses choix, car certains ont plus de capacité ou d'aptitude à faire des choix (rationnels et prudents) que d'autres[2].

Chaque individu a donc droit à des possibilités d'accès au bien-être égales à celles des autres; s'il utilise moins bien que d'autres les ressources dont il dispose parce qu'il ne fait pas usage de la mesure de prudence que l'on peut attendre de lui étant donné ce que sont le contexte et les facultés personnelles qu'il possède, il n'a droit à aucune compensation. Mais s'il fait preuve de toute la prudence

1. R. Arneson, « Rawls, Responsibility and Distributive Justice », *loc. cit.*; sur cette question *cf.* T. Hinton, « Must Egalitarians Choose Between Fairness and Respect? » *Philosophy and Public Affairs*, 30/1 (2001), p. 72-87 et surtout J. Wolff, « Fairness, Respect and the Egalitarian Ethos », *Philosophy and Public Affairs*, 27/2, (1998), p. 97-122.

2. R. Arneson, « Rawls, Responsibility and Distributive Justice » *loc. cit.*

dont il est capable et que le niveau de bien-être auquel il a accès est moins élevé, il a droit à une compensation[1].

L'essentiel est ici de souligner qu'il ne suffit pas que les individus aient d'égales possibilités *objectives* d'accéder à un même bien-être car ils peuvent, pour des raisons qui sont entièrement indépendantes de leur responsabilité, ne pas avoir les mêmes aptitudes *subjectives* à utiliser ces possibilités. On ne peut pas dire de quelqu'un qu'il n'a droit à aucune compensation parce qu'il avait la possibilité de faire certains choix alors que, dans le contexte où il était placé et avec les capacités dont il disposait, il lui aurait fallu un degré de prudence et de raisonnabilité exceptionnel pour faire ce choix, tandis que d'autres étaient en état de le faire en ne faisant preuve que d'un degré très moyen de cette même prudence. En d'autres termes, si j'ai la même capacité que mon voisin de tirer parti des possibilités qui me sont offertes d'accéder au bien-être et que je n'en fais pas usage, le bien-être moindre auquel j'accède est de ma responsabilité ; en revanche, si j'ai les mêmes possibilités objectives d'accéder au bien-être mais des capacités subjectives inférieures pour en tirer parti, on ne peut pas me laisser porter seul la responsabilité du fait que je dispose effectivement d'une moindre quantité de bien-être.

Arneson en conclut qu'il y a en réalité trois variables à considérer dans la détermination de l'équité[2] : tout d'abord quelles sont les possibilités objectives d'accès au bien-être dont je dispose, c'est-à-dire quel est le niveau de bien-être auquel de manière absolue il m'est possible d'accéder. En second lieu, quel est le niveau de bien-être auquel je peux accéder étant donné les capacités qui sont les miennes, en particulier ma capacité à faire des choix raisonnables, réfléchis et prudents. On ne doit pas dire que je dois assumer seul les conséquences d'un choix malheureux si je n'avais pas la capacité d'éviter ce choix, ou si j'avais de manière absolue la possibilité d'éviter ce choix mais que, étant donné mes propres capacités, je ne pouvais l'éviter qu'en mettant en œuvre une forme de prudence exceptionnelle dont les autres n'avaient pas besoin pour éviter de

1. R. Arneson, « Luck and Equality » *loc. cit.*
2. R. Arneson, « Rawls, Responsibility and Distributive Justice », *loc. cit.*

faire ce choix[1]. Le troisième facteur dont il faut tenir compte est le niveau de bien-être effectif auquel accèdent les individus : si j'accède à une quantité de bien-être inférieure alors que j'avais le même ensemble de possibilités et les mêmes facultés de les convertir en bien-être effectif que les autres, et si une telle conversion n'exigeait pas de ma part une conduite exceptionnellement prudente, ni même une conduite plus prudente que celle dont les autres ont dû faire preuve pour accéder à ce même résultat, je n'ai droit à aucune compensation.

Cette analyse est partagée par G.A. Cohen dans son célèbre article sur la « monnaie » dans laquelle doit s'exprimer la théorie de la justice[2]. On a beaucoup discuté, dit Cohen, pour savoir si l'égalitarisme contemporain devait être un égalitarisme du bien-être ou un égalitarisme des ressources. S'agit-il de faire en sorte que les individus soient également satisfaits ou qu'ils aient des moyens égaux de satisfaction tout en atteignant, avec ces moyens identiques, de degrés de satisfaction variables qui seront fonction de la nature de leurs aspirations ?

En règle générale, on a considéré que la première solution – c'est-à-dire la volonté d'égaliser le bien-être – se heurtait au problème insurmontable des goûts onéreux : si deux personnes ont des goûts inégalement aisés à satisfaire, elles ne pourront accéder à la même quantité de bien-être avec la même quantité de ressources. Pour compenser le désavantage de celui dont les goûts sont plus onéreux ou plus difficiles à satisfaire, il faudrait donc lui allouer un surcroît de ressources par rapport à ceux dont les goûts sont plus aisés à satisfaire et qui, par conséquent, peuvent se procurer une quantité de bien-être supérieure avec une même quantité de

1. Pour établir qu'un choix m'est accessible, il ne suffit donc pas de montrer que d'autres personnes, placées dans le même contexte que moi, ont fait un choix de ce genre ; il faut aussi montrer qu'il m'est accessible au même coût et avec la même facilité. On peut toujours dire que les fils d'ouvriers et d'employés ont autant de chances d'entrer à Polytechnique que les fils de cadres supérieurs et que certains l'ont fait ; mais la question est de savoir quelle est la quantité d'efforts que ceux qui sont dans ce cas ont dû déployer et si elle n'est pas supérieure à celle que doivent déployer les fils de cadres supérieurs pour arriver au même résultat.

2. G.A. Cohen, « On the Currency of Egalitarian Justice », *Ethics*, 99/4 (1989), p. 906-944 ; *cf.* aussi G.A. Cohen, « Equality of What? On welfare, Goods and Capabilities », *in* M. Nussbaum et A. Sen (éds.) *The Quality of Life* (1993).

ressources. Mais comme cette solution est évidemment contre-intuitive – entre autres parce qu'elle aurait pour effet de susciter des goûts de plus en plus onéreux – la « monnaie » dans laquelle doit s'exprimer l'égalité n'est pas le bien-être (qui peut varier en fonction des aspirations et des dispositions des individus) mais les ressources ou les moyens de se procurer le bien-être. Rawls et Dworkin ont donc tous deux présenté des versions de l'égalité dans le registre des instruments – ressources ou bien premiers – grâce auxquels il est possible de se procurer du bien-être, tout en abandonnant à la responsabilité des individus l'usage qu'ils font de ces mêmes instruments et, par conséquent, la quantité de bien-être à laquelle ils parviennent grâce à eux.

Intuitivement, ces solutions souffrent cependant d'un grave défaut car si certains goûts sont manifestement des choix, ce n'est pas le cas de tous, et il paraît problématique, pour une théorie de la justice, d'abandonner les individus aux conséquences de facteurs dont ils ne peuvent être tenus pour responsables[1]. Plus largement, les aptitudes des uns et des autres à convertir une quantité donnée d'instruments en bien-être effectif peuvent varier; à nouveau, ceux dont les aptitudes sont moindres à cet égard ne sauraient sans injustice en être tenus pour responsables, et il est au moins envisageable de traiter cette forme d'incapacité comme un handicap[2].

Si l'on tient compte de ces remarques, on s'aperçoit que la vocation d'une théorie de la justice ne peut être d'égaliser les ressources sans se soucier de savoir si les capacités à les utiliser de manière effective sont équivalentes, mais de parvenir à une compensation des désavantages subis par les individus sans que la

1. Lorsque Rawls aborde cette question, il semble reconnaître que les goûts ne sont que partiellement choisis, mais il semble disposé à conclure que cette dépendance partielle par rapport au choix suffit pour en attribuer la responsabilité aux individus eux-mêmes alors que, dans le même temps, il conclut en sens inverse lorsqu'il est question de savoir si les individus les plus talentueux et les plus énergiques peuvent être considérés comme responsables de leurs talents et récolter seuls l'ensemble des fruits qu'ils génèrent : les porteurs des talents ne sont qu'en partie les « auteurs » de ces talents et cela suffit pour affirmer qu'ils n'en sont pas responsables et qu'ils ne peuvent revendiquer la propriété exclusive des avantages que génère leur mise en œuvre (*Théorie de la Justice*, § 17).

2. G.A. Cohen, « Expensive tastes ride again », *in* J. Burley (éd.), *Dworkin and his Critics*, *op. cit.*, p. 3-29.

responsabilité puisse leur en être imputée[1]. De ce point de vue, l'égalité de bien-être et l'égalité de ressources sont exposées aux mêmes objections : s'il y a des inégalités de ressources ou de bien-être dues aux choix des individus, il n'appartient pas à une société juste de les compenser, mais si les inégalités en question sont attribuables à des causes qui ne relèvent pas du choix ou de la responsabilité des individus, une société juste doit neutraliser l'action de ces causes[2]. Il semblerait donc logique d'en conclure qu'une société juste doit réaliser une égalité dans les possibilités d'accéder au bien-être, et d'avancer l'idée que des individus qui font les mêmes choix doivent pouvoir jouir d'une même quantité de bien-être.

Cohen propose de prendre l'exemple d'un individu qui souffre conjointement de deux handicaps distincts[3] : en premier lieu, il est paralysé des deux jambes et il a besoin d'un fauteuil roulant pour se déplacer. Les théories de la justice qui mettent l'accent sur l'égalité des ressources affirment unanimement qu'il est légitime que la société supporte le coût de ce fauteuil, et elles soulignent que la raison de cette compensation n'est pas que le paralytique souffre d'un déficit de bien-être : s'il n'avait aucune aspiration à se déplacer et si, par conséquent, son handicap n'était pas pour lui l'occasion d'un bien-être moindre, la compensation serait néanmoins légitime et elle le serait au titre de l'égalité des ressources : il est juste que chacun dispose d'instruments ou de ressources égaux pour accéder au bien-être, indépendamment de ses aspirations et de ses dispositions subjectives. Il est possible qu'un paralytique mène une vie pleine de satisfactions intenses sans jamais se déplacer mais la théorie de la justice n'a pas à se soucier de ce genre de considérations. Cette remarque s'applique tout autant aux possibilités d'accéder au bien-être qu'au bien-être effectif : la théorie de la justice ne se demande pas si le paralytique a autant de bien-être qu'une personne valide, ni s'il a la même possibilité d'accéder au bien-être qu'une personne valide, mais seulement s'il a les mêmes moyens à sa disposition pour poursuivre ses buts (qui peuvent fort bien ne pas du

1. C. Lake, *op. cit.*
2. G. A. Cohen, « On the Currency of Egalitarian Justice » *loc. cit.*, p. 913-916.
3. G. A. Cohen, *loc. cit.*, p. 917-918.

tout s'orienter dans le sens de la recherche du bien-être). À l'évidence, elle est cependant plus convaincante dans le premier cas que dans le second.

Considérons maintenant le second handicap : notre paralytique peut se servir de ses bras comme une personne valide, mais il ne peut pas le faire au même coût car, lorsqu'il fait usage de ses bras, cela occasionne chez lui une douleur particulière ; il existe un médicament qui, administré quotidiennement, permet à notre paralytique de ne pas éprouver cette douleur dans les bras. Est-il juste que la société assume le coût de ce médicament[1] ? La réponse sera sans doute positive, mais la raison n'est pas la même que dans le cas du fauteuil roulant car, ici, il ne s'agit pas de compenser un manque de ressources mais un déficit de bien-être. Dans le cas de ce second handicap, dit Cohen, il est manifeste que la réaction égalitariste procède bien d'une volonté d'égaliser sinon le bien-être lui-même, du moins la possibilité d'accéder au bien-être. Il est injuste que deux individus qui disposent des mêmes moyens de faire une même action ne puissent pas la faire au même coût (le paralytique éprouve dans ses bras une douleur que ne ressentent pas les personnes valides, douleur qu'il ne peut supprimer qu'en achetant un médicament dont les autres n'ont pas à supporter le coût).

Cohen pense que nous avons là un contre-exemple à la théorie de l'égalité des ressources et qu'il est manifeste que, dans certains cas, une théorie égalitariste de la justice va bel et bien envisager de compenser non pas les déficits de ressources subis par certains mais les déficits dont certains individus sont affectés du point de vue de la satisfaction qu'ils peuvent se procurer avec ces ressources. Il apparaît donc qu'une société où les ressources sont égales n'est pas pour autant une société juste.

Qu'est ce qui paraît préoccupant dans le cas du second handicap ? C'est manifestement le fait que celui qui en est victime va souffrir d'un bien-être moindre sans que la cause de ce déficit lui soit imputable. Par ricochet, on s'aperçoit que, dans le cas du premier handicap, il en va exactement de même, car il s'agit moins d'égaliser les ressources que de compenser un manque de ressources dont, de

1. G. A. Cohen, *loc. cit.*, p. 918-920.

la même manière, celui qui en souffre ne peut être tenu pour responsable, l'intuition centrale étant bien qu'il est illégitime et injuste qu'un individu ait moins de ressources – ou de bien-être – que les autres sans faute de sa part. En elle-même, l'inégalité des instruments ou des ressources n'est donc pas une préoccupation pour la théorie de la justice car, si cette inégalité résulte des choix délibérés des individus, elle apparaît comme parfaitement compatible avec l'équité. Il n'y a manifestement pas lieu, en effet, d'offrir une compensation à quelqu'un qui disposait des mêmes ressources que les autres mais qui les a complètement dilapidées par ses propres choix. Il en est de même pour les déficits de bien-être; ce qui préoccupe la théorie de la justice, ce n'est pas que les individus aient des degrés de jouissance différents mais qu'ils aient accès à des degrés de jouissance inégaux pour des raisons qui ne leur sont en rien imputables et qui sont entièrement l'effet du hasard. Lorsque la théorie de la justice pose la question de la légitimité de la redistribution et des compensations, elle cherche à déterminer si ceux qui subissent des désavantages – dans le domaine des ressources comme dans celui du bien-être – auraient pu les éviter ou s'il leur est possible de les surmonter par leurs propres initiatives sans encourir un coût que les autres n'ont pas à supporter. S'ils avaient la possibilité d'éviter les désavantages qu'ils subissent sans coût additionnel pour eux, ils n'ont droit à aucune compensation; si, en revanche, dans le présent, ils sont incapables d'en surmonter les effets ou s'ils ne le peuvent qu'en consentant une certaine dépense que les autres n'ont pas à supporter, ils ont le droit d'exiger que la société leur offre une compensation ou couvre cette dépense[1].

Cohen propose donc de reformuler de la manière suivante le principe cardinal de la théorie de la justice : une société juste doit garantir une égale possibilité d'accès aux avantages (pas seulement au bien-être, on va y revenir, mais au bien-être *et* aux différentes formes de ressources) c'est-à-dire qu'elle ne doit pas tolérer que les individus aient, pour des motifs dont ils ne sont pas responsables, des possibilités d'accès inégales à ces avantages.

1. G. A. Cohen, *loc. cit.*, p. 920-921.

Pourquoi, d'après Cohen, est-il nécessaire de parler de possibilités égales d'accéder aux *avantages* et non pas, comme le propose Arneson, de possibilités égales d'accéder au bien-être? Parce que la solution arnesonienne laisse échapper un effet du hasard pur qu'il faudrait précisément neutraliser, ce qui est un défaut évident dans le contexte d'une théorie de la justice qui définit cette dernière par le fait que les situations des individus les uns par rapport aux autres ne sont pas affectées par des facteurs contingents[1].

Supposons en effet un individu dont les goûts sont aisés à satisfaire et qui dispose de ce fait d'une possibilité importante d'accès au bien-être. Il a en particulier la possibilité d'accéder à une quantité donnée de bien-être, en raison de la nature peu onéreuse de ses aspirations, avec des ressources plus restreintes que ceux dont les goûts sont plus difficiles à satisfaire. Dans la thèse d'Arneson, qui prend comme dimension pertinente de l'égalité la possibilité d'accéder au bien-être, cette personne doit se voir attribuer *moins* de ressources que les autres dont les goûts sont plus malaisés à satisfaire. Mais supposons aussi que cet individu fait par la suite des choix qui lui donnent des goûts qui sont plus difficiles à satisfaire que ceux qu'il avait naturellement. Il a donc fait le choix de développer des goûts plus onéreux que ceux qu'il avait au départ, même si ces goûts demeurent moins onéreux que ceux de la plupart des autres membres de la société et même s'ils peuvent être satisfaits avec des ressources moindres ou, à la rigueur, égales.

Arneson dirait que cet individu n'a pas droit à des ressources supplémentaires parce que, même s'il a désormais besoin de ces ressources supplémentaires pour satisfaire ses aspirations, ces dernières ont été choisies par lui. Or la société juste ne finance pas les choix onéreux. Dans la thèse arnesonienne, il serait donc possible de ne pas financer les goûts que cet individu a choisis, c'est-à-dire de ne pas lui donner les ressources additionnelles dont il a besoin pour les satisfaire, en avançant que, sans ces ressources, il aurait eu la possibilité (s'il n'avait pas fait les choix qu'il a faits) de parvenir à un bien-être égal à celui des autres membres de la société. Cet individu n'est pas victime d'une injustice s'il dispose de moins

1. G. A. Cohen, *loc. cit.*, p. 926-927.

de ressources que les autres puisqu'il possède par nature et indépendamment de ses choix une structure de goûts qui lui permet de convertir ces ressources en une quantité égale de bien-être. S'il choisit de développer des goûts qui, désormais, lui interdisent de parvenir au même niveau de bien-être que ses compatriotes, il doit en subir lui-même les conséquences : les préférences choisies ne sont pas financées à partir du moment où les individus considérés ont la possibilité d'accéder au même niveau de bien-être que les autres. Si leurs choix les en empêchent, cela n'induit aucune forme d'injustice.

Selon Cohen, cette conséquence est contre-intuitive, car il n'y a aucune raison de pénaliser ceux qui ont une grande facilité à convertir des ressources en bien-être – ceux qui ont une fonction d'utilité élevée – ou ceux dont les goûts sont particulièrement faciles à satisfaire, en leur donnant *moins* de ressources qu'aux autres et en leur rendant impossible, dès lors, de faire des choix et de satisfaire des préférences dont la satisfaction est accessible à ceux dont les goûts initiaux sont plus onéreux et qui, de ce fait, disposent de ressources additionnelles. Une théorie qui ferait fond sur l'égalité d'accès au bien-être serait pourtant bien contrainte de conclure que ceux qui accèdent aisément à un niveau donné de bien-être avec des ressources réduites n'ont pas droit aux mêmes ressources que les autres car l'égalité n'est pas violée à leur préjudice dans la dimension pertinente.

Mais si l'on abandonne la dimension subjective du bien-être pour la remplacer par celle des avantages, la perspective change : ceux dont l'aisance à convertir les ressources en satisfaction est importante, ou ceux dont les aspirations sont modestes, n'ont pas à être pénalisés et ils ont droit aux ressources qui leur permettent de se procurer des avantages équivalents à ceux des autres. La notion d'avantage *inclut* donc une dimension objective, alors que la notion de bien-être ignore cette dimension. Certes, il ne s'agit pas d'égaliser les ressources et il va demeurer vrai que ceux qui peuvent se procurer des avantages objectifs avec plus de facilité que les autres auront droit à moins de ressources; mais on ne peut pas pénaliser ceux dont les aspirations subjectives sont naturellement aisées à satisfaire et les empêcher de développer des goûts qui, quoique plus onéreux que ceux qu'ils avaient initialement, demeurent susceptibles d'être satisfaits avec des ressources qui ne sont pas supérieures à celles dont les autres ont besoin. On ne revient donc pas à la thèse de l'égalité des ressources, car la dimension pertinente n'est pas celle-là, mais en même temps on affirme qu'il n'y a pas de raison de donner moins de ressources à ceux qui, par nature, sont dotés de goûts aisés à satisfaire : ils ont le droit de développer des goûts plus onéreux que ceux qu'ils avaient initialement et de disposer des ressources nécessaires pour les satisfaire jusqu'à concurrence d'une part égale de ressources. Si les goûts qu'ils ont choisi d'avoir sont susceptibles d'être satisfaits avec une part de ressources inférieure à celle des autres, la justice ne verra pas d'inconvénient à ce qu'ils aient ainsi moins de ressources ; si ces goûts qu'ils ont choisi d'avoir ne peuvent être satisfaits qu'avec une part égale de ressources, la justice ne peut leur refuser cette dernière. En revanche, il va de soi que si ces goûts qu'ils ont choisi d'avoir ne peuvent être satisfaits sans une part de ressources *supérieure* à celle des autres, la justice peut et doit leur refuser tout supplément. Il va de soi également qu'ils ne peuvent exiger une part égale de ressources car la société doit tenir compte d'un avantage arbitraire dont ils disposent : ils ont une plus grande faculté de convertir ces ressources en bien-être[1].

LES EXEMPLES DE JOHN ROEMER

Nous avons maintenant une vue cavalière du *luck egalitarianism*, mais il n'est pas inutile d'avoir un aperçu du genre d'implications concrètes qu'il pourrait avoir. John Roemer a en effet proposé, au moyen d'exemples particulièrement éclairants, une illustration de cette idée que la justice consiste à faire en sorte que les individus aient des chances égales de parvenir à un résultat *X*, et il montre comment cette suggestion s'écarte non seulement de l'idée d'égalité de résultats mais aussi de la thèse de l'égalité de ressources[2].

1. G. A. Cohen, *loc. cit.*

2. H. Roemer, « Equality and Responsibility » *Boston Review*, 20, (1995) (http://www.bostonreview.net//BR20.2/roemer.html) ; *cf.* Roemer, « A Pragmatic Theory of

Par exemple, si j'ai trois enfants et que l'un d'entre eux apprend lentement (il a plus de difficultés à accéder à un résultat, il n'est pas égal du point de vue des possibilités d'accéder à ce résultat et ce n'est pas sa faute), je dois lui consacrer plus d'argent et de temps qu'aux deux autres qui apprennent vite et obtiennent des résultats plus importants avec un effort identique. Ce n'est qu'à cette condition que l'égalité des chances peut être préservée. Inversement, une telle égalité des chances n'exige pas que le père qui a compensé, par un surcroît de temps et d'argent, les difficultés à apprendre de l'un de ses enfants, se soucie ensuite, une fois que ses enfants sont parvenus au seuil de l'âge adulte et qu'ils ont formé des projets de vie qui sont plus ou moins onéreux, de savoir quel est celui qui a le plus de chances de parvenir effectivement à son but; les projets en question sont choisis par eux et c'est à eux d'assumer les conséquences de leurs choix, du moins s'il est avéré que les chances initiales étaient égales et s'il est avéré que les capacités de faire des choix rationnels sont égales dans les trois enfants. Si le père choisit de leur donner une part égale de ressources (après avoir consacré plus de ressources à la formation de celui qui avait des difficultés à apprendre), il ne commet aucune injustice.

Cette notion d'égalité des chances implique que les individus sont tenus pour responsables de leurs choix et que, en ce sens, ils sont libres[1]. Si, parmi les trois enfants, certains ont formé des projets extrêmement difficiles à mener à bien, ils devront assumer seuls les conséquences de leurs choix. Cependant, l'égalité des chances doit généraliser cette conclusion, car autant il paraît équitable de faire en sorte que les individus assument les conséquences de leurs choix, autant il paraît contraire à l'équité de les laisser subir seuls les conséquences et les effets de facteurs purement contingents dont ils ne peuvent être tenus pour responsables[2]. En d'autres termes, la notion de liberté individuelle exige l'idée que les individus soient tenus pour responsables de leurs choix à partir du moment où deux

Responsibility for the Egalitarian Planner», *Philosophy and Public Affairs*, 22, (1993), p. 146-166.

1. *Cf.* J. Roemer, « Equality of Opportunity », *New Palgrave Dictionary* (2005).

2. Roemer, *Theories of Distributive Justice* (1996) chapitre 8; *Cf.* R. Arneson, « Against Rawlsian Equality of Opportunity », *Philosophical Studies* 93/1 (janvier1999).

conditions sont remplies : la société assume la responsabilité de créer une égalité des chances initiales et, ensuite, elle garantit les individus contre les effets du hasard pur. Ces deux exigences ne sont que les deux faces d'une même idée, car s'il est juste de compenser des différences contingentes sur la ligne de départ (la plus ou moins grande facilité à apprendre à la naissance) il n'y a aucune raison de ne pas compenser des différences tout aussi contingentes après le moment initial[1].

On dira donc qu'une égalité des chances a été créée dans une société si la société en question indemnise ceux de ses membres qui subissent des conséquences défavorables dues aux circonstances dans lesquelles les individus sont placés et au hasard pur, sans les indemniser contre les conséquences de leurs propres choix autonomes[2]. Une société qui vise à l'égalité des chances doit effacer les différences de résultats seulement si ces différences sont le produit de circonstances qui sont au-delà du contrôle des individus[3]. Elle ne réalise une réelle égalité des chances que lorsque nul n'est plus mal loti que les autres sous l'impact de facteurs qui échappent entièrement à son contrôle.

La question est évidemment de savoir comment distinguer les aspects de la personne qui sont dus au hasard et aux circonstances et ceux qui sont le produit de choix autonomes et en particulier comment compenser le fait que certaines personnes ont des capacités inégales de convertir des ressources en bien-être et de faire des choix rationnels.

Roemer propose de raisonner sur un exemple : dans quelle mesure la société doit-elle financer le traitement médical des affections dues au tabac, en particulier le cancer[4] ? On pourrait en

1. J. Roemer, *Equality of Opportunity*, Harvard, 1998.

2. C. Lake remarque que, par lui-même, cet argument est plus prioritariste qu'égalitariste (*Equality and responsibility*, *op. cit.*) Sur cette notion de priorité opposée à celle d'égalité, *cf.* Derek Parfit, « Equality and Priority » *Ratio*, new series, X/3 (1997).

3. J. Roemer, « Equality and Responsibility », *loc. cit.*, p. 4 : « Je dis que l'égalité des chances est réalisée dans un groupe de gens si la société garantit et indemnise les personnes appartenant à ce groupe pour toutes les conséquences qui sont dues soit aux circonstances soit au hasard pur, et qu'elle ne donne aucune indemnité pour les conséquences de leurs choix autonomes ».

4. J. Roemer, *Theories of Distributive Justice*, *op. cit.*, p. 276-78.

effet soutenir que les fumeurs ont librement pris la décision de consommer à haute dose cette substance cancérigène, et qu'ils doivent par conséquent en assumer seuls les conséquences. Mais les choses ne sont pas si simples, car aucune décision « autonome » ne doit être considérée isolément de son contexte en sorte que si, placés dans certains contextes indépendants de leurs choix, certains individus ont une beaucoup plus grande probabilité de prendre la « décision » de fumer, il faut en tenir compte car cela illustre le fait que, en raison de facteurs dont ils n'ont pas à assumer la responsabilité, certains individus ont de moindres possibilités de faire des choix rationnels et d'accéder à une quantité donnée de bien-être (ici, une vie plus longue). En d'autres termes, il faut tenter de pondérer ce qui dans une décision individuelle, relève de facteurs dont les individus n'ont pas à assumer les conséquences et ce qui relève du choix autonome. La tâche paraît insurmontable mais Roemer propose de relever le défi de la manière suivante.

Commençons par faire la liste des facteurs « externes » (donc indépendants du contrôle des individus) que la société considère comme des facteurs qui augmentent la probabilité de prendre la décision de fumer (par exemple : l'âge, l'appartenance raciale, le sexe, la profession). Ce n'est pas très difficile car nous disposons de statistiques fiables sur ce genre de questions. Divisons ensuite la société en groupes composés des individus qui ont les mêmes caractéristiques selon ces critères : on va ainsi constituer un groupe composé de tous les citoyens qui sont de sexe féminin, qui sont de race blanche, qui exercent la profession d'enseignante et qui ont soixante ans, et on lui opposera par exemple le groupe constitué de tous les citoyens de sexe masculin, de race noire, qui exercent le métier d'ouvrier métallurgiste et qui ont soixante ans.

On sait que la probabilité de contracter le cancer est fonction du nombre d'années pendant lequel on a consommé du tabac. On doit donc évaluer, à l'intérieur de chaque groupe, le nombre moyen d'années pendant lequel les membres de ce groupe ont consommé du tabac. On s'aperçoit par exemple que les ouvriers métallurgistes noirs de soixante ans ont en moyenne fumé pendant trente ans alors que les enseignantes sexagénaires de race blanche ont en moyenne fumé pendant huit ans seulement. Dans ces conditions, on ne peut pas attribuer à l'ouvrier noir qui a fumé pendant trente ans une responsabilité plus grande qu'à l'enseignante blanche qui n'a fumé que pendant huit ans : leur degré de responsabilité est égal en sorte que si tous deux contractent le cancer, ils ont droit à ce que la société engage les mêmes frais pour les soigner (bien que l'un ait fumé pendant beaucoup plus longtemps que l'autre). Cependant, il va de soi que la société va devoir débourser plus pour soigner les ouvriers noirs que les enseignantes blanches parce que les premiers – ayant consommé du tabac pendant bien plus longtemps – ont beaucoup plus de probabilité d'être frappés par le cancer.

La conclusion est cependant claire : les différences significatives entre les groupes sont contingentes et ne peuvent être imputées aux membres de ces groupes. À situation égale à l'intérieur des groupes, les individus doivent être traités de manière égale : ainsi l'ouvrier noir qui a fumé pendant un temps supérieur de 50% à la moyenne de son groupe (45 ans) doit avoir droit au même effort de la part de la société que l'enseignante blanche qui a fumé pendant un temps supérieur de 50% à la moyenne de son propre groupe (12 ans seulement). La différence entre ces deux personnes n'est pas imputable à leur responsabilité personnelle. Inversement, à l'intérieur de chaque groupe, ceux qui auront eu une conduite irresponsable (ils ont fumé plus longtemps que la moyenne de leur groupe) seront légitimement pénalisés, tandis que ceux qui auront agi de manière responsable (ils ont fumé moins longtemps que la moyenne de leur groupe) en tireront les bénéfices. Comme le dit Roemer, les individus sont indemnisés s'ils ont la malchance d'appartenir à un groupe défavorisé, mais ils ne sont pas indemnisés pour les conséquences de leur propre conduite à l'intérieur de ce groupe : quiconque, à l'intérieur d'un groupe donné, aura fumé pendant plus longtemps que la moyenne de ce groupe, aurait pu fumer moins (ce choix lui était accessible), et doit donc assumer les conséquences de son choix. En revanche, nous reconnaissons que l'ouvrier métallurgiste de race noire n'a pas les mêmes chances de faire le « choix » de ne pas fumer que l'institutrice de race blanche et que cela lui donne un droit à compensation.

Roemer propose de prendre un second exemple. Le revenu et le succès des individus dépendent pour une large part de leur niveau d'éducation. À nouveau, nous pouvons augurer que le nombre d'années qu'une personne consacre à se former résulte de la conjonction de deux séries de facteurs : des circonstances liées à l'appartenance sociale, au sexe, à la race, et qui sont donc indépendantes du contrôle de l'individu d'une part, et d'autre part des décisions autonomes. On dira alors qu'une société qui veut créer une égalité de chances d'accéder à un revenu donné doit indemniser les individus qui n'ont suivi qu'un nombre réduit d'années de formation pour des raisons indépendantes de leurs choix ; en revanche, on ne leur doit aucune indemnité s'ils ont choisi d'écourter leur formation alors que, en moyenne, les membres de leur groupe de référence ont mené des études plus longues[1]. Si un groupe constitué sur la base de facteurs pertinents (sexe, race, origine sociale ou géographique, nombre de frères et sœurs, nombre d'années d'études suivies par les parents, etc.) est constitué d'individus ayant fait en moyenne 10 ans d'études, et si les membres de ce groupe ont un revenu moyen de 100, tandis que les membres d'un autre groupe ont fait en moyenne 15 années d'études et accèdent en moyenne à un revenu de 150, les membres du premier groupe ont droit à une compensation. Inversement, si l'un des membres du second groupe n'a fait que dix ans d'étude et n'accède pour cette raison qu'à un revenu de 100, il n'a droit à aucune compensation, car le choix de se former pendant 15 ans lui était accessible : s'il s'est abstenu de le faire, il doit en supporter les conséquences. La place d'un individu dans un groupe plutôt que dans un autre ne peut relever de sa responsabilité ; en revanche sa propre situation par rapport aux autres membres de ce même groupe résulte *manifestement* de ses propres choix autonomes[2].

Là encore la conclusion est claire ; une politique d'égalité des chances doit égaliser les revenus pour des individus issus de groupes

1. J. Roemer, « Equality and Responsibility », *loc. cit.*, p. 6 : « Nous devons construire une politique sociale qui indemnise les individus pour la faiblesse de leurs revenus si cette faiblesse est la conséquence d'une éducation insuffisante, lorsque cette éducation insuffisante est elle-même due au contexte dans lequel les individus étaient placés et non pas à leurs propres choix ».

2. J. Roemer, « Equality and Responsibility », *loc. cit.*, p. 7 : « Les différences de niveau d'éducation à l'intérieur de chaque groupe sont dues par définition, à des choix autonomes différents, et elles relèvent donc de la responsabilité personnelle des uns et des autres ».

différents mais situés identiquement à l'intérieur de leurs groupes respectifs : ainsi la personne qui aura suivi le nombre moyen d'années d'études dans le groupe *A* devra avoir le même revenu que la personne qui a suivi le nombre moyen d'années d'études dans le groupe *B* même si l'une a étudié plus longtemps que l'autre car cette différence est indépendante des choix de l'une et de l'autre. C'est le hasard qui fait que nous sommes dans un groupe et non pas dans un autre ; nous n'avons donc pas à en supporter les conséquences en termes de revenu ; mais ce n'est pas le hasard qui fait que nous nous situons au-dessous du niveau moyen d'éducation de notre groupe et nous devons donc en porter les conséquences, y compris en matière de revenus : le groupe dont nous sommes membres nous donnait une chance objective de faire 15 années d'études ; si nous n'en avons fait que 10, nous devons en supporter les conséquences.

EN QUOI LE *LUCK EGALITARIANISM* S'ÉCARTE DE LA SOLUTION DE DWORKIN ?

Cette formulation s'écarte de l'approche dworkinienne de la question de l'égalité sur deux points essentiels.

Tout d'abord, Dworkin exclut le bien-être ou la satisfaction du langage de l'égalité. Pour lui, il est tout simplement impossible que l'égalité parle le langage de la satisfaction car celle-ci est toujours et nécessairement subjective. Or Cohen, Arneson et Roemer montrent que l'attitude dworkinienne consistant à égaliser les ressources, les instruments ou les pouvoirs, se heurte au fait que des individus différents peuvent avoir des facilités inégales à utiliser ces ressources et à les convertir en satisfaction sans que ceux dont les aptitudes ou les facultés de conversion sont moindres en soient nécessairement responsables. Leur thèse est donc qu'une faculté inférieure de conversion dont nous ne sommes pas responsables donne droit à compensation au même titre qu'un déficit d'instruments ou de ressources. Il est en ce sens faux que la question de l'égalité puisse être résolue sur le seul plan des instruments extérieurs, et qu'une société soit parfaitement juste à partir du moment où elle a réalisé une égalité à cet égard. Les individus n'ont en effet pas à assumer les conséquences des inégalités qui les affectent de manière contingente au niveau de leurs fonctions d'utilité, c'est-à-dire de leurs capacités à convertir les ressources en bien-être[1].

En second lieu, Cohen remet clairement en cause le caractère essentiel de la distinction dworkinienne entre le contexte et la personne. Pour Dworkin, la question de la justice doit se résoudre par une égalisation des contextes dans lesquels agissent des personnes qui assument les conséquences de ce qu'elles sont. Mais cette idée se heurte à des objections insurmontables parce que la frontière essentielle entre ce qui est choisi et ce qui est non-choisi ne coïncide pas avec la frontière des domaines respectifs de la personne et du contexte, mais passe à l'intérieur de chacun d'entre eux. Nos propres choix jouent manifestement un rôle dans la configuration du contexte dans lequel nous nous trouvons, et une société juste n'a pas à compenser les éléments d'un contexte désavantageux si ceux-ci résultent de nos choix. Inversement certaines composantes de notre personne – par exemple certains de nos « goûts » ou certaines de nos préférences – sont subies ou non choisies, et une société qui n'envisagerait pas de compenser cette forme de handicap ou d'effet du hasard serait manifestement injuste. Il est aussi absurde de laisser toutes les préférences onéreuses à la charge de ceux qui en sont les sujets (car certaines de ces préférences onéreuses nous affectent par hasard et doivent donc être traitées comme des handicaps) que de compenser tous les éléments désavantageux du contexte dans lequel se trouvent les individus (car certains éléments du contexte dans lequel nous nous trouvons portent la marque de nos choix). Or c'est bien ce critère qui est capital et que la distinction dworkinienne du contexte et de la personne cherche de manière aveugle sans parvenir à le saisir : ce qui est injuste, ce n'est pas que des individus soient placés dans des contextes différents, mais qu'ils le soient sans responsabilité aucune de leur part[2].

Les différentes manières dont Dworkin tente de préciser la distinction entre le contexte et la personne témoignent au demeurant que la distinction essentielle à la recherche de laquelle il s'est attelé est bien celle qui oppose le choisi et le non choisi, ce qui relève du

1. *Cf.* J. Roemer, *Theories of Distributive Justice*, *op. cit.*, p. 263-270.
2. G. A. Cohen, « On the Currency of Egalitarian Justice » *loc. cit.*

hasard et ce qui n'en relève pas. Il propose en effet de définir comme appartenant à la personne, non pas l'ensemble des préférences dont nous sommes porteurs, mais seulement les préférences auxquelles nous nous identifions, celles dont nous ne voudrions pas être débarrassés, celles dont nous ne pensons pas que nous serions mieux et plus nous-mêmes si nous ne les avions pas. Ainsi, le fumeur se représente sa propre addiction comme une préférence qu'il serait heureux de ne pas avoir et il ne s'y identifie pas; elle est donc extérieure à sa personne[1]. Inversement l'amateur de bons vins se représente sa propre passion comme faisant partie intégrante de sa personnalité et ne voudrait à aucun prix en être débarrassé[2].

Cohen pense que cette approche n'est pas valide, car certaines préférences sont manifestement nôtres et font partie de notre personne bien qu'elles nous apparaissent par ailleurs comme des obstacles, non pas en elles-mêmes, mais parce qu'elles sont très difficiles à satisfaire dans le contexte où nous sommes placés, ou parce que nous ne pouvons les satisfaire qu'en frustrant d'autres préférences auxquelles nous nous identifions tout autant. Il n'est donc nullement absurde de vouloir nous débarrasser de certaines particularités auxquelles par ailleurs nous nous identifions; ou encore, le fait que nous souhaitions être débarrassés de certaines de nos particularités ne signifie pas que nous ne nous identifions pas avec elles. Par exemple, la passion du jeu peut difficilement être représentée comme extérieure à la personne de celui qui en est l'objet, et elle peut difficilement être représentée comme une préférence à laquelle il ne s'identifie pas, bien qu'il souhaite en être débarrassé parce que, par ailleurs, elle l'empêche de mener une vie normale, par exemple d'avoir une famille. Il n'y aurait nulle

1. G. A. Cohen *ibid.*; *cf.* sur ce point R. Arneson, « The Smart Theory of Responsibility ». Le test fondamental serait alors celui consisterait à proposer aux porteurs des goûts en question une injection qui les en débarrasserait définitivement : on peut alors dire que ceux qui refusent l'injection ont choisi leurs goûts. Serge Gainsbourg aurait refusé l'injection le guérissant de toute envie de fumer : il a donc choisi de fumer.

2. *Cf.* R. Dworkin, « Sovereign Virtue Revisited » *Ethics*, 113 (2002) p. 119. Dans « Equality, Luck and Hierarchy » Dworkin semble modifier sa position, soutenant désormais qu'un goût n'est subi que s'il empêche celui qui en est affecté d'accéder à un éventail d'occupations professionnelles (avec les revenus afférents) auquel les personnes qui ne sont pas affectées par ce goût ont accès (*Philosophy and Public Affairs* 31/2 (2003), p. 192).

contradiction, pour un joueur invétéré, à affirmer que la passion du jeu est au cœur de sa personnalité, que le jeu est ce qui lui procure le frisson et la satisfaction la plus haute, et à dire en même temps qu'il aimerait être débarrassé de cette passion parce qu'elle l'empêche de réaliser d'autres aspirations auxquelles il s'assimile plus ou même tout autant[1].

Par ailleurs, comme Richard Arneson l'a fait remarquer, il n'est pas possible de prendre l'identification à une préférence pour l'indice que cette préférence est authentiquement choisie, parce que les individus peuvent endosser certaines finalités et s'identifier avec elles de manière inauthentique et sous l'effet de manipulations externes, donc de facteurs qui sont eux-mêmes incompatibles avec la notion de responsabilité[2]. L'identification avec une préférence *X* ne serait donc un test valide du fait que nous avons choisi *X* que si cette identification était obtenue par un processus qui est indemne de toute contrainte : si les fabricants de cigarettes induisent chez leurs clients, grâce à une série de messages subliminaux contenus dans leurs publicités, l'idée qu'ils ne seraient plus eux-mêmes s'ils cessaient de fumer, les fumeurs refuseront tout traitement qui leur permettrait de se débarrasser de leur addiction, mais cette forme d'adhésion ne suffirait pas pour dire qu'ils ont *choisi* de fumer et qu'ils sont responsables des conséquences[3]. Ils s'identifient à leur propre préférence pour le tabac mais cette préférence est inauthentique.

La distinction pertinente n'est donc pas celle qui sépare les préférences auxquelles nous nous identifions et celles auxquelles

1. *Cf.* A. Ripstein, « Liberty and Equality » *in* Ripstein (éd.) *Ronald Dworkin*, Cambridge, (2007), p. 93.

2. R. Arneson, « The Smart Theory of Moral Responsibility » *loc. cit.*

3. R. Arneson, « The Smart theory of Moral Responsibility » *loc. cit.* La réponse de Dworkin à cette critique est qu'elle met en œuvre une conception trop puissante de la responsabilité : toute volonté de ne pas se contenter du critère de l'identification et d'exiger que nous ne puissions être tenus pour responsables de nos finalités et de préférences que lorsque je les ai choisies au sens où j'ai choisi l'ensemble de leurs causes aboutir à la disparition totale de la notion de responsabilité. Nous savons en effet que l'argument de la régression est logiquement contradictoire : il est impossible que je sois maître de l'ensemble des causes qui me déterminent à avoir telle ou telle préférence puisque certaines de ces causes sont antérieures à ma naissance.

nous ne nous identifions pas, mais c'est celle qui sépare les préférences que nous avons choisi d'avoir (ou que nous pouvons aujourd'hui repousser sans coût particulier) et celles que nous n'avons pas choisi d'avoir (ou dont nous ne pouvons pas nous défaire, même si nous le voulons, sans avoir à supporter des dépenses particulières, comme l'alcoolique qui ne peut se défaire de sa manie sans une cure prolongée). Sous le critère de l'identification, c'est le critère du *volontaire* qui perce sans se confondre avec lui, car il y a des goûts *volontaires* auxquels nous ne nous identifions pas (certains ont été choisis par défaut mais cela ne les empêche pas d'être choisis) et il y a des goûts *involontaires* auxquels nous nous identifions (ils sont en nous malgré nous, nous voudrions en être débarrassés, mais nous en sommes incapables ou ne pouvons pas les éliminer sans supporter un coût que les autres n'ont pas à supporter, et cependant nous les concevons comme une partie de nous-mêmes). En ce sens, la distinction dworkinienne ne devient pertinente que si la *personne* désigne l'ensemble de ce qui est choisi tandis que le *contexte* désigne l'ensemble de ce que nous subissons. Mais une fois cette reformulation effectuée, le vocabulaire devient inadapté, car il y a manifestement, dans ce que nous avons l'habitude de considérer comme composant notre personne, des dimensions non-choisies (échappant à notre contrôle), alors qu'il y a de la même manière des dimensions choisies dans ce que nous avons l'habitude de considérer comme le contexte. J'ai pu choisir d'habiter dans telle région du pays par exemple, alors qu'il ne s'y trouve aucune université où je puisse étudier la matière qui m'intéresse : la société devrait-elle pour autant supporter le coût de mes déplacements jusqu'à un lieu où cette possibilité existe ? Certainement pas[1].

La distinction dworkinienne de la personne et du contexte est donc artificielle et arbitraire; elle aboutit par exemple à l'affirmation selon laquelle les goûts et les ambitions font partie de la personne, alors que nos facultés physiques et intellectuelles font partie du contexte dans lequel nous nous trouvons. Cette affirmation est bizarre car les facultés d'un individu font au moins autant partie

1. G. A. Cohen, « On the Currency of Egalitarian Justice » *loc. cit.*

de sa personne que ses ambitions[1], mais elle est en quelque sorte imposée par la volonté de faire de la distinction entre la personne et le contexte la base d'une théorie de la justice, c'est-à-dire la base d'une décision concernant ce qui ouvre droit à compensation et ce qui, au contraire, doit être assumé par les individus sans que la société juste ait à intervenir. Or ce critère, que la distinction entre personne et contexte recouvre fort mal, oppose bel et bien ce qui est volontaire (élément de la personne ou élément du contexte) à ce qui est involontaire et subi (élément de la personne ou élément du contexte).

Dworkin manque donc l'essentiel lorsqu'il avance l'idée que la société juste ne doit pas financer les préférences onéreuses et qu'elle doit se contenter de donner à tous des moyens égaux d'accéder au bien-être, c'est-à-dire une juste part des ressources sociales. Il faudrait en effet redéfinir la notion de juste part des ressources sociales en disant, non pas que c'est une part égale à celle des autres, mais que c'est une part qui permet d'accéder à des avantages égaux pour des individus dont les goûts non choisis et les facultés (elles aussi non choisies) sont différents. Avec des parts égales, les individus dotés de fonctions d'utilité différentes ont en effet des possibilités différentes d'accès aux avantages. Cohen propose donc de dire que ceux qui, avec des ressources égales à celles des autres, ne peuvent accéder qu'à des avantages inférieurs sans que cela leur soit imputable (comme dans le cas des handicaps), ont droit à une compensation. Cette compensation doit être ouverte à ceux dont les goûts non choisis sont plus difficiles à satisfaire ainsi qu'à ceux qui ont plus de difficulté que les autres à convertir les ressources en bien-être.

La conclusion de Dworkin doit dès lors être revue : il est tout à fait vrai qu'une théorie de l'égalité en termes de bien-être vient se fracasser sur la question des préférences onéreuses, mais cela cesse d'être vrai si nous passons à une théorie de l'égalité en termes de possibilités d'accès au bien-être ou aux avantages. Les préférences

1. Sans compter le fait que nos ambitions et nos projets sont largement conditionnés par ce que nous savons ou croyons savoir de nos aptitudes ou de nos facultés. Un problème que Dworkin perçoit mais qu'il ne résout pas.

onéreuses dont nous sommes responsables n'ouvrent droit à aucune compensation tandis que les préférences onéreuses dont nous ne sommes pas responsables sont désormais assimilables à des handicaps dont la justice doit se préoccuper parce qu'elles empêchent ceux qui en sont « victimes » de pouvoir accéder au même bien-être que ceux qui en sont exempts.

L'objectif des égalitaristes – y compris celui de Dworkin – pourrait donc être redéfini comme une aspiration à neutraliser l'influence du hasard pur dans la répartition des biens. Toutes les inégalités qui ne sont pas l'effet d'un choix sont illégitimes et il est injuste que les possibilités dont jouissent les individus soient affectées par l'action du hasard, dans un sens ou dans l'autre. Inversement, il n'y a rien d'injuste dans des différences – qu'elles se situent au niveau des ressources ou des opportunités d'accès au bien-être ou aux avantages – qui seraient le produit ou le reflet des choix individuels. Une fois que nous avons compris cela, nous ne pouvons plus accepter l'obstination de Dworkin à distinguer les deux choses suivantes : d'une part le fait de ne pas disposer, à cause du hasard pur de ressources équivalentes à celles des autres, ou de ne pas être placé dans un contexte identique à celui des autres; d'autre part le fait de ne pas disposer, à cause du hasard pur, de goûts aussi aisés à satisfaire que les autres ou de ne pas disposer d'une fonction d'utilité aussi importante que celle des autres. Cette distinction est irrationnelle car l'essentiel – du point de vue de la justice – est qu'un facteur soit l'effet du *hasard pur*, et non pas le domaine (contexte ou personne) dans lequel cet effet se produit.

Richard Arneson affirme lui aussi que la démarche des *luck egalitarians* introduit quelque chose de radicalement nouveau par rapport à l'approche dworkinienne de l'égalité des ressources.

Le premier élément – comme pour Cohen – est que la théorie de la justice se préoccupe désormais non pas seulement des ressources mais de la capacité à les exploiter, à convertir les possibilités objectives d'accès au bien-être en bien-être effectif. Les individus qui, sans faute de leur part, ont moins de bien-être parce qu'ils ont moins de capacités à convertir les ressources en bien-être ont droit à une compensation.

Le second est que la notion de responsabilité joue maintenant un rôle crucial : si je suis dans la position la plus défavorisée alors que j'avais le même ensemble de possibilités d'accès au bien-être que les autres, que j'avais les mêmes facultés de convertir ces possibilités en bien-être effectif, et que je pouvais faire usage de ces facultés avec un degré de prudence moyen, j'assume seul la responsabilité de ne pas avoir exploité les possibilités dont je disposais ou de les avoir exploitées en faisant preuve d'une aptitude à convertir les possibilités en bien-être effectif qui est inférieure à celle dont j'étais capable de faire preuve. Ou du moins, car telle est la thèse prioritariste adoptée par Arneson, la légitimité morale de ma prétention à recevoir l'assistance des autres est moindre que celle d'un individu qui se trouve dans une position très défavorisée soit parce que ses possibilités objectives d'accès au bien-être étaient moins importantes, soit parce que ses capacités de faire des choix raisonnables étaient inférieures, ou ne pouvaient être mises en œuvre de manière à déboucher sur des choix raisonnables que grâce à la mise en œuvre d'un degré de prudence exceptionnel et que l'on ne saurait raisonnablement exiger de lui. Là où Dworkin ne tenait compte que des ressources (les ressources matérielles et les talents) les *luck egalitarians* introduisent la nécessité de tenir compte d'autres facteurs qui sont eux aussi dus au hasard : certains individus ont, sans responsabilité de leur part, des goûts plus difficiles à satisfaire ; certains ont plus de difficulté à convertir des ressources en satisfaction, ou plutôt en avantages effectifs ; certains, enfin, ont plus de difficultés à faire des jugements rationnels. Tous ces facteurs sont à l'origine d'inégalités qui, dans le contexte d'une théorie qui aspire à la neutralisation du hasard – objectif implicite mais non formulé de la théorie dworkinienne – doivent évidemment faire l'objet d'une compensation.

Cette introduction de la notion de responsabilité dans la théorie de la justice est, selon les *luck egalitarians*, moralement désirable car il est juste que ceux qui sont dans une situation plus mauvaise à cause de leurs *choix* assument les conséquences de leur conduite, ou du moins – si l'on est prioritariste – l'assument à un plus haut degré que ceux qui s'y trouvent sans faute de leur part. Mais les notions de choix et de responsabilité doivent être soigneusement définies de manière à tenir compte de la facilité plus ou moins grande que les gens ont, en raison des contextes dans lesquels ils sont placés et des facultés et aptitudes dont ils disposent, de faire des choix raisonnablement prudents et éclairés, car tous les individus n'ont pas une telle possibilité au même degré.

La thèse défendue par les *luck egalitarians* est donc la suivante : deux individus jouissent de possibilités égales d'accès aux avantages effectifs si, au début de leurs vies adultes, on leur alloue des ressources d'une manière telle que les options auxquelles ils ont accès (les types de vie) sont équivalentes; elles sont équivalentes si, lorsque ces deux individus se conduisent l'un et l'autre d'une manière aussi prudente que chacun d'entre eux en est capable (et sur ce plan, il peut y avoir entre eux des différences dont ils n'ont pas à porter la responsabilité), les quantités d'avantages effectifs auxquelles ils ont accès sont équivalentes.

Cette théorie n'est pas exposée aux trois objections que l'on peut faire à celle de Rawls car, en premier lieu, elle ne tient pas les individus pour responsables de ce qui échappe entièrement à leur contrôle (alors que Rawls attribue globalement aux individus la responsabilité de leurs choix, sans tenir compte de la faculté plus ou moins grande qu'ils ont de faire des choix prudents et d'adapter leurs finalités à leurs moyens). Elle accepte donc de dire que les goûts onéreux peuvent ouvrir droit, dans certains cas, à des compensations; c'est le cas, en particulier, lorsqu'on peut les concevoir comme des handicaps dont les sujets ne sont pas responsables. Ensuite, contrairement à la thèse rawlsienne, elle ne commet pas l'erreur de se concentrer sur les moyens aux dépens des finalités dont ces moyens (les ressources) sont les moyens. Enfin, elle ne commet pas l'erreur d'affirmer qu'il est juste de maximiser le sort des moins favorisés en faisant l'impasse sur la question de savoir si certaines personnes qui font partie de cette catégorie ne s'y trouvent pas à la suite de leurs propres choix.

CHAPITRE IV

LE *LUCK EGALITARIANISM* : DIFFICULTÉS, OBJECTIONS ET RÉPONSES

LA COMPOSANTE PERFECTIONNISTE

La réorientation de la théorie de la justice proposée par les *luck-egalitarians* pose cependant un problème majeur car elle affirme qu'une société juste est une société qui rend équitables (mais pas nécessairement égales) les perspectives que chaque individu a d'accéder au bien-être. Pour atteindre un tel objectif, une société de ce genre devrait neutraliser ou compenser l'ensemble des facteurs dont les individus ne sont pas responsables : non seulement les ressources dont ils disposent, mais aussi les handicaps, les goûts onéreux dont ils sont « victimes », leur capacité plus ou moins grande à convertir les ressources en bien-être ainsi que leur capacité plus ou moins grande à faire des choix rationnels.

Une telle théorie aboutit à l'affirmation selon laquelle le bien-être auquel une personne a accès doit être mesuré par le degré auquel ses préférences réelles (non choisies) sont susceptibles d'être satisfaites. Or elle est évidemment contre-intuitive parce qu'elle équivaut à l'affirmation selon laquelle les goûts onéreux devraient faire l'objet d'une compensation dans la mesure où certains d'entre eux peuvent être considérés comme des handicaps. Il faut donc répondre aux questions que soulève cet aspect « subjectiviste » de la thèse défendue par les *luck egalitarians*.

Tout d'abord, on est bien obligé de s'interroger sur la substance ou le contenu de ces préférences et de constater qu'elles peuvent être fondées sur des croyances irrationnelles[1]. Or, il semble absurde de considérer que la possibilité de satisfaire des préférences de ce genre accroît la quantité d'accès au bien-être de la personne considérée alors même que celle-ci désavouerait les préférences en question si elle avait la possibilité de les examiner rationnellement. Toutefois, une telle objection ne saurait être décisive car, comme le remarque Arneson, on ne voit pas en quoi la possibilité de satisfaire les préférences qu'une personne aurait si elle réfléchissait rationnellement peut accroître son bien-être si elle ne réfléchit pas rationnellement. En ce sens, le bien-être paraît lié à la satisfaction des préférences telles qu'elles sont et non à la satisfaction des préférences telles qu'elles devraient être, lorsqu'il est établi que la personne dont les préférences sont en question n'avait pas la possibilité de faire des choix plus rationnels que ceux qu'elle a faits (ou lorsqu'il est établi qu'elle ne le pouvait qu'à la condition de faire preuve d'un degré de prudence exceptionnel que l'on ne demande pas aux autres membres de la société et dont ils n'ont pas besoin de faire preuve pour prendre des options rationnelles et raisonnables). On peut donc introduire – comme on le verra – l'idée de préférences rationnelles, mais on ne peut pas annuler purement et simplement le fait que les individus ont plus ou moins de facilité à faire coïncider leurs préférences réelles avec ces préférences rationnelles. Ceux qui n'y parviennent pas du tout ou de manière imparfaite sans faute de leur part ont droit à une compensation.

En second lieu, il est vrai que les préférences peuvent avoir été formées au cours d'un processus malsain et qu'elles peuvent avoir un caractère inauthentique comme dans le phénomène des préférences « adaptatives »[2]. Il est difficile de définir la satisfaction de ce genre de préférences comme une forme de bien-être et d'assigner comme objectif à une société juste d'égaliser les possibilités que les individus ont de satisfaire leurs préférences telles qu'elles sont.

1. R. Arneson, « Liberalism, Distributive Subjectivism and Equal Opportunity for Welfare » *Philosophy and Public Affairs*, 19/2, (1990), 158-194.

2. R. Arneson, *loc. cit.*, p. 169.

Cette remarque nous oblige à tenir compte de l'idée que la satisfaction des préférences ne peut pas être la seule mesure du bien-être et qu'il faut la compléter par un critère qui permette de distinguer les préférences authentiques de celles qui ne le sont pas; mais en aucun cas, dit Arneson, elle ne nous oriente vers l'abandon de l'idée que le bien-être doit se mesurer en termes de satisfaction des préférences et l'égalité en termes de possibilités d'accès à une telle satisfaction. La stratégie consiste plutôt à définir comme authentiques les préférences que forme un sujet dans des conditions moyennes de raisonnabilité avec des capacités moyennes de faire des choix prudents et à tenter de mesurer les niveaux atteints par les individus du point de vue de la possibilité de satisfaire de telles préférences « objectives ». Si un individu ne dispose pas de ces conditions moyennes et si, de ce fait, les choix qu'il fait (ses préférences) sont plus onéreux aux autres, il a certainement droit à un surcroît de ressources car, s'il coûte aux autres, ce n'est pas par sa faute. L'égalité doit donc mesurer non pas les possibilités d'accès aux préférences subjectives mais les possibilités d'accès à des préférences normalisées, tout en tenant compte de la capacité plus ou moins grande des individus à former ce genre de préférences.

En troisième lieu, l'affirmation selon laquelle le bien-être se définit par la satisfaction des préférences actuelles semble entraîner une conséquence étrange: plus mes préférences sont faciles à satisfaire et plus mon bien-être s'accroît; par conséquent, s'il existe une thérapie qui me permet de remplacer mes préférences réelles (dans leur ensemble) par des préférences plus faciles à satisfaire, je dois accepter de subir cette thérapie[1]. Mais dans ces conditions, on peut se demander quel est le moi abstrait dont les préférences sont satisfaites. La réponse est qu'il est absurde de changer de préférences pour la seule raison que les préférences que l'on abandonne sont plus difficiles à satisfaire que celles que l'on acquiert[2]. S'il convient par conséquent que les préférences qui sont susceptibles d'être satisfaites soient formées d'une manière prudente et rationnelle, il serait cependant paradoxal de prétendre que l'on peut

1. R. Arneson, *ibid.*, p. 170-171.
2. *Cf.* sur ce point J. Rawls, *Theory of Justice* (1971), p. 432.

définir comme prudent tout choix de préférences qui se porte sur les préférences les plus aisément satisfaites. Le caractère raisonnable d'une préférence ne saurait se définir par son caractère aisé à satisfaire. Ou encore, si l'on peut convenir que le bien-être implique la satisfaction des préférences non pas telles qu'elles sont données mais telles qu'elles sont lorsqu'elles sont examinées prudemment, nous n'avons en revanche aucune raison d'admettre que l'idée de prudence se réduit à l'idée de maximisation, et que choisir prudemment des préférences équivaut à choisir les préférences qui vont maximiser notre satisfaction (donc choisir les préférences les plus faciles à satisfaire). À nouveau, on est en mesure de dire que si un individu ne dispose pas des conditions nécessaires à la formation prudente de ses propres préférences, il a droit à des compensations dans le cas où ses préférences réelles sont plus onéreuses aux autres que la prudence moyenne ne l'exigerait. En tout état de cause, lorsque ses préférences sont onéreuses, il n'est pas possible de lui dire qu'il lui appartenait de faire le choix prudent consistant à opter pour les préférences les plus faciles à satisfaire.

Ces trois objections – toutes liées à la question des goûts onéreux – convergent vers l'idée que la conception de la justice comme maximisation des possibilités d'accès au bien-être sous contrainte d'un principe d'équité pose cependant un problème majeur : comme le percevait Cohen en proposant de substituer la notion objective d'avantage à la notion subjective de satisfaction, elle paraît impliquer une conception objectiviste du bien-être. Dans le contexte d'une théorie de ce genre, il n'est en effet pas possible de définir la vie satisfaisante comme une vie subjectivement satisfaisante pour celui qui la mène, pas plus qu'il n'est possible de définir le caractère satisfaisant de la vie par le fait que les préférences subjectives de l'individu telles qu'elles sont se trouvent satisfaites. Si l'on adoptait une telle approche, cela signifierait que celui dont les préférences sont aisées à satisfaire aurait une possibilité d'accès au bien-être égale à celui dont les préférences sont malaisées à satisfaire alors qu'il disposerait d'une moindre quantité de ressources. Inversement, des individus dotés de ressources égales auraient des perspectives inégales d'accès au bien-être en raison du caractère plus ou moins onéreux de leurs préférences. Cohen note fort bien les paradoxes auxquels conduit une telle affirmation mais la notion d'avantages qu'il propose d'introduire pour y remédier doit être approfondie.

La thèse qui veut que la justice doit parler le langage des possibilités d'accès au bien-être est donc contrainte de recourir à l'idée que l'on ne peut mesurer le bien-être que par la satisfaction de préférences objectivement dignes d'être satisfaites (ce que Cohen essaie confusément de saisir en introduisant la notion d'avantage)[1]. On dira alors que deux personnes sont traitées justement si elles disposent de possibilités égales d'accéder à la satisfaction d'une quantité équivalente de préférences objectivement dignes d'être satisfaites, sans oublier que cette possibilité égale doit se mesurer en prenant en compte l'ensemble des conditions de cette accessibilité : les ressources dont on dispose, les facultés que l'on peut mettre en œuvre, la facilité plus ou moins grande que l'on a de mettre en œuvre ces facilités et en particulier l'aptitude plus ou moins grande que l'on possède de faire des choix rationnels[2].

La notion de bien-être n'est donc pas une notion subjective et c'est uniquement à cette condition qu'il peut être pertinent de comparer la situation de divers individus du point de vue des possibilités d'accès au bien-être dont ils disposent. Si l'on n'adoptait pas cette notion objective, on aurait une règle de justice – ou un critère de justice – qui serait effectivement analogue à la règle de Lesbos. En d'autres termes, si le bien-être était une notion subjective, la quantité de possibilités d'accès au bien-être ne pourrait pas constituer un critère objectif de comparaison interpersonnelle, car pour chaque individu les possibilités d'accéder au bien-être seraient fonction de sa propre définition du bien-être. Si mon bien-être consiste à boire de l'eau claire, ma quantité de possibilités d'accéder au bien-être est plus grande – à ressources et capacités égales – que si je fais consister mon bien-être dans le fait de boire du champagne.

1. R. Arneson, « Liberalism, Distributive Subjectivism… » *loc. cit.*, p. 173-175 ; *cf.* aussi R. Arneson, « Desire formation and Human Good » *in* S. Olsaretti (éd.) *Desert and Justice*, (2003).

2. R. Arneson, *ibid.*, p. 190-192.

Comme le remarque Arneson, il ne faut cependant pas négliger l'idée essentielle que le fait de définir soi-même le contenu de son propre bien-être est nécessairement une partie intégrante de ce même bien-être, ou encore l'idée selon laquelle l'autonomie est une des composantes objectives essentielles du bien-être[1]. Toutefois, si l'autonomie est une composante objective nécessaire du bien-être, ce n'en est pas la seule, et en ce sens, on peut parfaitement dire que, s'il est impossible qu'un homme mène une existence satisfaisante s'il n'a pas lui même choisi les préférences qu'il est en mesure de satisfaire dans cette existence, il ne s'ensuit pas qu'une vie satisfaisante puisse se définir comme une vie telle que les préférences qui y sont satisfaites sont toutes choisies par nous et qu'elle se réduise à cela. Autrement dit, le fait que l'autonomie soit une part essentielle du bien-être n'autorise pas à définir ce dernier exclusivement comme la satisfaction des préférences que l'on a subjectivement adoptées.

La nécessité de recourir à une définition objectiviste du bien-être ne fait cependant pas nécessairement capoter la théorie de la justice en termes de possibilités d'accès au bien-être car, à y regarder de plus près, une telle définition objectiviste est bien moins absurde qu'il n'y paraît. La thèse de Sen, par exemple, est évidemment objectiviste en ce sens[2]. Sen développe en effet l'idée que l'assistance due par ceux qui sont les plus favorisés à ceux qui le sont le moins ne peut pas consister uniquement en ressources (en simples moyens), et qu'elle ne peut pas consister non plus à accroître le bien-être subjectif de ceux qui en ont le moins, chose que l'on pourrait facilement réaliser sans transfert de ressources et simplement en leur inspirant des désirs plus faciles à satisfaire. Pour Sen, le projet d'une théorie de la justice, c'est-à-dire le projet d'une assistance de ceux qui sont mieux lotis à ceux qui le sont le moins, suppose qu'on dise sous quel aspect les deux catégories diffèrent : or, elles diffèrent

1. R. Arneson, « Welfare Should be the Currency of Justice », loc. cit; *cf.* aussi R. Arneson, « Perfectionism and Politics », *Ethics*, 111, (2000), p. 45.

2. R. Arneson, « Perfectionism and Politics » *loc. cit.*, p. 46 ; *cf.* A. Sen, « Utilitarianism and Welfarism », *Journal of Philosophy*, 76, (1979), p. 463-489 ; « Equality of What? » *in Inequality Reexamined* (1992) p. 12-30 ; « Capability and Wellbeing » *in* Nussbaum and Sen (éds.) *The Quality of Life* (1993), p. 30-53.

sous un aspect crucial, qui est que la vie des uns est bonne et que la vie des autres est mauvaise en ce qu'ils sont incapables de mener une vie épanouie et enrichissante. La question, dès lors, est bien celle des capabilités : est-ce que, avec les ressources dont ils disposent, les individus sont capables de faire des choses de bonne qualité, de faire des choses qui ont de la valeur intrinsèquement parlant[1]. On ne peut pas répondre à cette question sans introduire une théorie du bien humain, une théorie de ce qu'il est bien pour les hommes de faire, des choses qui sont authentiquement bonnes pour les hommes. On a donc besoin d'une théorie perfectionniste du bien[2]. Dès lors la question n'est pas de savoir si les gens sont capables de mener la vie qu'ils ont choisie, mais s'ils sont capables de mener la vie qui vaut la peine d'être vécue et qui vaut donc la peine d'être choisie. La thèse de Sen est nécessairement objectiviste en ce sens, puisqu'elle ne peut pas fonctionner sans cet élément perfectionniste : il est impossible de comparer les destins des individus sans introduire un critère de vie de bonne qualité et sans remarquer que les uns ont une vie de mauvaise qualité et pas les autres[3]. L'idée serait alors que toute théorie de la justice suppose une comparaison entre les individus et que toute comparaison entre les individus suppose une théorie objectiviste du bien (de la vie bonne). Sen propose ainsi que la théorie de la justice évalue la situation dans laquelle se trouvent les individus en appréciant la *liberté réelle* qu'ils ont de vivre leur existence sous une forme à laquelle ils ont de bonnes raisons d'accorder de la valeur et non pas en appréciant la liberté fictive qu'ils ont de vivre leur existence sous une forme à laquelle, subjectivement, ils accordent de la valeur[4].

Une telle forme d'objectivisme dans la définition du bien-être et d'une vie satisfaisante demeure cependant à l'intérieur de l'expression par laquelle Arneson définit l'objet d'une société juste :

1. A. Sen, *Inequality Reexamined*, *op. cit.*, p. 39-53 ; *cf.* R. Arneson, « Distributive Justice and Basic Capability Equality : Good Enough is not Good Enough » *in* A. Kaufman (éd.), *Capabilities Equality : Basic Issues and Problems* (2005).

2. *Cf.* sur les problèmes que pose une telle conception, T. Hurka, *Perfectionism* (1993) et G. Sher, *Beyond Neutrality, Perfectionism and Politics* (1997).

3. R. Arneson, « Perfectionism and Politics », *loc. cit.*, p. 46.

4. A. Sen, *Inequality Reexamined*, *op. cit.*, chap. 5.

maximiser pour chacun, sous contrainte d'un principe d'équité, la quantité de possibilité d'accéder au bien-être. Ainsi, on peut avoir une société qui définit objectivement le bien-être auquel elle offre aux individus la possibilité d'accéder, mais qui ne les contraint pas à faire ce choix ou à prendre cette option. Il suffit que l'option existe et l'on peut alors définir une société juste comme une société qui donne à tous ses membres des quantités équitables d'options leur permettant, s'ils le souhaitent et s'ils en font le choix, de satisfaire un certain nombre de préférences objectivement valables. Une conception de la justice en termes de possibilités d'accès au bien-être doit donc sans aucun doute, si elle veut pouvoir résister aux critiques, adopter une conception objectiviste du bien-être, mais l'adoption d'une telle conception objectiviste du bien-être n'entre pas nécessairement en contradiction avec l'autonomie de l'individu, puisque cette dernière fait elle aussi nécessairement partie – comme nous venons de le remarquer – de notre conception objectiviste du bien-être.

Bien entendu, une telle théorie doit tenir compte du fait que les uns ont moins de capacité – sans faute de leur part – à développer ce genre de préférences pour des choses auxquelles on a de bonnes raisons d'accorder de la valeur : il est fort possible, et Arneson le reconnaît lui-même, que je ne sois pas maître de définir mon bien-être comme je l'entends et que je sois prisonnier, par l'effet de circonstances qui échappent à ma responsabilité, d'une définition de mon bien-être qui est en contradiction avec la satisfaction des préférences objectivement valables. Dans ce cas, le fait de me donner des moyens équitables de satisfaire les préférences objectivement valables ne me met pas, du point de vue des possibilités d'accéder au bien-être, dans une position égale par rapport à celui dont la définition subjective du bien-être, sous l'effet de facteurs dont il n'est pas responsable comme son éducation ou son origine sociale, coïncide avec l'idée de satisfaction des préférences objectivement valables[1]. Or cette situation moins bonne du point de vue de la possibilité d'accéder au bien-être intervient sans faute de ma part, sous l'impact

1. R. Arneson, « Liberalism, Subjectivism... » loc. cit; « Perfectionism and Politics » *loc. cit.*

de facteurs arbitraires que je ne maîtrise pas. De même que les individus dont les préférences sont plus difficiles à satisfaire ont droit à une compensation s'il n'est pas possible de dire – comme c'est l'hypothèse ici – qu'ils sont responsables de ces préférences, les individus dont les préférences ne se portent pas sur les biens objectivement valables manifestent qu'ils ont un déficit dans leur capacité à faire des choix raisonnables et, dans cette mesure, ils ont eux aussi droit à l'assistance, notamment en matière de formation.

Les partisans du contractualisme rawlsien rejetteraient une telle conception objectiviste du bien-être en disant que le gouvernement ne serait pas en mesure de la présenter en des termes tels qu'il serait impossible à quiconque de faire des objections raisonnables au principe sur lequel il serait obligé de se fonder[1]. C'est la raison essentielle pour laquelle la théorie de la justice ne doit pas mentionner le bien-être mais se contenter d'égaliser les ressources. Elle ne peut donc pas prendre en compte les différences qui séparent les individus du point de vue de la possibilité d'accéder au bien-être.

Défendant sa propre hypothèse, Richard Arneson remarque que cet argument n'est pas aussi solide qu'il en a l'air car il aboutit à l'absurdité selon laquelle le gouvernement ne doit jamais pouvoir se fonder sur des principes ou sur des conceptions du bien qui sont controversés, puisque toute tentative pour imposer une conception du bien-être qui se fonderait sur une théorie controversée du bien humain reviendrait à une tentative pour imposer aux citoyens d'obéir et de se plier à des principes qu'ils pourraient raisonnablement rejeter[2]. Il saute aux yeux qu'il faudrait introduire ici une distinction essentielle : les raisons au nom desquelles les citoyens rejettent la conception objective du bien sur laquelle s'appuie le gouvernement sont-elles des raisons issues de la meilleure conception morale disponible ? Si c'est le cas, le principe employé par le gouvernement et l'action qu'il mène au nom de ce principe sont évidemment illégitimes et oppressifs. Mais si, à l'inverse, c'est

1. T. Scanlon, *What We Owe to each other*, *op. cit.*, p. 213-218 ; *cf.* S. Darwall, « Contractualism, Root and Branch, A Review Essay », *Philosophy and Public Affairs*, 34/2 (2006) p. 193-214.

2. R. Arneson, « Welfare should be the Currency of Justice », *loc. cit.*, p. 517-518.

le principe employé par le gouvernement qui fait partie de la meilleure théorie morale disponible, on pourrait s'interroger sur la pertinence de l'attitude consistant à qualifier les arguments que les citoyens lui opposent de « raisonnables », car il est difficile de qualifier de raisonnable ce qui rejette le raisonnable.

Mais évidemment, ce n'est pas en ce sens que Rawls et Scanlon comprennent la notion de rejet raisonnable ; à leurs yeux, un principe est exposé à un rejet raisonnable s'il est tel qu'il est possible de ne pas y adhérer sans être privé de bon sens. Dans ces conditions, un principe peut parfaitement faire partie de la meilleure théorie morale disponible ou s'en déduire (et Rawls reconnaît que cette notion peut avoir du sens[1]) et être néanmoins l'objet d'un rejet raisonnable de la part de citoyens qui ne sont pas convaincus par cette théorie. Ici, nous serons amenés à définir une personne raisonnable non plus comme une personne qui, autant que nous le sachions, ne se trompe pas, mais comme une personne qui raisonne, qui tente de peser les mérites des différentes conceptions morales en présence, qui pratique le raisonnement à un niveau assez élevé mais qui peut néanmoins faire des erreurs dans ses jugements pratiques[2]. On parvient alors à une conclusion qui est paradoxale, car l'idée de légitimité morale qui est associée à cette acception du terme « raisonnable » est elle-même illégitime et ne peut pas être invoquée pour exclure la notion objectiviste de bien-être de sa fonction de « monnaie » de la théorie de la justice.

Pourquoi l'idée de légitimité associée à cette acception du terme « raisonnable » est-elle illégitime ? Parce qu'elle exclut, comme fondement d'une politique, toute théorie du bien humain à laquelle peuvent objecter des gens dont on reconnaît qu'ils peuvent se tromper et qu'ils se trompent parfois. Or ceci est incohérent ; on doit exclure une conception à laquelle objectent des gens qui, pour autant qu'on le sache, ne se trompent pas. Mais il est absurde d'exclure une théorie à laquelle objectent des gens dont on sait qu'ils se trompent

1. Le libéralisme politique ne repose en effet pas sur un scepticisme moral ; il ne dit pas qu'il est impossible d'argumenter ou de progresser dans le domaine des idées morales (*cf.* J. Rawls, *Libéralisme politique*, *op. cit.*, p. 92-3).

2. R. Arneson, « Welfare should be the Currency of Justice », *loc. cit.*, p. 519.

puisqu'ils soutiennent le contraire de ce que dit la meilleure théorie disponible, celle qui est soutenue par des gens dont on sait qu'ils pourraient certes se tromper mais dont, jusqu'à plus ample informé, on ne sait pas qu'ils se trompent (bien qu'il soit évidemment impossible de savoir qu'ils ne se trompent pas).

Dès lors, dit Arneson, apparaît une conclusion évidente : en morale il y a des théories dans lesquelles on ne décèle pas d'erreur (cela ne veut pas dire qu'il n'y en a pas mais cela veut simplement dire que cette théorie, aujourd'hui, est la meilleure théorie disponible, celle qui est telle que personne ne peut montrer qu'elle est fausse)[1]. Si les gens qui soutiennent cette théorie font une objection à un principe qui soutient une politique, cette objection est raisonnable et le principe ne doit pas être employé en politique. Mais si l'on dit à l'inverse que, en morale, il n'y a pas de théorie qui soit telle que les autres théories ne l'ont pas falsifiée, ou encore que le concept de meilleure théorie disponible n'est pas à sa place dans la morale, cela veut dire que toutes les théories se valent (et que toutes les théories, nous le savons, sont fausses, ou en tout cas qu'aucune d'entre elles ne peut prétendre au statut de « meilleure théorie disponible »). Cela implique aussi que toute politique qui fait appel à l'une ou l'autre de ces théories emploie un principe qui est « raisonnablement » rejetable par l'une ou l'autre des théories qui ne figurent pas dans les justifications de ce principe. Dès lors, il n'y a pas de politique qui ne soit raisonnablement rejetable si elle emploie un principe qui se fonde sur une théorie du bien humain. Mais c'est une absurdité, car nous savons, dans ces conditions, que l'argument qui rejette par exemple la théorie selon laquelle la justice consiste à maximiser les possibilités d'accès à un bien-être objectif est un argument que nous savons être faux (il est emprunté à une théorie

1. Par exemple, une théorie qui affirme que l'éducation est indispensable à l'épanouissement humain n'est pas une théorie dont on peut affirmer qu'elle est vraie, car cela n'aurait pas de sens. On peut en revanche affirmer que, pour autant que nous le sachions, elle n'est pas fausse et que ceux qui y font des objections se trompent et ne sont pas raisonnables. Ainsi, le gouvernement a certainement le droit d'imposer à tous les citoyens une obligation scolaire, et il n'est certainement pas tenu de renoncer à cette obligation sous prétexte qu'il y a des gens qui pensent qu'il est indispensable d'être ignorant pour accéder au salut. De telles personnes font des objections à l'obligation scolaire, mais ces objections sont déraisonnables.

morale alternative, or toute théorie morale est raisonnablement rejetable). Être rejeté par une théorie qui est elle-même raisonnablement rejetable, ce n'est pas une bonne raison ! C'est un cercle vicieux et, en ce sens, la notion scanlonienne de rejetabilité raisonnable ne paraît guère en mesure de disqualifier *a priori* la forme d'objectivisme moral à laquelle Arneson souhaite avoir recours : sur un plan rationnel, une théorie de la justice fondée sur le principe de maximisation de la quantité de possibilités d'accès au bien-être est sans aucun doute une théorie de la justice qui se fonde sur un principe que pourraient raisonnablement rejeter des partisans d'une théorie morale alternative si l'on prend le mot « raisonnable » dans son acception lâche. Mais on ne voit pas pourquoi ce serait une objection décisive contre cette théorie de la justice puisque nous savons que la théorie morale qui rejette le principe de la maximisation des possibilités d'accès au bien-être ne peut pas prétendre et ne prétend pas au titre de meilleure théorie disponible et que, en ce sens, elle est elle aussi une théorie morale raisonnablement rejetable. En quoi le fait qu'un argument soit raisonnablement rejetable par une théorie qui est elle-même raisonnablement rejetable est-il une objection contre cet argument[1] ?

En ce sens, dit Arneson, le pluralisme raisonnable est un mythe : soit une théorie morale est telle qu'il n'y a aucune bonne raison de l'adopter ni aucune bonne raison de la rejeter, auquel cas elle doit être absente des justifications que la puissance publique donne de ses actions (c'est le cas par exemple des théories qui mentionnent l'existence de Dieu) ; soit une théorie morale est telle qu'il existe de bonnes raisons de l'adopter et la puissance publique a non seulement le droit de l'introduire dans la justification de ses propres actions mais elle a également le droit de récuser comme dépourvus de fondement les arguments qui lui sont opposés par des personnes qui, autant qu'on le sache, soutiennent une théorie qui n'est pas la meilleure théorie possible (c'est le cas lorsque, par exemple, la puissance publique raisonne en utilisant le principe que l'esclavage et la torture sont moralement condamnables, ou lorsque elle n'hésite pas à faire figurer la théorie selon laquelle les races sont égales dans la

1. R. Arneson « Welfare should be the Currency of Justice », *loc. cit.*, p. 520-523.

justification de ses actions, ou lorsqu'on affirme que l'éducation est indispensable à la réussite humaine). Soit, enfin, une théorie morale est telle que, bien qu'appuyée par de bonnes raisons, elle est en présence d'une théorie morale alternative appuyée par des raisons qui sont également fortes, auquel cas la conclusion n'est certainement pas qu'il est interdit de faire figurer l'une des deux théories morales dans la justification des actions de la puissance publique, mais que cette justification doit tenir compte de la thèse selon laquelle *l'une ou l'autre théories peuvent être vraies* et que, par conséquent, les meilleures raisons disponibles ne permettent pas de trancher en faveur d'une politique (celle qui se fonde sur l'une des deux théories) à l'exclusion de l'autre (qui se fonde sur la deuxième théorie)[1]. Lorsque deux théories peuvent se prévaloir de raisons également puissantes et qu'elles peuvent donc prétendre également au statut de meilleure théorie morale disponible, la conclusion ne doit certainement pas être qu'il convient de les exclure toutes deux de notre raisonnement, car cela reviendrait à dire que pour autant que nous le sachions, ces deux théories sont fausses toutes les deux. Or cette conclusion est absurde car le statut de théorie fausse convient non pas à des théories qui disposent des meilleures raisons disponibles et contre lesquelles les meilleures théories disponibles ne formulent aucun argument décisif, mais aux théories contre lesquelles, précisément, la meilleure théorie disponible est capable de formuler un argument décisif. La bonne conclusion qu'il conviendrait de tirer dans le cas où nous sommes en présence de deux théories qui disposent de raisons également puissantes en leur faveur doit être donc que notre raisonnement doit tenir compte de l'idée qu'elles peuvent toutes les deux être vraies : en ce sens le gouvernement n'a pas l'obligation de s'abstenir de mentionner l'une ou l'autre de ces théories mais il doit s'abstenir de mentionner un argument qui ne serait compatible qu'avec la thèse selon laquelle l'une des théories peut être vraie ; tous les arguments qu'il emploie

1. R. Arneson « Perfectionism and Politics », *loc. cit.*, p. 37-39; pour une critique de l'idée rawlsienne selon laquelle le pluralisme raisonnable pourrait être cantonné aux conceptions du bien sans infecter le domaine du juste, *cf.* J. Waldron, *Law and Disagreement* (1999) p. 151-154.

doivent être compatibles avec la thèse selon laquelle l'une et l'autre des deux théories peuvent être vraies, disposent de prémisses également fortes et convaincantes contre lesquelles il n'existe pas de réfutation décisive. Le perfectionnisme inhérent à la thèse défendue par le *luck egalitarianism* paraît donc pouvoir être défendu [1].

LA COMPOSANTE ÉGALITARISTE

L'idée de neutralisation du hasard est une thèse égalitariste forte, puisqu'elle entend faire en sorte que, dans aucun cas, les situations des individus ne diffèrent du point de vue de la possibilité d'accéder à des biens objectifs – Cohen les appellerait des avantages – sous l'impact de facteurs contingents dont ils ne portent pas la responsabilité et dont il serait injuste qu'ils subissent les conséquences.

Comme on le sait, les thèses égalitaristes de ce genre se heurtent aujourd'hui à des objections sérieuses, qui sont de deux ordres [2].

Tout d'abord, pourquoi ne pas se préoccuper d'un niveau minimum plutôt que d'égalité? Après tout, comme le remarque Harry Frankfurt, ce qui choque dans la situation de détresse à laquelle les égalitaristes sont si sensibles, c'est moins le fait que les individus soient inégaux que le fait que certains d'entre eux ne soient pas en mesure de satisfaire des besoins de base. Si l'inégalité ne séparait que les riches et les très riches, qui s'en soucierait [3]?

En second lieu, l'égalité est exposée à un paralogisme évident : le monde dans lequel il n'y a que des aveugles est incontestablement un monde plus égalitaire que celui dans lequel il y a des aveugles et des gens qui voient. Est-ce une raison suffisante pour crever les yeux de ceux qui voient?

1. *Cf.* aussi, R. Arneson, « Joel Feinberg and the justification of Hard Antipaternalism », *Legal Theory*, 11, (2005), p. 259-284.

2. *Cf.* pour une discussion sur la « valeur » de l'égalité, L. Temkin, « Egalitarianism Defended », *Ethics*, 113 (2003), p. 764-782; J. Raz, « Principles of Equality », *Mind*, New series, vol. 87 (1978), p. 321-342; T. Scanlon, « When Does Equality Matter, » [online : http : //www.cuhk.edu.hk/puo/weilun/Scanlon/Prof%20Scanlon.htm].

3. H. Frankfurt, « Equality as a Moral Ideal » *in* H. Frankfurt, *The Importance of What We Care About*, (1988), p. 134-158.

Parmi les *luck egalitarians*, Arneson a tenté de répondre à ces deux objections et ces réponses – en particulier celle qui aboutit au prioritarisme – sont essentielles pour toucher du doigt la cohérence d'ensemble de la démarche qui définit la justice comme une égalité non pas face au hasard possible – comme chez Dworkin – mais face à ce que l'on pourrait appeler le hasard advenu.

Contre l'idée de minimum

Comment Arneson envisage-t-il, en premier lieu de réfuter les arguments en faveur de l'idée que la question de la justice devrait se poser non pas en termes d'égalité mais en termes de garantie d'un niveau suffisant ou d'un seuil minimal en dessous duquel aucun membre de la société ne devrait tomber? Autrement dit, en négligeant pour l'instant les difficultés pratiques liées à la détermination d'un tel seuil, comment critiquer l'idée que tout ce qui advient à ceux qui sont situés au-dessus d'un certain seuil, ou d'un certain niveau de vie est moralement indifférent.

Commençons par énoncer les raisons qui militent en faveur de l'idée de seuil minimal. La première qui semble se présenter à l'esprit consiste à dire que les gens qui sont au-dessus du seuil sont dans une position telle qu'une unité additionnelle ne rendrait pas leur vie meilleure. C'est la réponse de Walzer, mais elle ne paraît pas fondée[1] : il est clair qu'une partie importante de ce que nous pouvons faire avec un revenu qui dépasse le seuil minimal va contribuer à notre bien-être de manière significative et rendre notre vie meilleure[2]. Si le niveau de bien-être global est ce qui préoccupe la théorie de la justice et si son objet est de maximiser une fonction de bien-être sous contrainte d'un principe d'équité, elle n'a aucune raison *a priori* de ne pas se préoccuper de ce que les personnes qui ont déjà atteint le seuil minimal (à supposer que cette notion puisse avoir un sens) pourraient faire avec des unités additionnelles de bien-être.

1. M. Walzer, *Spheres of Justice, A Defence of Pluralism and Equality*, (1983), p. 107-108.

2. R. Arneson, « Why Justice Requires Transfers to Offset Income and Wealth Inequalities ? » *Social Philosophy and Policy*, 19/1, (2002), p. 172-200.

Un autre argument consiste à dire que le fait que certains sont dans une position moins bonne que les autres (ou relativement à eux) est dépourvu de toute signification morale intrinsèque et que, comme l'a suggéré Harry Frankfurt, la question de savoir s'il existe des inégalités entre les individus ne compte plus à partir du moment où tous ont un niveau suffisant. Pour Frankfurt, s'il est légitime de se préoccuper de l'écart entre les plus défavorisés et ceux qui sont relativement à leur aise, il n'y a en revanche aucune raison de se préoccuper de l'écart entre ceux qui sont à leur aise et les riches, et encore moins de se préoccuper de l'écart entre riches et très riches; cela tendrait à confirmer que, dans le premier cas, l'objet de notre préoccupation et de notre indignation morale n'est pas la différence ou l'inégalité en elle-même, mais le fait que certaines personnes soient en dessous du seuil minimal nécessaire pour mener une vie décente[1].

Supposons par exemple que j'ai apprécié ma propre existence en fonction du niveau de bien-être qu'elle contient et que, ensuite, je découvre, qu'il y a des millions de gens dont je ne connaissais pas l'existence et qui ont une situation meilleure (ou moins bonne) que la mienne. Est-ce que cela doit affecter le jugement que je porte sur la qualité de mon existence? D'après Frankfurt, la réponse est non.

Arneson réfute les arguments de Frankfurt pour établir qu'il est impossible de donner un contenu déterminé à l'idée de seuil minimal et que, par conséquent, toute théorie de la justice comporte *ipso facto* une dimension égalitaire.

La critique du critère « minimaliste » de Frankfurt doit, selon Arneson, se fonder sur l'idée que toute idée de seuil minimal suppose le recours à une notion subjective de contentement[2]. On ne peut en effet définir le seuil minimal qu'en avançant l'idée que certains individus sont raisonnablement contents de ce qu'ils ont et qu'ils ne tentent plus de se procurer un revenu additionnel. Or, une nouvelle fois, une telle notion aboutit à une dissociation entre la définition de la satisfaction subjective et le niveau objectif de bien-être dont on dispose, puisqu'il est tout à fait possible d'être raisonnablement

1. H. Frankfurt, « Equality as a Moral Ideal », *loc. cit.*, p. 152-154.
2. R. Arneson, « Why Justice Requires Transfers… » *loc. cit.*

content avec un faible niveau d'accès au bien-être et, inversement, de ne pas être raisonnablement content de ce que l'on a, alors même que l'on possède un niveau relativement élevé d'accès au bien-être. Non seulement il s'agit d'une notion inéluctablement subjective, mais elle est aussi exposée au phénomène des préférences adaptatives dans la mesure où certains individus ne s'estiment satisfaits que parce qu'ils sont dans l'impossibilité matérielle de se procurer des revenus additionnels. Il est paradoxal de prétendre fixer ainsi un niveau minimal – ce qui paraît impliquer que l'on cherche à déterminer le niveau de biens objectifs que doit contenir une existence pour qu'il soit possible de juger qu'elle est susceptible d'être une existence décente – et d'avouer ensuite que ce niveau varie en fonction des caractéristiques subjectives des individus qui éprouvent des degrés de satisfaction divers avec un même montant de biens. On paraît vite condamné à un raisonnement circulaire : il est raisonnable pour moi d'être content si ma vie va bien, et ma vie va bien si je suis raisonnablement content[1].

Certes on peut tenter de construire un raisonnement établissant qu'il peut être rationnel d'avoir une conduite qui vise à une solution satisfaisante et non pas à la solution optimale ou maximisatrice. Par exemple si je veux vendre ma voiture, je peux avoir intérêt à me satisfaire de la première offre qui se présente si elle correspond à ce que j'attendais ou à ce qui me paraît suffisant, même si je sais ou si je crois que je pourrais tenter d'obtenir plus. On pourrait appliquer ce raisonnement (emprunté à Michael Slote[2]) à propos du niveau de bien-être suffisant et cela expliquerait pourquoi il est possible de suggérer que, parvenus à un certain niveau, les gens n'auraient plus de raisons de vouloir se procurer des revenus supplémentaires. Mais, selon Arneson, le fait de s'arrêter à une solution suffisante ou satisfaisante au lieu de vouloir optimiser n'est une conduite rationnelle que lorsque c'est une façon d'optimiser, c'est-à-dire lorsque j'ai de bonnes raisons de penser que, par exemple, en cherchant à obtenir un prix supérieur à celui qu'on me propose pour ma voiture, je risque de ne plus trouver que des offres moins avantageuses, ou

1. R. Arneson, *ibid.*
2. M. Slote, *Beyond Optimizing, A Study of Rational Choice* (1989).

lorsque le fait de chercher une solution plus avantageuse me coûte tellement cher (en temps, en énergie) que cela n'en vaut pas la peine ; dans ce cas, il est effectivement rationnel de s'arrêter à une solution suffisante, mais cela signifie que, dans le contexte présent, cette solution suffisante est la solution optimale et qu'il n'est pas possible de dissocier franchement les deux notions. En revanche, il paraît évident que si nous avons deux solutions possibles et que l'une des deux est suffisante tandis que l'autre est plus que suffisante (ou optimale de ce point de vue) sans que la seconde soit plus coûteuse que la première, il est simplement irrationnel de choisir la première. Ou plus exactement, l'idée que la première est suffisante est parfaitement dépourvue de sens[1].

Par ailleurs, comme Arneson le note à plusieurs reprises, la notion même d'un seuil minimal – à supposer que l'on puisse en déterminer le niveau – engendre des paradoxes qui paraissent bel et bien insurmontables : si certains membres de la société sont dans une situation à peine inférieure à ce seuil tandis que d'autres sont situés très loin en dessous, il devient rationnel de négliger la situation des plus défavorisés et de diriger les efforts de redistribution vers ceux qui sont juste au-dessous du seuil, car c'est cette politique qui aura pour effet de maximiser la part des membres de la société situés au-dessus du seuil alors que la politique consistant à aider les plus défavorisés aura des effets nuls de ce point de vue puisque tous les efforts consentis en leur faveur (et qui peuvent consommer des ressources considérables) ne seront pas en mesure de leur faire franchir le seuil fatidique. La notion de seuil entraîne, par sa logique même, que la société tente de faire en sorte qu'une proportion aussi grande que possible de ses membres franchissent ce seuil ; or cette caractéristique entraîne nécessairement le paradoxe qui vient d'être mentionné.

On peut même aller plus loin : si l'objectif est de faire en sorte qu'une aussi grande proportion que possible de membres de la société franchissent le seuil, non seulement on peut se désintéresser du sort des plus défavorisés – qui ne parviendront de toute manière

1. R. Arneson, « Why Justice Requires Transfers to Offset Income and Wealth Inequalities ? » *loc. cit.*

pas à le franchir – mais on peut même organiser la redistribution à leurs dépens et non pas à leur profit, car il est dans ces conditions rationnel de leur prendre le peu qu'ils possèdent pour le donner aux catégories moyennes et permettre ainsi à un grand nombre de membres de celles-ci de dépasser le fameux seuil minimal[1].

La doctrine du seuil minimal (ou suffisant) peut donc paraître séduisante, mais elle se heurte à des difficultés très importantes. Elle nous dit en effet que nous devons toujours agir de manière telle que le plus grand nombre possible de gens soient au-dessus du seuil. Or, dans ce cas, il va y avoir un conflit d'intérêts entre ceux qui sont susceptibles de passer au-dessus du seuil (objets de toutes les sollicitudes de la théorie de la justice) et ceux qui sont de toute manière au-dessus du seuil mais dont le bien-être va être affecté négativement par la redistribution. Si l'on donne une priorité absolue à la maximisation du nombre de gens qui passent au-dessus du seuil, cela implique qu'on ne se soucie pas du tout de savoir combien, parmi les gens qui sont de toute façon déjà au-dessus du seuil, pourraient réaliser des gains de bien-être si l'objectif social était formulé en des termes différents, ni de savoir quelle est l'importance quantitative de ces gains de bien-être potentiels. Nous affirmons en effet que, quels qu'ils soient, et quel que soit le nombre des personnes qui pourraient

1. Pour montrer que ces questions ne sont pas aussi absurdes qu'elles en ont l'air, Arneson propose de considérer la manière dont un hôpital de campagne va traiter les blessés qu'il reçoit au cours d'un affrontement : plutôt que de se préoccuper des blessés les plus gravement atteints par priorité, qui ont peu de chances de s'en sortir et que l'on ne pourrait sauver – et encore – qu'en concentrant l'ensemble des moyens disponibles sur les cas les plus graves - on peut faire baisser significativement le chiffre des pertes en concentrant les efforts des équipes médicales sur les blessés atteints de blessures moyennement graves. Certes, il s'agit là d'un principe – sauver le plus grand nombre de vies possibles – qui paraît incontestable. Mais la notion de sauver des vies (faire atteindre le seuil minimal) est elle-même équivoque. Que faut-il faire si l'on a le choix entre sauver deux vies de blessés qui sont tellement atteints qu'ils seront réduits à un état purement végétatif et sauver un blessé qui, de son côté, pourra conserver non seulement son intégrité physique mais aussi ses facultés mentales ? Est-ce qu'il faut toujours appliquer le principe qui dit qu'on doit sauver le plus grand nombre de vies possible ? Est ce qu'il ne vaut pas mieux par exemple essayer de soulager la douleur de certains blessés dont on sait qu'ils vont mourir ? Par ailleurs, on peut avoir un blessé dont on sait qu'il va survivre de toute manière mais que, s'il survit, il sera très diminué ; on pourrait, en le soignant, lui assurer une survie de bien meilleure qualité. Est-ce qu'il est raisonnable de ne pas le soigner et de concentrer nos efforts sur des gens qui sont menacés de mourir mais dont on sait qu'ils vont survivre de manière purement végétative si on les sauve en concentrant toute notre aide médicale sur eux ? (« Why Justice Requires Transfers… » *loc. cit.*).

réaliser un tel gain de bien-être, le seul fait de faire passer au-dessus du seuil une personne qui se trouvait en dessous l'emporte sur tous ces intérêts : le passage d'un seul individu au-dessus du seuil possède une priorité morale *absolue* sur tous ces gains potentiels, même si la personne en question s'arrête juste au-dessus du seuil. Si l'on a le choix entre faire passer une personne unique au-dessus du seuil, ou faire passer dix millions de personnes d'un niveau immédiatement supérieur au seuil à des niveaux bien supérieurs au seuil, il faut choisir – en vertu du principe de suffisance – l'action qui consiste à faire passer la personne unique au-dessus du seuil (ou même à lui faire atteindre ce seuil sans lui permettre de le dépasser). On peut se demander pourquoi le fait que la personne en question passe au-dessus du seuil possède une importance morale aussi considérable, qui lui permet de l'emporter sur ces gains potentiels de très grande ampleur pour des millions de personnes. C'est tout à fait irrationnel et pourtant, c'est une conséquence nécessaire du principe qui veut que la justice consiste à faire passer un nombre aussi grand que possible de personnes au-dessus d'un seuil suffisant ou minimal de bien-être.

Inversement, on a compris qu'il y a un autre conflit d'intérêts tout aussi problématique entre ceux qui sont juste en dessous du seuil et ceux qui sont tellement en dessous qu'il n'y a aucune chance de les faire passer au-dessus, quel que soit le montant des ressources que l'on y consacre. Cependant, bien qu'ils ne puissent franchir le seuil en aucun cas, il serait matériellement possible, si l'on s'affranchissait du principe du seuil minimal de les aider à améliorer significativement leur position. Or le principe de suffisance dit qu'il faut donner la priorité à ceux qui sont juste en dessous du seuil – il peut même n'y en avoir qu'un seul – alors même que les autres peuvent être des millions dont on pourrait significativement améliorer l'existence dans le cadre d'un autre principe qui commanderait par exemple de concentrer les efforts de la société sur ceux qui sont les plus défavorisés (principe de priorité). L'absurdité du principe consistant à accorder une valeur absolue au fait d'atteindre un seuil minimal et à conférer à cet objectif une priorité sur toutes les autres modalités possibles de la redistribution apparaît ici en pleine lumière : pour imaginer un monde dans lequel le principe de suffisance serait acceptable, nous devrions l'imaginer comme un monde dans lequel aucun gain dans la qualité de la vie des gens situés au-dessus ou au-dessous du seuil ne peut avoir d'importance morale si ce gain n'a pas pour effet de les faire passer au-dessus du seuil. Le moins que l'on puisse dire, c'est que ce monde n'est pas très séduisant sur le plan moral, sans parler du fait que l'idée de « seuil minimal » ou de niveau suffisant ne tient aucun compte de l'impératif de responsabilité. Elle commande de ramener (si c'est possible) tous les membres de la société à ce seuil minimal sans tenir compte de la question de savoir s'ils sont tombés en dessous à cause de facteurs contingents ou à la suite des choix malheureux qu'ils ont effectués.

On doit en conclure qu'il n'est pas possible d'accorder une priorité lexicale absolue à l'objectif consistant à mener un nombre de gens aussi grand que possible au-dessus d'un seuil suffisant de possibilités d'accès au bien-être. L'objection essentielle, c'est qu'une telle théorie exige une discontinuité, un saut dans nos attitudes morales, dans un domaine où il n'y a aucun fondement pour faire un tel saut et établir une telle discontinuité. Il n'y a aucune raison valable pour traiter de manière aussi différente deux groupes de gens distincts : ceux que l'on peut faire passer au-dessus du seuil d'un côté – dont les intérêts sont dotés d'une force morale qui l'emporte *a priori* sur tous les autres intérêts – et ceux qui sont déjà au-dessus ou qui sont trop loin en dessous de l'autre côté – dont les intérêts sont dépourvus de toute force morale puisque, de toute manière, ils sont déjà au-dessus du minimum ou situés tellement loin au-dessous qu'il est impossible de leur faire franchir le seuil fatidique.

Au demeurant, cette critique du minimum intrinsèque s'applique tout autant à l'idée rawlsienne de *maximin* c'est-à-dire de maximisation de la position la plus défavorisée. Dans le contexte du *maximin*, l'amélioration de la position la moins favorisée est également dotée d'une force morale *absolue* qui l'emporte sur tout autre avantage pour d'autres catégories de personnes, quel que soit le nombre de personnes concernées et quelle que soit la taille des avantages en question. Il n'y a aucune raison d'accorder ainsi une valeur absolue à l'amélioration du sort de certaines personnes[1].

La version prioritariste de l'exigence égalitaire

On sait que Richard Arneson suit Derek Parfit pour dire que la dimension égalitaire de la théorie de la justice doit avoir la forme non pas de la réalisation d'une égalité stricte mais d'un principe de priorité qui consiste à donner une importance morale plus grande à l'amélioration du sort de ceux qui sont dans la situation la plus défavorable[2]. Arneson pense que les principes qui accordent une valeur absolue à certaines catégories de personnes ne sont tout simplement pas réalistes et qu'il convient de leur préférer sa propre approche prioritariste que l'on peut résumer grâce aux deux principes suivants : tout d'abord, la question de savoir si une vie va bien n'implique pas de comparaison par rapport à d'autres existences; elle implique seulement une considération de la quantité de biens objectifs auxquels celui qui mène cette existence a accès. Et en second lieu, la valeur morale de l'action qui consiste à conférer un avantage d'une grandeur donnée à une personne est d'autant plus grande que la situation de cette personne est basse du point de vue de ses possibilités d'accès au bien-être objectif[3]. Le prioritarisme dit ainsi qu'il faut maximiser la valeur morale (c'est donc une forme de conséquentialisme) en se préoccupant par priorité (mais pas exclusivement) de la situation des moins favorisés, dans la mesure où l'amélioration de leur sort possède une valeur morale plus grande (mais pas absolument supérieure) que celle des autres objectifs sociaux possibles.

Une bonne raison d'adopter le prioritarisme de préférence à une conception qui entend condamner l'inégalité en elle-même c'est que, à la différence de cette dernière, il n'est pas exposé à l'objection

1. R. Arneson, « Why Justice Requires Transfers… » *loc. cit.*

2. D. Parfit, « Equality and Priority », *Ratio* (new series) X, (1997), p. 202-221; R. Arneson, « Why Justice Requires Transfers … » p. 172-200.

3. R. Arneson, « Luck Egalitarianism and Prioritarianism », *Ethics*, 110/2, (2000) p. 339-349; « Opportunity for Welfare, Priority and Public Policy », *in* S. Cullenberg and K. Pattanaik (éds.) *Globalization, Culture and the Limits of the Market: Essays in Economics and Philosophy* (2004).

du nivellement par le bas. Comme Parfit l'a montré, il est impossible d'affirmer que l'inégalité est mauvaise en soi (et donc impossible d'affirmer sans aucune qualification supplémentaire qu'il est moralement injuste que certaines personnes aient de moins bonnes perspectives que d'autres sans faute de leur part) sans s'exposer immédiatement à l'objection que, dans ce cas, on doit préférer un monde où tous les individus sont aveugles plutôt qu'un monde où certains sont aveugles et d'autres non. Cette objection est convaincante car il paraît difficile de croire qu'un changement est moralement souhaitable s'il est mauvais pour certains alors qu'il n'apporte aucun avantage à quiconque, comme serait le changement consistant à rendre aveugles tous ceux qui voient de manière à créer une égalité parfaite entre tous.

Cette menace contre l'idée même selon laquelle l'égalité est souhaitable peut déterminer, comme le montre Parfit, deux types de réaction.

Nous pouvons en premier lieu défendre l'égalité mais sur d'autres bases, sans prétendre que le passage à l'égalité doit correspondre intrinsèquement à un monde moralement meilleur. On limite alors la perspective en affirmant, par exemple, que seules les inégalités volontairement produites sont moralement mauvaises et méritent d'être corrigées, mais que celles qui proviennent de la nature ne sont pas moralement condamnables. On a alors une conception qui traite moins de l'égalité que de la justice et qui nous dit que l'on ne devrait pas agir d'une manière qui aboutit à des différences dont les victimes n'ont commis aucune faute. Dans ce cas, nous n'avons plus affaire à une entreprise de neutralisation du hasard mais à une neutralisation des effets d'une politique collective dont les victimes ne seraient pas responsables. On s'éloignerait donc de la perspective retenue par les *luck egalitarians*, pour qui une société juste est une société dans laquelle les situations des individus ne sont pas affectées par des facteurs contingents.

L'autre solution consiste à se convertir à une conception prioritariste. Dans ce cas, nous pouvons admettre que le passage d'une situation à une autre, par exemple, est tel que les avantages supplémentaires qu'il confère à certains sont inférieurs – et de loin – aux avantages qu'il ôte aux autres, en sorte que le bilan est pour ainsi dire négatif. Ce serait le cas si l'on passait de la société mixte à la société dans laquelle il n'y a que des aveugles. Mais les avantages conférés à ceux qui en avaient le moins ayant une importance morale supérieure, il peut y avoir des cas où ils compensent – comme s'ils comptaient double par exemple – les pertes subies par les plus favorisés[1].

La thèse défendue par Arneson n'est donc pas égalitariste à proprement parler : elle ne prétend pas que l'égalité soit un idéal moralement désirable. Elle ne dit pas, par exemple, qu'il est désirable que les situations de tous les individus soient égales et que l'on ne doit s'écarter de l'égalité que sous l'impact des choix. Elle dit seulement qu'il faut maximiser les possibilités d'accès au bien-être en donnant une priorité à ceux qui sont dans la position la plus défavorisée ainsi que, conformément au principe de responsabilité, à ceux qui s'y trouvent sans faute de leur part (et qui, à ce titre méritent le plus de recevoir l'assistance des autres). La comparaison entre les personnes n'intervient donc pas du tout dans cette théorie et l'aspect égalitaire vient seulement de la priorité qui est accordée à ceux qui se trouvent en bas de l'échelle. Cette distinction entre égalitarisme et prioritarisme est essentielle car, dans la seconde de ces deux théories, la raison qui fonde le devoir d'assistance envers une personne n'est jamais que celle-ci est plus mal lotie qu'une autre mais uniquement que sa situation est intrinsèquement misérable.

LA NOTION DE RESPONSABILITÉ : LES CAS DIFFICILES ET LEUR RÉSOLUTION

Le prioritarisme arnesonien permet en outre d'injecter un principe de responsabilité : il faut en effet accorder la priorité non seulement à ceux qui se trouvent en bas de l'échelle mais encore, parmi ces derniers, à ceux qui se trouvent dans cette situation sans que leur responsabilité soit engagée (sans aucune faute de leur part, sans que cela soit une conséquence des choix qu'ils ont faits) de préférence à ceux qui se trouvent en bas de l'échelle à la suite

1. D. Parfit, *loc. cit.*, p. 220-221.

de leurs propres choix. Non seulement la valeur morale d'une action consistant à conférer un avantage est d'autant plus grande que la personne en question se trouve située plus bas sur l'échelle des possibilités d'accès au bien-être, mais elle est aussi d'autant plus grande que la personne à qui cet avantage est conféré se trouve dans cette situation défavorisée sous l'effet de facteurs contingents. Cela ne signifie pas que l'on ne doit pas conférer des avantages à ceux qui se trouvent dans une situation défavorisée par leur propre faute mais que l'aide qui leur est apportée possède moins de valeur, du point de vue moral, que celle qui est apportée aux victimes du hasard. Ou encore : la valeur morale d'une altération d'un état de choses qui fait que certaines personnes se trouvent dans une meilleure situation qu'auparavant dépend, toutes choses égales par ailleurs, de la question de savoir si la situation dans laquelle se trouvait cette personne était due à sa responsabilité ou non. Plus cette mauvaise situation était due au hasard, plus la valeur morale de l'altération est grande. Inversement, si l'altération d'un état de choses fait passer une personne d'une situation meilleure à une situation moins bonne, la perte de la valeur morale représentée par cette altération est fonction de la question de savoir si la bonne situation dans laquelle se trouvait cette personne auparavant était due à la chance ou à son propre mérite ; la perte de valeur morale occasionnée par l'altération est d'autant plus petite que la situation était due au hasard. Le prélèvement sur la richesse transmise est ainsi moralement plus justifié que le prélèvement sur une richesse acquise[1].

La conception arnesonienne parvient donc à injecter la notion de responsabilité individuelle dans la théorie de la justice comme maximisation des possibilités d'accès au bien-être en recourant pour ainsi dire à un second principe de priorité. Le premier postulait que la valeur morale de l'augmentation de la quantité de possibilités de bien-être était d'autant plus grande que le niveau de possibilités d'accès au bien-être de la personne à qui était conférée l'unité

1. *Cf.* R. Arneson, « Desert and equality » *in* N. Holtug et K. Lippert-Rasmussen (éds.) *Egalitarianism. New Essays on the Nature and Value of Equality* (2007), p. 262-293 ; « Moral Limits on the Demands of Beneficence » *in* D.K. Chatterjee (éd.), *The Ethics of Assistance. Morality, Affluence and the Distant Needy* (2004) p. 33-58.

additionnelle était bas. La considération qui nous enjoint de tenir compte de la responsabilité et du mérite nous oblige à ajouter que la valeur morale de l'augmentation de la quantité de possibilités d'accès au bien-être est d'autant plus grande que la personne qui la reçoit est méritante, c'est-à-dire que sa position défavorisée sur l'échelle des possibilités d'accès au bien-être est l'effet de circonstances arbitraires et non de ses propres choix. Inversement, si une personne se trouve dans une position favorisée, le fait de lui enlever une partie de ses possibilités d'accès au bien-être est d'autant moins blâmable que cette personne doit les avantages qu'elle détient à la chance, et d'autant plus blâmable que la personne en question doit les avantages qu'elle détient à ses propres choix et à ses propres efforts[1].

Dans une thèse de ce genre on affirme donc qu'il est moralement désirable que ceux qui sont méritants et responsables jouissent de bonnes perspectives d'existence, et qu'il est moralement indésirable que ceux qui ne sont ni méritants ni responsables jouissent d'une situation favorable. Inversement, il est moralement indésirable que ceux qui n'ont pas démérité et qui n'ont pas fait de choix condamnables soient dans une situation défavorable à cause du hasard seul. Il est donc moralement mauvais – c'est la formulation de base du principe – que les gens soient dans une situation défavorable sans faute de leur part. Cette théorie de la justice nous invite ainsi à maximiser les possibilités d'accès au bien-être existant dans la société en pondérant cette maximisation à la fois par des considérations de place dans l'échelle sociale et par des considérations de place dans l'échelle des mérites[2]. Cette seconde série de considérations revient à dire que lorsqu'il s'agit de déterminer la manière de distribuer ou de redistribuer des ressources, le statut moral de ceux qui reçoivent ces ressources est important, de même que le statut moral des contributeurs potentiels. Dans l'un comme dans l'autre cas, il s'agit de savoir dans quelle mesure ils sont moralement

1. R. Arneson, « Egalitarianism and the Undeserving Poor », *Journal of Political Philosophy*, 5/3, (1997).

2. R. Arneson, « Egalitarianism and Responsibility », *Journal of Ethics*, 3/3 (1999) p. 244-245.

méritants, dans quelle mesure ils sont responsables ou non de leur situation.

Cette pratique consistant à tenir compte de la plus ou moins grande responsabilité des individus dans les choix qu'ils ont faits lorsqu'il s'agit de déterminer les priorités en matière de contribution et de distribution des ressources peut sans aucun doute avoir des justifications instrumentales. Elle a en effet des conséquences socialement avantageuses en incitant les individus à tenter de se conduire de la manière la plus rationnelle possible et en les déterminant ainsi à altérer leurs comportements dans un sens favorable. Mais, comme les autres représentants du courant de pensée que nous analysons ici, Arneson tient à dire – contre les thèses de Smart par exemple[1] – que le fait de tenir les gens pour responsables de leur action possède une valeur *morale* et non pas seulement instrumentale : c'est la condition d'une société légitime ou juste et c'est bien une considération de justice intrinsèque qui exige que l'on tienne compte des mérites des individus et non pas des considérations utilitaires ou pragmatiques[2].

Une telle approche se heurte à des objections de fond qui, comme nous le verrons dans les chapitres suivants, sont insurmontables. Mais elle se heurte aussi à des objections plus pratiques auxquelles les *luck egalitarians* croient pouvoir apporter des réponses.

Est-il juste, tout d'abord, de tenir les individus pour responsables de leurs choix et de hiérarchiser en conséquence leurs revendications alors même qu'ils ne disposent pas de la même faculté de faire des choix raisonnables ? Est-il juste d'accorder une priorité morale au transfert en direction de ceux qui se trouvent dans une position défavorisée alors même qu'ils ont fait les choix qui convenaient et de ne considérer qu'ensuite – et comme dotées d'un poids moral moindre – les revendications de ceux qui se trouvent dans une situation défavorable du fait de leurs propres choix alors que, peut-être, leur capacité à faire les bons choix était bien

1. *Cf.* R. Arneson, « The Smart theory of Moral Responsibility » *loc. cit.*

2. R. Arneson, « Luck Egalitarianism, an Interpretation and Defense » *Philosophical Topics*, 32/1-2 (2004), p. 1-20.

inférieure à celle des membres de la catégorie à laquelle on accorde une priorité morale ?

Pour comprendre cette objection, dit Arneson, prenons l'exemple de deux personnes qui ont toutes deux des ambitions très limitées et qui toutes deux, dans la poursuite de ces ambitions, opèrent des choix désastreux et se retrouvent par conséquent dans une situation sociale très défavorisée[1]. Supposons néanmoins que, en dépit de leurs caractéristiques communes, ces deux personnes soient très différentes sur un point essentiel : le raisonnement et les choix qui leur auraient permis d'éviter la situation peu enviable dans laquelle elles se trouvent toutes deux étaient aisément accessibles à l'une, alors que l'autre n'aurait pu les mettre en œuvre sans faire preuve d'une prudence exceptionnelle. La première aurait pu y parvenir aisément et presque sans effort mais, par pure négligence, elle ne l'a même pas tenté. La seconde aurait sans doute pu y parvenir également, mais malgré des efforts très conséquents, elle n'y est pas parvenue. D'autres personnes, bien entendu, auraient été de toute manière incapables de faire le « bon choix » quels que soient leurs efforts.

Une telle situation devrait nous orienter vers les conclusions suivantes : nos deux personnes sont l'une et l'autre dans une situation désastreuse faute d'avoir fait un choix que toutes deux auraient pu faire et, en ce sens, elles doivent sans doute en assumer la responsabilité. Mais l'une, qui aurait pu faire ce choix sans grand effort, est beaucoup plus responsable que l'autre, qui a, sans succès, déployé des efforts considérables pour y parvenir, car l'échec de la seconde est dû à un manque de capacités dont elle ne peut être tenue pour responsable. Ceci nous ramène aux fumeurs de John Roemer.

La logique d'un tel raisonnement nous incite aussi à conclure que si l'une des deux personnes faisait partie de ceux qui étaient de toute manière hors d'état de faire le bon choix, elle ne doit pas porter la responsabilité de ne pas l'avoir fait[2]. Certes nous pensons tous que les individus ont le devoir de résister à l'attraction d'un mauvais genre de vie, mais il va de soi que la capacité de résistance n'est pas

1. R. Arneson, « The Smart Theory… », *loc. cit.*
2. *Ibid.*

la même chez tous, et que cette capacité de résistance est due au moins en partie à des facteurs génétiques et sociaux dont les individus ne sont pas et ne doivent pas être tenus pour responsables. Dès lors, leur responsabilité pour les mauvais choix qu'ils ont faits ne peut être identique.

Il va donc falloir évaluer la responsabilité des individus en fonction de leurs capacités respectives à faire des choix guidés par de bonnes raisons. Ou encore, les degrés de responsabilités sont tributaires de la plus ou moins grande capacité à exercer cette dernière.

Cette analyse pourrait rejoindre certains développements récents dans la théorie de la responsabilité (Wallace et Watson[1]) qui ont ainsi proposé l'idée que c'est la possession, par une personne donnée, d'une faculté de raisonnement qui est le fondement de l'attribution d'une responsabilité à cette personne. Comme le dit Wallace, « il est juste de tenir une personne pour responsable de ses actes si elle possède une capacité rationnelle de comprendre et d'appliquer des raisons et de contrôler sa propre conduite par ce genre de raisons[2] ». Pour être responsable un agent doit pouvoir rendre raison de son acte, c'est-à-dire évaluer et critiquer les raisons qu'il avait d'agir de cette manière ou de s'en abstenir. À partir du moment où il a cette capacité, il est responsable. Pour être responsable de son comportement, un agent doit en outre être capable de l'adapter, c'est-à-dire de la modifier en réponse à une critique ou en fonction de jugements qui établissent qu'il ne devrait pas agir ainsi. L'idée est donc qu'un agent est responsable s'il est capable de réagir à des raisons, de leur répondre en adaptant son comportement et qu'il est d'autant plus responsable qu'il possède cette capacité à un plus haut degré[3].

Mais comme cette capacité varie manifestement d'un individu à l'autre, la responsabilité de ceux qui la possèdent à un très haut degré

1. R. J. Wallace, *Responsibility and the Moral Sentiments* (1994) p. 96-103; G. Watson, « Reason and Responsibility », *Ethics*, vol. 111 (2001), p. 374-394; G. Watson, « Soft Libertarianism and Hard Compatibilism », *Journal of Ethics*, 3, (1999) p. 351-365.

2. Wallace, *Responsibility and the Moral Sentiments*, *op. cit.*, p. 7-8.

3. *Cf.* M. Fisher et M. Ravizza, *Responsibility and Control: A Theory of Moral Responsibility* (1997) chapitre 3.

est plus importante que celle des individus qui ne possédaient qu'une capacité faible ou très faible de faire des choix raisonnables. Si les ouvriers métallurgistes de race noire sont, pour des raisons sociologiques, moins réceptifs aux arguments qui soulignent la dangerosité du tabac que les infirmières de race blanche, ils n'ont pas à supporter les conséquences du fait que, en moyenne, ils fument plus que ces dernières.

Arneson cherche donc, en ce qui concerne la question de la responsabilité individuelle, à naviguer entre deux positions qui lui semblent l'une et l'autre inacceptables.

D'un côté, celle qui pense qu'il faut égaliser les quantités de possibilités d'accès au bien-être sans tenir compte du fait que les individus qui se trouvent dans une situation désastreuse disposaient peut-être d'une possibilité d'agir autrement. Cette position s'appuie sur la thèse selon laquelle le déterminisme est vrai, laquelle implique que, quoique les individus aient fait, il leur était de toute manière impossible d'agir autrement ; les possibilités alternatives étant des fictions pures et simples, il est injuste de sanctionner un individu pour n'avoir pas fait ce qu'il ne pouvait de toute manière pas faire. Dans ces conditions, toute notion de responsabilité paraît exclue [1].

Comme le comprend Arneson, cette position est difficile à maintenir face au développement des diverses formes de compatibilisme qui tendent à montrer qu'il n'est nullement absurde d'attribuer à un agent la responsabilité de son action même lorsque cette action est déterminée par des causes et même lorsque les possibilités alternatives n'existent pas [2]. Pour que je sois responsable d'avoir fait *X*, il n'est nullement nécessaire que j'aie pu ne pas faire *X* au moment où j'ai fait *X*. De toute façon, la vérité du déterminisme implique que les causes de l'action étant données, l'action a nécessairement lieu. Mais le compatibilisme établit que le déterminisme n'empêche pas, même dans ce cas, les individus d'être responsables de leurs actions puisque je peux tout à fait être responsable de mon action si je l'ai

1. R. Arneson, « The Smart Theory… » *loc. cit.*

2. Pour un exposé de la possible compatibilité entre déterminisme et responsabilité, *cf.* H. Frankfurt, *The Importance of What We Care About*, op. cit, chapitre 1 (*Alternate Possibilities and Moral Responsibility*) et chapitre 3 (*Coercion and Moral Responsibility*).

accomplie en connaissance de cause ou si, en d'autres termes, les causes qui m'ont déterminé à l'accomplir sont des causes en forme de raisons. Dès lors, si l'agent s'est abstenu de former les raisons qui lui auraient permis de faire le bon choix, il assume la responsabilité de son action bien que, au moment où il agit, il ne dispose pas de la possibilité d'agir autrement. Certes, le déterministe convaincu demeure en mesure d'affirmer que la possession d'une capacité à agir en fonction de raisons ne suffit pas à fonder la responsabilité car il faudrait encore prouver que l'individu dispose d'une possibilité réelle de faire usage de cette capacité et que, lorsqu'il s'en abstient, ce n'est pas parce qu'il en est empêché par des causes déterminantes. Mais à ce niveau la position déterministe devient une pétition de principe destinée à récuser tout recours à l'idée de responsabilité individuelle[1]. Les partisans de la validité d'une telle notion peuvent se contenter d'avancer, comme le fait Arneson, qu'elle n'exige pas la vérité de l'indéterminisme et que l'existence des thèses compatibilistes lui ouvre à cet égard un champ d'action auparavant insoupçonnable. Contre la thèse qui prétend faire l'impasse sur la notion de responsabilité en raison de la vérité du déterminisme, Arneson affirme donc que, si la société fait en sorte qu'une personne ait une part équitable de possibilités d'accès au bien-être et que cette personne fait des choix gouvernés par de mauvaises raisons et qui la conduisent à réduire par sa propre faute ses perspectives dans ce domaine, il n'y a pas de problème de justice et aucune compensation ne lui est due.

Mais, d'un autre côté, cette conclusion doit aussitôt être tempérée par l'idée que le pouvoir de raisonner est inégalement réparti. Il paraît en effet excessif de prétendre qu'il suffit qu'une personne ait eu physiquement ou matériellement accès au choix qui lui aurait évité de se retrouver dans une position désastreuse pour qu'on puisse l'abandonner seule aux conséquences de son action[2]. Il faut tenir compte de la facilité avec laquelle elle aurait pu faire ce bon choix, et en particulier de la facilité avec laquelle elle avait accès au raisonnement débouchant sur le bon choix. On ne peut donc pas

1. R. Arneson, « The Smart Theory... ».
2. R. Arneson, « Rawls, Responsibility and Distributive Justice », *loc. cit.*

dire qu'une personne doit assumer la responsabilité de la réduction drastique dont elle est affectée en matière de possibilité d'accès au bien-être lorsqu'elle n'aurait pu éviter de subir cette réduction qu'en faisant preuve d'une prudence exceptionnelle et grâce à une tension extrême de ses facultés de raisonnement dont d'autres n'ont eu nul besoin pour éviter l'écueil[1]. C'est encore plus vrai si la personne en question, malgré tous les efforts qu'elle a faits, s'est avérée incapable de disposer correctement l'ensemble de raisons qui conduisaient au bon choix. En d'autres termes, on ne peut pas prétendre qu'une personne disposait réellement d'un niveau *X* de possibilités d'accès au bien-être et qu'elle l'a réduit par ses propres choix si elle ne pouvait l'exploiter qu'en faisant preuve d'un courage, d'une intelligence et d'une persévérance, qui sont au-dessus de ce que l'on peut raisonnablement attendre d'une personne placée dans le contexte où elle se trouvait. Cette distinction est essentielle parce que, dans ces conditions, il ne suffit pas de dire que quelqu'un qui était placé dans les mêmes conditions qu'elle, est parvenu à éviter les obstacles sur lesquels elle a échoué pour lui attribuer la responsabilité de son échec. Tout dépend en effet de la facilité avec laquelle les uns et les autres pouvaient éviter d'échouer sur l'obstacle. Pour affirmer qu'une personne est responsable de la dégradation de sa situation, il faudrait en effet pouvoir affirmer qu'elle aurait pu se maintenir dans la situation antérieure sans difficultés excessives pour elle, avec un coût tolérable (ou moyen) et sans faire preuve de plus de sagesse et de prudence que ce que l'on peut attendre de personnes ordinairement placées dans sa situation[2].

1. R. Arneson, *ibid.*

2. On peut donner une illustration chiffrée de cette situation (évidemment parfaitement arbitraire); supposons que l'on puisse évaluer les puissances rationnelles des individus d'une part et les niveaux de raisonnement requis pour faire le bon choix dans une situation donnée d'autre part; on aura alors, par exemple, deux individus dont l'un (A) dispose d'une puissance rationnelle notée 10 et l'autre (B) une puissance rationnelle notée 20: tous deux se trouvent dans une situation où le bon choix exige l'exercice d'une puissance rationnelle de niveau 9. Celui dont la puissance maximale est de 10 ne peut, s'il échoue à faire le bon choix, être tenu pour responsable de son échec de la même manière que celui dont la puissance maximale est 20. Que B ait réussi à faire un bon choix qui, matériellement parlant, était aussi accessible à A ne supprime pas le fait capital que ce choix n'était accessible à A que dans des conditions de difficulté bien plus importantes que celles dont B aurait dû triompher pour faire ce bon choix; on ne saurait donc imputer à A la faute d'avoir échoué là où B a réussi. En revanche, on

La notion de responsabilité nous oriente donc nécessairement vers des questions portant sur la mesure dans laquelle les individus possèdent la capacité de faire des choix raisonnables. Faut-il *a priori* donner des ressources additionnelles à ceux dont les capacités dans ce domaine sont faibles? Faut-il affirmer que seuls ceux qui disposent d'un niveau moyen de capacité seront tenus pour responsables de leurs choix? Peut-on faire varier les degrés de responsabilité en fonction de la facilité plus ou moins grande que les individus ont de faire des choix raisonnables? Peut-on admettre que la situation désastreuse dans laquelle se trouvent certains individus ne pose aucun problème de justice sous prétexte qu'elle résulte des choix qu'ils ont faits alors même qu'ils ne pouvaient faire le choix inverse qu'au prix d'un effort que d'autres n'ont pas eu besoin de consentir parce que leurs capacités de faire des choix raisonnables est bien supérieure?

Comme Arneson le remarque, il est certainement exact que les capacités des individus à faire des choix prudents et éclairés ne sont pas identiques, et que ceux dont les capacités sont inférieures de ce point de vue ne peuvent en être tenus pour responsables lorsqu'il s'agit bien de facteurs qui échappent à leur contrôle[1]. Mais inversement, il serait cependant erroné d'en conclure qu'il faut revenir au principe de différence sous sa forme initiale, et ne pas tenir compte des choix individuels, car il est tout simplement injuste – alors que c'est bien la conséquence du principe de différence tel que Rawls le comprend – d'organiser des transferts de ressources vers des individus qui ont choisi de mener des existences qui leur apportent de faibles perspectives de revenu et de bien-être. Certains ont choisi de se trouver dans une situation peu favorable du point de vue du revenu et d'autres non; parmi ceux qui ont choisi – et qui, étant plus responsables, ne peuvent affirmer qu'ils ont moralement droit à une certaine priorité – certains ont fait ce mauvais choix alors qu'ils avaient la possibilité, avec une quantité moyenne d'efforts, de ne pas

pourrait dire que A est responsable de ne pas avoir fait un choix qui exigeait une puissance rationnelle de 5 (la moitié de celle dont il dispose) au même titre que B est responsable de ne pas avoir fait le choix qui exigeait une puissance rationnelle de 10 (la moitié de celle dont il dispose).

1. R. Arneson, « Egalitarianism and the Undeserving Poor », *loc. cit.*

le faire, d'autres ont fait ce mauvais choix tout en n'ayant pu faire le choix inverse qu'au prix d'un effort plus que moyen, d'autres enfin étaient de toute manière incapables de ne pas faire ce mauvais choix. Le principe de non priorité – si l'on peut s'exprimer ainsi – doit leur être appliqué à des degrés divers. Il est certes indubitable, dit Arneson, qu'il est difficile en pratique de traiter les individus en fonction du fait qu'ils disposent de facultés de choix rationnel nativement inégales, mais la théorie de la justice devrait du moins avoir conscience de cette réalité.

Les difficultés liées à la question de savoir si les individus disposent de capacités équivalentes de faire des choix rationnels et à la manière de compenser les différences qui pourraient exister entre eux de ce point de vue sont donc à la fois importantes et réelles. Cependant, dit Arneson, cela ne paraît pas pour autant une raison suffisante de renoncer à toute considération de responsabilité, car les questions pratiques doivent rester distinctes de la question de fond qui est de savoir si, idéalement, une société juste serait une société qui neutraliserait le hasard en laissant les individus subir les conséquences de leurs propres choix responsables. De ce point de vue, Arneson confirme que, pour les *luck egalitarians*, il n'est tout simplement pas plausible de prétendre que le seul usage des notions de responsabilité et de mérite dans la théorie de la justice consiste à dire que si on annonce aux gens qu'on les traitera en fonction de leur responsabilité et de leur mérite cela aura de bons effets matériels et utilitaires. Une telle attitude signifierait que ces notions n'ont qu'une valeur instrumentale.

Il existe cependant d'autres objections pratiques à l'usage de cette notion de responsabilité dans le contexte de la justice. Arneson en distingue trois.

Tout d'abord, certaines conduites imprudentes – c'est-à-dire certains choix qui conduisent à un déficit en matière de possibilités d'accès au bien-être – sont moralement condamnables mais certaines peuvent parfaitement être vertueuses ou méritoires, comme lorsque nous sacrifions volontairement nos propres intérêts pour venir au secours de quelqu'un d'autre ou lorsque nous agissons au service d'une cause noble qui nous fait négliger tout souci de nos propres perspectives en matière d'accès au bien-être[1]. Il y a des conduites déraisonnables *et* vertueuses; ceux qui se trouvent dans une situation mauvaise à la suite de choix déraisonnables mais moralement vertueux doivent-ils être abandonnés à leur propre sort au même titre que ceux dont la situation défavorable est due à des choix conjointement déraisonnables et non vertueux? L'imprudent vertueux est tout aussi « responsable » de sa situation que l'imprudent non vertueux (l'un a donné son manteau à un sans-abri alors que l'autre l'a oublié dans le train), mais on a du mal à conclure que tous deux ont aussi peu droit à l'assistance des tiers. Comme le montre Arneson, il s'agit là d'un des cas difficiles que doit pouvoir intégrer toute théorie qui souhaite marier considérations de justice et responsabilité individuelle: une telle théorie ne permet pas de distinguer entre une imprudence vertueuse et une imprudence qui ne l'est pas. Certaines personnes se conduisent de manière imprudente pour de bonnes raisons (ils vont chercher du pétrole par exemple, ou ils essaient de faire une découverte très importante mais qui implique la manipulation de matières dangereuses). Or, dans la théorie qui conçoit la justice en termes de possibilités équitables d'accéder au bien-être, on opposera aux individus qui ont été imprudents par vertu qu'il existait un chemin prudent qui leur permettait d'accéder à une quantité de bien-être donnée. Ils s'en sont écartés, certes pour d'excellentes raisons, très vertueuses, et ils subissent maintenant un déficit de possibilités d'accès au bien-être (nous savons qu'ils ont voulu accroître la quantité de bien-être à laquelle chacun aurait accès, mais qu'ils n'ont pas réussi). Ils doivent donc en assumer seuls les conséquences. Sur ce point, la théorie de la justice en termes d'égalité dans les possibilités d'accès au bien-être est contre-intuitive, car non seulement certaines formes d'imprudence sont vertueuses, mais il en existe aussi qui sont utiles ou indispensables.

La seconde difficulté recoupe des problèmes que nous avons déjà évoqués. La société est juste – dit la théorie – si les individus,

1. R. Arneson, « Luck and Equality » *Proceedings of the Aristotelian Society*, sup. vol., (2001), p. 73-90.

lorsqu'ils restent sur le chemin raisonnablement prudent que l'on est en droit d'attendre de personnes placées dans leur situation, sont en mesure d'atteindre un niveau de bien-être égal[1]. Mais il se peut que, lorsque les gens sont très jeunes, un minuscule écart par rapport au chemin raisonnablement prudent que l'on peut exiger d'eux étant donnée leur situation, aboutisse à un énorme déficit de possibilités d'accès au bien-être sur toute leur vie. La solution préconisée ne paraît pas permettre qu'on leur donne une seconde chance, puisque la thèse de la justice comme égalité de possibilités d'accès au bien-être exige qu'il n'y ait pas de transferts de ressources destinées à alléger les difficultés qu'un individu subit du fait de ses propres choix (en supposant que nous avons bien affaire ici à un choix que la personne considérée aurait pu éviter de faire avec une prudence raisonnable pour une personne placée dans sa situation). De tels transferts auraient en effet non seulement pour conséquence de diminuer la quantité égale de bien-être à laquelle les membres de la société ont accès, mais ils seraient aussi moralement indésirables.

Mais, à l'évidence, il s'agit ici d'un résultat contre-intuitif. Il faut trouver un moyen de soulager celui qui sort du chemin de la prudence dans des proportions minimes et à un âge où ce genre d'écart est pour ainsi dire excusable[2]. On peut donc introduire l'idée que l'âge est une variable dont on doit tenir compte, et que le degré moyen de prudence que l'on peut raisonnablement exiger d'une personne est modifié non seulement par sa situation sociale (on ne peut demander aux ouvriers métallurgistes noirs d'être en moyenne aussi prudents concernant le tabagisme que les infirmières blanches), mais aussi par l'âge (on ne peut demander à des sujets plus jeunes de faire preuve de la même prudence que l'on est en droit d'attendre de sujets plus âgés).

Ce second cas difficile est clairement lié au principal problème que soulève l'approche arnesonienne, à savoir que le pouvoir de faire des choix prudents et raisonnables est en soi un talent dû au hasard. C'est de manière arbitraire et indépendante de leur volonté (en tout cas d'une manière qu'ils ne peuvent pas contrôler) que les

1. R. Arneson, « Luck and Equality » *loc. cit.*, p. 84.
2. R. Arneson, *ibid.*

individus possèdent ou ne possèdent pas cette capacité de faire des choix raisonnables et d'agir en conséquence. En tout état de cause, la possession de cette faculté de faire des choix raisonnables ne peut pas être appréciée dès le début de l'existence car elle obéit à un processus de formation et d'apprentissage qui suppose dans une certaine mesure un droit à l'erreur. On ne peut pas reprocher à un tout jeune homme de ne pas avoir su éviter des écueils dont un homme mûr est capable de se garder alors même qu'il ne possède pas intrinsèquement une mesure de raisonnabilité plus grande que celle du jeune homme : c'est le simple passage du temps, ou l'expérience, qui lui permet de mieux raisonner. Il semble que les individus aient en ce sens un droit à l'erreur. Comment intégrer un tel droit à l'erreur dans la théorie ?

Il existe enfin une troisième difficulté. Comparons deux personnes : l'une se conduit de manière très imprudente mais elle a de la chance, en sorte qu'elle ne fait pas de perte quant au niveau de bien-être auquel elle peut accéder (elle joue à la roulette russe mais elle gagne à chaque fois)[1]. Ensuite elle subit un vrai sinistre dû au hasard, et qui n'est pas du tout causé par son imprudence ; elle a droit à une compensation car elle n'est pas du tout responsable. L'autre personne se conduit d'une manière très prudente tout le temps, mais en une seule minime occasion, elle commet une toute petite imprudence (volontaire) qui a des conséquences terribles en matière de possibilités d'accès au bien-être. On a donc une personne qui commet de multiples imprudences, mais le malheur qui lui arrive n'est pas la conséquence de ces imprudences ; et en regard, on a quelqu'un qui ne commet qu'une toute petite imprudence, mais le malheur qui lui arrive est la conséquence de cette imprudence minime. La théorie veut que la société aide la première personne mais pas la seconde ; là encore cette conséquence est contre-intuitive, car il faudrait peut-être tenir compte du caractère généralement raisonnable ou déraisonnable de la conduite d'un individu au lieu de se concentrer sur la question de savoir si le malheur qui le frappe est la conséquence d'un choix déraisonnable (qui peut n'être qu'une exception dans une existence uniformément prudente) ou du hasard.

1. R. Arneson, « Luck and Equality » p. 86.

Les trois difficultés ont des points communs : la coupure entre ce dont nous sommes responsables et ce dont nous ne sommes pas responsables est beaucoup trop rigide. Outre le fait que les individus disposent de puissances inégales de faire des choix rationnels, il faudrait donc tenir compte d'abord du moment de l'existence où les choix déraisonnables sont faits, du caractère vertueux ou socialement utile de certains choix déraisonnables, et de la quantité de prudence ou d'imprudence dans l'ensemble d'une vie et non pas seulement à un moment donné du temps.

Comment peut-on, selon Arneson, aménager la théorie pour faire face à ces difficultés[1] ?

Une première manière de réagir serait de tempérer l'idée que la société ne doit de compensation qu'aux déficits de possibilités d'accès au bien-être dus au hasard pur mais pas à ceux dont l'origine est un hasard lié à nos choix volontaires, en tenant compte du fait que, dans certains cas au moins, la faculté de faire des choix éclairés et prudents est elle-même un effet du hasard, en particulier au début de l'existence lorsque les individus ne sont pas encore suffisamment instruits par l'exemple et l'expérience. On essaie alors de considérer la vie entière d'un individu et de déterminer dans quelle mesure il peut être tenu pour responsable de la situation dans laquelle il se trouve. Plus le degré de responsabilité d'un individu est bas dans la situation qui est la sienne plus on lui doit assistance; inversement, moins un individu est globalement responsable de la situation très favorable qui est la sienne, plus il est légitime de le taxer pour améliorer la situation des défavorisés.

Dans une solution de ce genre, les quantités de ressources auxquelles les individus auraient droit lors de leur entrée dans l'âge adulte pourraient très bien tenir compte de leurs talents et de leurs aptitudes en la matière, en sorte que ceux qui n'ont pas de très grandes aptitudes au choix rationnel et éclairé ont des compensations en quelque sorte par avance[2]. Cependant, comme il est excessivement difficile d'identifier par avance, c'est-à-dire avant que les individus aient procédé à un choix quelconque, quelles sont

1. R. Arneson, « Luck and Equality » p. 86.
2. *Ibid.*

les capacités des individus à faire des choix, on admet que, dans une certaine mesure, certains effets désastreux de certains choix soient compensés *ex post* pour tenir compte du fait que certains individus, qui ont pris des décisions ayant des conséquences très négatives pour eux, n'avaient pas des capacités très importantes pour faire des choix raisonnables et doivent donc être excusés de ne pas avoir été en mesure de les faire ou de ne pas les avoir faits. Ce sera le cas, en particulier, si les conséquences d'un choix malheureux – fait à un moment précoce de la vie – ont des effets malheureux à très long terme : on ne peut pas accepter que la vie d'un individu soit entièrement ruinée parce qu'il a fait à vingt ans un choix malheureux alors même qu'on voit bien que ses aptitudes à faire des choix prudents et éclairés étaient très faibles (à cause de facteurs sur lesquels il ne disposait d'aucun contrôle).

Nous savons déjà que les capacités des individus à faire des choix prudents et éclairés ne sont pas identiques et que ceux dont les capacités sont inférieures de ce point de vue ne peuvent en être tenus pour responsables. Il s'agit bien de facteurs qui, dans une certaine mesure, sont indépendants du contrôle des individus et il paraît donc raisonnable de répondre à cette difficulté en observant pour ainsi dire à long terme – et non par au moyen d'un examen-couperet pratiqué dès le plus jeune âge – comment les individus sont capables de rectifier leurs propres choix à la lumière de l'expérience. Il est donc légitime de leur donner en quelque sorte la possibilité de se tromper, mais il serait cependant erroné d'en conclure qu'il faut revenir au principe de différence sous sa forme initiale, et ne pas tenir compte des choix car il serait tout simplement injuste – alors que c'est bien la conséquence du principe de différence tel que Rawls le comprend – d'organiser des transferts de ressources vers des individus qui ont choisi de mener des existences qui leur apportent de faibles perspectives de revenu.

Cette première solution permet de faire face au premier problème mais pas aux deux autres, à savoir l'imprudence vertueuse et l'incohérence qui consiste à ne pas tenir compte de l'ensemble d'un comportement. Arneson suggère donc un second réarrangement qui consisterait à dire que, toutes choses égales par ailleurs, deux personnes qui, sur l'ensemble de leur vie, se conforment de la même manière à une même norme de prudence doivent avoir des possibilités égales d'accéder au bien-être. Cette solution ne permet pas de faire face au problème de l'imprudence vertueuse, mais elle permet de faire face aux deux autres problèmes.

Un troisième réarrangement pourrait alors intégrer l'objection de l'imprudence vertueuse en affirmant que, toutes choses égales par ailleurs, plus une personne est vertueuse sur l'ensemble de sa vie, plus le gain de possibilités d'accès au bien-être qu'elle opère possède de valeur morale (autrement dit, il vaut mieux que les vertueux gagnent des possibilités d'accès au bien-être plutôt que ceux qui ne le sont pas). On mesure alors la légitimité des demandes d'assistance d'après un critère qui accorde la priorité au caractère vertueux de la conduite[1].

Les trois propositions s'orientent vers l'idée que le niveau de possibilités d'accès au bien-être devrait être en réalité proportionnel au degré de responsabilité dont les individus font preuve sur l'ensemble de leur vie. Il est vrai que les individus devraient avoir des possibilités équitables d'accès au bien-être pourvu qu'ils se conduisent de manière raisonnablement prudente. Mais ce critère premier (très rigoureux et dont l'application stricte donnerait naissance à des conséquences contre-intuitives), doit être pondéré par une autre considération, car le niveau de bien-être auquel on peut accéder devrait être proportionnel à la vertu tout au long de la vie.

Ces corrections permettent une sorte de combinaison des deux critères : responsabilité d'une part, attention au mérite ou à la vertu d'autre part. La norme de justice affirme que les avantages et les désavantages doivent être distribués aux individus en fonction des choix raisonnables qu'ils ont faits et que, par conséquent, les effets de l'*option luck* incombent aux individus, quelles qu'elles soient. La norme de proportionnalité à la vertu ou au mérite adoucit ces conséquences tranchées en matière d'attribution des effets de l'*option luck* à la responsabilité des individus, en faisant en sorte que leur destin soit lié à leur vertu ou à leur mérite. Les deux normes (responsabilité et attention au mérite) expriment des attitudes morales distinctes vis-à-vis des hasards distincts que subissent des individus

1. R. Arneson, « Rawls, Responsibility and Distributive Justice », *loc. cit.*

responsables. La norme de responsabilité dit que si je ne suis pas responsable, je n'ai pas à assumer les conséquences; la norme de proportionnalité au mérite dit que si je suis responsable, je n'ai pas nécessairement à assumer toutes les conséquences si mon imprudence est hors de proportion avec les conséquences, ou si mon imprudence était vertueuse.

RONALD DWORKIN EST-IL UN *LUCK EGALITARIAN*?

Nous avons maintenant une bonne idée de la théorie des *luck egalitarians* : une société juste doit accorder une priorité morale à la compensation des désavantages que subissent certains individus du point de vue de leurs possibilités d'accès au bien-être (ou aux avantages) sans faute de leur part. L'objet de la justice est donc de neutraliser l'action des facteurs contingents qui affectent négativement les possibilités que les individus ont d'accéder à ces avantages (au bien-être objectif); cette neutralisation n'a pas la forme d'une égalisation mais d'une entreprise morale consistant, en matière de transferts sociaux, à donner la priorité – mais pas une valeur absolue – aux membres de la société qui se trouvent les plus défavorisés et, parmi ceux qui sont défavorisés, à ceux qui le sont sans faute de leur part. Enfin, parmi ceux qui sont fautifs, il faudrait introduire des distinctions en fonction de l'âge auquel la « faute » se produit, en fonction de la régularité de ces fautes sur l'ensemble de l'existence, et en fonction des motivations à l'origine de ces mêmes « fautes » (qui peuvent donc avoir été commises pour des raisons morales qui en rendent la sanction immorale).

Ronald Dworkin a lui-même affirmé qu'il ne souscrivait pas aux principes de base de cette approche et nous pouvons tenter, afin d'en faire une dernière inspection préalable à sa critique et à son rejet, de comprendre quelles sont les raisons pour lesquelles il s'en démarque[1]. Ceci nous permettra peut-être de mieux comprendre

1. Pour l'accusation, *cf.* S. Scheffler, « What is Egalitarainism ? » *Philosophy and Public Affairs*, 31, (2003), p. 5-39; pour la réponse de Dworkin, « Equality, Luck and Hierarchy », *Philosophy and Public Affairs*, 31, (2003), p. 190-198.

l'apport original de cette théorie et la manière dont elle prétend corriger la conception rawlsienne.

Tout d'abord, Dworkin dit ne pas partager la thèse selon laquelle la totalité des inégalités dues au hasard sont injustes et devraient faire l'objet d'une compensation. Pour Dworkin, il n'est pas du tout question de compenser les hasards défavorables *après qu'ils se sont produits*, mais de faire en sorte que les individus soient égaux dans leur capacité à s'assurer contre le hasard défavorable *avant que celui-ci n'ait lieu*[1]. La société juste doit faire en sorte, non pas que les effets du hasard défavorable soient compensés dans leur intégralité – compensation qui pourrait très bien excéder les ressources dont la société dispose et qui ne correspond aux priorités d'aucun des partenaires – mais qu'ils aient une égale possibilité de se garantir contre les effets du hasard. Elle exige donc que les individus touchent des compensations correspondant au montant des garanties pour lesquelles ils auraient voulu s'assurer sur un marché hypothétique des assurances sur lequel la totalité des partenaires auraient eu les caractéristiques suivantes : d'une part des revenus égaux et une ignorance complète de leur propre vulnérabilité aux risques ; d'autre part une connaissance du degré de développement et de richesse de la société dont ils sont membres, assorti d'une connaissance de la proportion de personnes pour lesquelles les risques se matérialisent effectivement[2].

Il n'est donc pas du tout contraire à la justice que les ressources des individus varient en fonction du hasard à condition que la société ait mis en place un mécanisme d'assurance garantissant que les ressources des individus ne descendront pas, sous l'effet du hasard, au-dessous d'un niveau de revenu pour lequel on peut raisonnablement penser que les individus auraient voulu s'assurer *ex ante*. Si ce niveau *ex ante* est 100 et que, parce qu'il a entièrement par hasard trouvé un trésor, un individu possède un revenu dix fois supérieur, il a incontestablement le droit de conserver cet avantage pour lui-même à la condition qu'aucun de ses associés au sein du mécanisme d'assurance n'ait un revenu inférieur à 100. Si certains ont un revenu

1. *Cf.* R. Dworkin, *Is Democracy Possible Here ? op. cit.*, p. 106-107.

2. R. R. Dworkin, « Sovereign Virtue Revisited », *Ethics*, 113 ; (2002), p. 107-108.

inférieur, le mécanisme d'assurance prévoit que le fonds dans lequel il faudra puiser pour les ramener au niveau garanti sera alimenté par tous en fonction de leurs revenus (et de manière progressive) : ceux qui sont favorisés par le hasard contribueront donc de manière plus abondante, mais pas plus abondante, à niveau de revenu égal, que ceux qui doivent leurs revenus élevés à leur propre énergie[1].

L'objectif de la théorie de l'égalité des ressources n'est pas de faire en sorte que les gens soient égaux absolument lorsqu'on prend en compte à la fois les ressources extérieures (dues au hasard) et les ressources intérieures (c'est-à-dire les talents et les capacités). Il s'agit au contraire de faire en sorte que les gens occupent à peu près les positions qu'ils occuperaient s'ils avaient eu une chance équitable de s'assurer avant que les hasards ne se manifestent, c'est-à-dire qu'il s'agit de faire en sorte qu'ils atteignent le niveau de revenu pour lequel ils auraient voulu s'assurer dans l'ignorance où ils auraient été de leurs talents, de leurs capacités personnelles et de tout ce qui est dû au hasard. La compensation des effets du hasard n'est pas du tout à l'ordre du jour; seule l'exposition au hasard est intégrée à la théorie de la justice[2].

En second lieu, les *luck egalitarians* sont convaincus que les qualités personnelles des individus (leurs talents en particulier) sont des qualités qui se trouvent arbitrairement en eux et qui ne peuvent donc pas servir de base à des inégalités légitimes. Dworkin considère quant à lui que de telles inégalités nées de différences arbitraires sont parfaitement légitimes s'il existe une structure fiscale de redistribution qui tempère ces inégalités en donnant aux individus à qui ces talents font défaut des compensations qui les conduisent à des niveaux de revenus correspondant au niveau de talent pour lequel ils auraient voulu s'assurer. Là encore, il ne s'agit pas de neutraliser les différences de talents sous prétexte qu'elles sont arbitraires, mais de pourvoir la société d'un mécanisme d'assurance qui permet aux individus – avant de savoir quels sont les talents dont

1. Pour des critiques à l'égard de l'idée que l'assurance suffirait à garantir l'égalité, *cf.* M. Otsuka, « Luck, Insurance and Equality », *Ethics*, 113 (2002), p. 40-54, et la réponse de R. Dworkin, « Sovereign Virtue Revisited » *loc. cit.*, p. 122-125.

2. R. Dworkin, « Equality, Luck and Hierarchy » *loc. cit.*, p. 192.

ils seront porteurs – de dire quel est le niveau de talent (et de revenu correspondant) qu'ils voudraient se garantir au moyen d'une assurance, ou plus exactement quel est le niveau de talent tel qu'ils voudraient s'assurer contre la possibilité d'en être dépourvu. Dworkin affirme – on s'en souvient – que ce niveau de talent serait nécessairement un niveau moyen : derrière le voile d'ignorance qu'il imagine – en forme de proposition contrefactuelle – les individus ne chercheraient pas à s'assurer contre la possibilité d'être dépourvus d'un talent très important et ils ne chercheraient pas à se garantir les niveaux de revenu correspondant à de tels talents, parce que les primes qu'il faudrait acquitter pour atteindre cet objectif seraient bien trop élevées et que cela n'est tout simplement pas praticable. Inversement, ils ne voudraient pas se garantir contre la possibilité d'être privé d'un niveau de talent et de revenu trop bas et cela sera d'autant plus vrai que la société sera plus riche. Derrière le voile, les individus cherchent donc un arbitrage satisfaisant entre deux exigences : ne pas sacrifier l'existence effective à la garantie, ce qui sera le cas si l'on vise un niveau de garantie trop élevé et que le risque ne se matérialise pas, car la prime d'assurance absorbe alors une part beaucoup trop importante de notre revenu. Inversement, ils cherchent aussi à ne pas sacrifier le niveau qui leur sera assuré si le risque se matérialise et s'ils sont totalement dépourvus de talents ; il leur faut donc consentir des sacrifices raisonnables – sous forme de primes à acquitter, c'est-à-dire de part de leur revenu réel qu'ils voudront débourser pour cela – dans le but de jouir d'une assurance raisonnable. Chacun veut pouvoir jouir raisonnablement s'il n'est pas frappé par le risque tout en bénéficiant d'un niveau raisonnable de revenu s'il est frappé par le risque. La thèse de l'égalité des ressources procède donc bien de manière contrefactuelle : elle suppose que la répartition actuelle serait plus équitable si tous les citoyens avaient eu *a priori* la possibilité de se protéger contre toute une série de risques (en particulier contre le risque de ne pas avoir les talents susceptibles de leur assurer un niveau de revenu moyen ou décent), et elle tente de dire ce que serait la répartition des ressources aujourd'hui si une telle possibilité avait été donnée à tout le monde.

Enfin, Dworkin récuse absolument l'idée que si quelqu'un se trouve dans une situation d'urgent besoin à la suite de ses propres choix, aucune assistance ne lui est due, car la question n'est pas de savoir si les désavantages que nous subissons proviennent du hasard ou de nos propres choix[1]. Le point central est le suivant : existait-il un mécanisme d'assurance? Si la réponse est non, ceux qui se trouvent dans une situation défavorable ont droit à l'assistance de la société dans tous les cas. Si la réponse est oui, ils n'y ont droit que s'ils ont souscrit l'assurance, et la compensation doit correspondre au niveau pour lequel ils se sont assurés. Mais comme, sur un marché réel et privé des assurances, les niveaux de garantie que les individus achèteraient seraient fonction à la fois de leur niveau de revenu effectif et de leur degré d'exposition au risque, nous avons besoin d'un mécanisme public et obligatoire d'assurance. Dans ce mécanisme public, le niveau de garantie est le même pour tous et il est déterminé par une proposition contrefactuelle portant sur le niveau pour lequel on voudrait s'assurer si les faits n'étaient pas ce qu'ils sont c'est-à-dire si nos revenus et nos degrés d'exposition aux risques n'étaient pas différents mais identiques. Une fois revenus dans le monde réel, les partenaires, par le biais de l'impôt contribuent d'autant plus à ce fond d'assurance que leurs revenus sont plus élevés, tandis que le niveau de revenu garanti est le même pour tous. D'après Dworkin, cette assurance, dans les pays développés, couvre nécessairement les besoins élémentaires, en sorte que, l'assurance étant censée être universelle, aucun membre de la société ne peut se trouver dans une position où il serait incapable de couvrir de tels besoins par lui-même et où, néanmoins, il n'aurait droit à aucune assistance.

Cependant, Dworkin reconnaît qu'il adhère à l'une des positions que les critiques présentent comme centrale à la thèse des *luck egalitarians* : l'affirmation selon laquelle la distinction entre les choix des individus et les situations sociales dans lesquelles ils se trouvent est capitale dans les questions de justice[2]. Les individus doivent recevoir des compensations lorsqu'ils sont handicapés ou lorsqu'ils sont dépourvus de tout talent pour lequel les autres sont disposés à payer; en revanche, nul n'a le droit à une compensation

1. R. Dworkin, « Equality, Luck and Hierarchy » *loc. cit.*
2. *Ibid.*, p. 192.

du seul fait que les goûts qui sont les siens sont onéreux pour les autres ou plus difficiles à satisfaire. Cette distinction est justifiée parce que, même s'il est vrai que les individus n'ont pas la capacité de choisir leurs goûts, ils ont cependant la capacité de choisir de les satisfaire ou de ne pas les satisfaire, proposition que contestent les *luck egalitarians*. Autrement dit, pour Dworkin, l'amateur de champagne n'est certainement pas « libre » de ne pas aimer le champagne, mais il est libre de consacrer son revenu à l'achat de bouteilles de champagne. S'il le fait, il n'a pas le droit de dire que les ressources qui lui restent ne sont pas suffisantes pour mener une vie normale et décente et qu'il a droit à un supplément.

La question n'est donc pas de savoir si les individus choisissent d'avoir des goûts onéreux, et les *luck egalitarians* ont raison de souligner que, bien souvent, ce n'est pas le cas; mais elle est seulement de savoir si le fait d'avoir ces goûts les empêche de choisir entre différentes options associant diverses professions à divers niveaux de revenus alors que d'autres personnes, qui n'ont pas ces goûts, ont la possibilité de le faire. Et sur ce point la réponse est non[1]. Autrement dit, si je suis un amateur de champagne, je ne suis pas obligé de faire le choix de satisfaire ce goût et il reste que, même avec ce goût, je peux avoir accès à un éventail de possibilités professionnelles (et de niveaux de revenus correspondants) égal à celui auquel ont accès les autres membres de la société.

Inversement, quelqu'un qui est victime d'un handicap physique sévère ou qui est dépourvu de tout talent que les autres sont disposés à acheter ne dispose pas de ce même éventail de possibilités et il a donc droit à une compensation. Les goûts onéreux ne peuvent donc jamais être traités comme des handicaps et, sur ce point, la position de Dworkin s'éloigne substantiellement de celle des *luck egalitarians*.

Cette argumentation s'appuie sur l'idée que la distinction entre le choix et le contexte est une distinction qui nous est familière dans la

1. R. Dworkin, « Equality, Luck and Hierarchy » *loc. cit.*, Dworkin modifie donc le critère qui permet de dire qu'un goût est choisi; sous le coup des critiques, il renonce à se servir pour cela de l'idée que nous nous identifions à certaines aspirations qui doivent donc être considérées comme faisant partie de notre personnalité.

vie quotidienne; cela ne signifie pas qu'elle ne soit pas exposée à des difficultés importantes car il y a certainement des déterministes radicaux qui nient que l'affirmation selon laquelle nous choisissons de satisfaire nos goûts puisse avoir la moindre signification et qu'il est absurde de prétendre que quelqu'un était libre de choisir autre chose que ce qu'il a effectivement choisi. Dworkin rejette cette position[1]. La thèse de l'égalité des ressources, dit-il, met tout particulièrement l'accent sur la responsabilité des individus vis-à-vis des choix qu'ils font, non parce qu'elle supposerait – de manière absurde – que les choix des individus sont causalement indépendants de leur culture, de leur histoire et du contexte dans lequel ils sont placés, ou que les individus ont choisi les convictions, les ambitions et les goûts qui influencent leurs choix, mais parce que cette théorie aspire à une morale politique qui soit cohérente avec les pratiques internes de chaque citoyen en matière de critique morale et éthique, y compris en termes de critique de soi-même. Or, comme l'écrit Dworkin,

> ces pratiques supposent – c'est-à-dire qu'elles n'auraient aucun sens si l'on ne supposait pas – que nous avons tous des choix à faire et que nous ne pouvons pas éviter d'endosser la responsabilité morale et éthique de la manière dont nous choisissons; et ceci reste vrai même après que nous avons remarqué l'ensemble des influences fort complexes – culturelles, psychologiques et biologiques –, qui nous conduisent à faire les choix que nous faisons. L'égalité des ressources rejette donc le déterminisme métaphysique strict. Mais nous rejetons tous le déterminisme en permanence et il nous est impossible de nous imaginer la manière dont nous vivrions si nous ne le rejetions pas[2].

Ma position métaphysique, dit Dworkin est une métaphysique de la liberté qui est au fondement de ce qu'il appelle l'éthique ordinaire des gens « normaux ». Nous ne choisissons pas nos préférences et nos goûts mais nous choisissons indubitablement d'agir d'une certaine manière plutôt que d'une autre étant donné ce que sont nos goûts, nos préférences, etc., ce qui signifie que, à l'exception des cas

1. R. Dworkin, « Equality, Luck and Hierarchy », *loc. cit.*, p. 193-194.
2. R. Dworkin, « Sovereign Virtue revisited », *loc. cit.*, p. 107.

pathologiques, nous aurions pu choisir d'agir autrement. L'égalité des ressources n'affirme pas que les individus doivent payer le prix de leurs préférences si ces préférences sont difficiles à satisfaire, mais elle dit seulement que, lorsque les gens font le choix de chercher à satisfaire ces préférences coûteuses ou de poursuivre des ambitions dont la réalisation est très onéreuse pour les autres, ils doivent subir les coûts de leurs choix.

Il y a donc bien une grande différence entre mes capacités physiques ou mentales d'un côté et mes goûts de l'autre. Il est injuste que je subisse des désavantages à cause du fait que j'ai de faibles capacités physiques ou mentales tout simplement parce que, quelles que soient mes initiatives, je suis incapable d'améliorer ces qualités par une décision. En revanche, il est juste que je subisse les conséquences du fait que j'ai des goûts onéreux non pas parce que je pourrais modifier ces goûts à volonté (ce qui est clairement impossible) mais beaucoup plus simplement parce qu'il dépend de moi de choisir de ne pas en chercher la satisfaction (j'ai ces goûts, et je ne le nie pas, mais je choisis de ne pas les satisfaire parce que je sais que, au vu des ressources dont je peux disposer, je n'y parviendrai pas).

Il est clair, dit Dworkin, que cette distinction entre les handicaps et les goûts suppose des jugements de valeur, car une société juste est fondée à dire à certains qu'ils se sont conduits d'une certaine manière (ils ont été paresseux) et que, puisqu'ils avaient le choix de se conduire autrement, ils n'ont pas droit à une compensation. Personne n'a le droit de présenter sa propre paresse comme un fait invincible, comme une limitation qui appartiendrait au contexte et qui nous justifierait ou nous excuserait de ne pas avoir fait certains choix. Nous ne pouvons pas faire autrement que d'introduire des jugements de valeur lorsque nous nous livrons à un effort d'interprétation et que nous tentons de trouver des principes de moralité politique auxquels il nous soit possible de croire réellement.

L'argument de Dworkin paraît solide mais il ne l'est pas, car il impliquerait que, dans certaines circonstances, nous devrions décider d'agir à l'inverse de ce que nous croyons devoir faire sous prétexte que ce que nous croyons devoir faire est onéreux aux autres. Il présente aussi l'inconvénient majeur de faire l'impasse sur le fait que les individus ne possèdent pas de manière uniforme et égale la capacité à faire des choix rationnels et à adopter ainsi des finalités qui soient en rapport avec les ressources dont ils disposent. Pourquoi, si les handicaps doivent être compensés, certains devraient-ils supporter seuls les conséquences d'un tel défaut de capacité ? Il requiert enfin une forme de métaphysique ordinaire fondée sur une forme d'indéterminisme qu'il ne paraît pas capable de justifier[1]. En l'espèce, Dworkin paraît affirmer la nécessité du principe de responsabilité dans la théorie de la justice sans défendre la possibilité de ce principe autrement que par la réaffirmation d'une croyance. Les *luck egalitarians*, eux, tirent les conséquences du principe en cherchant à le défendre, mais ils sont attirés sur la pente glissante. Il leur faut absolument chercher une ligne de partage plausible entre le hasard et le choix ; or cette recherche tend à produire des effets pour le moins étranges : certains goûts sont des handicaps ; certains choix n'en sont pas car ils sont le fait d'individus dépourvus de faculté de choisir de manière raisonnable ; la société juste est en route vers l'Inquisition car elle doit scruter – sans réel espoir de succès, on va le voir – ce dont chaque individu est responsable pour lui allouer des avantages en conséquence. Voie sans issue à laquelle il faudra renoncer pour en emprunter une autre : la responsabilité des individus n'est pas une donnée objective mais une norme dont la société fixe l'étiage en fonction de ses propres impératifs de combinaison entre les deux valeurs que sont la liberté des uns et la sécurité des autres.

1. Cf. *infra*, chapitre VI.

DEUXIÈME PARTIE

CRITIQUE DE L'« INTUITION ÉGALITARISTE FONDAMENTALE » SELON LAQUELLE NUL NE DEVRAIT SUBIR UN DÉSAVANTAGE DU FAIT DU HASARD OU SANS FAUTE DE SA PART

INTRODUCTION

Cette seconde partie se propose d'examiner les arguments qui tendent à invalider le projet de redéfinir la justice par la proposition selon laquelle les situations des individus ne devraient pas être affectées par des facteurs contingents, mais seulement par les effets des choix dont ils assument la responsabilité.

Le chapitre V essaie tout d'abord de préciser le sens de cette proposition avant d'établir qu'elle ne peut – contrairement à ce qu'affirment ses partisans – trouver sa source dans la théorie rawlsienne de la justice et de conclure, suivant en cela les thèses mises en avant par Samuel Scheffler et Elizabeth Anderson, qu'une telle manière de redéfinir la justice sociale méconnaît profondément la nature de l'aspiration égalitaire et ce qui la fonde.

Le chapitre VI établit – en prenant appui sur les développements du compatibilisme – que la distinction entre ce qui nous advient par hasard et ce que nous avons choisi et dont nous sommes réputés responsables est une différence de degré et non de nature. Elle est trop faible pour fournir la catégorie pivot d'une théorie de la justice, et elle n'est nullement nécessaire à une conception de l'autonomie ou de la liberté de la volonté, qui peut parfaitement être rendue compatible avec l'affirmation déterministe selon laquelle il n'y a aucune de nos actions dont nous puissions être dits responsables au sens métaphysique du terme. S'il en est ainsi, la distinction entre le choix et le hasard doit être reformulée de manière à faire apparaître que c'est le contexte social qui, au moyen de règles, définit certaines actions comme des actions dont les individus doivent assumer la responsabilité et d'autres comme déclenchant un mécanisme d'assistance et de solidarité. Ce faisant, de telles règles ne tentent pas de saisir une distinction objective entre ce qui est choisi et ce qui ne l'est pas, mais elles tentent d'équilibrer des valeurs – liberté et sécurité – et de régler équitablement les relations entre les individus.

Le chapitre VII expose le principe d'une dernière critique contre ce que les *luck egalitarians* appellent l'« intuition égalitariste fondamentale » selon laquelle la société est juste lorsque l'impact des facteurs contingents est neutralisé et que la situation des individus résulte seulement des choix qu'ils ont faits. Comme l'a montré Susan Hurley, la neutralisation du hasard ne peut pas servir de fondement normatif à une politique d'égalisation, car elle ne peut fonctionner ni comme une justification ni comme une description de l'aspiration égalitaire; la tentative d'en faire le pivot d'une théorie de la justice repose en outre sur un paralogisme évident puisqu'elle suppose qu'il peut exister une réponse à la question de savoir ce que serait la situation d'un individu si le hasard ne l'avait pas affectée et si elle ne résultait que de ses propres choix. Or la seule réponse possible à la question de savoir quel genre de personne nous serions et dans quelle situation nous nous trouverions si le hasard n'avait pas affecté notre existence est que nous pourrions être n'importe quel genre de personne dans n'importe quelle situation, ou même être exactement le genre de personne que nous sommes dans une situation exactement identique à celle où nous nous trouvons aujourd'hui. Il aurait suffi pour cela que les hasards qui nous ont frappés se soient – par le plus grand des hasards – neutralisé les uns les autres.

Le chapitre VIII, enfin, expose en détail, à partir des travaux d'Arthur Ripstein, la conception institutionnelle de la responsabilité qui s'impose lorsque toutes les tentatives pour donner à cette notion un sens non institutionnel ont échoué, et dont la teneur avait été esquissée à la fin du chapitre VI.

CHAPITRE V

LE HASARD ET LE CHOIX : UNE DISTINCTION IMPRATICABLE ET SANS OBJET

Brian Barry définit le principe de responsabilité comme un principe qui affirme que les inégalités sociales sont justes si elles naissent de facteurs dont les individus sont responsables; en revanche, lorsque les inégalités sociales naissent de facteurs dont les individus ne sont pas responsables, elles sont injustes et devraient faire l'objet d'une compensation ou d'une entreprise de neutralisation[1]. Toutes les théories qui se réclament du *luck egalitarianism* partagent cette idée qu'il y a quelque chose d'injuste dans le fait que les individus soient différenciés et rendus inégaux par des caractéristiques ou des circonstances dont ils ne sont pas responsables, mais que, en revanche, il n'y aurait rien d'injuste dans le fait que les individus deviennent inégaux par une conséquence des choix qu'ils ont faits et des actions dont ils sont eux-mêmes responsables[2]. L'entreprise consiste à couper les ailes de l'argument conservateur selon lequel la redistribution opérée par l'État providence encourage l'irresponsabilité en ne tenant pas compte des comportements et des choix des individus, tout en affirmant que cette récupération de la catégorie de responsabilité n'est pas en contradiction avec une

1. B. Barry, « Does Responsibility Undermine Equality ? » (Online unpublished working paper).

2. *Cf.* M. Matravers, « Responsibility, Luck and the “Equality of What?” Debate », *Political Studies*, 50, (2002), p. 558-57.

politique égalitariste : elle exige seulement que la redistribution sociale soit repensée sous la forme d'une entreprise de neutralisation des facteurs contingents dans la vie des individus.

Un tel projet est il pensable ? Est-il admissible ? Est-il praticable ? Mais surtout, puisque telle est l'ambition de ceux qui l'ont mis en avant, est-il susceptible de donner lieu à une nouvelle forme d'égalitarisme capable d'échapper aux critiques conservatrices qui accusent toutes les entreprises de promotion de l'égalité d'encourager l'irresponsabilité ? Et est-il capable de le faire dans des termes tels que la théorie de la justice ainsi reformulée pourrait être inscrite dans la culture publique des sociétés démocratiques modernes ? Si l'on envisage la redistribution non pas comme une volonté de promouvoir une forme d'égalité entre les individus, mais seulement comme une aspiration à neutraliser ou à égaliser les effets du hasard pur, est-ce que l'on aboutit à une conception nouvelle de l'égalité ? Et si l'on aboutit à une conception nouvelle, celle-ci est-elle acceptable par tous ?

Un tel résultat serait indéniablement le bienvenu, parce que, dans les années 80, les attaques lancées par les conservateurs et les libertariens contre l'État providence et ses mécanismes redistributeurs, se sont quasiment toujours appuyées sur l'idée que l'objectif égalitariste avait pour effet d'encourager l'irresponsabilité en redistribuant des ressources à ceux qui se conduisent sans discernement et de manière imprudente [1]. De plus, les conservateurs avaient beau jeu de comparer la politique d'égalisation à un tonneau des Danaïdes : est-il juste – sans parler de la question de la faisabilité – de diriger des ressources additionnelles vers ceux qui ne font aucun effort pour pourvoir eux-mêmes à leurs besoins alors qu'ils seraient en mesure de le faire s'ils prenaient des décisions plus prudentes et plus réfléchies ? Est-il juste de prélever une part du revenu de ceux qui, au contraire, s'efforcent d'avoir une conduite prévoyante et responsable, pour la diriger vers ceux dont la conduite est marquée par l'imprévoyance et le refus de travailler ? Une telle politique ne consiste-t-elle pas tout simplement à pénaliser la conduite responsable et à

1. *Cf.* J. Kekes, *The Illusions of Egalitarianism* (2003) chapitre 3 ; *A Case for Conservatism* (1998) ; *Against Liberalism* (1997)

encourager l'irresponsabilité[1]? De telles critiques ne peuvent manquer de paraître pertinentes, parce que la notion selon laquelle les individus devraient assumer la responsabilité de leurs propres choix et ne demander l'assistance des autres que lorsque la situation défavorable dans laquelle ils se trouvent peut être attribuée au hasard ou à des facteurs accidentels dont la responsabilité ne leur est pas imputable jouit d'un grand prestige et correspond indiscutablement, comme le montre Samuel Scheffler, à une intuition profonde dans l'ensemble des sociétés développées. À cet égard, l'aspiration égalitaire se trouve à la croisée des chemins : ou bien elle est en mesure de démontrer sa capacité à intégrer ce principe de responsabilité et à se redéfinir – de manière acceptable par tous – en s'organisant autour de lui, ou bien elle est vouée à décliner et à perdre de son éclat sous le coup des attaques conservatrices[2].

Le *luck egalitarianism*, comme nous l'avons vu, tente de relever le défi. Il peut paraître séduisant parce qu'il part précisément des critiques libertariennes et conservatrices contre la notion d'égalité pour souscrire à une forme de régime économico-politique hybride : le marché libre est censé gouverner les facteurs dont les individus sont responsables, tandis que l'État providence est censé gouverner la répartition des biens qui dépendent de facteurs échappant au contrôle des individus. Le *luck egalitarianism* peut ainsi être conçu comme une tentative pour allier ce qu'il y a de meilleur dans le capitalisme avec ce qu'il y a de meilleur dans le socialisme. Grâce au principe de la liberté du marché, il est capable de promouvoir l'efficacité, la souveraineté du consommateur, la liberté de choix et la responsabilité des individus. Grâce à son principe de compensation du hasard, il est capable de donner à chacun une position de départ équivalente et de protéger contre les circonstances purement accidentelles. C'est donc une doctrine vers laquelle les gens de gauche paraissent avoir de bonnes raisons de s'orienter après l'échec des tentatives de planification centrale des régimes socialistes, dans

1. *Cf.* R. Goodin and D. Schmidtz, *Social Welfare and Responsibility; For and Against* (1998), p. 44-59; pour une critique de la rhétorique conservatrice, *cf.* B. Barry, *Why Social Justice Matters* (2005) chapitres 10-12.

2. S. Scheffler, *Boundaries and Allegiances, Problems of Justice and Responsibility*, (2001), chapitre 1.

la mesure où, accordant une très large part à l'allocation des ressources par le biais du marché, elle paraît capable de désarmer les critiques anti-égalitaristes issues des rangs des libertariens et des conservateurs[1].

Les deux chapitres suivants entendent au contraire expliquer pourquoi le *luck egalitarianism* est une impasse qui, loin de reprendre au marché et au socialisme ce qu'ils ont de meilleur, aurait plutôt tendance à lui reprendre, comme le suggère Elizabeth Anderson, ce qu'ils ont de pire[2].

LA NEUTRALISATION DU HASARD : DEUX INTERPRÉTATIONS

Il y a deux manières tout à fait différentes de comprendre l'aspiration à neutraliser le hasard, c'est-à-dire l'aspiration selon laquelle les gens ne devraient pas être affectés par des facteurs dont ils ne sont pas responsables, qui sont contingents[3].

La première est un argument positif consistant à dire que tout ce qui est contingent (dû au hasard) est nécessairement arbitraire ou illégitime et doit donc être corrigé. Cet argument prétend en outre que les inégalités dues au hasard sont illégitimes et doivent être corrigées dans le sens de l'égalité. Dans un tel argument positif, il semble qu'il y ait une entreprise consistant à engendrer une thèse égalitariste à partir de la mise en lumière du caractère illégitime du hasard : on tente en effet de passer de l'idée que le hasard est dépourvu de toute légitimité à une conception de l'égalité en termes de suppression ou de neutralisation des effets de cette instance non légitime, ou encore de l'idée que ce que fait le hasard est dépourvu de légitimité à l'idée que les individus devraient être égaux sous un

1. E. Anderson, « What is the Point of Equality ? », *Ethics,* 109, (1999) p. 308.

2. E. Anderson *ibid.* ; le point de vue critique d'E. Anderson sur le *luck egalitarianism* a suscité plusieurs réponses : D. Sobel, R. Arneson, p. Christiano, Comments on Anderson's « What is the point of equality », *Brown Electronic Article review Service* (J. Dreier et D. Estlund eds, dec. 1999) avec une réponse d'E. Anderson [http : //www.brown.edu/Departments/Philosophy/bears/9904] ; C. Knight, « In Defence of luck egalitarianism » *Res Publica* 11 (2005) p. 55-73 ; N. Barry, « Defending Luck egalitarianism », *Journal of Applied Philosophy*, 23/1, (2006) p. 90-107.

3. R. Arneson, « Luck and Equality » *loc. cit.*

certain rapport. L'idée de base est donc ici que la neutralisation du hasard serait intrinsèquement égalitaire, ou encore que l'entreprise de neutralisation du hasard peut être conçue comme une forme de politique égalitaire : lorsqu'on nous demande ce que signifie la politique consistant à promouvoir une plus grande égalité entre les citoyens, nous pouvons répondre qu'elle consiste à annuler ou à compenser les effets du hasard, ce qui est une autre manière de dire que lorsque le hasard est neutralisé, les individus sont nécessairement plus égaux que lorsqu'il ne l'est pas[1].

La seconde est un argument négatif. À partir d'une thèse égalitariste posée au préalable et munie d'une justification indépendante, on récuse les revendications en faveur du caractère légitime de l'inégalité en montrant que les facteurs qui président à la naissance de cette inégalité sont contingents et par conséquent arbitraires. Ainsi vous ne pouvez pas revendiquer une part plus importante du gâteau sous prétexte que vous avez plus de talents que les autres car le fait que vous invoquez est contingent et ne peut servir à fonder un droit distinct.

Le premier de ces deux arguments est manifestement un paralogisme car, comme de nombreux auteurs l'ont souligné, il comprend deux erreurs manifestes[2] : la première consiste à conclure du caractère contingent au caractère illégitime, et l'autre consiste à postuler que l'égalité ne peut pas être le fait du hasard; si seules les inégalités sont dues au hasard et si le hasard, étant arbitraire, doit être corrigé, on en conclut que toutes les inégalités dues au hasard doivent être corrigées dans le sens de l'égalité. Mais l'erreur initiale est évidente : nous n'avons aucune bonne raison de penser que le hasard ne puisse pas produire l'égalité[3]. Par ailleurs, à supposer que tout ce qui est dû au hasard soit illégitime et qu'une inégalité donnée, étant produite par le hasard, est illégitime, il s'ensuit sans doute qu'elle doit être corrigée, mais il ne s'ensuit nullement qu'elle doive être corrigée dans le sens de l'égalité car il n'y a aucune raison de

1. C. Lake, *Equality and Responsibility*, (Oxford, 2001), p. 12-20.

2. Pour la critique de cet argument, *cf.* S. Hurley, *Justice, Luck and Knowledge* (Harvard, 2003) ; cf. *infra*, chapitre VII pour un exposé de la critique de Hurley.

3. S. Hurley, *op. cit.*, p. 146-180.

tracer une équivalence entre l'égalité et le non arbitraire. Si le hasard produit de l'égalité – rien ne permet de l'exclure – sa correction ou sa neutralisation aurait nécessairement des effets inégalitaires. Par conséquent, si le *luck egalitarianism* est une tentative de validation normative de l'égalité, il est voué à l'échec, car on ne peut pas établir que les individus doivent être égaux – quel que soit le sens que l'on accorde au mot égalité – en établissant que le hasard est incapable de produire de la légitimité et qu'il doit, à ce titre, être neutralisé. L'entreprise d'annulation des effets du hasard ne peut donc pas être conçue comme une entreprise égalitariste, et l'égalité ne peut pas être définie en termes de neutralisation du hasard, parce qu'il est tout simplement faux que toute neutralisation des facteurs contingents dans la vie humaine produit des effets égalitaires[1].

Le second de ces arguments semble en revanche assez solide et c'est sans doute celui qu'utilise Rawls dans la *Théorie de la justice* : si *X* demande un avantage donné (un gros salaire) au nom d'une caractéristique *A* dont il est porteur par hasard (un talent), cela signifie qu'il demande que l'on considère la différence dont il est porteur comme légitime et que l'on modèle les institutions sociales de manière à tenir compte de cette différence; il affirme donc que seules les institutions sociales qui attribuent une plus grande part des ressources sociales à ceux qui ont plus de talents sont justes[2]. Lorsqu'on lui répond que cette caractéristique est en lui de manière contingente (par hasard) et que, de ce fait, il n'a pas droit aux avantages qu'elle engendre pour lui, on se contente de lui dire que l'égalité ne peut être rompue par un fait contingent. L'égalité est donc investie d'une valeur normative pour des raisons indépendantes (qui ne sont pas du tout *fondées* sur le caractère non arbitraire), liées par exemple au fait que ses exigences seraient acceptées derrière un voile d'ignorance, ou bien qu'elles donnent naissance à un système social mutuellement avantageux, ou bien qu'il est impossible d'en rejeter raisonnablement les principes, ou encore qu'elles

1. Pour une discussion de cet argument, *cf.* P. Vallentyne, « S. Hurley on Justice and responsibility » *Philosophy and Phenomenological Research*, 72/2 (2006), p. 433-438.

2. R. Arneson, « Luck and Equality » *loc. cit.*; J. Rawls, « Social Unity and Primary Goods » in *Philosophical Papers* (1999), p. 369-370.

promeuvent la liberté générale. Face à cette valeur normative attachée à l'égalité, les revendications en faveur de la légitimation de certains écarts par rapport à cette égalité sont systématiquement repoussées lorsqu'elles prétendent se fonder sur des différences arbitraires[1]. Ainsi, par exemple, l'idée que l'on peut s'écarter de l'égalité lorsque cet écart est favorable à l'ensemble des membres de la société n'est pas une tentative pour fonder les inégalités sur un facteur arbitraire ; au contraire, ce principe de différence est tel qu'il est susceptible d'être admis par toutes les personnes raisonnables, et les inégalités qu'il avalise sont de ce fait légitimes[2]. En revanche, l'idée qu'il faudrait s'écarter de la norme égalitaire au profit de certains parce qu'ils ont plus de talents, ou du sang noble dans les veines, ou sont de race *X* ou *Y*, tente de justifier cet écart par un facteur arbitraire (il n'est pas tel que toutes les personnes raisonnables pourraient le considérer comme légitime, ou pourraient le considérer comme une raison valable d'admettre une inégalité quelconque)[3].

Mais, évidemment, cette explication n'épuise pas le problème car on peut maintenant demander pourquoi ce qui est dans un individu d'une manière contingente (un talent) ne peut pas être mérité par cet individu et se trouve donc hors d'état de fonder une revendication légitime à une part plus grande des ressources sociales[4] ? Pourquoi est-il légitime de repousser la prétention de facteurs arbitraires à fonder la légitimité d'une inégalité ? L'explication peut revêtir trois formes distinctes, de la plus radicale à la moins radicale[5].

L'explication la plus radicale affirme que nul ne peut mériter une chose sans mériter l'ensemble des causes de cette chose. Or, comme il est impossible de mériter l'ensemble des causes d'une chose (car

1. J. Rawls, *Théorie de la Justice*, § 12 (trad. fr., p. 104-106).

2. J. Rawls, *Théorie de la Justice*, § 13.

3. C'est la raison pour laquelle Rawls affirme que, derrière le voile d'ignorance de la théorie de la justice comme équité, tout principe d'organisation de la structure de base affirmant que la distribution des avantages devrait tendre à récompenser les talents et les capacités naturelles serait rejeté (*Théorie de la Justice*, *op. cit.*, p. 106-109).

4. G. Sher, *Desert* (1987) p. 22-37.

5. R. Arneson, « Luck and Equality », *loc. cit.*

la série de ces causes est infinie et commence avant notre naissance), la notion de mérite est vide : nul ne peut donc mériter les avantages engendrés par ses talents parce que ces talents sont en lui de manière contingente, d'une manière telle qu'il ne peut pas en revendiquer le mérite ou la responsabilité, parce qu'il ne peut pas prétendre en être entièrement la cause. Sa prétention à toucher les fruits des talents dont il est porteur par hasard est donc récusée. Cette explication radicale présuppose qu'un individu ne peut mériter que ce qu'il a choisi au sens fort (ce qu'il a voulu, ce dont il a pleinement le contrôle) ; or la notion de choix au sens fort implique une contradiction logique parce qu'elle affirme que seul est choisi ce dont toutes les causes sont choisies, alors même que la série des causes en question est logiquement inépuisable [1]. Dans la mesure où, de ce fait, nul ne peut prétendre avoir choisi ses talents (en être intégralement l'auteur), nul ne peut non plus prétendre les mériter, pas plus que les avantages qu'ils engendrent : ils ne sont pas à lui au sens fort (ils sont simplement en lui) parce qu'il ne les a pas faits. Leur prétention à servir de fondement à une revendication de droit est rejetée.

On a souvent remarqué que cette explication radicale des raisons pour lesquelles la possession d'un talent supérieur ne pouvait fonder la légitimité d'une revendication d'une part supérieure des ressources sociales consistait moins à repousser les prétentions du mérite en matière de répartition (ou à dire que le mérite supérieur ne fonde pas un droit à une part supérieure des ressources) qu'à disqualifier entièrement le concept de mérite qui, pris dans cette acception, enveloppe une contradiction logique : s'il est impossible de mériter *X* sans être la cause de l'ensemble des causes de *X*, il est impossible logiquement que qui que ce soit mérite quoi que ce soit. C'est l'argument de la régressivité [2].

1. *Cf.* Feinberg « Doing and Deserving » *loc. cit.* pour une critique de cette démarche ; Feinberg montre que toute notion de mérite suppose que l'on identifie une base de ce mérite qui ne peut sans contradiction être elle-même méritée ; *cf.* aussi S. Hurley, *op. cit.*, p. 168-174 sur la validité de l'argument régressif.

2. M. Sandel, *Liberalism and the Limits of Justice*, (Cambridge, 1982), p. 136-140 ; S. Hurley, « Is Responsibility Essentially Impossible ? » *Philosophical Studies* 99 (2000), p. 205-241.

Une explication moins radicale se contente de dire qu'il est injuste que des individus soient dans des situations différentes à cause de facteurs qu'ils n'ont pas choisis ou dont ils ne sont pas responsables. Cette explication ne nie pas la possibilité du choix ou de la responsabilité de la personne, mais elle nie qu'une telle notion s'applique aux talents; elle ne dit pas que la notion de responsabilité doit être prise au sens fort (je suis responsable de *X* si et seulement si je suis responsable de la totalité des causes de *X*) et que, prise en ce sens, elle est contradictoire et ne peut jamais être affirmée à propos de quoi que ce soit. Elle se contente de remarquer que, très vraisemblablement, s'il y a des choses dont nous pouvons être dits responsables (bien que nous ne soyons pas la cause de l'ensemble des causes de ces choses), ce n'est pas le cas des talents dont il est manifeste que le hasard (eu égard au fait que j'en suis porteur), ou la société (eu égard au fait qu'il existe une demande pour le genre de talents dont je suis porteur) sont en grande partie la cause[1]. Cette seconde explication ne dissout donc pas la notion de mérite au moyen d'une contrainte logique ; elle se contente de dire que les talents ne sont pas mérités car ils ne sont pas tels que ceux qui en sont porteurs en soient responsables et les méritent (bien qu'il soit possible d'être responsable et de mériter certaines choses, mais pas au sens fort).

La troisième explication est encore moins radicale : elle se contente de dire que si deux personnes ont des avantages équivalents, et si l'une de ces deux personnes possède ces avantages par hasard tandis que l'autre personne les possède à la suite de ses propres choix, la première personne possède moins de droit sur les avantages qu'elle détient que la seconde. Dans le cadre d'un processus de redistribution, celle qui est favorisée par le hasard serait la première à devoir céder une partie des avantages qu'elle détient. Cette forme de prioritarisme (comme l'appelle Richard Arneson) a deux conséquences intéressantes en matière de théorie de la justice : elle dit en effet que si l'on doit prélever des ressources sur les plus riches, il faut les prélever par priorité sur ceux qui doivent leurs avantages au hasard et non pas à leurs propres efforts (ceux qui ont hérité de leur fortune ou qui seraient en passe de le faire sont donc

1. R. Arneson « Luck and Equality » *loc. cit.*

exposés par priorité à une fiscalité redistributrice, mais aussi ceux qui doivent leur situation favorable à des qualités naturelles exceptionnelles ou à la chance pure). Inversement si deux personnes sont dans une position également défavorisée, mais que l'une des deux s'y trouve à cause de facteurs contingents (accidents, etc.), tandis que l'autre s'y trouve à la suite des choix autonomes qu'elle a effectués, la première a plus de droit à recevoir une assistance de la société que la seconde[1].

Cette troisième explication valide la notion de responsabilité, tout en affirmant que cette notion a seulement pour fonction de hiérarchiser des exigences morales sans les affecter d'une valeur absolue : si je suis responsable (en ce sens) des avantages que je détiens, j'ai plus de droits moraux sur ces avantages que celui qui possède des avantages équivalents par l'effet du hasard, et ma revendication a plus de poids moral lorsque j'exige qu'on me les laisse. Inversement, si j'ai moins d'avantages que les autres, la force morale de la demande d'assistance que je peux formuler à leur égard est plus grande que la force morale de la demande formulée par quelqu'un qui est objectivement dans la même situation que moi mais qui s'y trouve par sa propre faute. Prise en ce sens, la notion de responsabilité est un facteur qui fait varier la force morale d'une revendication ou d'un droit sans la créer. Elle ne sert pas à couper radicalement en deux le domaine des facteurs qui définissent la situation objective d'un individu, mais elle se contente d'affirmer que certains de ces facteurs acquièrent une force morale distincte et pèsent d'un poids plus ou moins lourd selon qu'ils sont « choisis » ou « non choisis ». Les facteurs désavantageux non choisis ouvrent moralement plus de droits à l'assistance des autres que ceux qui sont « choisis » et dont nous sommes responsables. Inversement, les facteurs avantageux choisis ouvrent moralement un droit plus grand à conserver ces avantages que ceux qui sont l'effet du hasard. La thèse selon laquelle une société juste devrait neutraliser le hasard revient alors à l'affirmation selon laquelle, dans le processus d'allocation des ressources, une société juste devrait accorder une priorité

1. R. Arneson, « Luck and Equality », *loc. cit.* ; D. Parfit, « Equality and Priority », *loc. cit.*, p. 213.

morale à ceux qui se trouvent dans une situation défavorable sous l'effet du hasard, et faire peser le poids des contributions par priorité sur ceux qui doivent les avantages dont ils sont possesseurs à des facteurs arbitraires dont ils ne peuvent revendiquer la responsabilité[1].

Quelle que soit la forme qu'ils donnent à l'argument négatif, ceux qui l'utilisent savent d'une part que la présence du hasard n'est pas en soi un gage d'illégitimité et d'autre part que l'égalité peut elle aussi être l'effet du hasard. Ils savent donc que la mise en valeur du caractère contingent d'une situation (en particulier d'une situation inégalitaire) n'est pas en soi un motif suffisant pour fonder la correction de cette situation, et qu'il n'est pas possible d'invoquer le caractère contingent d'une inégalité pour fonder la légitimité de l'action qui la ramène à l'égalité : pour cela il faut disposer en plus d'une justification indépendante de l'égalité, c'est-à-dire qu'il faut disposer d'un argument établissant que l'égalité est désirable en soi. Lorsqu'on dispose d'un tel argument, on peut alors s'appuyer sur l'idée que l'inégalité peut être supprimée toutes les fois qu'elle est contingente (c'est-à-dire que l'on peut revenir à l'égalité toutes les fois que l'on n'a pas de bonnes raisons, acceptables par tous, ou non arbitraires, de s'en écarter). On retrouve ainsi l'argument de Rawls[2] : on part d'un théorème qui affirme de manière indépendante le caractère normatif de l'égalité en montrant que celle-ci serait choisie derrière un voile d'ignorance, et l'on rencontre ensuite un argument qui demande que l'on s'en écarte (« vous devez vous écarter de l'égalité en ma faveur car j'ai des talents qui me donnent droit à une plus grande part des ressources sociales que les autres »). On examine alors si la raison invoquée pour s'écarter de l'égalité est légitime. La réponse est qu'elle ne l'est pas car une telle raison n'est pas acceptable par tous dans une situation de voile d'ignorance. Si celui qui prétend recueillir une plus grande part des ressources sociales nous disait qu'une telle inégalité est justifiée parce qu'elle est avantageuse distributivement à tous les membres de la société,

1. R. Arneson, « Luck Egalitarianism and Prioritarism », *Ethics*, 110/2 (2000), p. 339-349.

2. J. Rawls, « Distributive Justice, Some Addenda », *Collected Papers*, *op. cit.*, p. 170.

cette explication serait digne d'être prise en compte[1]. Mais ce n'est pas le cas de l'argument du talent et, ici, la récusation par l'argument de l'arbitraire peut fonctionner : vous ne pouvez prétendre légitimer une inégalité en invoquant une caractéristique contingente, car les seules choses qui ont un poids moral en la matière (c'est-à-dire qui justifient que l'on s'écarte de l'égalité normative) sont celles qui sont liées à une légitimité, au caractère non arbitraire, au caractère mutuellement avantageux (ou à d'autres valeurs comme la maximisation de la liberté[2]). Or si le contingent n'est pas par essence l'arbitraire, il n'en est pas non plus la négation. Contingent ne signifie pas arbitraire, mais contingent ne signifie pas non plus non-arbitraire, légitime, ou justifié. La conclusion est simple : ce qui est contingent est sans poids moral face à un titre établi pour d'autres raisons; le hasard est moralement impuissant contre une légitimité indépendante, et il ne peut servir à la défaire.

On pourrait présenter cet argument sous une autre forme. Ceux qui invoquent la version négative de l'argument affirment seulement que, si quelqu'un veut s'écarter de l'égalité, il doit prouver que les inégalités qu'il propose d'introduire sont légitimes, et pour cela il doit prouver qu'elles sont justes ou équitables, c'est-à-dire qu'il doit, par exemple, prouver qu'elles sont avantageuses à ceux qui n'en sont pas bénéficiaires[3]. L'invocation de la responsabilité (« c'est moi qui ai produit ces avantages ou ces biens, donc j'y ai droit ») est inopérante car, prise dans son sens rigoureux, cette notion est ou bien une impossibilité logique, puisque nul ne peut se dire responsable d'un avantage au sens où il serait intégralement la cause de l'ensemble des causes de cet avantage, ou bien l'affirmation d'un principe qui ne peut pas peser plus lourd que la norme égalitaire elle-même.

La responsabilité ne vaut donc pas comme critère de justice, ni contre l'exigence d'égalité. Elle ne peut être introduite dans la théorie de la justice qu'en un sens « institutionnel » consistant à dire

1. J. Rawls, « Kantian Constructivism in Moral Theory », *Collected Papers*, *op. cit.*, p. 336-338.

2. *Cf.* P. Pettit, *A Theory of Freedom*, *op. cit.*, p. 138-144.

3. J. Rawls, *Théorie de la Justice*, § 17 et § 77, p. 549-550.

que la responsabilité d'un avantage nous est *attribuée* par une règle[1]. Or, une telle affirmation n'est possible que sur la base d'un jugement moral de légitimité qui dit que je peux conserver pour moi les avantages liés à la possession d'un *X* dont, en toute rigueur, je ne suis pas la cause, parce que le fait que je le conserve est avantageux aussi pour les autres. L'argument négatif paraît bien ainsi consister à revenir à l'idée selon laquelle seule une notion post-institutionnelle ou sociale du mérite et de la responsabilité est légitime : nous ne pouvons revendiquer le mérite et la responsabilité que de ce dont le jugement impartial d'institutions justes nous reconnaît la responsabilité, ou de ce dont ces institutions nous attribuent le mérite. Quant à la justice et à la légitimité de ces institutions, elles ne sont pas fondées sur le fait qu'elles attribuent à chacun ce qui lui revient – ou dont il est responsable – mais sur des considérations d'une tout autre nature : elles sont mutuellement avantageuses, elles seraient acceptées de manière unanime derrière un voile d'ignorance, il n'est pas possible de leur opposer une objection raisonnable, elles maximisent la liberté, etc[2].

Dans l'acception négative, la volonté de neutraliser le rôle du hasard dans la répartition des avantages et des ressources sociales ne se fonde donc pas du tout sur l'idée que le hasard est nécessairement injustifié ou que tout ce qui est dû au hasard doit être tenu pour nécessairement illégitime. Le couple du contingent et du non contingent n'est pas la ligne de partage de la légitimité et de l'illégitimité. Cette volonté se fonde encore moins sur l'idée évidemment fausse selon laquelle le hasard ne produit que de l'inégalité et que, toutes les fois qu'il en produit, il convient de le corriger dans le sens de l'égalité. En bref, une telle volonté ne prétend pas qu'il suffit de montrer qu'une inégalité est due au hasard pour avoir montré qu'elle doit être supprimée au profit de l'égalité, car le fait de montrer

1. S. Scheffler, « Justice and Desert in Liberal Theory », in *Boundaries and Allegiances*, *op. cit.*, p. 173-196 ; S. Scheffler, « Distributive Justice and Economic Desert », *in* S. Olsaretti, (éd.) *Desert and Justice* (Oxford, 2003), p. 69-91 ; S. Scheffler, « Rawls and Utilitarianism », *in* S. Freeman (éd.) *The Cambridge Companion to Rawls* (2003) p. 440-448 ; J. Heath, « On the Scope of Egalitarian Justice » [http : //www.chass.utoronto.ca/~/jheath/scope.pdf], p. 34-36 ; et surtout A. Ripstein, *Equality, Responsibility and the Law* (1999) chapitre 9.

2. S. Scheffler, « Distributive Justice and Economic Desert », *loc. cit.*

qu'une inégalité est due au hasard ne peut tout simplement pas être compris ou conçu comme équivalent au fait de montrer qu'elle est illégitime ou qu'elle ne devrait pas exister. Ce qu'elle prétend en revanche, c'est qu'il est possible de récuser la prétention d'une inégalité à être légitime et justifiée en montrant qu'elle est contingente : si le hasard n'ôte aucun droit, il n'en donne pas non plus, du moins pas en présence d'une norme indépendante qui définit le légitime par d'autres critères[1].

À nouveau, c'est bien le raisonnement de Rawls : il part d'une présomption générale en faveur de l'égalité et il dit ensuite que les mécanismes du marché vont tendre à s'écarter de cette égalité normative[2]. Cet écart serait moralement acceptable si les causes qui tendent à le créer étaient elles-mêmes moralement acceptables mais elles ne le sont pas car, pour l'essentiel, elles relèvent du hasard : soit elles tiennent à la chance pure (être là au bon moment), soit elles relèvent de facteurs eux aussi contingents (comme la possession de talents que les autres veulent acheter)[3]. Mais l'argument n'est pas que tout ce qui est contingent est illégitime, ou qu'il suffit qu'une chose soit contingente pour être dépourvue de légitimité ; il est seulement que ce qui est contingent n'est pas nécessairement légitime, ce qui n'est pas du tout la même chose. Le fait que l'écart par rapport à la norme égalitaire soit produit par des causes contingentes autorise à le corriger. Rawls, par exemple, sait très bien que le résultat d'un ensemble de facteurs contingents (le marché) pourrait être une forme d'égalité, ou une forme de répartition qui serait moralement juste et satisfaisante (mais elle le serait pour d'autres raisons,

1. Supposons par exemple que nous vivons dans un système social qui comporte une règle (juste) m'attribuant la propriété de mon portefeuille ; supposons ensuite que j'ai perdu mon portefeuille dans la rue. Vous ne pouvez prétendre qu'il vous appartient sous le seul prétexte que (par hasard) c'est vous qui l'avez trouvé. Le hasard ne peut pas défaire un titre établi par ailleurs ; en revanche, il peut constituer un titre s'il n'en existe aucun antérieurement.

2. J. Rawls, *Libéralisme politique*, *op. cit.*, p. 320.

3. J. Rawls, « La structure de base comme objet », in *Justice et démocratie*, *op. cit.*, p. 46-49 ; *cf.* S. Scheffler, « Is the Basic Structure Basic ? », *in* C. Sypnowitch (éd.) *The Egalitarian Conscience : Essays in Honour of G.A. Cohen* (2007) ; sur la mise en question de la prétention du marché à être une institution juste, *cf.* G.A Cohen, *Self Ownership, Freedom and Equality* (1995), p. 38-66.

parce qu'elle serait mutuellement avantageuse et permettrait une coopération entre personnes libres et égales, et non pas parce qu'elle serait le fruit d'un ordre spontané). C'est peu probable mais c'est possible. Ce qui est contestable, ce n'est donc pas que la répartition soit due au hasard mais le fait que la répartition soit injuste et *elle n'est pas injuste parce qu'elle est due au hasard*: elle l'est parce qu'elle ne satisfait pas à un principe qui serait accepté par tous derrière le voile d'ignorance[1]. Ou encore, elle l'est parce qu'elle n'est pas mutuellement avantageuse, et qu'il existe une structure de base possible qui aboutirait à une situation dans laquelle la position des plus défavorisés serait meilleure.

Donc, si quelqu'un vient nous dire que la répartition inégalitaire issue du marché est juste parce que les individus sont responsables, nous lui répondons que ce n'est pas vrai parce que le hasard – celui de la répartition des talents marié à celui des circonstances du marché – ne peut pas servir à justifier une répartition qui s'écarte d'une autre répartition quant à elle dotée d'une force normative. Nous montrons que cette répartition est due au hasard et nous en concluons que l'affirmation des inégalitaristes n'est pas valide, car ils citent un fait contingent comme justification d'une répartition non-égalitaire. Or, aucun fait contingent ne peut justifier une répartition qui va à l'encontre d'une normativité antérieure. Le fait qu'une répartition ait le hasard pour cause ne peut servir à la justifier ou à la légitimer, pas plus qu'il ne peut servir à l'invalider ou à établir qu'elle est injuste. Dans le contexte de la justice comme équité, le hasard n'est donc par lui-même ni juste (comme le prétendent les inégalitaristes qui voudraient une répartition en fonction des talents) ni injuste (comme le prétendraient ceux qui adopteraient le raisonnement positif évoqué initialement). Rawls se contente de dire que si une distribution est juste ou injuste, ce doit être pour une raison qui n'a rien à voir avec le fait qu'elle est due au hasard[2].

1. *Cf.* J. Rawls, *Justice as Fairness, A Restatement*, *op. cit.*, § 14 et § 15.

2. J. Rawls, « Reply to Alexander and Musgrave », *Collected Papers*, *op. cit.*, p. 246; le principe de différence, dit Rawls, « est le critère qui serait adopté pour réguler les inégalités si les partenaires étaient motivés par le principe selon lequel nul ne doit tirer avantage de certaines contingences non méritées qui possèdent pourtant des effets à long terme, comme l'origine sociale et les talents naturels, sauf d'une manière qui bénéficie aussi aux autres ».

L'aspiration à neutraliser le hasard prend donc, dans cette acception négative, une tonalité assez nette : supposons que nous disposions – comme c'est le cas chez Rawls – d'une norme indépendante de justice et que nous structurions le fonctionnement de la société selon cette norme de justice. Supposons ensuite que, sous l'effet de facteurs contingents – comme par exemple les différences de talents et de degrés d'énergie entre les individus – la structure juste se déforme et disparaisse. Il serait dans ce cas légitime de neutraliser les effets du hasard, non pas en tant que ce sont des effets contingents, mais en tant qu'ils ont provoqué un écart par rapport à une situation légitime. On pourrait imaginer que le hasard ait produit des effets conformes à l'exigence de justice et dans ce cas, il serait illégitime de les neutraliser. Ce n'est pas le hasard qui doit être neutralisé mais le hasard injuste ; et le hasard injuste est injuste pour des raisons qui n'ont rien à voir avec le fait qu'il s'agit d'un hasard.

Cette analyse nous conduit donc à l'idée suivante : si nous vivons dans une structure juste (qui, encore une fois, n'est pas nécessairement égalitaire puisqu'elle peut comporter des inégalités justifiées), toute déformation de cette structure sous l'effet de facteurs contingents est dépourvue de légitimité et peut être rectifiée pour revenir à la norme juste initiale. Mais il paraît difficile d'introduire dans ce raisonnement l'idée que, inversement, toute déformation de cette même structure sous l'effet des choix volontaires dont les individus sont responsables est légitime. C'est même tout à fait impossible pour une raison aisée à comprendre : cette seconde proposition impliquerait que la définition de la justice soit en rapport avec la distinction du hasard et du choix, et elle impliquerait que le hasard soit intrinsèquement injuste, ou qu'il soit injuste pour des raisons liées à sa qualité de hasard. Or dans l'approche négative, le caractère normatif est fondé sur des raisons indépendantes de cette dichotomie. Si le caractère juste d'une structure de base est fondé sur son caractère mutuellement avantageux, la seule question que l'on peut poser à propos de la validité normative d'une déformation intervenue dans cette structure porte sur la question de savoir si elle préserve ou non ce caractère mutuellement avantageux (ou toute autre propriété indépendante de la dichotomie choix/hasard que l'on aura donnée comme fondement de la normativité). Dès lors, la question de savoir si une déformation de ce genre est intervenue sous l'impact de facteurs contingents ou par une suite du choix d'un ou de plusieurs individus est nécessairement dépourvue de pertinence. Le hasard est injuste lorsqu'il déforme une structure juste, mais les choix sont eux aussi injustes lorsqu'ils déforment une structure de ce genre. Le raisonnement est paradoxal, mais on va voir qu'il est inévitable[1].

Le *luck egalitarianism* est donc condamné à l'acception positive de la thèse de la neutralisation du hasard, car la version négative nous conduit nécessairement en dehors de l'aire d'influence, pourrait-on dire, du principe de responsabilité. Mettons provisoirement ce résultat en réserve et, avant de l'exploiter au chapitre suivant pour tenter de ruiner la tentative de reconstruction de la théorie de la justice autour du couple du choix et du hasard en montrant qu'elle contient des paradoxes insolubles, essayons de confirmer deux points essentiels : tout d'abord que la théorie rawlsienne de la justice comme équité n'est en rien à l'origine de l'importance accordée par la réflexion contemporaine à la distinction entre le choisi et l'arbitraire ; et ensuite, confirmation de ce premier point, que la tentative de réorganisation de la théorie de la justice autour de cette distinction méconnaît de manière radicale la nature de l'aspiration égalitaire, et qu'elle comporte nécessairement des affirmations qui entrent en contradiction avec cette aspiration. Vouloir la justice et l'égalité, ce n'est pas vouloir que la situation des personnes ne soit pas affectée par le hasard ni qu'elle résulte uniquement des choix qu'elles ont faits. Une société dans laquelle les individus porteraient intégralement les conséquences de leurs propres options ne pourrait pas être définie comme une société juste à cause de cette caractéristique.

1. *Cf.* C. Lake, *Equality and Responsibility*, *op. cit.*, p. 14 ; *cf.* aussi p. 120.

LA THÉORIE DE LA JUSTICE DE RAWLS N'EST PAS À L'ORIGINE DU *LUCK EGALITARIANISM*

Disons-le nettement : contrairement à certaines apparences et à ce que certaines lectures voudraient suggérer, l'aspiration à la neutralisation du hasard n'est pas l'idéal qui est au principe de la théorie rawlsienne de la justice : Rawls n'essaie pas d'élaborer une conception de la justice dont l'objectif serait de minimiser ou d'annuler l'influence du hasard pur sur la distribution des biens, mais il tente de comprendre quelle est la conception de la justice qui doit régir la structure de base de la société[1].

L'idée que Rawls pourrait être le père spirituel du *luck egalitarianism* vient du rôle central que l'auteur de la *Théorie de la justice* accorde à la distinction entre choix et contexte et de l'ambition qui en découle : construire une théorie de la justice qui rendrait le sort des individus sensible à leurs choix mais pas à leurs qualités naturelles ni aux autres aspects du contexte dans lequel ils se trouvent placés et qu'ils n'ont pas choisis. Samuel Scheffler note que l'histoire des théories de la justice est souvent présentée de manière à faire apparaître que tel était bien le projet rawlsien, mais que sa réalisation entre en contradiction avec ce projet dans la mesure où le principe de différence – qui envisage un mode de répartition des biens premiers qui n'est pas sensible aux choix des individus – est incompatible avec l'aspiration initiale. Dans cette optique, c'est la théorie dworkinienne qui aurait en fait réalisé le projet rawlsien[2].

Quels sont les aspects de la théorie de la justice comme équité qui permettraient de penser que Rawls est un *luck egalitarian* qui ignore les conséquences de sa propre distinction entre choix et contexte ? Il y en a essentiellement deux.

Le premier est l'affirmation selon laquelle la supériorité des deux principes de la justice comme équité sur les conceptions alternatives de la liberté (la liberté égale et le principe de l'égalité

1. *Cf.* S. Scheffler, « What is Egalitarianism ? » *Philosophy and Public Affairs*, 31/1 (2003), p. 8-12.

2. S. Scheffler, « What is Egalitarianism ? » *loc. cit.* ; « Choice, Circumstance and the Value of Equality », *Politics, Philosophy and Economics*, 4/1, (2005), p. 5-28.

des chances) réside dans le fait que, à la différence de ces dernières, elle ne permet pas que la répartition des ressources ou des biens premiers soit sensible à des facteurs moralement arbitraires tels que les qualités naturelles des individus ou la classe sociale dans laquelle ils sont nés[1].

Le second est l'appel que Rawls semble faire à l'idée de responsabilité lorsqu'il défend la thèse selon laquelle c'est l'index des biens premiers qui soit servir de base pour les comparaisons interpersonnelles[2]. Les *luck egalitarians*, comme nous l'avons vu, ont fait remarquer que cette approche était inconséquente dans la mesure où deux individus peuvent tirer des quantités très inégales de bien-être d'un même ensemble de biens premiers et de ressources. Or, pour répondre à cette critique, Rawls avance que les individus doivent être représentés comme ayant une capacité à assumer la responsabilité de leurs propres fins et qu'ils doivent en quelque sorte les réviser et les ajuster à la lumière des informations qu'ils possèdent sur ce que constitue une juste part ou une part équitable des ressources sociales. Ceux qui ont des goûts onéreux ne peuvent donc revendiquer un surcroît de ressources pour les satisfaire[3].

Ce que suggèrent les partisans de l'idée que Rawls est un *luck egalitarian* ignorant des conséquences de son propre principe, c'est que le principe de différence est incompatible avec ces deux affirmations.

Il postule tout d'abord que deux individus qui ont des quantités égales de biens premiers doivent être considérés comme égaux alors même que l'un d'entre eux peut, sans aucune faute de sa part, se trouver dans une position beaucoup moins avantageuse du point de vue de sa capacité à convertir ces ressources en bien-être. Il est incohérent de compenser les handicaps les plus apparents mais de ne pas compenser les handicaps plus invisibles comme le fait d'être la proie de goûts difficiles à satisfaire ou le fait de ne pas être capable de convertir des ressources en bien-être avec autant de facilité que d'autres.

1. J. Rawls, *Théorie de la Justice*, § 12-13.
2. J. Rawls, « Social Unity and Primary Goods », *Collected Papers*, *op. cit.*, p. 370-371.
3. J. Rawls, « La structure de base comme objet », in *Justice et démocratie*, *op. cit.*, p. 61.

En second lieu, et cette objection est capitale, le principe de différence envisage de maximiser la position des moins favorisés sans jamais s'interroger sur les raisons pour lesquelles les individus se trouvent dans cette position, et sans faire la moindre distinction entre ceux qui s'y trouvent à cause de circonstances indépendantes de leur volonté et ceux qui s'y trouvent à la suite de leurs propres choix (ceux qui, par exemple, ont arbitré en faveur du loisir aux dépens du travail). Il y a une contradiction manifeste entre cette affirmation et le principe qui exige que nul ne fasse porter aux autres les conséquences de ses propres choix, car le principe de différence paraît impliquer que la collectivité organise des transferts de ressources en direction d'individus qui sont dans une situation défavorisée à la suite de leurs propres choix.

Il y a cependant une erreur, comme le montre Samuel Scheffler, dans l'idée que la distinction entre le choix et le contexte occuperait une place centrale dans la théorie de la justice comme équité, en sorte que la contradiction qui semble exister entre cette distinction et le principe de différence serait nécessairement fatale à la théorie dans son ensemble[1]. Pour que cette interprétation soit correcte, il faudrait que la théorie de Rawls puisse être conçue comme une réponse à la question qui divise les égalitaristes : égalité de quoi, de bien-être ou de ressources ? Les partisans de l'égalité de bien-être construisent une théorie qui est indifférente aux choix, l'objectif étant de parvenir à une satisfaction égale quelles que soient les options prises par les individus. Les partisans de l'égalité des ressources construisent en revanche une théorie qui exige que chacun soit responsable de ses choix et n'en fasse pas supporter le coût aux autres. C'est ce qui motive pour eux l'idée que si une personne fait des choix onéreux – on suppose que ses goûts sont choisis – il n'est pas injuste qu'elle accède à une quantité de bien-être moindre que ceux dont les choix ou les goûts sont plus aisés à réaliser ou à satisfaire.

Mais, précisément, la théorie rawlsienne n'est pas une réponse à la question « égalité de quoi ? », et le débat entre partisans de l'égalité de bien-être et partisans de l'égalité de ressources n'est pas le

1. S. Scheffler, « Choice, Circumstance and the Value of Equality », *loc. cit.*

contexte dans lequel il convient de la situer et de la comprendre[1]. Pour Rawls, la société doit être conçue comme un système de coopération entre personnes libres et égales dont chacune possède un sens moral qu'elle aspire à protéger[2]. L'essentiel n'est donc pas tant le caractère arbitraire de la distribution des qualités naturelles et des positions sociales de départ, mais plutôt le fait que tout système qui permettrait à de tels facteurs de jouer un rôle central dans la répartition des ressources pourrait avoir pour effet de compromettre le statut de certains citoyens en tant que coopérateurs égaux, et d'entraver l'exercice de leur capacité à satisfaire leurs intérêts légitimes en tant que personnes morales, à savoir la capacité de concevoir, de développer, de réviser et de poursuivre un projet rationnel d'existence constitutif de leur propre bien. Si de tels facteurs entrent en contradiction avec la construction d'un système de coopération entre égaux, leur action peut et doit être neutralisée car, comme nous l'avons vu, ils sont dépourvus de force morale face à l'exigence de justice.

L'ambition de Rawls n'est donc certainement pas d'éliminer l'influence des facteurs arbitraires, mais de créer une société dans laquelle chacun dispose des bases du respect de soi et peut protéger le développement de son sens moral[3]. Certes, cet objectif ne peut pas être atteint sans une certaine forme d'égalisation des ressources, mais la question de la répartition n'est pas première : elle est de nature instrumentale, la question essentielle étant de dire si une répartition est ou n'est pas compatible avec la protection du sens moral de chacun dans des conditions semblables. Or il est manifeste qu'il peut exister de nombreuses structures de répartition qui préservent pour tous à la fois les bases du respect de soi et la possibilité de développer notre sens moral, sans pour autant neutraliser l'ensemble des effets du hasard pur. Les deux objectifs ne se confondent pas

1. Pour situer ce débat, on peut recourir à N. Daniels, « Equality of What? Welfare, Resources or Capabilities », *in* Daniels, *Justice and Justification, Reflective Equilibrium in Theory and Practice* (1996), p. 208-231.

2. J. Rawls, *Justice as Fairness, A Restatement*, *op. cit.*, § 2 ; *cf.* S. Scheffler, « What is Egalitarianism ? », *loc. cit.*, p. 25.

3. J. Rawls, *Théorie de la justice*, § 67 ; « Kantian Constructivism in Moral Theory », *Collected Papers*, *op. cit.*, p. 312-314 ; *Libéralisme politique*, *op. cit.*, p. 40-47.

et l'on comprend que, dans l'optique rawlsienne, une société juste est compatible avec le fait que certains hasards ne soient pas neutralisés, ainsi qu'avec le fait que certains des désavantages que nous subissons du fait de nos choix soient compensés (par exemple, le fait de soigner les fumeurs atteints d'un cancer du poumon n'est pas injuste en soi). Mais on ne peut inférer de cela que la préservation du sens moral et des bases du respect de soi exige que dans certains cas nous puissions jouir seuls des avantages d'un hasard favorable car précisément, les bases du respect de soi ne sont pas atteintes si nous sommes privés de la totalité ou d'une partie d'un avantage qui se trouve en nous de manière contingente (qui est en nous mais qui n'est pas nous, pour reprendre le vocabulaire de Michael Sandel) et qui, de surcroît, n'est pas indispensable à notre existence en tant que partenaire libre et égal d'une société juste[1].

Cependant, si Rawls refuse d'intégrer la possibilité de conserver les avantages dus à la présence arbitraire en nous de nos talents, ce refus n'est pas fondé sur l'idée que toute différence entre les individus due à un facteur contingent est nécessairement illégitime. Il est fondé sur l'idée que le fait de laisser chacun recueillir les conséquences de ses talents (et subir les conséquences de son manque de talent) peut être incompatible avec la possibilité de construire la société comme un ensemble de relations entre personnes libres et égales. On peut certes discuter cette affirmation en faisant remarquer, comme Sandel, que ceux qui se voient enlever le produit de leurs talents au profit de la redistribution en direction des partenaires les moins favorisés pourraient bien avoir le sentiment d'être utilisés comme des instruments, et se trouver ainsi privé des bases du respect de soi. On pourrait donc suggérer qu'il convient d'équilibrer les deux facteurs : d'une part le fait que, si les individus sont abandonnés aux conséquences de leurs qualités naturelles, la construction d'une coopération égale peut s'avérer impossible, et d'autre part le fait que ceux qui sont privés des fruits de leurs talents sont aussi privés de certaines bases du respect de soi[2]. Rawls lui-même

1. *Cf.* Scheffler, « Natural Rights, Equality and the Minimal State », *in* J. Paul (éd.) *Reading Nozick, Essays on* Anarchy, State and Utopia (1981) p. 148-168.

2. M. Sandel, *Liberalism and the Limits of Justice*, *op. cit.*, p. 78-95.

refuse d'entrer dans cette forme d'équilibrage, parce qu'il considère que le respect de soi ne requiert pas la conservation d'avantages qui sont en nous par hasard. Mais il demeure que, dans ce débat, le facteur essentiel – celui qui joue le rôle de pivot – n'est pas la question de savoir si les avantages qui sont en nous de manière contingente doivent nous appartenir ou non. Cette question est réglée puisque le contingent est en soi sans force morale et l'on en conclut que ce qui est en nous par hasard peut être redistribué toutes les fois que l'exigence de justice – qui est quant à elle dotée d'un poids moral indiscutable pour des raisons indépendantes – le demande. La question pivot est celle de la construction d'une société possédant la forme d'une coopération entre égaux et, dans ce contexte, l'argument selon lequel certains avantages se trouvent en nous de manière contingente sert seulement à établir qu'il n'est pas possible d'opposer la conservation de ces avantages contingents par ceux qui en sont possesseurs à l'exigence de justice elle-même. La question essentielle n'est pas de savoir si les talents sont en nous de manière contingente ou non, puisqu'elle porte uniquement sur le point de savoir comment construire une société de coopérateurs libres et égaux dont les principes fondamentaux sont susceptibles d'être explicitement inscrits dans la culture publique et où chacun serait doté des bases du respect de soi[1].

Remarquons en outre que l'idée de laisser les avantages naturels à ceux qui se trouvent en être les porteurs ne pourrait être inscrite dans la culture publique d'une société démocratique parce qu'elle implique une affirmation métaphysiquement discriminante sur le fait que chacun est responsable de ce qu'il est et de ce qu'il a[2]. Le principe inverse – nul n'est responsable de ses qualités naturelles et les avantages engendrés par ces qualités *doivent* donc être redistribués – ne pourrait pas non plus, pour la même raison, être inscrit dans la culture publique à titre de principe central d'organisation d'une société juste. La théorie de la justice comme équité n'utilise

1. J. Rawls, *Libéralisme politique*, *op. cit.*; J. Rawls, « La théorie de la justice comme équité, une théorie politique et non pas métaphysique », in *Justice et démocratie*, p. 216-217.

2. *Cf.* M. Matravers, « Responsibility, Luck and the "Equality of What?" Debate », *loc. cit.*, p. 560.

donc pas ce principe ; elle affirme seulement que la société doit être construite comme une coopération entre égaux et que, de ce fait, les avantages possédés par les individus en raison de la présence en eux de qualités contingentes *peuvent* faire l'objet d'une redistribution lorsque c'est nécessaire au caractère égal de la coopération[1].

Il est vrai que, dans le contexte d'un projet de ce genre, il faut faire face à l'objection – issue du sens commun – selon laquelle ceux qui ont des talents supérieurs ont aussi droit à des ressources supérieures, ce qui impliquerait que l'on se déclare en faveur de ce que Rawls appelle le système de la liberté naturelle. L'accent mis par Rawls sur le caractère moralement arbitraire des attributs naturels ou sociaux des individus est uniquement destiné à enrayer notre tendance à traiter de tels facteurs comme s'ils possédaient un poids moral, en particulier dans un contexte où le fait de leur en attribuer un aurait pour effet de compromettre une valeur morale plus fondamentale comme l'égalité de statut de tous les membres de la société et la possibilité d'une coopération égale entre tous les partenaires[2]. L'essentiel est donc qu'un système social qui accorderait systématiquement du poids moral à ces facteurs contingents compromettrait dans certains cas la possibilité que les individus auraient de développer et de satisfaire leur sens moral. Toutefois, ceci ne conduit pas au projet qui consisterait à vouloir neutraliser intégralement les effets du hasard. En d'autres termes, le refus d'attribuer des ressources supérieures à ceux qui ont des talents supérieurs est motivé par le fait qu'un dispositif de ce genre mettrait en cause, dans certains cas, la possibilité que tous disposent de bases équivalentes de respect de soi et de protection de leur sens moral, et non par le fait que les talents en question sont distribués entre les individus de manière aléatoire[3]. Le caractère arbitraire des talents n'implique pas qu'ils *doivent* être redistribués, mais seulement qu'ils *peuvent* l'être si un impératif moral indépendant l'exige. L'argument de l'arbitraire sert donc à repousser certaines prétentions comme infondées (les talents supérieurs n'ont pas par principe droit à des ressources

1. J. Rawls, *Théorie de la justice*, § 17 et § 48.
2. *Ibid.*, § 12.
3. S. Scheffler, « What is Egalitarianism », *loc. cit.*, p. 26.

supérieures car ils sont arbitraires), alors même que de telles prétentions doivent déjà être repoussées aussi et avant tout pour d'autres raisons (si on leur donnait satisfaction, la possibilité d'une coopération entre égaux et les bases du respect de soi égal chez tous les membres de la société seraient mises en cause).

Sans doute, il y aurait cependant une difficulté à neutraliser l'influence d'avantages individuels qui ne sont pas arbitraires s'il était possible d'en isoler; mais la thèse de Rawls est précisément que c'est impossible car chaque fois que les individus détiennent des avantages, par le libre jeu du marché par exemple, ces avantages sont en partie dus à des facteurs arbitraires, en sorte que Rawls tente moins d'invoquer la distinction entre ce qui est l'effet du hasard et ce qui relève du choix que de montrer que cette distinction n'a pas de pertinence réelle dans le contexte de la théorie de la justice parce que tous les avantages que les individus détiennent par le biais du marché sont peu ou prou entachés d'arbitraire; ce n'est pas pour cette raison qu'on doit procéder à leur redistribution mais c'est bien pour cette raison que la société juste a le droit de procéder à leur redistribution, car ceux qui les détiennent ne peuvent pas légitimement prétendre les conserver.

Ceci est visible dans la manière dont Rawls propose de traiter ce qui, en apparence, relève des choix, car la règle dans ce domaine est la même que pour toute question de justice : non à la compensation des effets négatifs de nos « choix » si cette compensation n'est pas requise par l'impératif de la coopération entre personnes égales; oui à cette compensation dans le cas contraire. La question de savoir si nous sommes dans une situation défavorable à la suite de nos propres choix ou à la suite de circonstances arbitraires n'est tout simplement pas soluble pour Rawls, car la distinction entre les deux domaines ne peut être faite de manière claire. La théorie de la justice n'est pas une entreprise consistant à rechercher le tracé exact de cette frontière, recherche qui doit au contraire être remplacée par celle qui porte sur les conditions d'une coopération entre personnes libres et égales dotées d'une faculté de former des plans de vie et de les réviser à la lumière d'informations objectives sur ce que constitue une juste part des ressources sociales[1].

La thèse du caractère essentiel de la distinction entre ce qui est choisi et ce qui ne l'est pas n'est donc pas une thèse rawlsienne. Ce que Rawls veut montrer, c'est que la théorie de la justice comme équité répartit les responsabilités entre la société et l'individu selon un autre critère : la société assume la responsabilité de maintenir une juste égalité des chances pour tous et de garantir à chacun une juste part des ressources sociales pour mener ses projets à bien, quels qu'ils soient[2]. Elle garantit à tous les bases du respect de soi et la protection de leur sens moral, c'est-à-dire la possibilité de l'exercer effectivement[3]. Quant aux individus, ils assument la responsabilité de proposer, de développer et de réviser leurs propres projets, et de les adapter en fonction de la part des ressources sociales qu'ils peuvent légitimement s'attendre à recevoir. Cela ne signifie pas que leurs ressources peuvent être affectées de manière décisive par leurs choix en sorte que, par exemple, la société juste pourrait laisser dans le dénuement celui qui a gaspillé ce qu'il avait. Cela signifie simplement que si je décide de consacrer mes ressources à une finalité onéreuse, je dois en accepter la conséquence, à savoir que j'aurai moins de satisfaction que ceux qui ont choisi des finalités plus faciles à satisfaire et moins onéreuses pour les autres. Chacun accepte les conséquences de ses choix à partir d'une répartition égalitaire des ressources (dans le cadre du principe de différence) ; mais c'est le niveau de bien-être qui est affecté par ces choix, pas le niveau de ressources. Si les choix que nous avons effectués nous conduisent à une situation défavorisée, nous avons droit à des transferts.

On pourrait alors demander à Rawls de nous indiquer les raisons pour lesquelles les individus doivent accepter la responsabilité de leurs propres finalités (c'est-à-dire accepter que, s'ils ont des

1. J. Rawls, *Libéralisme politique*, *op. cit.*, p. 40-44 ; « La théorie de la justice comme équité, une théorie politique et non pas métaphysique », *loc. cit.*, p. 216-218.

2. J. Rawls, « La structure de base comme objet », in *Justice et démocratie*, *op. cit.*, p. 61 ; « Le constructivisme kantien… », *loc. cit.*, p. 86.

3. J. Rawls, « Social Unity and Primary Goods », *loc. cit.*, p. 369 ; *Justice as Fairness, A Restatement*, *op. cit.*, p. 175.

finalités qu'ils ne peuvent pas atteindre avec une juste part des ressources sociales, ils ne peuvent pas les atteindre). La réponse à cette question ne réside pas dans une thèse métaphysique (une thèse qui porterait sur la volonté et sur ce qui est la cause de nos actes, sur le fait que les individus ont une faculté de choix absolu et qu'ils doivent supporter les conséquences de leurs choix), mais dans une proposition exclusivement politique consistant à dire qu'il est raisonnable de demander aux gens de se satisfaire, pour leurs projets, d'une juste part des ressources sociales[1]. Si je vous demande d'assumer vos propres choix, je vous demande en fait de ne pas exiger plus de ressources sous prétexte que vos choix sont difficiles à satisfaire. La raison pour laquelle les individus doivent assumer la responsabilité de leurs propres choix n'est donc pas que ceux-ci ne sont pas déterminés par des causes extérieures ou qu'ils ont un statut métaphysique ou ontologique exceptionnel, mais que personne ne peut demander plus de ressources que la juste part à laquelle il a droit, parce qu'un tel principe ne serait pas équitable : il ne serait pas accepté derrière le voile d'ignorance et il ne pourrait être inscrit à la satisfaction de tous au nombre des principes publics d'une société démocratique[2]. Il se peut que je n'aie pas choisi d'avoir des goûts onéreux (et c'est même très souvent le cas), mais si je choisis de les poursuivre, je ne peux pas me plaindre de parvenir à un niveau de satisfaction inférieur. Après tout, si j'ai une passion exclusive pour la contemplation privée des tableaux de maître et que je m'aperçois que, avec la part de ressources sociales qui m'est allouée par la société juste, je ne peux satisfaire cette passion, il m'appartient d'y renoncer ou d'accepter les conséquences du fait que je n'y renonce pas : comme je ne peux acheter aucun tableau de ce genre, ma vie s'écoule sans aucune satisfaction.

Ce qui fait qu'une part est équitable, ce n'est cependant pas qu'elle compense des désavantages non choisis (en tout cas, ce n'est pas la définition du terme « équitable »), tout en laissant les individus supporter eux-mêmes les coûts de leurs propres choix. Les parts de ressources sont équitables lorsqu'elles font partie d'une

1. S. Scheffler, « What is Egalitarianism ? », *loc. cit.*, p. 27.
2. J. Rawls, *Libéralisme politique*, *op. cit.*, p. 32-33, 2-64.

structure de distribution qui permet à des citoyens libres et égaux de poursuivre leurs conceptions respectives du bien à l'intérieur d'un cadre social qui matérialise et illustre un idéal de réciprocité et de respect mutuel[1]. Mais rien, dans la théorie de la justice comme équité, ne dit que ce cadre est un cadre qui neutralise l'influence de l'ensemble des facteurs arbitraires. Il en neutralise sans doute certains, mais pas tous et il ne se définit pas comme un cadre légitime ou juste parce qu'il procède à cette neutralisation, mais parce qu'il permet la coopération des partenaires comme des personnes libres et égales. Le hasard doit être compensé dans certains cas mais pas dans d'autres, et lorsqu'il doit être compensé, ce n'est pas *en tant que hasard*, mais en tant qu'il s'agit d'un élément qui fait obstacle à une libre coopération entre personnes égales[2].

Il convient en outre de remarquer, selon Scheffler, que Rawls ne répond pas à la question de la « monnaie » dans laquelle l'égalité doit s'exprimer par la thèse de l'égalité et des comparaisons interpersonnelles sous le rapport des biens premiers. Il prend en effet le soin de préciser que cette approche n'est valide que dans les questions de justice et dans la pratique d'une répartition opérée avec l'appui et par le moyen de la puissance publique. Dans ce genre de cas, nous avons besoin d'une base de comparaison interpersonnelle publique et vérifiable qui permette de trancher entre revendications concurrentes dans des conditions que tous les citoyens vont pouvoir considérer comme équitables[3]. On doit donc avoir recours à des composantes de la situation des personnes qui sont accessibles à tous et qui, dit Scheffler « peuvent être appréciées sans violer la liberté des individus et sans les soumettre à des recherches outrageusement inquisitoriales »[4].

Scheffler note ainsi que l'orientation de la théorie rawlsienne n'est pas du tout la même que celle de la théorie des *luck egalitarians* : ces derniers veulent neutraliser les effets du hasard, mais cela implique des jugements qui sont à la fois problématiques et intrusifs

1. J. Rawls, *Justice as Fairness, A Restatement*, *op. cit.*, p. 76-77 et p. 122-124; « The Idea of Public Reason Revisited », *Collected Papers*, *op. cit.*, p. 574-576.

2. *Cf.* S. Scheffler, « What is Egalitarianism ? », *loc. cit.*

3. J. Rawls, « Social Unity and Primary goods », *Collected Papers*, *op. cit.*, p. 371.

4. S. Scheffler, « What is Egalitarianism ? », *loc. cit.*, p. 28.

sur la question de savoir si *X* est réellement responsable de telle situation, si *X* l'a réellement choisie, si les désavantages qu'il subit ont ou n'ont pas leur source en lui (dans les choix qu'il a faits)[1]. Rawls, de son côté, veut une société qui arbitre équitablement entre les revendications de personnes libres et égales, et il prétend que ces arbitrages peuvent se faire sur la base de données publiques (les bases du respect de soi, la possibilité de développer notre sens moral) sans qu'il soit nécessaire d'entrer dans la question de savoir si les individus se trouvent dans la situation qui est la leur par un effet de leurs choix délibérés ou par un effet du hasard. Que certaines inégalités soient dues au hasard ou aux choix importe moins que la question de savoir si ces inégalités sont compatibles avec la protection du sens moral. Cette position peut paraître scandaleuse dans la mesure où elle minore la responsabilité des individus mais, comme Scheffler l'a bien montré, cette notion même est ambiguë – et son usage est conservateur – puisque la séparation claire entre ce qui résulte du choix et ce qui résulte du contexte est absolument impossible à faire de manière définitive[2].

Ceci ne signifie nullement que la théorie rawlsienne soit à l'abri de toute critique : il est vrai que la notion de « moins favorisé » est curieuse parce qu'elle ne spécifie pas les raisons pour lesquelles certaines personnes se trouvent dans cette catégorie. Après tout, certains peuvent s'y trouver parce qu'ils ont choisi de ne pas travailler et de privilégier les loisirs. Il est vrai aussi qu'il y a quelque chose de paradoxal dans l'affirmation selon laquelle l'égalité du point de vue des biens premiers épuise la question sans qu'il soit possible de dire que certaines personnes qui ont, pour des raisons entièrement indépendantes de leurs propres choix, une capacité très inférieure à convertir ces biens premiers en bien-être n'ont droit à aucun traitement particulier.

Ces deux difficultés ne sont cependant pas insurmontables dans le cadre même de l'approche rawlsienne. Touchant la première, il

1. *Cf.* pour des critiques de ce genre, E. Anderson, « What is the Point of Equality ? », *Ethics*, 109/2 (1999), p. 287-337.

2. *Cf.* aussi, pour une discussion de la validité de la distinction entre choix, hasard pur, hasard lié aux choix, P. Vallentyne, « Brute Luck, Option Luck and Equality of Initial Opportunities », *Ethics*, 112, (2002), p. 529-557.

n'est pas très difficile d'inclure le temps libre dans la liste des biens premiers[1]. On pourra ainsi dire que ceux qui sont « volontairement » défavorisés parce qu'ils ont arbitré en faveur du loisir aux dépens du travail ne sont pas traités injustement s'ils ont moins de biens premiers matériels. En tout état de cause, il est difficile de prétendre que de tels individus sont mis dans l'incapacité d'exercer leurs capacités de personnes libres et égales. Une réponse du même genre peut être avancée pour le problème des handicapés : ou bien le handicap est un obstacle à l'exercice des capacités d'une personne libre et égale et il ouvre droit à des ressources matérielles supplémentaires, ou bien ce n'est pas le cas et aucun problème de justice ne se pose. Ainsi, pouvoir se déplacer de manière autonome est sans doute une condition de l'exercice de nos responsabilités de personnes libres, mais les personnes qui sont dépourvues de toute oreille musicale – mais qui ont néanmoins accès à un emploi normalement rémunérateur – ne peuvent pas demander des ressources additionnelles parce qu'elles sont incapables de goûter pleinement les sonorités des symphonies classiques[2]. En tout état de cause, ce genre de problème ne peut être traité que dans un contexte d'allocation où l'on examine diverses entraves à l'accomplissement de la fonction de citoyen libre et égal sans que le fait d'être arbitrairement la victime d'un handicap ouvre un droit particulier ou bénéficie d'une quelconque priorité lexicale fondée sur le rôle causal du hasard[3]. En aucun cas, par exemple, il ne serait envisageable de donner une priorité à une personne qui doit son handicap à un accident dont elle n'est pas responsable par rapport à une autre dont le handicap serait une conséquence des choix qu'elle a faits. Il est d'autant moins question de diligenter ce genre d'enquêtes sur les responsabilités que ces questions ne sont pas solubles et que les conséquences en seraient si paradoxales qu'elles ne pourraient faire l'objet d'une acceptation unanime derrière un voile d'ignorance, sans parler de la difficulté de faire figurer une thèse métaphysique – les individus

1. J. Rawls, *Justice as Fairness, A restatement*, *op. cit.*, p. 179 ; « Reply to Alexander and Musgrave » *Collected Papers*, *op. cit.*, p. 252-3 ; S. Scheffler, « What is Egalitarianism ? » *loc. cit.*, p. 29.

2. *Cf.* J. Rawls, « Kantian Constructivism… », in *Collected Papers*, *op. cit.*, p. 332-333.

3. S. Scheffler, « What is Egalitarianism ? » *loc. cit.*, p. 30.

sont responsables de certains de leurs actes – dans une théorie politique de la justice dont les principes seraient susceptibles d'être inscrits dans la culture publique de la société[1].

La réaction de la théorie de la justice comme équité aux fantaisies des *luck egalitarians* sur le fait que celui qui a une moins grande possibilité de convertir des ressources en bien-être a droit à une compensation parce que cette infériorité est due au hasard est donc à la fois simple et saine : la question du rôle du hasard est tout à fait hors de propos. Si la difficulté en question interdit à certains individus de fonctionner comme des citoyens à part entière, ils auront droit à une assistance de la collectivité, mais pas dans le cas contraire, et l'invocation du fait que leur « difficulté » particulière est due au hasard est sans aucune portée[2].

Il se pourrait dès lors que, au fond, Rawls ait raison d'ignorer le problème de la distinction entre ce qui dépend des choix et ce qui dépend du hasard puisque, s'il s'y engageait, il lierait le sort de la théorie de la justice au destin de questions métaphysiques insolubles portant sur la liberté de la volonté : la catégorie du choix est une catégorie métaphysique dont il est souhaitable, en ce sens, que la théorie politique fasse abstention. Il est donc clair que, pour des raisons très défendables, Rawls n'est pas engagé dans un projet consistant à donner des compensations aux individus pour tous les désavantages qu'ils subissent à cause de circonstances qu'ils n'ont pas choisies, car cette notion ne pourrait en aucun cas former la base d'un accord raisonnable[3]. Tout au contraire, son projet est de construire une société qui permette aux individus d'être des membres pleinement coopérants de la société, et c'est cet objectif qui permet de dire quels sont les désavantages qui doivent faire l'objet d'une compensation : si le désavantage *X* doit être compensé, ce n'est pas parce qu'il est le résultat de circonstances que nous n'avons pas choisies, mais parce qu'il empêche ceux qui le subissent d'être des membres à part entière de la société en tant que système

1. J. Rawls, *Political Liberalism*, leçon VI, *op. cit.*, p. 259-306.

2. S. Scheffler, « What is Egalitarianism ? », *loc. cit.*, p. 30-31 ; *cf.* aussi, S. Scheffler, « Equality as the Virtue of Sovereigns : A Reply to Ronald Dworkin », *Philosophy and Public Affairs*, 31/2 (2003), p. 199-206.

3. S. Scheffler, « Choice, Circumstances and the Value of Equality », *loc. cit.*, p. 23-24.

équitable de coopération entre personnes libres et égales. C'est donc un idéal politique et social qui est à l'œuvre ici et la question est de savoir ce qui est ou ce qui n'est pas un obstacle à la réalisation de cet idéal. Tout ce qui empêche des individus de coopérer pleinement avec les autres en tant que membres libres et égaux doit être compensé, quelle que soit l'origine du facteur qui joue ici le rôle d'obstacle (qu'il résulte de choix ou non importe peu car de toute manière cette catégorie n'est pas du tout claire). Quant à la question de savoir comment on décide si un facteur est ou n'est pas en contradiction avec la possibilité d'une coopération entre personnes libres et égales, on dispose d'une méthode très simple pour y répondre : derrière le voile d'ignorance, les partenaires donneraient en effet une réponse à cette question, réponse que l'on peut considérer comme fondée[1].

On peut ainsi avancer deux thèses.

La première affirme que les idées fondamentales du *luck egalitarianism* ne se trouvent pas chez Rawls et qu'il faut donc, si l'on veut les soutenir et les développer, leur trouver d'autres sources et d'autres fondements que les quelques remarques de Rawls sur le fait que les facteurs arbitraires ou contingents peuvent faire l'objet d'une compensation[2]. Ces remarques, comme on vient de le voir, ne s'inscrivent pas dans un projet d'ensemble qui concevrait la justice comme une entreprise de neutralisation des effets du hasard dans la vie des individus.

La seconde affirme que la théorie rawlsienne conçoit les individus comme des personnes libres et égales qui veulent coopérer. La question est de savoir quelle est la forme de distribution des ressources qui est compatible avec les exigences d'une telle coopération entre personnes libres et égales. Pour qu'une personne puisse se voir conférer le statut de membre coopérant à égalité avec les autres et dans la liberté, quelle part de ressources sociales doit-elle avoir? Dès lors, la question de savoir quel est le *X* qui doit être distribué également pour qu'il y ait égalité n'est pas la question première de Rawls, qui porte quant à elle sur les conditions de

1. J. Rawls, *Justice as Fairness, A Restatement*, *op. cit.*, § 23-25.
2. S. Scheffler, « What is Egalitarianism ? », *loc. cit.*, p. 31.

réalisation d'un idéal en matière de relations entre les individus, pas sur les quantités de biens ou de ressources que chaque individu, pris isolément, doit posséder pour que la société soit juste[1].

Il n'est donc pas vrai que nos intuitions morales (celles que partagent la plupart des gens) nous incitent à dire que tous les désavantages que nous subissons du fait de circonstances dans lesquelles nous n'avons pas choisi de nous trouver méritent des compensations (ainsi, par exemple, nous n'avons pas choisi nos goûts onéreux et il est manifeste cependant que le fait d'avoir de tels goûts ne nous ouvre pas un droit à la moindre compensation). Inversement, il est tout aussi faux que nos intuitions morales nous portent à dire que toutes les fois que notre situation résulte des choix que nous avons faits nous devons en assumer seuls la responsabilité : ceux qui se sont engagés dans des recherches risquées mais profitables, ou ceux qui sont mis dans une situation objectivement défavorable par une conduite vertueuse, ne sont certainement pas abandonnés aux conséquences de leurs choix, pas plus que ceux dont il est clair que les choix désastreux qu'ils ont opérés sont les conséquences de leur situation matérielle ou de la faiblesse de la formation qu'ils ont reçue, ou d'un manque de capacité à faire des choix raisonnables. Il y a de toute manière dans cette idée un principe qui ne pourrait passer pour un principe de justice et d'équité dans une situation rationnelle de sélection des principes fondamentaux d'une société légitime[2].

Les *luck egalitarians* affirment au contraire qu'il n'est pas juste que des gens puissent jouir de certains avantages à cause de facteurs qu'ils n'ont pas choisis et qu'il n'est en revanche jamais inéquitable que les gens jouissent de certains avantages du fait de leurs choix (ou, mieux encore, qu'ils jouissent de l'ensemble des avantages qu'ils retirent de leurs choix volontaires dans un contexte d'égalité). Mais, à l'évidence, ceci ne correspond pas du tout à nos intuitions morales, car nous pensons que, dans certains cas, les avantages possédés par les individus ont beau ne résulter que des choix qu'ils ont faits, il est tout à fait équitable de les imposer et de leur en

1. J. Rawls, *Justice as Fairness, A Restatement*, *op. cit.*, § 14.
2. S. Scheffler, « Choice, Circumstances and the Value of Equality » *loc. cit.*

prendre une partie[1]. Et dans ce cas, notre raisonnement s'appuiera sur le fait qu'il n'existe pas de choix raisonnable pur : toutes les décisions sont prises dans un environnement social qui les rend raisonnables ou déraisonnables. Cependant, la considération essentielle ici n'est pas celle de savoir s'il s'agit bien des effets d'un choix car, tout bien considéré, une telle notion est de toute manière vide de sens en tant que principe public de justice. Cela ne signifie pas qu'elle est vide de sens à tous les points de vue, et chacun pourrait continuer à dire, dans son existence privée, que la notion de choix et de responsabilité est essentielle. Mais lorsqu'il s'agit de fonder le principe de répartition des ressources par une puissance publique soutenue par la contrainte, cette notion ne peut plus figurer dans l'arsenal de justification de la politique choisie. La distinction entre une affirmation politique et une affirmation métaphysique est ici essentielle[2] : on ne dit pas que la responsabilité des personnes est un mythe mais qu'il s'agit d'une notion que l'on ne peut utiliser dans un contexte politique pour prendre des décisions concernant l'allocation des ressources, des avantages ou des biens premiers. L'affirmation selon laquelle une personne devrait avoir moins de biens premiers en raison des décisions qu'elle a prises n'est tout simplement pas possible.

Nos intuitions morales tendent donc à ne pas régler ce genre de questions de manière abstraite : la question de savoir si nous devons bénéficier de l'ensemble des avantages que nos choix nous apportent ne peut être résolue indépendamment du contexte ; de même, la question de savoir si les désavantages non choisis doivent ou non être compensés ne peut être posée de manière abstraite. Par exemple si je suis un philosophe moins doué que vous et que vous parvenez à réfuter tous les arguments que je mets en avant, je n'ai certainement pas le droit de me plaindre et ce n'est certainement pas inéquitable ; il en va de même si l'on offre un contrat bien plus juteux à un footballeur de talent qu'à un joueur médiocre. Inversement, la

1. S. Scheffler, *Boundaries and Allegiances*, *op. cit.*, p. 174.

2. J. Rawls, *Libéralisme politique*, *op. cit.*, p. 35-40 ; « La théorie de la justice comme équité, une théorie politique et non pas métaphysique » loc. cit ; *Justice as Fairness, A Restatement*, *op. cit.*, p. 180-182.

plupart des gens considéreraient comme injuste la conduite d'un médecin qui dirait à un patient : je ne vous soigne pas parce que vous êtes vous-même responsables de ce qui vous arrive.

L'idée de base est que nous ne voulons pas respecter l'égale valeur des personnes en leur attribuant des ressources égales, mais faire en sorte que leur relation soit moralement valable. Par exemple, lorsque nous disons qu'un mariage ou une relation amicale doit être une relation entre des personnes égales, nous ne disons pas qu'il convient d'accorder la même valeur morale à chacune des personnes concernées ou du moins pas seulement, mais nous disons aussi que leur relation doit avoir une certaine structure morale[1]. La thèse de Scheffler est donc que l'idéal d'une société d'égaux n'implique pas la position des *luck egalitarians* parce que ni l'idée que les situations soient intégralement sensibles aux choix, ni l'idée qu'elles soient entièrement insensibles à ce qui n'est pas choisi ne sont des idées plausibles en elles-mêmes du point de vue moral[2].

Il semble donc que la tentative pour introduire le principe de responsabilité dans la théorie égalitaire soit un échec, car il n'est pas possible d'affirmer en un sens fort que les individus doivent assumer seuls les conséquences de leurs choix sans récuser le principe même de l'égalisation et sans tomber dans une forme de moralisme à résonance conservatrice qui nie tout simplement qu'il puisse y avoir un impératif moral lié à la structure égalitaire de la société. Il ne paraît donc pas possible de tempérer l'effort pour réaliser une valeur structurale (par exemple un mécanisme de coopération entre personnes libres et égales où chacun jouit des bases indispensables du respect de soi et de la protection de son sens moral) par un point de vue personnel (une déontologie centrée sur les droits de l'individu à se proclamer propriétaire de lui-même et à ne pas se soumettre aux exigences de l'égalité structurale) en affirmant que certaines inégalités sont non compensées parce qu'elles résultent des choix que les individus ont effectués[3]. Tout le monde sent bien

1. S. Scheffler, « What is Egalitarianism ? » *loc. cit.*

2. S. Scheffler, « Choice, Circumstances and the Value of Equality », *loc. cit.*

3. S. Scheffler lui-même a exploré une autre manière de procéder ainsi à l'hybridation entre le point de vue structural et le point de vue personnel dans *The Rejection of Consequentialism* (2003).

ce qu'il y a de peu satisfaisant dans une théorie qui fait prévaloir l'exigence structurelle d'une forme égalitaire sur les choix des individus[1], mais on constate ici que la tentative de tempérer l'exigence structurale par le principe de responsabilité est un échec.

LA DISTINCTION ENTRE LE CHOIX ET LE HASARD MÉCONNAÎT DE TOUTE MANIÈRE LA NATURE EXACTE DE L'ASPIRATION ÉGALITAIRE

Nous pouvons maintenant généraliser la conclusion de la section précédente : une société juste n'a pas pour ambition de neutraliser l'influence du hasard dans la vie humaine tout en abandonnant les individus aux conséquences de leurs propres choix, mais de construire une certaine forme de relation entre les personnes, ce qui est évidemment tout à fait différent[2].

En ce sens, comme le remarque Samuel Scheffler, le projet des *luck egalitarians* repose de toute manière sur une erreur à propos des raisons qui font que l'on aspire à l'égalité, ou des raisons qui font que l'égalité est une valeur pour nous, car ces raisons ne sont en rien l'expression d'une quelconque volonté de neutraliser ou de supprimer le rôle du hasard dans la vie humaine[3]. Elles ne sont pas non plus l'expression d'un idéal distributif, c'est-à-dire que l'égalité ne consiste pas dans le fait que chaque personne ait la même quantité d'une certaine chose à répartir. L'égalité en tant qu'idéal politique et social ne réside pas dans le fait que chaque individu ait le même genre de rapport avec un monde de choses et de droits que tous les autres, mais dans le fait que les rapports entre les personnes soient exempts de domination et de pouvoir, qu'ils permettent à chaque membre de la communauté de fonctionner comme un membre à part

1. E. Anderson, par exemple, ne recule pas devant l'affirmation selon laquelle une société égalitaire doit garantir certains types de biens à tous indépendamment de leur comportement parce que toute option contraire aboutirait à une très grande intrusivité dans la vie des individus et aurait pour effet un moralisme inacceptable. (« What is the Point of Equality ? », *loc. cit.*).

2. S. Scheffler, « Choice, Circumstance and the value of equality » ; E. Anderson « What is the Point of Equality ? », *loc. cit.*

3. S. Scheffler, « What is Egalitarianism ? », p. 23 : « The ideal of equality does not support the ambition of purging the influence of brute luck from human relations, which is just as well since one has only to describe that ambition for its folly to be evident ».

entière et d'être un coopérateur libre et égal dans une entreprise collective[1]. En d'autres termes, l'égalité est une valeur qui porte sur la nature des rapports entre les individus et non pas sur la distribution d'une chose entre les individus. Cette distinction est essentielle, car l'une des acceptions de l'égalité n'implique pas l'autre; les membres d'une société peuvent très bien détenir des quantités inégales de biens sans que cela détermine entre eux des relations de pouvoir; il en sera ainsi par exemple dans une société dont les institutions veillent à ce que la richesse ne donne pas de privilèges indus dans l'accession aux positions les plus favorables, et qui contrôle attentivement la transformation des biens matériels en pouvoir sur autrui[2]. Inversement, des individus peuvent avoir des quantités égales de biens sans avoir pour autant des relations égales du point de vue du pouvoir[3].

Il est en outre important de garder en mémoire qu'une société ne pourrait pas se donner pour objectif de neutraliser le hasard sans manifester une forme de mépris pour deux catégories de personnes. D'une part, ceux de ses membres dont elle attribue la situation défavorisée aux risques qu'ils ont pris et qu'elle refuse par conséquent de secourir; cette conséquence est particulièrement préoccupante lorsque les choix des individus qui seraient ainsi abandonnés aux conséquences de leurs propres actions sont des choix socialement utiles (les prospecteurs de pétrole) ou vertueux (les personnes qui décident de se consacrer au bien-être des autres). D'autre part, ceux auxquels elle viendrait en aide parce qu'ils sont frappés par le hasard que constitue le manque de talents ou de capacités naturelles, et auxquels elle serait contrainte de s'adresser comme à des êtres inférieurs dont elle va s'efforcer de compenser les « handicaps »[4].

1. S. Scheffler, « What is Egalitarianism? »; E. Anderson, « What is the Point of Equality? », p. 312; ceci rejoint l'idéal de la liberté républicaine exposé par P. Pettit, *Republicanism, A Theory of Freedom and Government* (Oxford, 1996).

2. *Cf.* pour une idée de ce genre, M. Walzer, *Spheres of Justice, A Defence of Pluralism and Equality* (1983).

3. S. Scheffler, « Equality as the Virtue of Sovereigns; A Reply to Ronald Dworkin » *Philosophy and Public Affairs*, 31/2, (2003), p. 205-206.

4. E. Anderson, « What is the Point... », *loc. cit.*, p. 295-298.

À propos de la première catégorie, E. Anderson montre par exemple que la volonté de pénaliser les gens qui sont eux-mêmes responsables de leurs infortunes aboutirait à d'intolérables formes de discrimination : entre plusieurs classes de handicapés, entre les habitants de zones exposées à des catastrophes naturelles (ils n'avaient qu'à habiter ailleurs) et ceux qui habitent des zones sûres, entre ceux qui ont fait des choix professionnels qui se révèlent désastreux et ceux dont les professions continuent d'être demandées sur le marché, entre ceux – ou celles – qui ont décidé de consacrer leur temps à s'occuper des personnes dépendantes et ceux qui ont décidé d'avoir un emploi productif, etc. Comme le dit E. Anderson,

> une société qui permet que certains de ses membres sombrent dans la plus grande pauvreté en raison de choix qui étaient entièrement raisonnables (et pour certains d'entre eux, comme la décision de s'occuper de personnes dépendantes, nécessaires), peut difficilement prétendre manifester à leur égard un respect égal[1].

Certes, il est possible de prévoir des systèmes d'assurance obligatoire, mais il s'agit alors de procédés d'inspiration paternaliste qui consistent à dire aux individus qu'ils sont trop imprudents ou trop stupides pour prendre soin de leur propre existence.

Ceux qui bénéficient de l'assistance collective dans une société fondée sur l'aspiration à neutraliser le hasard sont tout aussi méprisés que ceux à qui une telle assistance est refusée. Comment, en effet, assister ceux qui n'ont aucun talent sans leur dire publiquement qu'ils sont dépourvus de toute valeur par eux-mêmes, et sans amener la puissance publique à se faire l'écho et la confirmation des jugements privés qui affirment que certaines personnes n'ont pas de valeur parce qu'elles n'ont rien à vendre que les autres veuillent acheter? Si un individu est tel que tous les autres le méprisent, l'État doit-il endosser ce jugement méprisant et lui donner une

1. E. Anderson, « What is the Point of Equality ? », p. 301 ; P. Vallentyne critique lui aussi l'idée de neutralisation du hasard en montrant qu'une telle politique aurait pour effet de dissuader des choix risqués mais indispensables comme celui de chercher du pétrole par exemple.(« Brute Luck, Equality and Desert » *in* S. Olsaretti (éd.) *Desert and Justice*, *op. cit.*) ; nous avons vu que les réponses proposes par Arneson à cette objection étaient très faibles et qu'elles l'obligeaient à sortir de ses postulats initiaux.

compensation[1]? Comment proclamer que ceux que le hasard défavorise ont droit à une compensation sans inciter les membres de la communauté à se représenter eux-mêmes sous les traits les plus défavorables pour susciter la pitié? Comment proclamer une telle chose sans inviter en outre les plus défavorisés à décliner dans toute la mesure du possible toute responsabilité dans leur propre situation? Une telle société conduit de manière absurde à l'idée que le droit à l'assistance est fondé non pas sur le fait que tous sont égaux mais sur le fait que certains sont inférieurs et ont à ce titre droit à des compensations. Elle représente en outre une grave atteinte à l'autonomie des individus dans la mesure où, pour bénéficier de l'assistance, certains de ses membres sont contraints d'endosser le jugement des autres sur l'usage qu'ils auraient dû faire de leurs ressources et de leurs capacités au lieu de suivre leur propre jugement, comme si les plus démunis étaient obligés d'avouer qu'ils n'ont pas fait de leurs propres vies l'usage qu'ils auraient dû en faire. À cet égard, comme l'a remarqué Jo Wolff, la redéfinition de la justice en termes de neutralisation de l'action des facteurs contingents sur la situation des individus introduirait nécessairement une tension entre la mise en œuvre du critère de répartition des ressources ou des possibilités d'accès aux avantages qu'elle implique et d'autres valeurs qui semblent essentielles dans le contexte d'une aspiration à une société juste[2]. D'après Wolff, toute tentative pour définir l'exigence de justice en termes de neutralisation du hasard pur débouche en particulier sur une tension avec l'exigence tout aussi essentielle d'égalité dans le respect qui est dû à chacun des membres de la communauté.

Pourquoi en est-il ainsi? Tout simplement, dit Wolff, parce que, définie en ces termes, c'est-à-dire par la volonté que personne ne soit avantagé ou désavantagé par des facteurs purement arbitraires, l'exigence d'équité supposerait une forme de paternalisme qui viole le respect dû à ceux qui en sont l'objet. Respecter une personne,

1. E. Anderson, « What is the Point of Equality? », p. 305-306.

2. J. Wolff, « Fairness, Respect and the Egalitarian Ethos », *Philosophy and Public Affairs*, 27/2, (1998), p. 97-132; T. Hinton, « Must Egalitarians choose between Fairness and Respect? » *Philosophy and Public Affairs*, 30/1, (2001), p. 72-87.

c'est en effet ne pas faire preuve de défiance envers elle dans des domaines où nous estimons que les autres nous manqueraient de respect s'ils refusaient de nous faire confiance et d'accorder foi à ce que nous disons. Le respect implique également que nous nous abstenions de demander aux autres de se justifier de leur conduite dans des domaines où ils nous paraîtraient insultant que quiconque nous demande de nous justifier. Il consiste enfin à ne pas demander aux individus de révéler publiquement les traits de leur personnalité ou de leur situation si cette révélation entraîne – selon un jugement public – l'humiliation de son auteur[1].

Or, toute promotion de l'équité en termes de neutralisation du hasard suppose que l'on enquête sur la situation de ceux qui paraissent naturellement désignés pour bénéficier de transferts sociaux afin de déterminer si la situation défavorisée dans laquelle ils se trouvent ne serait pas une conséquence de leurs propres choix, auquel cas la responsabilité devrait leur en être imputée sans qu'ils puissent faire appel à l'aide des tiers et de la société. Une telle entreprise exige donc que les plus démunis soient *a priori* suspects de l'être « volontairement » et qu'on leur demande de faire la preuve que ce n'est pas le cas. Or, pour administrer une telle preuve, ils devront établir publiquement que c'est bien parce qu'ils sont victimes de facteurs contingents dont les autres ne sont pas affectés qu'ils ont droit à ce surcroît de ressources. Ces facteurs contingents peuvent être de deux types : il peut s'agir de facteurs objectifs – par exemple une crise économique qui rend le travail plus rare, une origine sociale qui entraîne un déficit d'éducation, un manque de ressources – ou de facteurs subjectifs comme le manque de talents de certains individus. Pour établir leur droit à bénéficier de transferts sociaux, les plus défavorisés seront contraints de mettre en valeur qu'ils sont en particulier victimes de ces facteurs contingents subjectifs, qu'ils sont par exemple dépourvus du moindre talent dont les autres veulent se porter acquéreurs[2].

Dans le monde réel, comme le montre Wolff, l'aspiration à neutraliser le hasard prend nécessairement la forme d'une

1. J. Wolff, *loc. cit.*, p. 103-104.
2. *Ibid.*, p. 107-109.

conditionnalité des transferts qui les subordonne au fait que les individus concernés sont dépourvus de toute opportunité dans une mesure qui les distingue des autres. Dans un marché du travail où l'offre serait abondante, celui qui demeure chômeur n'a par exemple droit à une indemnité que s'il prouve que, s'il ne trouve pas de travail, c'est parce qu'il est personnellement incapable d'en trouver à cause de facteurs structurels qui caractérisent sa personne et qui sont indépendants de ses propres choix[1]. En quoi cette politique est-elle conforme à l'égalité, en particulier à l'égalité de respect, puisque les mieux pourvus, quant à eux, ne se voient pas obligés de répondre à des questions indiscrètes sur leurs choix passés, ni à révéler leur éventuel défaut d'aptitudes ou de talents?

Les raisons que nous avons d'aspirer à l'égalité ne sont donc pas liées aux notions de choix et de responsabilité[2], mais à l'idée qu'il y a quelque chose d'intrinsèquement désirable dans un ensemble de relations entre les hommes qui ne seraient pas marquées par les différences de rang, de pouvoir ou de statut. Il s'agit donc non pas d'un idéal qui tente de délimiter dans la personne de chacun ce dont il doit assumer la responsabilité et ce dont il est légitime de lui faire assumer seul les conséquences, mais d'un idéal qui tente de faire en sorte que les relations entre les individus ne soient pas déterminées par les différences spécifiques dont chacun est porteur et qui affirme que la vie de tous les individus – quelle qu'elle soit – possède une importance égale. Au lieu de compenser les traits de personnalité qui, dans un contexte de préférences données, désavantagent ceux qui en sont porteurs, cet idéal tente au contraire de neutraliser les préjugés qui ont pour résultat que certaines caractéristiques personnelles sont désavantageuses[3]. En forçant à peine le trait, on pourrait dire que là où le *luck egalitarianism* va envisager de donner des ressources supplémentaires à ceux qui ont la malchance d'être nés avec la peau noire, l'idéal égalitaire va s'efforcer de faire en sorte que les institutions interdisent à quiconque de faire subir un désavantage à autrui sous prétexte que sa peau est plus sombre. Ce

1. J. Wolff, *loc. cit.*, p. 120-122.
2. S. Scheffler, « What is Egalitarianism ? », *loc. cit.*, p. 21.
3. *Ibid.*

n'est pas la nature qui est injuste mais les institutions, et l'idéal politique de l'égalité consiste non pas à neutraliser les hasards de la nature mais à juguler les préjugés des hommes et à remodeler les institutions de manière à permettre des relations exemptes de toute possibilité de traduire des différences naturelles ou sociales en relations de pouvoir[1]. Lorsqu'on formule les choses de cette manière on s'aperçoit aisément que l'origine des différences – hasard ou volonté – compte infiniment moins que leurs effets, et que la question est moins de savoir si les distinctions sont faites par l'arbitraire – naturel ou non – mais de savoir si elles sont compatibles avec des relations d'égal à égal. Il est vrai que dans certains cas, c'est l'allocation de ressources supplémentaires qui va permettre à ceux qui sont porteurs de certaines différences d'entretenir des relations égalitaires avec ceux qui n'en sont pas porteurs (c'est le cas de ceux qui sont victimes de handicaps), mais dans beaucoup d'autres cas, c'est l'interdiction prononcée par les institutions contre toute possibilité de traiter les porteurs de ces différences comme des êtres ayant moins de valeur que les autres qui aura cet effet. Au-delà, une conception égalitaire de ce genre cherche à garantir une égalité dans les capacités de fonctionner comme des citoyens égaux, non pas seulement du point de vue de l'exercice des droits politiques, mais du point de vue de toute une gamme d'activités de la société civile et de formes d'insertion dans le monde du travail et de l'économie[2].

Comme le dit E. Anderson, l'égalité ne lutte pas contre le hasard mais contre les obstacles réels au statut de citoyen égal et de coopérateur à part entière dans la vie sociale, contre les préjugés et l'oppression, contre les distinctions héritées, contre les différences de classe et de caste, contre la répartition non démocratique du pouvoir[3]. En tant qu'idéal moral, politique et social, l'égalité affirme que tous les individus possèdent la même valeur et qu'il y a des choses que nous pouvons exiger des autres en vertu de notre

1. S. Scheffler, « Distributive Justice and Economic Desert », *in* Olsaretti, *Desert and Justice*, *loc. cit.*

2. E. Anderson, « What is the Point of Equality ? », *loc. cit.*, p. 316-320.

3. *Ibid.*, p. 288-9 ; *cf.* aussi, p. 317-318 et p. 320.

simple qualité d'êtres humains, indépendamment de nos actions, de nos valeurs, de nos aspirations et de nos choix. En ce sens, l'idée égalitaire n'est pas destinée à faire porter à chacun les conséquences de ses choix. Tout au contraire elle est destinée à faire en sorte que les individus demeurent égaux malgré la diversité de leurs choix. Ceci ne signifie pas, bien entendu, que des ressources égales seront garanties à tous quelle que soit leur conduite, car la jouissance de l'égalité dans ce domaine est subordonnée à certaines conditions minimales et modulée par le contexte dans lequel chacun se trouve. Mais cela signifie au moins que l'idéal égalitaire n'est pas un idéal qui cherche à répondre à la question de savoir quelles sont les inégalités qui sont choisies; c'est un idéal qui cherche avant tout à répondre à la question de savoir quelles sont les inégalités qui sont justes au sens où elles ne sont pas incompatibles avec une relation de pouvoir égal et d'égale valeur entre les individus.

Par conséquent, s'il y a bien un idéal distributif dans cette conception égalitaire, il est lié, non pas à la volonté de neutraliser le hasard, mais à la détermination des besoins fondamentaux dont la satisfaction est indispensable pour être en mesure de participer à l'existence de la collectivité en qualité de membre libre et égal[1]. C'est donc bien l'aspiration à construire une coopération entre égaux, dépourvue de rapports de pouvoir et de domination, qui conditionne l'impératif de répartition des ressources; il est fort possible que, dans certains domaines, l'idéal égalitaire aboutisse à des résultats concrets du même ordre que le *luck egalitarianism*, mais ce ne sera pas du tout pour les mêmes raisons car il s'agira, non pas de supprimer l'influence du hasard mais de faire en sorte que, quelles qu'en soient les raisons, les membres de la communauté ne soient pas privés des moyens de fonctionner en tant que citoyens libres et égaux. Si le hasard les touche sans affecter leur capacité à entretenir les uns avec des autres des rapports fondés sur la liberté et l'indépendance, la théorie de la justice n'a pas à s'en préoccuper[2].

1. J. Rawls va même jusqu'à écrire que le critère du maximin est conforme au principe de Marx « de chacun selon ses capacités à chacun selon ses besoins » (« Reply to Alexander and Musgrave », *Collected Papers*, *op. cit.*, p. 252, *cf.* aussi, p. 242).

2. *Cf.* J. Rawls, « Reply to Alexander and Musgrave », *loc. cit.*, p. 246.

À cet égard, il va de soi que les différences de pouvoir et de rang sont omniprésentes dans toute communauté humaine et que l'idéal égalitaire ne consiste ni à les réduire à néant ni même – car c'est impossible – à réduire à néant celles qui ont le hasard pour cause. Il s'agit seulement de déterminer, parmi les différences, celles qui sont compatibles avec des relations exemptes de domination et quelles sont au contraire celles qui engendrent des formes de domination et qui, à ce titre, sont incompatibles avec la valeur de l'égalité. Il s'agit donc de dire quelles sont les formes de différenciation qu'un rapport entre des personnes peut tolérer sans cesser d'être un rapport fondamentalement égalitaire et quels sont au contraire les caractères qui ont pour effet de détruire l'égalité du rapport. Or il n'est nullement évident, bien au contraire, que la bonne réponse à cette question soit que les inégalités qui résultent de nos choix sont compatibles avec la possibilité d'une relation réciproque de non-domination, tandis que celles qui sont indépendantes de nos choix et n'en résultent pas menacent nécessairement cette possibilité. Il n'est même pas évident que la bonne réponse à cette question soit la formulation d'un idéal distributif, c'est-à-dire la mise en œuvre d'une formule de distribution égale de certaines choses, car il est parfaitement possible que les ressources soient distribuées également entre des individus qui seraient inégaux au sens qui nous paraît important. Ronald Dworkin, par exemple, reconnaît une telle possibilité, en admettant que l'égalité des ressources n'implique pas l'égalité de pouvoir[1].

En effet, quand on se demande pourquoi il est important que les individus se rapportent les uns aux autres comme des égaux, quels sont les fondements de ce rapport égalitaire et quelles sont les différences qui le réduisent à néant, on retrouve une réponse de type rawlsien : se rapporter aux autres comme à des égaux fait partie de la notion générale d'une société comme système de coopération entre des personnes libres et égales. L'égalité ne consiste donc pas dans le fait qu'un certain genre de choses est réparti également entre les individus mais dans le fait que ces mêmes individus sont en mesure

1. R. Dworkin, *Sovereign Virtue*, *op. cit.*, p. 190-200.

de justifier leurs actions dans des termes que les autres sont susceptibles de trouver raisonnables ou acceptables[1].

Cette notion de coopération entre égaux est implicite dans la culture politique publique des sociétés démocratiques modernes. C'est un point de convergence entre les individus, qui peuvent par ailleurs arriver à cette conclusion à partir de points de vue métaphysiques ou compréhensifs parfaitement divers[2]. On peut aller plus loin et avoir un véritable engagement de principe en faveur de la valeur de l'égalité; on dira alors que vivre dans une société d'égaux est une bonne chose, à la fois intrinsèquement et d'un point de vue instrumental. Pourquoi? Parce que lorsque les rapports entre les individus sont marqués par le pouvoir, il en résulte des structures de privilège et de déférence qui exercent un effet négatif sur la liberté et sur la possibilité même des échanges entre les hommes[3]. Les rapports de déférence qui existent au niveau politique infectent aussi les relations privées, ils minent les bases du respect de soi, elles encouragent chez certains un sentiment indu de supériorité. Les sociétés inégalitaires compromettent l'épanouissement de leurs membres. Inversement, une société égalitaire favorise le respect mutuel entre ses membres ainsi que le respect de soi en chacun d'eux, et elle encourage la liberté dans les échanges personnels. Elle permet aussi à ses membres de développer un sens de la solidarité et de la participation à un destin commun qui n'a aucun besoin de s'appuyer sur des mythes ou des mensonges ou des formes de fausse conscience. Ce bien n'est pas seulement de nature instrumentale.

Dans les deux cas, il y a des questions essentielles à résoudre, portant à la fois sur les différences compatibles avec les rapports égalitaires et sur le mode de répartition des ressources qui convient à de tels rapports[4]. Or les projets qui consistent à fonder une théorie égalitaire de la justice sur le principe de responsabilité ne paraissent

1. E. Anderson, « What is the Point of Equality ? », *loc. cit.*, p. 325-327.

2. *Cf.* J. Rawls, « The Idea of an Overlapping Consensus », in *Collected Papers*, *op. cit.*, p. 421-448.

3. E. Anderson, « What is the Point of EqualitY ? » *loc. cit.* : cette analyse rejoint celle de P. Pettit, *Republicanism...*, *op. cit.*, p. 80-110; P. Pettit, *A Theory of Freedom*, *op. cit.*, p. 138-144.

4. S. Scheffler, « What is Egalitarianism ? » *loc. cit.*

pas avoir pris cette direction. Au lieu de se poser ces questions, ils partent de l'idée que l'égalité consiste à répartir quelque chose, après quoi ils se demandent quels sont les déficits qui justifient une compensation (un supplément de ressources) et quels sont au contraire les déficits qui ne justifient pas une telle compensation, et ils répondent en suggérant que les déficits dus à des facteurs contingents justifient des compensations et ceux qui sont dus à des choix les excluent.

Mais, c'est la question de la nature des rapports entre les personnes qui est fondamentale (est-ce qu'elle permet l'épanouissement de chacun ?) alors que, dans la plupart des théories égalitaristes de la justice, elle s'efface devant une autre question : comment répartir un bien défini à l'avance[1] ? On néglige le fait que les relations entre des personnes qui ont des quantités très différentes de cette chose peuvent être égalitaires et, inversement, que leurs relations peuvent être très inégalitaires bien qu'elles possèdent la même quantité de cet *X*.

Si l'on tient compte de ces observations, dit Scheffler, on doit en conclure que les questions posées par les *luck egalitarians* ne prennent leur sens que dans un contexte plus vaste où l'on pose la question d'une société d'égaux[2]. Les questions auxquelles cherche à répondre la distinction du choix et du hasard portent en effet sur la mesure dans laquelle les individus doivent supporter les coûts de leurs propres choix ou en recueillir les avantages ; la mesure dans laquelle ils doivent recevoir des compensations pour des caractéristiques personnelles qu'ils n'ont pas choisi d'avoir ; la mesure dans laquelle les valeurs, les préférences et les talents des individus doivent être considérés comme des choses que l'on a choisies ou comme des choses qui relèvent du contexte non choisi. Or toutes ces questions, si on les scrute avec attention, portent en réalité sur les termes selon lesquels nous voulons vivre les uns avec les autres. Ce sont des questions portant sur le genre de charge que nous voulons pouvoir supporter en commun avec les autres et dont nous voulons que les autres les supportent avec nous. Ce sont aussi des questions

1. E. Anderson, « What is the Point of Equality ? » *loc. cit.*
2. S. Scheffler, « What is Egalitarianism ? » *loc. cit.*

sur le genre d'avantages que nous voulons être en mesure de conserver pour nous-mêmes et dont nous acceptons que les autres les conservent pour eux-mêmes. Pour répondre à ces questions, nous devons essayer de savoir si et jusqu'où nous voulons partager nos destins, si et jusqu'où nous désirons affronter l'avenir seuls. Mais ce sont des questions auxquelles il convient d'apporter une réponse collective dont la validité est fondée sur le fait qu'elle est acceptable par tous dans certaines conditions d'impartialité, ou qu'elle maximise la liberté ; il s'agit d'une norme que nous décidons de pratiquer, pas d'un jugement sur un état objectif du monde (nous décidons que les individus devront assumer la responsabilité de telle ou telle action, mais cette décision n'est pas une proposition objective portant sur un rapport de causalité entre une personne et une action et ses conséquences)[1].

À partir du moment où nous comprenons cela, nous nous éloignons nécessairement de l'idée que la répartition des ressources devrait obéir au principe de responsabilité tel que le voient les *luck egalitarians* en fonction de la distinction choisi/non choisi[2]. Il n'y a aucune raison de penser que les membres d'une société d'égaux voudraient être régis par un principe de ce genre, surtout si l'on tient compte du fait que la distinction choisi/non choisi incline nécessairement vers une forme de moralisme, qu'elle exagère et rigidifie l'importance de la notion de choix sur le plan ontologique, et qu'elle s'écarte sur de nombreux points des jugements moraux ordinaires[3]. Sans parler, bien entendu, des cas difficiles évoqués par Richard Arneson, et de l'abîme métaphysique dans lequel elle nous contraint d'entrer[4].

La théorie des *luck egalitarians* tient donc compte de certaines valeurs qui font indubitablement partie d'une société d'égaux

1. *Cf.* A. Ripstein, *Equality, Responsibility and the Law*, *op. cit.* ; *cf.* aussi K. Dowding, « Luck and Responsibility », *in* M. Matravers et L. Meyer (éds.) *Democracy, Equality and Justice* (2008).

2. S. Scheffler, « What is Egalitarianism? » p. 22; *cf.* M. Matravers, « Responsibility, Luck and the "Equality of What?" Debate », *loc. cit.* ; Matravers, *Responsibility and Justice*, (2007), p. 96-110.

3. E. Anderson « What is the Point of Equality ? » *loc. cit.*, p. 326-331.

4. Cf. *infra*, chapitre VI.

lorsqu'elle affirme que les individus ne doivent pas supporter seuls les effets de circonstances arbitraires et qu'ils doivent assumer la responsabilité de leurs choix, mais il y a bien d'autres valeurs dont il faut tenir compte et qui empêcheraient des individus délibérant sur la création d'une société d'égaux d'accorder une importance aussi décisive à la distinction entre ce qui est choisi et ce qui ne l'est pas dans la stratégie consistant à fixer les limites des inégalités qui sont permises. Avec une stratégie de ce genre on risque d'accepter des inégalités incompatibles avec une société d'égaux et au contraire de ne pas tolérer des inégalités qu'une société d'égaux doit permettre. Il est assez clair qu'il y a des moments où nous ne vivrions pas comme des égaux si nous laissions les autres porter seuls les conséquences de leurs actes pour la seule raison qu'ils ont choisi d'agir comme ils l'ont fait (que penser par exemple des engagés volontaires dans une guerre, des mères qui choisissent de demeurer au foyer pour s'occuper des enfants?). Et il y a aussi des moments où nous ne vivrions pas comme des égaux si nous refusions de récompenser certains individus pour leurs talents sous prétexte qu'ils ne sont pas les auteurs de ces talents et qu'ils ne peuvent prétendre en être responsables.

Le point essentiel n'est donc pas de savoir si les inégalités résultent des choix ou résultent du contexte (ou de l'arbitraire du hasard), mais de savoir si les inégalités en question sont compatibles avec une égalité de pouvoir et de respect de soi. En ce sens, l'idéal qui consiste à éliminer l'influence du hasard pur dans la distribution n'est pas un idéal d'égalité auquel on puisse souscrire, et il est important de garder en mémoire qu'une société pourrait parfaitement en satisfaire les exigences sans porter remède à la domination et aux relations de pouvoir entre ses membres. Inversement, cette même société pourrait parvenir à maîtriser ces rapports de pouvoir et construire des rapports égalitaires en ne compensant pas certains effets du hasard (lorsqu'ils ne mettent pas ceux qui en sont victimes dans une situation de dépendance) et en compensant au contraire les effets de certains choix. Une société juste peut ainsi être compatible avec le fait que certains hasards ne sont pas compensés tandis que certains choix le sont; inversement, elle peut exiger que certains hasards ne soient pas compensés (car une telle compensation serait manifestement offensante pour ceux qui en seraient les « bénéficiaires »[1]) et que certains choix le soient (les choix vertueux par exemple)[2]. À l'objection selon laquelle la thèse de l'égalité démocratique – qui exige que les conditions sociales de l'exercice de la liberté soient garanties à tous les citoyens indépendamment de toute inquisition sur le caractère prudent ou responsable de leur conduite – encourage l'irresponsabilité, Scheffler et Anderson répondent tout d'abord qu'il ne s'agit pas d'indemniser les individus contre tous les effets de leur conduite imprudente, mais seulement contre ceux de ces effets qui les mettent hors d'état de remplir leur rôle en tant que citoyens libres et égaux et de prendre part à la vie civile et économique en tant que partenaires à part entière. Anderson fait remarquer par ailleurs qu'il serait outrageusement moralisateur et répressif d'accuser quelqu'un de ne pas se conduire de manière responsable alors que la société ne lui assure pas les conditions minimales d'une telle conduite ; l'exercice de la responsabilité exige en effet non seulement une pluralité d'options, mais aussi la connaissance de ces options ainsi que la possession de capacités délibératives et la confiance dans son propre jugement. D'une certaine manière, il serait abusif de postuler que tous les citoyens possèdent par nature et indépendamment de circonstances sur lesquelles ils n'ont aucun contrôle une puissance de faire des choix raisonnables qui serait identique en tous. Or, si ce n'est pas le cas, comment construire une société qui fait porter aux auteurs de mauvais choix les conséquences de leurs propres décisions ?

1. E. Anderson, « What is the Point of Equality ? », *loc. cit.*, p. 289

2. E. Anderson, « What is the Point of Equality? », *loc. cit.*, p. 325-6 ; *cf.* J. Wolff, « Fairness, Respect and the Egalitarian Ethos », *Philosophy and Public Affairs*, 27 (1998), p. 97-122.

CHAPITRE VI

LA DISTINCTION ENTRE LE CHOIX ET LE HASARD : L'OBSTACLE MÉTAPHYSIQUE

Le chapitre précédent nous a permis de comprendre que la tentative de réorientation de la théorie de la justice vers une entreprise de neutralisation des facteurs contingents impliquait un contre sens sur la nature de l'aspiration à l'égalité et à la justice. Dans les deux chapitres suivants, nous allons tenter de comprendre pourquoi cette tentative est en outre affectée, de l'intérieur, par deux difficultés qui paraissent difficilement surmontables. La première est qu'elle entraîne la théorie de la justice – qui doit par définition être une conception de la structure sociale et des relations entre les individus susceptible de faire l'objet d'un accord ou d'un consensus – vers des questions métaphysiques insolubles liées à la querelle du déterminisme et de l'indéterminisme. La seconde est que, de toute manière, la neutralisation du hasard ne peut pas du tout être comprise comme une acception de l'égalité. Il y a donc un contresens radical à interpréter la justice comme la suppression ou la neutralisation de l'influence du hasard dans l'existence des individus et nous n'avons aucune raison de penser qu'une société dans laquelle l'action du hasard serait nulle serait nécessairement une société juste, ni même qu'elle serait plus égalitaire qu'une société dans laquelle le hasard joue un rôle considérable.

Le présent chapitre, après avoir mentionné quelques difficultés de bon sens auxquelles se heurte l'entreprise du *luck egalitarianism*, montre qu'elles convergent vers la première de ces deux difficultés ; le chapitre suivant est consacré à la seconde.

LA DISTINCTION ENTRE CHOIX ET HASARD, PIVOT DE LA THÉORIE DE LA JUSTICE ? QUELQUES OBJECTIONS DE BON SENS

Dans une série d'articles consacrés à l'entreprise intellectuelle menée par Cohen, Roemer, Arneson (et, selon lui, Dworkin), Samuel Scheffler s'attache à montrer que le principe de responsabilité est susceptible, dans la théorie de la justice, de deux usages fort différents : un usage polémique ou critique qui consiste en réalité à repousser les critiques que les conservateurs adressent à l'égalitarisme au nom du concept de responsabilité, et un usage plus normatif qui consiste à faire de la distinction entre ce dont nous sommes responsables et ce dont nous ne sommes pas responsables la pierre angulaire de la théorie de la justice entendue comme la mise en œuvre d'une volonté de neutraliser le hasard et de compenser ce qui, dans les différences qui séparent les individus, est dû à des accidents ou à des causes dont ils ne sont pas les maîtres[1]. Il entend montrer que le principe de responsabilité est certes en mesure de jouer le premier rôle, mais pas le second.

Sous sa forme polémique, le principe de responsabilité est effectivement assez facile à retourner contre ceux qui l'emploient dans un sens conservateur et anti-égalitariste. Ces derniers affirment que la redistribution et l'assistance sociale récompensent les paresseux et pénalisent ceux qui travaillent intensément et se conduisent de manière prudente. Mais il n'est pas très difficile de faire remarquer que les différences dans l'effort et les degrés d'énergie ne sont pas les seules causes de l'inégalité qui prévaut dans les sociétés modernes, car les facteurs que nous n'avons pas choisis (l'origine sociale, le talent, l'environnement familial, l'héritage, la chance pure) pèsent au moins aussi lourd que ceux dont les individus peuvent revendiquer la responsabilité dans la genèse et le dévelop-

1. S. Scheffler, « Choice, Circumstance, and the Value of Equality », *op. cit.*, p. 6.

pement des inégalités. Si chacun ne doit jouir que des avantages dont la responsabilité peut lui être attribuée, pourquoi l'héritage est-il légitime? Pourquoi a-t-on le droit de profiter du hasard, celui de la naissance comme celui du marché? De plus, même en supposant que le caractère (paresseux ou travailleur) soit responsable d'une part importante des inégalités, il demeure difficile de prétendre que le caractère est quelque chose que nous choisissons. Comme on le voit, ce genre d'arguments ne consiste pas, pour les partisans de l'égalitarisme, à adopter le principe de responsabilité, mais simplement à critiquer l'utilisation incohérente que les conservateurs en font car, même si l'on admet que les inégalités issues des choix sont légitimes, il est certainement absurde de prétendre que la totalité des causes des inégalités sociales et économiques sont choisies et, par conséquent, telles que les individus doivent en assumer la responsabilité.

Mais c'est l'usage normatif du principe de responsabilité qui doit être scruté avec attention, parce qu'il envisage de faire de ce principe le pivot d'une théorie de la justice capable d'intégrer l'objection conservatrice en exigeant que les individus assument les conséquences de leurs propres choix. Ce rôle plus affirmatif du principe de responsabilité consiste à dire, rappelons-le, que la neutralisation des effets du hasard aurait nécessairement des conséquences égalitaires, que si l'on compense les facteurs dont les individus ne sont pas responsables, on se rapproche nécessairement de l'égalité, et que l'objectif d'une société juste est par conséquent de neutraliser les effets des facteurs dont les individus ne sont pas responsables. Le principe de responsabilité serait ainsi un principe fondamental de moralité politique sur lequel il serait possible de fonder une politique égalitaire, dans la mesure où la forme principale du progrès vers une plus grande égalité devrait précisément consister dans une entreprise de neutralisation du hasard[1].

1. Nous verrons au chapitre suivant qu'un certain nombre de critiques de ce projet y décèlent en outre un véritable paralogisme car il n'y a aucun lien nécessaire entre la neutralisation du hasard et le progrès vers l'égalité; *cf.* Susan Hurley, *Justice, Luck and Knowledge,* (2003).

C'est ce projet que Scheffler estime erroné car, dit-il, dès que ce principe devient plus qu'une proclamation creuse et tautologique, ses conséquences inégalitaires deviennent évidentes et sa capacité à s'inscrire dans la culture publique d'une société fondée sur l'égalité s'évanouit[1].

Que dit en effet le principe de responsabilité ? Il affirme que des résultats inégaux ne sont justifiés que s'ils peuvent être considérés comme les conséquences de facteurs dont les individus eux-mêmes sont responsables. Le principe affirme donc que si un aspect de la situation d'un individu a pour cause un facteur dont cet individu est l'auteur, cet aspect de sa situation est justifié et n'appelle aucune correction ; il doit donc être abandonné à la charge de l'individu et il n'existe aucun fondement obligeant une quelconque autre personne à lui venir en aide pour en modérer ou en compenser les effets. Par exemple on dira que si la pauvreté d'un individu *X* a pour cause sa paresse, et que sa paresse est un facteur dont il est lui-même responsable, sa pauvreté est justifiée et n'appelle aucune mesure compensatoire. Inversement, le principe affirme que, si certains aspects de notre situation sont tels qu'il est possible de dire qu'ils ont été causés par des facteurs dont nous ne sommes pas responsables, ils sont injustifiés et appellent une compensation.

Comme Scheffler le fait remarquer, le principe ainsi formulé n'a aucun contenu substantiel, car il revient à dire que si la pauvreté de cet individu a pour cause un facteur qui la justifie, alors elle est juste et ne doit pas être corrigée[2]. Il nous faut donc définir le facteur dont un individu est responsable *autrement* que comme le facteur qui, lorsqu'il est la cause de la situation dans laquelle se trouve cet individu, a le pouvoir de « justifier » cette dernière, et il faut le faire de manière à préserver la possibilité d'une politique égalitariste précisément conçue comme la neutralisation de l'ensemble des facteurs qui déterminent la situation des individus et dont ils ne sont pas responsables. Or, nous allons le voir, c'est impossible car, dès que la définition de la responsabilité devient assez puissante pour justifier que certains traits de notre situation soient assumés par

1. S. Scheffler, « Choice, Circumstance… », *loc. cit.*, p. 8-9.
2. S. Scheffler, *loc. cit.*, p. 9.

nous, le recours à l'idée de responsabilité comme critère de justice a des conséquences évidemment inégalitaires.

Nous avons donc besoin, dit Scheffler, d'une notion nouvelle. À la question « quels sont les facteurs dont nous sommes responsables et qui, lorsqu'ils sont la cause de notre situation, ont le pouvoir de rendre cette situation justifiée ? », il va falloir répondre qu'il s'agit des facteurs que nous avons *choisis*. Sous cette forme, le principe de responsabilité acquiert effectivement un contenu substantiel : il consiste à dire que si la situation dans laquelle je me trouve est *causée par mes propres choix*, elle est justifiée et je dois en assumer les conséquences[1].

Mais si l'on adopte cette interprétation du principe de responsabilité, on comprend tout de suite qu'il n'a de conséquences égalitaires que si, de manière absurde, l'on fait entrer dans le domaine du non-choisi l'ensemble des facteurs susceptibles de créer entre nous des inégalités. Sinon, l'adoption d'un tel principe nous conduit à l'idée que la redistribution est illégitime parce que les facteurs qui donnent naissance aux inégalités sont des choix ou résultent de choix. Or, quels sont les facteurs qu'il faudrait pouvoir représenter comme *non choisis* pour que le principe de responsabilité soit compatible avec une politique de redistribution à vocation égalitaire ? Principalement les talents, les caractéristiques « naturelles », le degré d'énergie, dont on va devoir affirmer d'une part qu'ils sont les causes principales des inégalités et, d'autre part, qu'ils sont non choisis (et donc que les individus n'en sont pas responsables et ne doivent pas en assumer les conséquences) pour justifier ainsi une politique de redistribution et de réduction des inégalités. D'autres égalitaires – nous l'avons vu – vont encore plus loin puisqu'ils disent non seulement que les talents et les aptitudes naturelles ne sont pas choisis, mais que certaines préférences et certains traits de caractère ne le sont pas non plus (les goûts onéreux, la paresse etc.) et peuvent donc être représentés comme des handicaps. Cela paraît être une conséquence logique de ce que l'on pourrait appeler un principe de hasard : si tout facteur contingent qui est à l'origine d'une inégalité ouvre un droit à compensation, l'idée

1. S. Scheffler, *loc. cit.*, p. 9-10.

de responsabilité paraît induire une sorte de fuite en avant consistant à faire rentrer un nombre croissant de facteurs dans la catégorie du contingent ou de l'arbitraire.

Mais même si l'on résiste à cette fuite en avant et si l'on ne se laisse pas entraîner jusqu'à l'idée que ceux qui ont des goûts onéreux, ou une capacité faible à convertir les ressources en bien-être, ou une capacité de choix rationnel limitée, ont droit à des compensations, et même si l'on met de côté les difficultés pratiques (dont certaines, comme nous l'avons vu, ne peuvent être résolues que par des moyens d'inquisition et de paternalisme qui entrent en contradiction avec l'idée même de la justice et de l'égalité), il reste que l'idée elle-même paraît se heurter à des obstacles de taille puisque un tel « principe de responsabilité » n'a de conséquences égalitaires que si on fait tomber les talents et les aptitudes naturelles dans le domaine de ce qui n'est pas choisi. Or, dit Scheffler, toute définition du principe de responsabilité qui exige que les talents et les aptitudes personnelles tombent du côté de ce que nous n'avons pas choisi a des conséquences paradoxales ou donne du moins lieu à des désaccords insolubles qui interdisent de faire du principe de responsabilité la base d'un accord stable dans une société juste[1].

Résumons. Le principe de responsabilité n'est un principe qui favorise l'égalité que si on classe les talents et les autres qualités naturelles du côté des facteurs contingents. Mais un tel classement est si contesté et si contestable qu'il ne peut en aucun cas faire l'objet d'un consensus que la société juste pourrait prendre pour base et inscrire dans sa culture publique. Il est en outre menacé en permanence par la fuite en avant car, si les inégalités dues au hasard sont illégitimes, pourquoi devrions-nous être moins bien lotis sous prétexte que nos goûts (non choisis) sont onéreux ou que nous avons moins de facilité à faire des choix raisonnables et à convertir des ressources données en bien-être ?

Il semble au demeurant que ce soit l'idée même de distinguer entre ce qui est choisi et ce qui ne l'est pas et d'en faire le centre organisateur d'une théorie de la justice sociale qui soit contestable. Ce principe, comme nous avons commencé à le comprendre au

1. S. Scheffler, *loc. cit.*, p. 10-12.

chapitre précédent, ne s'appuie sur aucune intuition largement partagée. Nous avons en effet plutôt tendance à penser que les inégalités qui résultent des choix ne sont légitimes que si les choix eux-mêmes sont authentiques, c'est-à-dire s'ils sont effectués dans un contexte équitable. Loin par conséquent que la notion de choix puisse définir une situation juste (ce qui est choisi est légitime par opposition à ce qui naît du hasard et qui demande à être corrigé) elle ne peut servir de critère de validation que dans une situation définie comme juste indépendamment d'elle. Comme le montre Scheffler, la moralité commune n'admet donc pas que, sous le seul prétexte que la situation d'un individu est le résultat des choix qu'il a faits, il n'a droit à aucune assistance; elle a au contraire tendance à dire que les inégalités qui résultent des choix ne sont légitimes et justifiées (donc qu'elles n'appellent aucune compensation) que si les choix en question ont été effectués dans un contexte d'égalité des chances où les individus avaient tous la possibilité de faire des choix identiques. C'est quand cette possibilité existe et que les individus qui n'ont pas fait les mêmes choix arrivent à des résultats différents que la moralité commune a tendance à vouloir que ces résultats soient assumés par chacun en toute responsabilité. Elle pratique donc bien un critère de justice indépendant de la distinction du choix et du hasard : elle ne dit pas que tout ce qui est choisi est à la charge de ceux qui l'ont choisi mais seulement que cette proposition est vraie si tous avaient la possibilité de choisir la même chose, ce qui est évidemment tout à fait différent.

En rejetant toutes les inégalités qui ne dérivent pas du choix comme illégitimes par le seul fait qu'elles sont contingentes, le *luck egalitarianism* va donc bien au delà de la moralité commune qui, quant à elle, est tout à fait prête à admettre que si les individus sont placés dans un contexte de non discrimination et d'égalité des chances, les différences et les inégalités liées aux talents sont dans une large mesure légitimes[1]. Autrement dit, la moralité commune a tendance à incriminer, non pas le hasard en tant que tel, mais au contraire les effets d'une structure sociale *délibérément* injuste : si les individus avaient autant de moyens de développer leurs talents et

1. S. Scheffler, « What is Egalitarianism ? », p. 6.

autant d'opportunités de le faire, les inégalités qui les séparent et qui sont dues aux différences dans leurs talents ne seraient pas du tout illégitimes[1]. Contrairement à ce que croient les *luck egalitarians*, il n'y a aucune évidence dans l'idée que l'arbitraire est le premier et principal ennemi de la justice; tout au contraire, il paraît bien plus naturel de penser que c'est l'effet des volontés humaines qui est injuste. S'il est donc vrai que la moralité commune et le *luck egalitarianism* se recoupent en reconnaissant que certaines circonstances non choisies donnent naissance à des inégalités qui ne sont pas légitimes, la moralité commune aurait tendance à insister sur l'idée que les circonstances non choisies ont cet effet non pas parce qu'elles sont *arbitraires* mais parce qu'elles sont *imposées* par les uns et subies par les autres, ou encore, parce que la société humaine aurait le pouvoir d'en neutraliser au moins partiellement les effets et qu'elle ne le fait pas, ce qui fait apparaître ces circonstances comme « voulues » et non pas comme arbitraires (produites par le hasard)[2]. En d'autres termes, la moralité commune a recours à un concept de justice qui est indépendant de la distinction du choix et du hasard[3].

L'idée qui apparaît ici est donc aux antipodes du projet de réorganisation de la théorie de la justice autour de la distinction entre le volontaire et le contingent: le fait qu'une situation résulte du choix ne signifie pas nécessairement que l'individu qui a fait le choix doive porter la responsabilité entière de la situation, qu'elle soit ainsi justifiée et que les autres soient déchargés de tout devoir d'assistance. Les choix vertueux qui ont des conséquences négatives pour ceux qui les font, de même que les choix imprudents

1. Cette forme d'égalité des chances ou d'égalisation dans ce que Durkheim appelle « les conditions extérieures de la lutte » est par exemple au cœur du projet social républicain qui s'esquisse en France au début du XXe siècle; nous nous permettons de renvoyer sur ce point à notre ouvrage : *Le moment républicain en France* (2005).

2. *Cf.* H. Steiner, « How equality matters? » *Social Philosophy and Policy*, 19 (2002), p. 342-356. Comme le montre Steiner, le problème des *luck egalitarians*, c'est qu'ils regroupent dans une même catégorie les désavantages que nous subissons du fait du hasard et ceux que nous subissons du fait de l'action des autres; Steiner en infère qu'ils commettent le paralogisme consistant à faire payer aux autres – qui en sont innocents – des désavantages que certains subissent du fait du hasard, mais on pourrait aussi en inférer qu'ils commettent le paralogisme inverse : ils attribuent au hasard ce qui relève en réalité d'une forme sociale tout à fait délibérée.

3. S. Scheffler, « Choice, Circumstance… », *loc. cit.*, p. 10.

effectués à des époques précoces de l'existence, viennent apporter de l'eau au moulin de cette conception et l'on voit qu'il ne s'agit de cas difficiles que dans le contexte d'une conception elle-même paradoxale et intenable.

Inversement, le fait que certains avantages soient dus à des facteurs non choisis comme les talents et les aptitudes naturelles n'implique pas (au contraire) que les avantages que l'on se procure avec ces facteurs soient injustifiés[1]. Il suffit, pour s'en convaincre, de penser, par exemple, que nul ne songe à demander une compensation pour un physique peu avantageux avec lequel il a plus de mal que son voisin à s'attirer les faveurs de l'autre sexe. Scheffler en conclut qu'il n'y a pas d'accord sur l'acception qu'il convient de donner au principe de responsabilité et que toute politique égalitariste qui voudra intégrer ce principe sera contrainte de faire une distinction essentielle (ce qui est choisi est de la responsabilité des individus, ce qui est dû au hasard est compensé) qui sera toujours controversée. Il semble donc que la question en suspens ne soit pas celle de l'application du principe de responsabilité mais celle de l'acceptation du principe lui-même en un sens suffisamment précis pour fonder une politique qui soit égalitaire.

Certes, il est possible d'avoir une acception du principe de responsabilité qui soit à la fois substantielle et égalitariste; c'est le cas de la thèse défendue par les *luck egalitarians*. Mais, pour obtenir cette remarquable combinaison, il faut introduire des thèses si radicalement contre-intuitives et si contestées que la possibilité d'en faire la base d'un accord raisonnable et de l'inscrire dans la culture politique d'une société libre disparaît purement et simplement. Qui est prêt à accepter que le manque de talent est un handicap qui ouvre le droit à compensation? Qui est prêt à aller jusqu'à l'affirmation selon laquelle certains goûts non choisis sont des handicaps? Qui est prêt à admettre que la faiblesse des capacités de raisonnement et de choix, ainsi que l'incapacité à convertir des ressources en bien-être, sont des bases sérieuses sur lesquelles on peut s'appuyer pour bâtir une politique de redistribution? Sans compter les doses

1. S. Scheffler, « What is Egalitarianism? », *loc. cit.*, p. 33.

d'inquisition et de mépris qu'il faudrait injecter dans le système social pour l'organiser autour de critères de ce genre.

Aucune tentative qui prétendrait fonder la politique égalitariste sur le principe de responsabilité ne peut donc prétendre se fonder sur une vérité morale commune, car lorsque le principe de responsabilité est l'objet d'une interprétation commune il n'est pas suffisamment consistant pour fonder une telle politique ; et lorsqu'il devient suffisamment consistant pour jouer ce rôle, il cesse d'être l'objet d'une interprétation commune, en sorte que toute opposition sur le contenu d'une politique reflète immanquablement une opposition sur le sens même du principe de responsabilité. Consensus sur un principe vide ou désaccord sur un principe qui possède des implications réelles, telle est l'alternative.

Dans les démocraties contemporaines, il n'y a donc pas d'accord unanime – sans parler des difficultés d'application – sur l'idée que ce qui est choisi relève de la responsabilité des individus tandis que ce qui ne l'est pas relève de la solidarité. Au contraire, il semble qu'un grand nombre de nos intuitions s'organisent non pas autour de la distinction entre le volontaire et le contingent mais autour du contexte dans lequel les actions prennent place : la structure est-elle juste ? Si elle l'est, nous n'avons pas à nous demander si notre situation est choisie ou si elle est due à des facteurs contingents, et c'est heureux parce qu'il semble bien que cette question soit insoluble.

On a évidemment beaucoup cherché à surmonter cette difficulté en proposant une acception plus satisfaisante de la distinction entre ce qui est choisi et ce qui ne l'est pas, mais aucune des solutions avancées jusqu'ici ne paraît réellement déboucher sur une acception uniformément raisonnable du principe de responsabilité. Avant d'abandonner cette idée, revenons une dernière fois sur la tentative faite par Dworkin pour atteindre simultanément les deux objectifs qui nous paraissent ici inconciliables : proposer un critère cohérent de distinction entre choix et hasard tout en évitant d'une part la pente glissante consistant à intégrer au domaine du contingent l'ensemble des facteurs qui engendrent des inégalités et, d'autre part, l'adoption de croyances indéterministes d'ordre métaphysique qui sont à la fois peu justifiables et peu susceptibles d'être intégrées sans contestation à une culture publique démocratique.

Dworkin propose – on s'en souvient – de définir le « choix » comme ce avec quoi nous nous identifions, ou ce que nous revendiquons comme nous appartenant ou nous définissant, alors que le contexte ou ce qui est dû au hasard est l'ensemble des facteurs qui caractérisent notre situation et avec lesquels nous ne nous identifions pas[1]. Cet argument – qui présente au demeurant l'inconvénient de définir comme choisis des traits de notre situation dont tout le monde sait qu'ils ne sont choisis en aucun sens – n'est pas utilisable car, de quelque manière que l'on conçoive la ligne de démarcation entre le choix et les circonstances extérieures, il y aura nécessairement certaines « circonstances » dworkiniennes avec lesquelles nous nous identifions. Par exemple, il est absolument évident que les gens s'identifient avec leurs talents et leurs aptitudes ou avec leur apparence physique (alors que de nombreux égalitaristes – Dworkin le premier – seraient tentés de dire que ces caractéristiques tombent du côté du contexte et non pas de ce qui est choisi). Dire que les gens s'identifient avec ce genre de caractéristiques, c'est dire qu'ils se représentent ces caractéristiques comme faisant partie de leur identité, mais cela ne veut pas dire qu'ils acceptent que les différences qui en résultent entre eux et les autres – positives ou négatives – sont justes. Par conséquent, il n'est pas possible de prétendre que les facteurs « choisis » pour lesquels les individus sont tenus responsables sont les facteurs personnels avec lesquels ils s'identifient, car nous nous identifions avec nombre de choses que nous n'avons choisies en aucun sens cohérent, comme notre apparence physique, certains de nos traits de caractère et même aussi certains traits de notre situation extérieure (par exemple notre nationalité)[2].

1. R. Dworkin, « Equality and Capability », in *Sovereign Virtue*, *op. cit.*

2. S. Scheffler, « What is Egalitarianism », *loc. cit.*, p. 20. On pourrait reformuler cet argument en disant : si une personne possède un ensemble de qualités personnelles tel que tous les autres membres de la société préfèrent avoir leur propre ensemble plutôt que celui-là, cet ensemble de qualités est « subi » et non choisi et il ouvre donc un droit à compensation. Mais, comme le montre E. Anderson, il s'agit de jugements privés et l'État n'a pas à s'en faire le porte-parole ou à agir d'après eux. En outre, la dimension stigmatisatrice serait bien trop importante pour être acceptable ; elle impliquerait que l'on dise à certains qu'ils sont laids, inférieurs, stupides et dépourvus de talents que les autres voudraient avoir, et qu'ils ont par conséquent droit à des compensations. *Cf.*, J. Wolff, « Fairness, Respect and the egalitarian ethos », *loc. cit.*

Par ailleurs – nous le savons – Dworkin lui-même reconnaît qu'il n'est pas possible de considérer l'ensemble des circonstances dans lesquelles nous sommes placés comme des limitations; certaines de ces circonstances au moins sont des paramètres qui nous définissent comme ce que nous sommes et sont des circonstances avec lesquelles nous nous identifions. Il y a donc nécessairement des circonstances non choisies avec lesquelles nous nous identifions. Mais, si c'est le cas, il n'est plus possible de maintenir la distinction entre le choix et les circonstances.

Dworkin semble conscient de cette difficulté, et c'est ce qui l'a conduit, dans des textes récents, à abandonner la distinction entre ce qui est choisi – et à quoi nous nous identifions – et ce qui relève des circonstances. Il affirme maintenant que la question essentielle n'est pas de savoir si certaines caractéristiques de notre personnalité sont choisies, mais uniquement la question de savoir si le fait d'avoir une particularité *X* nous rend incapables de choisir différentes formes d'activité professionnelle et de revenu auxquelles d'autres qui n'ont pas cette caractéristique ont accès[1]. Par exemple, si le fait d'être une femme nous empêche d'embrasser une profession à laquelle les hommes ont accès, le fait d'être une femme est pour nous une caractéristique non-choisie, même si nous nous identifions profondément avec lui. De la même manière, quelqu'un qui est dépourvu de talents que les autres veulent acheter est incapable de choisir un certain nombre de professions que d'autres, qui possèdent ces talents, sont capables de choisir; en revanche, ceux qui ont des goûts onéreux ne sont pas de ce fait empêchés de choisir des aspirations moins coûteuses.

On sait que cette remarque est difficile à admettre car elle conduit simplement à réaffirmer, comme Dworkin paraît l'admettre, une forme « ordinaire » d'indéterminisme[2]. Mais de toute manière, comme le fait remarquer Scheffler, on voit assez mal comment la correction de la position dworkinienne initiale pourrait passer pour

1. R. Dworkin, « Equality, Luck and Hierarchy », *Philosophy and Public Affairs*, 31/2, (2003), p. 192, *Sovereign Virtue*, *op. cit.*, chapitre 7.

2. R. Dworkin « Objectivity and Truth : you'd Better Believe It » *Philosophy and Public Affairs*, 25/1 (1996), p. 87-139.

une théorie générale de la distinction entre le choix et le hasard[1]. Les contre-exemples se présentent en effet immédiatement en foule : il y a des traits de caractère qui sont tels qu'ils nous empêchent d'accéder à certaines professions alors même que les autres qui n'ont pas ce trait de caractère ont la possibilité d'accéder à ces professions. Va-t-il falloir considérer tous les traits de caractère de ce genre comme des obstacles non choisis ? Dworkin lui-même paraît s'y refuser. Dans certains cas, on écarte des candidats à des emplois ou à une admission dans une université uniquement parce qu'ils ont telle ou telle aspiration ; est-ce qu'il faut compter ces aspirations au nombre des circonstances qui nous donnent droit à une compensation ? Là encore, une solution de ce genre est inacceptable.

Dworkin paraît donc en mesure de juguler le premier risque (la pente glissante où se laissent entraîner les *luck egalitarians* en affirmant que le caractère, la capacité de faire des choix rationnels et à convertir les ressources en avantages effectifs sont des éléments contingents ouvrant droit à compensation), mais il achète ce douteux succès en s'exposant de plein fouet au second : il est contraint d'adopter la métaphysique naïve consistant à dire que tout le monde sait bien qu'il y a des aspects de notre personnalité qui ne sont pas de simples effets que le contexte imprime en nous mais des composantes de notre personne que, à ce titre, nous n'avons peut-être pas choisies mais dont nous devons néanmoins assumer les conséquences.

Dworkin paraît donc – avec tous les *luck egalitarians* qui entendent préserver la distinction entre choix et hasard – condamné à un excès d'indéterminisme : il affirme que l'idée qu'une part de notre personnalité est non déterminée par le contexte est à la fois commune et indispensable à la théorie de la justice car, dans le cas contraire, c'est l'autonomie qui disparaît avec la possibilité même de faire des choix signifiants. Or l'impératif de justice repose sur la nécessité de préserver une possibilité égale pour tous de faire de tels choix signifiants. Une telle affirmation ne vaut cependant pas démonstration car elle est très loin d'être commune et, si elle trop

1. S. Scheffler, « Equality as the Virtue of Sovereigns, A Reply to Ronald Dworkin », *Philosophy and Public Affairs*, 31/2, (2003), p. 201-202.

forte consommatrice de métaphysique indéterministe et d'idées morales sur l'autonomie humaine, on a peut-être intérêt à abandonner le fondement que Dworkin donne à la justice (traiter les personnes comme ayant une valeur égale) pour lui en substituer un autre d'inspiration plus rawlsienne : la justice est une certaine forme – non dominatrice – de rapport entre les personnes et non une façon que le groupe a de traiter individuellement chacun de ses membres[1]. La question de la responsabilité ne porte donc pas sur une coupure objective entre ce que nous avons choisi et ce qui nous est imposé par le contexte, mais sur la règle capable d'assigner ce dont les individus assument seuls les conséquences d'une manière qui préserve la liberté de tous.

DONNER UN SENS À LA DISTINCTION ENTRE CHOIX ET HASARD ? VERS DES DIFFICULTÉS MÉTAPHYSIQUES INSURMONTABLES

Pourquoi l'affirmation indéterministe est-elle difficilement acceptable ? Elle consiste à dire que ce qui est choisi, à la différence de ce qui se produit par hasard, possède la propriété distinctive d'être sous notre contrôle. L'affirmation serait donc que les individus doivent assumer la responsabilité des conséquences distributives de leurs choix parce qu'ils sont moralement responsables de ces choix, parce qu'ils les contrôlent au sens où ils auraient pu ne pas les faire. Inversement, les individus n'ont pas à porter la responsabilité des conséquences distributives de circonstances non choisies dans lesquelles ils se trouvent, parce qu'ils ne sont pas moralement responsables de ces circonstances et parce qu'il ne leur est pas possible de ne pas s'y trouver.

Le malheur, dit Scheffler, c'est qu'une telle analyse rend la théorie de la justice otage de questions métaphysiques qui la dépassent et qu'elle ne peut certainement pas espérer résoudre de manière politiquement satisfaisante. La question est en effet désormais de savoir ce que c'est qu'un choix volontaire et de dire dans quelle

1. S. Scheffler, « Equality as the Virtue of Sovereigns », *loc. cit.*, p. 204-205; *cf.* M. Matravers, « Responsibility, Luck and the "Equality of What?" Debate », *op. cit.*, p. 566.

mesure les individus peuvent être tenus pour moralement responsables de leurs choix. Sur le plan métaphysique, la thèse défendue sera d'autant plus solide que l'on inclinera vers une conception qui souligne que les « choix » sont des événements d'un type métaphysique très particulier. Il est clair, en effet, que s'il y a une différence métaphysique entre un acte choisi et une circonstance non choisie, on pourra en conclure qu'il n'y a rien d'étonnant à ce que l'on fasse usage de cette distinction pour distinguer entre inégalités justifiées (celles qui résultent de nos choix) et inégalités non justifiées (celles qui sont causées par des circonstances dans lesquelles nous n'avons pas choisi de nous trouver). Le caractère métaphysiquement particulier des choix authentiques donnerait donc à ces derniers une capacité privilégiée d'exprimer notre identité et la valeur de notre personne, et par conséquent de justifier des formes différenciées de récompenses ou de distribution[1]. Mais inversement, si la notion de choix ne recouvre, par rapport aux actions non choisies, qu'une différence de degré et non de nature, il devient difficile d'en faire une notion discriminante dans la théorie de la justice distributive.

Le *luck egalitarianism* implique donc l'affirmation de la validité de l'indéterminisme, ainsi que la formulation d'un principe des possibilités alternatives : les individus sont responsables de leurs actions toutes les fois qu'il leur est possible d'agir autrement qu'ils n'agissent ; il existe des cas dans lesquels nous disposons de cette possibilité d'agir autrement, et ces cas définissent les actions dont nous sommes objectivement responsables.

Certes, cette position n'est pas, comme on va le voir, impossible à tenir, et nul ne peut prétendre que cette forme d'indéterminisme est une absurdité logique. De fait, il existe aujourd'hui des théories incompatibilistes très sérieuses qui pensent que la responsabilité n'est envisageable que si l'indéterminisme est vrai et que, dans la mesure où nous avons absolument besoin de sauver la notion de responsabilité morale dans un sens non instrumental, nous ne pouvons faire autrement que de souscrire à la thèse de la vérité de l'indéterminisme. On vient de voir que, si la philosophie politique

1. S. Scheffler, « What is Egalitarianism ? », *loc. cit.*, p. 19.

égalitariste entend utiliser cette thèse – comme le fait Dworkin – pour défendre l'idée que le concept de justice désigne une entreprise de neutralisation des aspects de notre situation dont nous ne sommes pas responsables, elle doit aussi recourir à l'idée qu'il y a des aspects de notre situation dont nous sommes les maîtres au sens où nous les avons choisis, au sens où ils échappent à toute causalité et à toute détermination extérieure. Il n'est certes pas impossible de penser ainsi, mais il est tout de même problématique de lier le destin d'une philosophie de la redistribution sociale à une affirmation aussi puissante sur le fait que certains de nos choix sont *indéterminés*, alors même que certaines de nos intuitions nous inclinent par ailleurs à penser qu'il n'est aucune de nos actions qui échappe à la détermination causale.

On pourrait cependant objecter que, malgré les difficultés inhérentes à une telle affirmation de la vérité de l'indéterminisme, nous ne pouvons pas éviter de nous y engager si nous voulons sauver une catégorie essentielle à la fois dans le contexte d'une philosophie politique de l'autonomie humaine et dans celui de la conceptualisation de nos attitudes les plus quotidiennes : l'idée de liberté qui semble impliquée à la fois par le concept d'autonomie et par nos attitudes ordinaires de louange et de blâme, à l'occasion desquelles nous attribuons bel et bien à ceux qui nous entourent la responsabilité de telle ou telle action.

Cette objection n'est cependant pas recevable car, comme la philosophie de l'action le sait parfaitement aujourd'hui, nous n'avons pas besoin d'affirmer la vérité de l'indéterminisme pour être en mesure de penser la responsabilité des agents[1]. Nous sommes en effet capables de concevoir cette notion non pas en introduisant le concept indéterministe selon lequel certaines actions sont sans cause, mais en introduisant l'idée selon laquelle certaines actions ont des causes en forme de raisons, ce qui nous autorise à dire que ceux qui les accomplissent en sont responsables, tout en reconnaissant que, d'une certaine manière, ils n'étaient absolument

1. *Cf.* R. Jay Wallace, *Responsibility and the Moral Sentiments* (1994), p. 7-16, p. 84-110 et surtout chapitre 7 (*The Lure of Liberty*) ; *Cf.* aussi S. Wolf, *Freedom within Reason* (1990) et G. Watson, *Agency and Answerability* (2004) chapitres 7 et 10.

pas libres de ne pas les accomplir[1]. Mais, une fois reformulée dans des termes de ce genre – donc dans le contexte d'une philosophie compatibiliste qui tente de penser ensemble la détermination des actions et la responsabilité des agents – la notion même de responsabilité devient incapable de jouer le rôle de critère décisif dans le contexte d'une théorie de la justice sociale. Il nous est donc indispensable de comprendre, d'une part la nature de cette hypothèse compatibiliste et, d'autre part, les raisons pour lesquelles on ne peut l'adopter sans renoncer à faire de la notion de responsabilité qu'elle permet de conserver le pivot d'une théorie de la justice distributive[2].

La philosophie contemporaine se dirige en effet vers un certain compatibilisme, qui prétend être en mesure d'affirmer que les agents peuvent, lorsque certaines conditions sont satisfaites, être moralement responsables de leurs actions alors même que celles-ci sont déterminées[3]. En ce sens, le « choix » ou l'action « responsable » ne représente pas une exception par rapport à l'ordre normal des causes, et sa particularité n'est pas d'être un événement sans cause (chose absolument impossible), mais d'être une forme d'action à l'occasion de laquelle les délibérations de l'agent jouent un certain rôle dans la détermination de l'acte, ou encore d'être un acte sensible aux préférences et aux valeurs de l'agent[4]. Si l'on adopte une vision compatibiliste de ce genre, on se rend compte immédiatement que, dans certains actes, la dimension de « choix » est plus grande que dans d'autres, mais qu'il y a toujours aussi d'autres facteurs causaux qui sont à l'œuvre. On s'aperçoit également que certaines personnes ont un talent particulier pour choisir (cela doit sans doute dépendre de leur éducation qui leur permet d'agir en ayant délibéré, en faisant que leurs valeurs influent sur leurs actions, etc.), que cette espèce de sagesse pratique n'existe pas

1. *Cf.* J. M. Fischer et M. Ravizza, *Responsibility and Control. A Theory of Moral Responsibility* (1998); *cf.* J. M. Fisher et M. Ravizza, « A précis of *Responsibility and Control* » *Philosophy and Phenomenological Research*, vol. LXI/2, (2000), p. 441-445.

2. *Cf.* J. M. Fisher, « Recent Work on the Problem of Responsibility », *Ethics*, 110 (1999).

3. H Frankfurt, « Alternate Possibilities and Moral Responsibility », in *The Importance of What We Care About* (1988), p. 1-10; « Coercion and Moral Responsibility », *ibid.*, p. 26-47; « What we are Morally Responsible for ? »; *ibid.*, p. 95-103.

4. *Cf.* S. Hurley, *Justice, Luck and Knowledge* (2003).

chez tous les individus de manière égale, et qu'elle est certainement affectée par d'autres traits de caractère. On s'aperçoit enfin que la capacité des personnes à choisir est variable selon le contexte. On en déduit que la puissance de choix, en tant que disposition à accomplir des actes métaphysiquement spécifiques, n'est pas une chose dont il est facile d'affirmer tout uniment l'existence et qu'il est bien plus vraisemblable de concevoir une faculté de faire des choix raisonnables qui varie d'un individu à l'autre en fonction de circonstances que les individus eux-mêmes ne contrôlent en aucun sens. On suspecte alors que la notion de responsabilité n'est pas une notion métaphysique mais une notion sociale : la collectivité définit les conduites raisonnablement prudentes que, en moyenne, on est en droit d'attendre des individus dans des circonstances données. Nous verrons au chapitre 8 comment il est possible de développer cette conception sociale de la responsabilité.

Mais commençons par l'affirmation compatibiliste. En quel sens la détermination de la volonté et la responsabilité sont-elles compatibles ? Elles pourraient l'être tout d'abord en un sens faible, dans la mesure où l'on peut parfaitement avancer que, au moment où nous agissons, nous avons toujours la possibilité d'agir autrement (possibilité qui paraît indispensable à l'affirmation de la responsabilité morale de l'agent)[1]. Nous aurions en effet agi autrement si nous avions choisi d'agir autrement, ce qui signifie que notre action aurait été différente si nos raisons d'agir avaient été autres. Néanmoins cette possibilité d'agir autrement n'est pas incompatible avec le déterminisme, c'est-à-dire avec le fait que, nos raisons étant ce qu'elles sont, notre choix est une conséquence nécessaire de ces raisons (mais si nos raisons avaient été différentes, nous aurions agi différemment). Cette version du compatibilisme conserve l'idée que la responsabilité exige la possibilité d'une action alternative, mais elle interprète cette possibilité en des termes si faibles qu'elle peut exister même si le déterminisme est vrai ; une telle possibilité ne suppose pas, en effet, que, les conditions dispositionnelles de l'agent étant données, plusieurs actions demeurent possibles ou également possibles. Or, seule cette thèse est incompatible avec le

1. S. Hurley, *Justice, Luck and Knowledge*, *op. cit.*, chapitre 1.

déterminisme, qui exclut qu'une séquence alternative soit possible à chaque moment. L'affirmation de la responsabilité de l'agent ne repose donc ici que sur l'affirmation que la séquence réelle aurait pu être différente si nos dispositions à agir avaient été différentes, sans s'étendre à l'affirmation selon laquelle, nos dispositions à agir étant données, plusieurs actions demeurent également possibles.

Les partisans de l'incompatibilisme rétorquent que la possibilité qui est ici évoquée est bien trop faible pour suffire à étayer le concept d'une responsabilité morale. Il ne suffit pas, pour que je sois responsable de *X*, que l'on établisse que j'aurais pu agir autrement si mes dispositions avaient été différentes. Il faudrait pour cela pouvoir établir que – mes conditions dispositionnelles demeurant exactement ce qu'elles sont – je pourrais ne pas agir comme j'agis[1]. La responsabilité suppose donc que, les causes suffisantes de l'action étant données, cette action n'est cependant pas nécessaire ; ou encore, elle suppose que, les conditions suffisantes de l'action *A* étant données, l'action *B* demeure cependant tout aussi possible que l'action *A*. Or une telle possibilité implique l'indéterminisme et le déterminisme est en ce sens incompatible avec la responsabilité morale[2].

C'est ce débat que l'introduction des thèses « hyper compatibilistes » de Harry Frankfurt a profondément bouleversé : contre l'idée que la notion de responsabilité morale requiert la validité de l'indéterminisme, Frankfurt montre en effet que nous n'avons pas besoin de la possibilité des séquences alternatives pour penser la possibilité de la responsabilité et que nous sommes parfaitement en mesure de la penser en termes de séquences réelles. La responsabilité découle de certaines propriétés de la séquence réelle et non pas de la possibilité des séquences alternatives, en sorte que la possibilité d'agir autrement au moment où nous agissons ne lui est pas du tout indispensable[3]. L'introduction des thèses de Frankfurt est donc capitale car, jusqu'à lui, le destin de la notion de responsabilité

1. Wallace, *Responsibility*, *op. cit.*, p. 84-95 ; Frankfurt « Alternate possibilities and Responsibility » *loc. cit.*

2. S. Hurley, *Justice, Luck and Knowledge*, *op. cit.*

3. H. Frankfurt, « Alternate Possibilities and Responsibility », *loc. cit.*, p. 4-5.

morale était lié à celui de la possibilité d'agir autrement en un sens fort (au sens où, les conditions dispositionnelles de l'action *A* étant données, il demeure néanmoins possible que *A* ne se produise pas), et cela impliquait la prise de parti métaphysique en faveur de la fausseté du déterminisme[1]. Mais si la responsabilité morale ne dépend pas de la possibilité d'agir autrement et n'est qu'une conséquence de certaines propriétés de la séquence réelle des causes qui conduisent à l'action et qui en constituent les conditions suffisantes, le déterminisme peut donc être vrai sans que la responsabilité morale en devienne impossible et l'on a une nouvelle forme de compatibilisme, moins exposée à la critique dans la mesure où, ayant déconnecté la responsabilité de la possibilité des séquences alternatives, elle est aussi délivrée de la nécessité d'attribuer à cette possibilité un sens trop faible – qui suppose seulement qu'une autre séquence réelle était possible avec d'autres dispositions à agir – pour être en mesure de fonder la responsabilité morale.

La question de la responsabilité est traditionnellement posée dans les termes suivants : s'il est établi que l'agent aurait pu agir autrement, la responsabilité est possible en sorte que la possibilité d'agir autrement est la condition nécessaire de la responsabilité. Frankfurt soutient que ce principe – qu'il appelle Principe des Possibilités Alternatives (PAP) – est faux[2]. Il est tout à fait possible qu'une personne soit moralement responsable de ce qu'elle a fait alors même qu'elle ne disposait d'aucune possibilité d'agir autrement.

Lorsque nous réfléchissons à ce genre de questions, nous tentons de penser à des cas dans lesquels une personne a agi alors même qu'il lui était impossible d'agir autrement (par exemple si cette personne a été contrainte d'agir par quelqu'un d'autre ou par quelque chose, si elle a été déterminée à agir ainsi par une suggestion hypnotique, ou si un fait constitutionnel chez cette personne l'a déterminée compulsivement à agir de cette manière[3]). On pense donc à des situations dans lesquelles les circonstances sont telles

1. *Cf.* Wallace, *Responsibility and the Moral Sentiments*, *op. cit.*, p. 85-90.
2. H. Frankfurt, « Alternate Possibilities and Responsibility », *loc. cit.*, p. 6.
3. *Ibid.*, p. 7.

qu'il nous est impossible d'agir autrement et dans lesquelles ces mêmes circonstances nous déterminent à agir comme nous agissons[1]. Mais un instant de réflexion nous suffit pour comprendre que les circonstances peuvent être telles qu'il nous était impossible d'agir autrement, sans que, pour autant, les circonstances en question soient la cause qui nous ait déterminé à agir comme nous avons agi. Il y a donc un ensemble de circonstances qui fait que je ne pourrais pas agir autrement, mais ces circonstances ne jouent aucun rôle causal dans la détermination de l'action. Par exemple, je dois choisir entre quatre directions dans lesquelles je pourrais aller; il y a des murs dans trois de ces directions, en sorte que ces trois options sont objectivement impossibles, mais je ne le sais pas et la décision d'aller dans la quatrième direction (la seule dans laquelle aucun mur ne se dressera sur ma route) est prise par moi sans tenir aucun compte de ces circonstances objectives et pour de tout autres raisons (je suis convaincu que la quatrième direction est celle que je dois emprunter pour me rendre là où je veux aller)[2]. Dans ce cas, il est vrai que je n'avais pas la possibilité de cheminer dans une autre direction que celle que j'ai prise, mais ce fait n'a joué aucun rôle dans la détermination de mon action, et cette dernière est donc en ce sens « libre » et telle que la responsabilité peut parfaitement m'en être attribuée. Je suis responsable, car c'est bien moi qui ai décidé d'aller dans la direction que j'ai choisie, et pourtant je n'avais pas la possibilité d'emprunter une autre direction. La question de savoir si j'aurais pu agir autrement est dépourvue d'impact sur la question de la responsabilité.

Revenons un moment sur l'idée qu'une personne qui est contrainte d'agir comme elle le fait ne peut pas être tenue pour

1. H. Frankfurt, « What We Are Responsible for? », *loc. cit.* Le principe des possibilités alternatives est séduisant en partie parce qu'il paraît avoir le même sens que l'idée kantienne selon laquelle le devoir implique le pouvoir. Mais, en réalité, dit Frankfurt, la thèse kantienne n'implique nullement la présence de possibilités alternatives, car ce qui est en question c'est seulement le pouvoir que l'agent a de faire ce qu'il doit faire, pas le pouvoir de faire autre chose que ce qu'il doit faire. Il est donc possible, dans le contexte de la thèse kantienne qu'une personne soit moralement responsable et qu'elle satisfasse à ses obligations morales alors même qu'une seule action lui est accessible; il suffit pour cela que cette action soit un devoir et qu'elle soit possible, mais la possibilité d'autres actions n'est pas du tout requise.

2. H. Frankfurt, « Alternate Possibilities and Responsibility », *loc. cit.*, p. 7.

responsable de son action. Nous avons spontanément tendance à croire que l'irresponsabilité, dans ce cas, est une conséquence du fait que cette personne n'avait pas la possibilité d'agir autrement ou de ne pas faire ce qu'elle a fait. Mais c'est une erreur, car l'exonération de toute responsabilité morale est en réalité une conséquence de la contrainte, pas de l'impossibilité d'agir autrement. Si la contrainte était supprimée sans aucune modification de la situation qui fait que cette personne ne peut agir autrement, sa responsabilité serait au contraire tout à fait réelle[1]. Par conséquent, le principe selon lequel une personne qui est contrainte ne peut pas être tenue pour moralement responsable de son action n'est pas une application particulière du principe qui veut que la responsabilité n'existe que lorsque nous avons la possibilité d'agir autrement. Il existe bien une distinction entre le fait d'être contraint à agir comme nous le faisons et le fait de ne pas pouvoir agir autrement.

On peut s'apercevoir très facilement de cela sur un exemple : supposons un monsieur *A* qui décide de faire une action *X* (il l'a décidé sans aucune contrainte) ; puis quelqu'un vient le menacer de sanctions très sévères s'il ne fait pas ce qu'il a déjà décidé de faire. Monsieur *A* fait ce qu'il avait décidé de faire. Est-ce qu'il est moralement responsable de son action ou non ? Tout dépend du rôle joué respectivement dans sa décision par sa résolution initiale et par la menace ; si la menace ne joue pas de rôle dans sa décision, il est responsable et, pourtant, il est clair qu'il ne pouvait pas agir autrement car, s'il avait changé d'avis, son agresseur l'aurait de toute manière contraint à faire ce qu'il avait initialement décidé de faire. Si l'action résulte uniquement de la décision initiale, *A* est donc responsable ; si en revanche l'action résulte uniquement de la peur des sanctions (en sorte que la résolution initiale n'y joue plus aucun rôle) *A* n'est pas du tout responsable[2].

On doit donc dire que l'agent n'est pas contraint d'agir comme il le fait s'il agit sur la seule base de sa propre résolution d'agir (bien qu'il ne dispose d'aucune possibilité effective d'agir autrement puisque, s'il décidait de ne pas se tenir à sa première résolution, un

1. H. Frankfurt, « Coercion and Moral Responsibility », *loc. cit.*
2. H. Frankfurt, « Alternate Possibilities and Responsibility », *loc. cit.*, p. 7.

facteur extérieur l'y contraindrait). Inversement, on ne peut pas dire que cet agent est contraint par un autre si la contrainte exercée par celui-ci ne joue aucun rôle dans sa décision ni dans son action et qu'elle n'est qu'un facteur qui, objectivement, l'empêche d'agir autrement[1]. En d'autres termes, le fait qu'il existe une terrible menace sur l'agent ne suffit pas pour dire que cet agent est contraint; il n'est contraint que si la menace est la cause de son action. Cette intuition paraît assez naturelle : l'existence de la menace irrésistible et terrible n'est pas l'équivalent d'une contrainte si l'agent n'est pas déterminé par cette menace, c'est-à-dire si cette menace n'est pas la cause de son action[2].

On voit par conséquent que la menace supprime la possibilité d'agir autrement sans supprimer la responsabilité, et que les deux éléments ne sont pas nécessairement liés l'un à l'autre, en sorte que la responsabilité peut exister alors même qu'il n'existe aucune possibilité d'action alternative. Lorsque nous disons qu'une personne qui subissait une contrainte n'est pas responsable de la manière dont elle a agi, nous ne l'excusons pas parce qu'elle n'avait pas la possibilité d'agir autrement, mais parce que la contrainte qu'elle subissait a été la cause de son action. Même si une personne est assujettie à une force qui l'empêche d'accomplir toute autre action que celle qu'elle accomplit, elle peut demeurer pleinement responsable de son action si cette force n'est pas la cause qui la détermine à agir comme elle agit. Il faut donc bien préciser : la contrainte ne détruit la responsabilité morale de l'action que si cette contrainte est bien la cause de l'action. Or cela n'est pas nécessairement le cas : il peut y avoir un facteur qui m'empêche d'agir autrement sans que ce facteur soit la cause de mon action[3]. Je peux parfaitement ne pas avoir de possibilité d'agir autrement sans que, pour autant, cette absence de possibilité d'agir autrement soit la cause du fait que j'agis comme j'agis[4].

1. *Ibid.*
2. *Ibid.*; « Coercion and Moral Responsibility », *loc. cit.*
3. H. Fisher et M. Ravizza, *Responsibility and Control, op. cit.*, p. 3-4.
4. H. Frankfurt, « Alternate Possibilities ... » *loc. cit.*

La conclusion que Frankfurt tire de cette analyse est très simple : lorsqu'un fait (le fait de ne pas pouvoir agir autrement) est à ce point dépourvu de tout rapport avec l'explication de l'action (il ne joue absolument aucun rôle dans cette action, qui demeurerait exactement ce qu'elle est si ce fait n'existait pas du tout), il est parfaitement gratuit et sans fondement de prétendre qu'il doit jouer un rôle dans l'appréciation morale de cette action. Il n'y a donc aucune raison plausible de lier l'impossibilité d'agir autrement et l'absence de responsabilité, et prétendre que la seconde est la conséquence de la première serait comme prétendre que l'absence d'êtres vivants sur la surface de la lune – fait qui n'a joué absolument aucun rôle dans le processus qui aboutit à mon action – doit jouer un rôle dans l'appréciation morale portée sur mon action[1]. Pourquoi un fait (il m'était objectivement impossible d'agir autrement) devrait-il être pris en considération dans l'appréciation morale de mon action, alors même qu'il ne contribue en rien à rendre compte de la manière dont j'ai agi, et qu'il ne contribue en rien à comprendre comment j'aurais agi si les circonstances avaient été différentes (si les circonstances avaient été différentes, j'aurais en effet agi exactement de la même manière puisque mon action découle de ma résolution et non pas des circonstances qui m'empêchaient d'agir autrement) ?

On voit pourquoi, selon Frankfurt, le principe des possibilités alternatives est erroné : il peut parfaitement y avoir des circonstances qui font que je suis empêché de faire autre chose que *X*, sans que ces circonstances jouent le moindre rôle dans le fait que je fasse *X*. Par conséquent, si je fais *X*, je ne peux pas me dédouaner et m'exonérer de mes responsabilités en disant que certes c'est bien moi qui ai décidé de faire *X*, mais qu'il existait des circonstances qui m'empêchaient de faire autre chose que *X*, alors même que l'existence de ces circonstances m'était inconnue (comme dans l'exemple des murs qui m'empêchent de me mouvoir dans trois des quatre directions possibles) ou, mieux, que l'existence de ces circonstances m'était connue mais qu'elles n'ont joué aucun rôle dans ma décision de faire *X*. Je peux même aller jusqu'à dire en toute certitude que si ces circonstances n'avaient pas existé, j'aurais

1. H. Frankfurt, « Alternate possibilities… » *loc. cit.*, p. 8-9.

agi exactement de la même manière. Or si l'existence de mon action est absolument indifférente à l'existence ou à la non-existence de ces circonstances et qu'elle ne leur doit rien, on voit mal comment l'existence de ces circonstances devrait jouer un rôle dans la question de savoir si je dois être considéré comme moralement responsable[1].

Il faut donc réviser le principe des possibilités alternatives de la manière suivante : une personne n'est pas responsable de son action lorsqu'elle ne pouvait pas agir autrement, si le fait qu'elle ne pouvait pas agir autrement est la cause du fait qu'elle a agi de la manière dont elle a agi[2].

Il est cependant tout à fait clair que cette révision du principe n'est pas de nature à émouvoir les incompatibilistes : pour eux, la détermination par une cause est incompatible avec la responsabilité, mais la question de savoir où se trouve cette cause leur est indifférente. Qu'elle se trouve dans l'ensemble des conditions dispositionnelles de l'agent (qui est donc déterminé à agir comme il le fait par l'ensemble des dispositions qui sont en lui au moment qui précède l'action) ou qu'elle se trouve dans l'ensemble de conditions qui sont extérieures aux dispositions de l'agent lui-même et qui l'empêchent d'agir autrement qu'il n'agit, l'action est déterminée dans les deux cas et la responsabilité morale en devient impossible[3]. Pour les incompatibilistes; si l'agent possède des dispositions telles que son action en est la conséquence nécessaire, il n'a pas la possibilité d'agir autrement et sa responsabilité morale est dégagée puisqu'elle n'existe que dans une situation qui suppose la fausseté du déterminisme : avec un ensemble de dispositions données, l'agent peut faire *A* ou s'abstenir de faire *A*[4]. Le principe révisé leur permet donc de maintenir leur affirmation : l'action qui est déterminée ne peut pas être une action dont son auteur est responsable; or si l'action est

1. H. Frankfurt, « Alternate Possibilities... » *loc. cit.*, p. 9.

2. *Ibid.*

3. *Cf.* T. O'Connor, « Freedom and Indeterminism, Some Unsatisfactory Proposals », *in* J. M. Fisher (éd.) *Free Will. Critical Concepts in Philosophy*, *op. cit.*, vol. III, p. 89.

4. *Cf.* Carl Ginet, « In defence of the principle of Alternative Possibilities » *Philosophical Perspectives*, 1, (1996), p. 403-417.

accomplie sous l'empire du fait que celui qui agissait ne pouvait pas faire autrement, elle est déterminée par cette cause.

Mais, aux yeux de Frankfurt, cette objection n'a pas d'importance car l'essentiel n'est pas d'arriver à une conclusion montrant que la position des incompatibilistes est incohérente ou erronée, mais plutôt d'établir que le compatibilisme est possible c'est-à-dire qu'il est possible de concevoir qu'un agent est responsable de son action même lorsque cette action est telle que les causes qui la déterminent font qu'elle ne peut pas ne pas avoir lieu et qu'il n'existe pas de possibilités alternatives en ce sens.

Toutefois, dit Frankfurt, il n'est pas certain que le principe ainsi révisé soit satisfaisant de ce point de vue car il demeurerait encore envisageable que l'impossibilité d'agir autrement fasse certes partie des causes de l'action sans toutefois être la seule cause qui ait déterminé cette action. Un agent pourrait alors être responsable de son action si l'impossibilité d'agir autrement n'était en ce sens que l'une des causes qui l'ont déterminé à agir comme il l'a fait. Il faudrait alors réviser une nouvelle fois le principe des possibilités alternatives pour lui donner la forme suivante : un agent n'est pas responsable de son action s'il a agi sous l'empire du fait qu'il ne pouvait pas agir autrement et si ce fait qu'il ne pouvait pas agir autrement est l'unique facteur déterminant de son action[1]. Cette formulation du principe dégage bien la compatibilité entre le déterminisme et la responsabilité morale : il se contente d'affirmer que toutes les fois que l'action est causalement déterminée de manière exclusive par une cause d'un certain genre (le fait que l'agent n'avait pas la possibilité d'agir autrement) la responsabilité morale disparaît, et cela laisse subsister une infinité d'actions qui sont causalement déterminées (mais pas par le fait que l'agent n'avait pas la possibilité d'agir autrement) sans que cela exonère leurs auteurs de toute responsabilité sur le plan moral, y compris des actions dans lesquelles l'impossibilité d'agir autrement a joué un rôle causal au milieu d'autres facteurs. Seule l'action dans laquelle l'impossibilité d'agir autrement est la cause *unique et exclusive* qui a déterminé l'agent est telle que ce dernier est non-responsable. Dans

1. H. Frankfurt, « Alternate possibilities... », *loc. cit.*

ces conditions, il est tout à fait possible qu'un agent soit moralement responsable de son action alors même qu'il était dans l'impossibilité d'agir autrement et que ce fait figure au nombre des causes qui l'ont déterminé à agir comme il l'a fait[1]. Le simple fait que cette cause ne soit pas la cause exclusive de l'action suffit à rendre la responsabilité possible.

Les incompatibilistes ne s'avouent cependant pas vaincus; ils persistent à penser que la responsabilité implique la liberté de la volonté et que, par conséquent, si le déterminisme entraîne le rejet de la liberté de la volonté, il doit aussi être considéré comme incompatible avec l'existence même de la responsabilité morale. Ils ont donc tenté de reformuler le principe des possibilités alternatives pour lui permettre d'échapper aux objections. Peter Van Inwagen, par exemple, s'est essayé à une telle reformulation en insistant sur la question de savoir si nous pouvons être considérés comme responsables de *ne pas avoir fait* quelque chose au cas où nous n'avions pas la possibilité de la faire. Il pense que l'on peut avancer les propositions suivantes[2].

En premier lieu, une personne n'est moralement responsable de ne pas avoir accompli une action que s'il lui était possible de l'accomplir. Il n'est donc pas envisageable de considérer quelqu'un comme responsable de ne pas avoir fait ce qu'il n'avait pas la possibilité de faire. Ou encore, on peut dire que, dans la mesure où le déterminisme implique qu'une personne qui a omis de faire *X* ne pouvait pas faire *X*, il exclut toute possibilité de dire que cette personne avait le devoir de faire *X* et donc qu'elle doit endosser la responsabilité morale de ne pas l'avoir fait. Prétendre qu'une personne a le devoir de faire ce qu'elle ne peut pas faire, c'est tout simplement déraisonner[3]. Il faut donc que l'indéterminisme soit vrai pour que l'on puisse dire qu'une personne qui a omis de faire *X* est moralement responsable de ne pas avoir fait *X*. Ce raisonnement est tout à fait classique et bien connu.

1. *Cf.* H. Frankfurt, « Coercion and Moral Responsibility », *loc. cit.*

2. P. Van Inwagen, « Ability and Responsibility », *in* J.M. Fisher, (éd.) « Free Will. Critical Concepts », *Philosophy*, vol. III, p. 260-279.

3. Van Inwagen, *loc. cit.*, p. 262.

En second lieu, on ne peut dire qu'une personne est moralement responsable d'une chose (un événement) que si elle avait la possibilité d'empêcher que cette chose ne se produise[1]. Cette personne n'est donc responsable d'un état de choses que si elle aurait pu faire en sorte que cet état de choses n'existe pas. Or, le déterminisme, s'il est vrai, implique qu'il n'existe aucun état de choses tel qu'une personne aurait pu empêcher qu'il existe puisque, si cet état de choses existe, il est nécessairement tel qu'il ne pouvait pas ne pas exister et il n'est au pouvoir de personne d'empêcher d'exister ce qui ne peut pas ne pas exister. Par conséquent, si le déterminisme est vrai, la conséquence est que tous les événements ou états de choses qui existent sont tels qu'ils n'auraient pu être empêchés par personne. Donc personne n'en est moralement responsable et la thèse selon laquelle la responsabilité morale est incompatible avec la vérité du déterminisme peut être maintenue[2].

Contre cette réaffirmation de l'incompatibilisme, Frankfurt fait valoir que la première affirmation est très vulnérable[3] : supposons par exemple qu'une personne soit témoin d'un crime et qu'elle s'abstienne d'appeler la police, mais que, de toute manière, il lui était matériellement impossible d'appeler la police parce que le système téléphonique tout entier est tombé en panne à ce moment précis. Elle l'ignorait bien entendu mais, n'ayant pas appelé la police, elle est responsable moralement de son abstention, en dépit du fait qu'il lui était impossible de faire ce qu'elle s'est abstenue de faire, ou impossible d'adopter une autre conduite que celle qu'elle a adoptée. Nous sommes ici dans un cas tout à fait typique : le témoin du crime n'a pas la possibilité de faire ce qu'il doit faire, mais cette impossibilité ne joue aucun rôle dans le fait qu'il s'abstient de faire ce qu'il devrait faire. Par conséquent, cette impossibilité n'a aucun impact sur l'appréciation de la qualité morale de son abstention. Il est clairement responsable de ne pas avoir appelé la police, et le fait que, s'il avait décidé de le faire, il en aurait de toute manière été

1. *Ibid.*, p. 266.

2. Van Inwagen, *loc. cit.*, p. 272-3.

3. H. Frankfurt, « What We are Morally Responsible for? » *in The Importance of What we Care About*, *op. cit.*, p. 96-97.

incapable n'exonère en rien sa responsabilité[1]. Supposons en outre que le témoin ait été informé de la panne du système téléphonique : s'est-il abstenu d'appeler la police uniquement parce que le système était en panne ou pour d'autres raisons? Il suffit que la panne du système ne soit pas la seule cause de son abstention pour que sa responsabilité morale soit avérée. Le résultat paraît imparable : le témoin est responsable de ne pas avoir fait *X* (appeler la police) alors même qu'il lui était impossible de faire *X* (le système téléphonique était en panne), dans la mesure où l'impossibilité de faire *X* n'est pas la cause exclusive du fait que le témoin n'a pas fait *X* : ce n'est pas uniquement parce que le système téléphonique était en panne que le témoin n'a pas appelé la police[2].

La seconde affirmation est plus difficile à rejeter mais on remarquera qu'elle contient une assertion étrange : elle pose en principe que la liberté d'une personne est entravée lorsqu'elle n'a pas la possibilité d'empêcher qu'une chose se produise, et elle en conclut que, n'ayant pas la possibilité d'empêcher que *X* se produise, cette personne n'est pas libre de l'empêcher et ne peut être considérée comme responsable de son existence lorsqu'elle se produit. Un agent ne pourrait donc être responsable d'un événement que s'il avait la possibilité de faire en sorte que cet événement ne se produise pas. Mais ceci est tout à fait contre-intuitif car nous pensons que la question de la liberté de la volonté ne se pose qu'à propos des actions de l'agent et qu'elle consiste à se demander si ces actions peuvent être attribuées à l'agent; autrement dit, la question de la liberté de la volonté porte sur ce qu'une personne fait réellement et elle consiste à se demander si il dépend de cette personne de faire ce qu'elle fait. Mais on voit assez mal, en revanche comment le fait que, en raison de divers obstacles entièrement indépendants de l'agent, ce dernier soit hors d'état de faire en sorte qu'une chose ne se produise pas pourrait poser un problème quelconque à propos de la liberté de la volonté de cet agent et par conséquent à propos de sa responsabilité

1. H. Frankfurt, « What We are Morally Responsible for ? » *loc. cit.*, p. 99.
2. H. Frankfurt, *ibid.*, p. 100.

morale. On a donc tort de croire que l'on est responsable de *X* si et seulement si on aurait pu empêcher que *X* ne se produise[1].

La chose apparaît clairement si l'on reprend l'exemple de Frankfurt : le témoin est-il responsable du fait qu'il n'a pas appelé la police ? L'objection affirme qu'il n'en est pas responsable car il n'aurait pas pu faire en sorte que ce fait (il n'appelle pas la police) n'ait pas lieu : il lui était en effet impossible d'empêcher que ce fait (la police n'est pas prévenue) ne se produise, puisque le réseau téléphonique était en panne. Ou encore, ce fait (à savoir que la police n'est pas prévenue par le témoin) ne pouvait pas ne pas se produire, et ses causes (la panne du système) le rendaient nécessaire ou inévitable, et par conséquent le témoin n'est pas responsable de ne pas avoir empêché ce qu'il n'était pas du tout en mesure d'empêcher puisque ce fait s'est produit de manière nécessaire. Mais à nouveau, le paralogisme est évident : la nécessité du fait n'est pour rien dans le fait que l'agent ne l'a pas empêché de se produire. Il est vrai qu'il ne l'a pas empêché, mais la raison pour laquelle il ne l'a pas empêché de se produire n'est pas qu'il lui était impossible de l'empêcher de se produire. Sa responsabilité n'est donc pas dégagée par une impossibilité objective qui n'a joué aucun rôle dans le fait qu'il n'a pas empêché ce fait d'exister[2].

Dans les deux cas, un fait ressort avec évidence : la question de la responsabilité du témoin dépend de la question de savoir s'il a tenté d'appeler la police et la question de savoir s'il pouvait matériellement le faire ou non n'influe en rien sur la détermination de la qualité morale de son action. On peut dire qu'il a assisté à un crime, qu'il n'a pas appelé la police et qu'il lui était impossible d'agir autrement puisque le réseau téléphonique était en panne ; lorsqu'on a dûment énoncé cela, on n'a rien dit sur la question de la responsabilité morale du témoin[3].

La responsabilité morale n'est donc pas une conséquence de l'existence de séquences alternatives, mais de certaines propriétés de la séquence réelle qui conduit à l'action. Quelles sont les

1. H. Frankfurt, « What We are Morally Responsible for ? » *loc. cit.*, p. 101-102.
2. H. Frankfurt, *ibid.*, p. 101.
3. *Ibid.*, p. 102.

propriétés de la séquence réelle qui permettent de dire que l'agent est moralement responsable de l'action qui en résulte ?

La première hypothèse qui se présente lorsque nous examinons la séquence réelle et les propriétés qu'elle devrait posséder pour qu'il soit possible de parler de la responsabilité morale de l'agent, c'est que cette séquence réelle doit satisfaire à la condition de régressivité[1] : la cause de l'action doit se trouver dans l'agent, mais la cause de la cause de l'action doit s'y trouver également, ainsi que la cause de la cause de la cause et ainsi de suite à l'infini. On voit tout de suite que cette condition de régressivité ne peut jamais être satisfaite dans la mesure où, parmi les causes qui me déterminent à agir, il en existe inévitablement qui sont antérieures à ma naissance ; elles ne peuvent donc être en moi puisque, par hypothèse, je n'existais pas lorsque ces causes ont agi.

On pourrait alors réformer cette condition de régressivité de la manière suivante : je ne suis pas cause de ces causes au sens où je les ai réellement choisies, mais au sens où je les aurais hypothétiquement choisies si j'avais eu la possibilité de le faire. Ainsi la femme au foyer n'a pas choisi l'ensemble des causes qui l'ont conduite à occuper cette situation dans l'existence, mais elle peut néanmoins en être considérée comme responsable parce qu'elle les aurait choisies si elle avait eu la possibilité de le faire[2].

Cette solution n'est pas satisfaisante pour des raisons qu'il est assez facile de percevoir. Tout d'abord, il s'agirait d'une conception trop peu rigoureuse de la responsabilité, dans la mesure où elle permettrait de considérer comme responsable de *X* une personne qui n'a joué aucun rôle effectif dans la production de *X* mais qui aurait choisi toutes les étapes conduisant à *X* si elle avait eu la possibilité de le faire. Mais surtout, rien ne garantit que l'approbation que l'agent donne aux causes qui conduisent à une action soit authentique. Dans le cas de la femme au foyer, il est manifeste que les préférences qu'elle exprime peuvent être de nature adaptative ou être le produit d'une manipulation ou d'un lavage de cerveau[3]. Il est donc évident,

1. S. Hurley, *Justice, Luck and Knowledge*, *op. cit.*, p. 168-174 et p. 216-219.
2. *Ibid.*, p. 25.
3. *Ibid.*, p. 49-51.

d'une part que le nombre de choses qu'un agent aurait pu choisir est bien trop important, et d'autre part que la nature de celles qu'il aurait pu choisir est bien trop indéterminée. Il s'ensuit que, pour ce motif, la responsabilité doit être dite en termes de causalité réelle et non pas de causalité hypothétique. Mais comme nous savons par ailleurs que, dans le registre de la causalité réelle, la régressivité est contradictoire et représente une condition qui ne peut jamais être satisfaite, nous devons modifier notre conception de la responsabilité et dire qu'elle dépend non pas de la maîtrise – réelle ou hypothétique – de la série intégrale des causes de l'action, mais de la présence de causes d'un certain genre – des raisons – parmi les causes qui contribuent à la production de l'action. L'agent est responsable de l'action si, dans la séquence réelle qui le conduit à agir, figurent des raisons, ou encore lorsque des raisons sont causes de l'action, ou encore, lorsque l'action est causalement liée à des raisons.

Susan Hurley montre qu'une telle approche soulève au moins deux types de questions[1].

Tout d'abord, les raisons en question doivent-elles être de bonnes raisons d'agir ou peuvent-elles être aussi de mauvaises raisons objectives d'agir alors même que l'agent les trouve bonnes mais se trompe en cela ? Un agent est-il responsable de son action s'il a agi pour des raisons qu'il croyait de bonnes raisons d'agir comme il l'a fait tout en se trompant sur ce point[2] ?

En second lieu, quelle est la forme du rapport qui doit exister entre les raisons et l'action pour que l'agent soit considéré comme responsable ? Ce rapport doit-il être strict, en sorte que l'action est conforme aux raisons, ou peut-il être très lâche au sens où un agent pourrait être responsable alors même qu'il n'agit pas en conformité avec des raisons d'agir qu'il considère comme de bonnes raisons d'agir d'une certaine manière (cas de la faiblesse de la volonté, du fumeur qui continue à fumer alors qu'il connaît les très bonnes raisons qu'il a d'arrêter de fumer)[3].

1. S. Hurley, Justice, *Luck and Knowledge*, *op. cit.*, p. 46-48.
2. *Ibid.*, p. 54-61.
3. *Ibid.*, p. 64-67.

Si l'on croise ces deux types de questions, dit Susan Hurley, on s'aperçoit qu'il serait trop exigeant d'affirmer que seuls sont responsables les individus dont l'action est la conséquence stricte de raisons objectives. On doit pouvoir considérer comme responsables des agents dont l'action répond à des raisons qui ne sont pas de bonnes raisons d'agir d'une certaine manière, mais que l'agent lui-même considère comme de bonnes raisons d'agir tout en se trompant sur ce point. C'est le cas, en particulier, lorsque ces mauvaises raisons sont étroitement liées à l'action et ont joué un rôle décisif dans sa production. On doit également pouvoir considérer comme responsable un agent dont l'action n'est que faiblement reliée à des raisons (son action n'est pas conforme aux raisons, mais elle a néanmoins un rapport aux raisons dans la mesure où ces raisons figurent dans le processus qui conduit à l'action sans toutefois jouer un rôle décisif dans la production de cette dernière)[1].

Dans aucun de ces cas la responsabilité n'est liée à la possibilité d'agir autrement[2]. Lorsque, par exemple, un agent ne fait pas ce qu'il doit faire, cela peut être soit parce que son action est trop faiblement liée à des raisons objectives (faiblesse de la volonté), soit parce que son action est étroitement liée à des raisons invalides (ce qui peut se produire ou bien parce que l'agent lui-même les considère comme de mauvaises raisons – dans ce cas on a une volonté perverse qui veut agir pour de mauvaises raisons qu'elle connaît comme telles – ou bien parce que l'agent est ignorant du caractère erroné des raisons qui le déterminent à agir), soit enfin parce que l'action est accomplie sans aucun lien (lâche ou étroit) d'aucune sorte avec aucune raison d'aucune sorte (valide ou non valide). Mais, dans les trois cas, nous pouvons dire que la question de savoir si l'agent en question aurait agi comme il devait agir s'il en avait eu la possibilité n'entre pas en ligne de compte dans la détermination de sa responsabilité[3].

Les *Frankfurt cases* suffisent à prouver ce point. Reprenons en effet l'exemple de la personne qui est témoin d'un crime : elle

1. S. Hurley, *Justice, Luck and Knowledge*, *op. cit.*
2. *Ibid.*, p. 54-79 et p. 220-222.
3. *Ibid.*, p. 68-78.

n'appelle pas la police, bien qu'elle sache qu'elle doit le faire et que la considération de cette raison d'agir lui apparaît comme une bonne raison de téléphoner. Son action – le fait de ne pas téléphoner – est en rapport avec des raisons mais ce rapport est lâche (cas de la faiblesse de la volonté); dans le deuxième cas, elle n'appelle pas la police parce qu'elle pense que le criminel a agi sous l'empire d'une juste colère et qu'il est légitime de se faire justice soi-même; son action répond strictement à des raisons invalides (car le criminel n'a aucune circonstance atténuante et, de toute manière, nul n'a le droit de se faire justice soi-même); dans le troisième cas, cette personne ne téléphone pas à la police, mais son abstention n'est déterminée par aucune raison (elle n'émet aucun jugement sur ce à quoi elle vient d'assister et son abstention n'est pas du tout motivée par l'une ou l'autre des raisons possibles). Dans les trois cas, la question de savoir si elle pouvait faire autrement (si elle pouvait oui ou non appeler la police) n'est en rien impliquée dans la question de sa responsabilité car, dans les trois cas, étant données les conditions dispositionnelles du témoin, son abstention d'agir est exactement la même soit que le réseau téléphonique fonctionne (possibilité d'agir autrement) soit que le réseau téléphonique soit en panne (impossibilité d'agir autrement). Nous retrouvons ici l'affirmation selon laquelle, lorsque la possibilité d'agir autrement existe seulement à côté de l'action sans contribuer en rien à la production et à l'explication de cette dernière, elle ne saurait avoir le moindre effet sur l'appréciation de la qualité morale de cette action. Si les circonstances et les dispositions de l'agent demeurent ce qu'elles sont, la possibilité d'agir autrement est purement abstraite et ne peut jouer aucun rôle, parce que les dispositions de l'agent et les circonstances dans lesquelles il est placé le déterminent à agir comme il agit, un point c'est tout. Sans changement dans les dispositions et dans les circonstances, il ne peut pas y avoir une action différente. Dans ces conditions, on ne voit pas du tout en quoi le fait, entièrement indépendant de l'action et sans aucune fonction dans l'explication de cette dernière, qu'il existait une possibilité alternative au moment de l'action peut jouer un rôle dans l'appréciation morale de cette action[1]. Qu'il existe ou qu'il n'existe pas de possibilité alternative est ici parfaitement indifférent du point de vue de la détermination de la responsabilité[2].

S'il est impossible de définir la notion de responsabilité en termes de séquences alternatives ou dans les termes d'une séquence réelle qui satisferait la condition de régressivité, il reste donc une hypothèse simple : les actions qui sont telles que des causes d'un certain genre – des raisons – figurent au nombre des causes qui contribuent à les produire sont telles que les agents qui les accomplissent peuvent être considérés comme moralement responsables de ces actions. Il convient, selon l'expression de Susan Hurley, de restreindre l'attribution de la responsabilité à des personnes qui sont mûres et rationnellement compétentes[3]. On pourra varier d'opinion sur la question de savoir comment les raisons doivent être reliées à l'action, mais cela ne modifie en rien la conclusion : il est parfaitement possible de penser la responsabilité d'un agent tout en acceptant la vérité du déterminisme et en affirmant que son action est telle qu'il n'était pas en son pouvoir de ne pas l'accomplir (ou inversement, qu'il n'était pas en son pouvoir de faire ce qu'il s'est abstenu de faire ou d'empêcher ce qu'il n'a pas empêché)[4].

Cependant, nous ne sommes pas au bout de nos peines, car la faculté d'agir suivant des raisons – quelles qu'en soient les modalités – pourrait être elle-même induite dans l'agent par des causes indépendantes de lui ou être attribuée au hasard. Dans ce cas, la responsabilité serait à nouveau menacée. En d'autres termes, la question est de savoir si cette faculté d'agir suivant des raisons (ou en rapport avec des raisons si l'on admet que les cas de faiblesse de la volonté peuvent être mis au nombre des actions dont les agents sont responsables) possède elle-même un caractère qui permet de dire qu'elle est bien le fait de l'agent et non pas le produit du hasard ?

1. *Cf.* S. Hurley, « Responsibility, Reason and Irrelevant Alternatives », *Philosophy and Public Affairs*, 28, (2000), p. 205-241.

2. S. Hurley, *Justice, Luck and Knowledge*, *op. cit.*, p. 76-78.

3. S. Hurley, *Justice, Luck and Knowledge*, *op. cit.*, p. 93-94.

4. *Cf.* J. M. Fisher et M. Ravizza, *Responsibility and Control*, *op. cit.*, p. 41 *sq.*; S. Wolf; *Freedom Within reason*, *op. cit.*, chapitres 4 et 5; Wallace, *Responsibility and the Moral Sentiments*, *op. cit.*, p. 189-191.

Pour répondre à cette question, Susan Hurley fait remarquer que nous nous engageons dans une voie sans issue si nous essayons de définir le hasard en un sens large comme ce dont nous ne possédons pas intégralement la maîtrise ou le contrôle[1]. Il s'agit en effet là d'un sens métaphysique que nous voulions précisément tenir à l'écart, et nous souhaitons donc pouvoir trouver une formulation qui nous permette de dire si notre faculté de donner des raisons est « à nous » ou émane de nous sans introduire de considérations métaphysiques de ce genre. Il faut donc pouvoir faire la distinction entre une faculté d'agir « d'après des raisons » ou « en rapport avec des raisons » qui est *authentique* et une autre faculté de ce genre qui serait entièrement gouvernée par des préférences adaptatives, qui résulterait d'un lavage de cerveau intégral, ou dont le fonctionnement et les orientations seraient entièrement modifiés à la suite par exemple d'un choc traumatique. Mais cette *authenticité* ne saurait sans contradiction renvoyer à un contrôle intégral au sens métaphysique, car il est clair qu'une partie significative de notre activité échappe à notre contrôle en sorte que, si nous affirmions que seules les choses qui sont intégralement sous notre contrôle (en un sens métaphysique) sont telles que nous puissions en être dits responsables, on aboutirait à une érosion de la notion de responsabilité morale qui aurait la même forme que celle qui résulte du recours à la notion de régressivité[2]. Le fait que notre capacité d'agir suivant des raisons soit en nous de manière contingente seulement et sous l'impact de causes qui sont extérieures à notre personne détruirait de nouveau les bases de la notion de responsabilité.

Il faut donc admettre que nous pouvons être responsables de ce que nous ne contrôlons pas, c'est-à-dire que la notion métaphysique de maîtrise ne doit pas jouer de rôle-clef dans la définition de ce qui est nôtre par opposition à ce qui est en nous de manière contingente. Certaines composantes de notre personnalité – par exemple notre faculté d'agir d'après des raisons – ne sont pas telles que nous les contrôlons, mais nous pouvons néanmoins en être responsables au

1. S. Hurley, *Justice, Luck and Knowledge*, *op. cit.*, p. 110.

2. S. Hurley, « Is Responsibility Essentially Impossible ? », *Philosophical Studies*, 99, (2000), p. 229-268 ; « Troubles with Responsibility » *Boston Review*, 20/2, (1995) p. 12-13.

sens où cela n'aurait aucun sens de dire que nous serions la même personne si ces composantes n'étaient pas en nous. Elles sont en nous d'une manière arbitraire si l'on entend par là – mais cette notion n'a guère de sens – que nous n'en sommes pas les maîtres ou que nous ne les contrôlons pas, mais elles ne sont pas en nous de manière arbitraire si nous voulons dire par là qu'elles sont en nous de manière contingente, qu'elles pourraient ne pas s'y trouver ou être remplacées par d'autres sans que cela modifie en rien la personne que nous sommes.

On pourrait donc, selon Susan Hurley, introduire la notion de *hasard constitutif*, c'est-à-dire du hasard qui fait que l'on est telle ou telle personne, que l'on a telles ou telles inclinations, telles ou telles capacités, et tel ou tel tempérament [1]. Il va de soi que nous ne pouvons contrôler le genre de personne que nous sommes, et cette idée a souvent été employée en philosophie politique pour motiver des arguments familiers portant sur la justice distributive et tendant à prouver que, dans la mesure où nos talents et nos capacités naturelles sont le produit du hasard au sens métaphysique de l'absence de contrôle, nous ne sommes pas responsables des avantages ou des désavantages qui en découlent en matière de revenu par exemple; par conséquent ces revenus sont légitimement sujets à une redistribution sous forme fiscale. De même, nous avons souvent tendance à dire qu'une personne ne peut être considérée comme responsable de ses choix et de ses actions parce qu'elle n'est pas responsable de sa propre constitution (de ses aptitudes, de ses talents) dont ces choix ne sont que les conséquences. Mais, selon Hurley, on peut très bien admettre que la constitution dont nous sommes dotés soit une affaire de hasard au sens métaphysique et qu'elle échappe à notre contrôle dans un sens rigoureux, sans en conclure de manière *régressive* que l'ensemble des choix qui découlent de cette constitution échappent à notre contrôle et que nous ne pouvons donc en être tenus pour responsables. Nous pouvons très bien-être responsables de nos

1. S. Hurley, *Justice, Luck and Knowledge*, *op. cit.*, p. 112-113.

choix sans être responsables de notre propre constitution parce que nous ne la contrôlons pas[1].

Il suffit, pour comprendre cela, de nous montrer plus prudents dans l'interprétation de l'idée que notre constitution est *arbitraire*. On interprète en effet souvent cette idée comme si elle signifiait qu'il y a plusieurs constitutions possibles et que celle dont nous sommes pourvus a été tirée au sort, comme dans une loterie. Mais c'est une conception vraiment étrange et au fond tout à fait incohérente, car elle a pour conséquence que le hasard n'est pensable que sur un fond d'identité de la personne qui serait touchée par ce hasard. Or il est difficile de concevoir ainsi la constitution dont nous sommes dotés comme une chose qui advient *arbitrairement* à une personne qui existerait indépendamment de cette constitution elle-même. Quel est en effet le moi qui aurait pu (sous l'effet du hasard) avoir une constitution différente[2]? Il est évident que, si les différentes constitutions possibles sont aussi différentes identités, une telle question est insoluble, car il n'y a pas de moi situé au-delà des différentes constitutions possibles et qui pourrait recevoir l'une ou l'autre par hasard. L'identité ne peut pas demeurer constante au travers de plusieurs constitutions qui sont autant d'identités distinctes, et une telle idée est si peu réaliste qu'il faut au contraire admettre que notre constitution est quelque chose sans quoi nous ne serions pas ce que nous sommes et qu'il est absurde de la représenter comme quelque chose qui nous arrive, au sens où un lot « arrive » à l'heureux gagnant de la loterie[3]. Dès lors, il est absurde de prétendre que notre constitution – et en particulier notre aptitude à agir d'après des raisons – est due au hasard, ou est en nous de manière contingente, car il n'y a pas de moi qui puisse exister de manière indépendante de notre constitution et dans lequel cette constitution viendrait prendre place *par hasard*.

Nous avons donc repoussé, dit Susan Hurley, le spectre de la régressivité qui nous incitait à penser que notre faculté d'agir

1. S. Hurley, *Justice, Luck and Knowledge*, *op. cit.*, p. 110-111; « Luck, Responsibility and the Natural Lottery », *Journal of Political Philosophy*, 10/1, (2002), p. 79-94.

2. S. Hurley, *Justice, Luck and Knowledge*, *op. cit.*, p. 121-123.

3. *Ibid.*, p. 120-122.

d'après des raisons ne pourrait être considérée comme *nôtre* parce qu'elle serait la conséquence d'une constitution que nous ne possédons qu'en un sens métaphysiquement arbitraire. Si cette constitution est due au hasard (au simple sens où nous n'en sommes pas responsables, comme c'est à l'évidence le cas puisque nous ne l'avons pas produite à partir de raisons) sans être moralement arbitraire (car cette notion est dépourvue de sens lorsque nous parlons d'une aptitude à agir d'après des raisons), rien n'empêche que ce qui en émane soit tel que nous en soyons responsables. Il reste donc à formuler un critère convaincant qui nous permette de dire que la faculté d'agir d'après des raisons est bien la nôtre et que nous en sommes en ce sens responsables. Ce critère doit être exempt de métaphysique et, en même temps, être suffisamment proche de celui que nous employons lorsque nous tentons de dire que nous sommes responsables de nos actions lorsque ces actions sont le produit d'une séquence de causes dans laquelle les causes en forme de raisons figurent en bonne place.

Il n'est pas très aisé de formuler un critère convaincant mais on peut avancer l'idée suivante : les raisons qui figurent au nombre des causes de nos actions doivent être des raisons résultant d'un processus d'un certain genre, qui est incompatible avec la manipulation par un tiers. Elles doivent reposer sur des preuves et sur des expériences qui sont bien celles de l'agent (par exemple l'expérience que possède l'agent des conséquences de ses propres actions dans le passé). De cette manière, on ne dira pas que toute action qui se produit en rapport avec des raisons est telle que celui qui l'accomplit en est responsable, mais on dira que toute action qui est telle que celui qui l'accomplit agit en fonction de raisons auxquelles il est parvenu par un processus spécifique de formation impliquant des formes concrètes d'apprentissage et de mise à l'épreuve est une action dont l'agent qui l'accomplit peut être considéré comme responsable. On pourrait même aller au-delà de cette analyse en suggérant qu'un processus de formation de raisons qui met l'agent en relation avec les bonnes raisons d'agir n'est par définition pas un processus manipulé puisqu'une manipulation (ou un lavage de cerveau) se définit précisément comme une tentative pour déconnecter l'agent des bonnes raisons d'agir et lui en instiller de mauvaises. On peut donc être assuré qu'un agent qui agit par de bonnes raisons agit (qu'il les suive ou qu'il les repousse) en vertu d'un processus rationnel qui est bien authentiquement le sien. Il n'y a ici aucune condition de régressivité, car personne n'exige que l'agent soit lui-même responsable du processus en question. Mais inversement, on ne se contente pas de la présence de raisons dans la séquence réelle qui préside à l'action, puisque ces raisons doivent avoir un mode d'engendrement particulier pour jouer un rôle dans l'appréciation morale positive de l'action à laquelle elles donnent lieu[1].

Si l'on accepte ces intuitions compatibilistes, on comprend que les « choix » ne représentent pas des ruptures dans l'ordre de la causalité. Il ne s'agit pas d'événements sans cause, mais d'actes dans lesquels les délibérations de l'agent jouent un certain rôle à côté d'autres facteurs. On peut ajouter qu'il est manifeste que certaines personnes sont douées d'une sagesse pratique qui les aide à faire de bons choix, qu'une telle aptitude n'est pas présente chez tous, qu'elle dépend certainement de l'éducation et du contexte et que, en ce sens, le choix et le hasard ne peuvent être distingués que par le biais d'une norme sociale[2]. L'idée qu'il existe ainsi chez tous les individus et au même degré, une puissance de choix qui permettrait de faire la distinction entre ce qui est voulu et ce qui est le fait du hasard pour se servir ensuite de cette distinction comme fondement d'une théorie de la justice distributive et redistributive relève ainsi largement de la fiction.

La plupart des analystes inclinent donc aujourd'hui vers l'affirmation selon laquelle l'absence de différence métaphysique entre les actions volontaires et celles qui sont déterminées n'empêche pas d'attribuer une valeur morale à certains actes dans laquelle entre une part de délibération. L'affirmation d'une différence métaphysique ou ontologique leur paraît à la fois mystérieuse et inutile puisqu'elle n'est pas nécessaire pour sauver la notion de responsabilité morale[3]. Mais, si on refuse ainsi d'affirmer le

1. S. Hurley, *op. cit.*, p. 49-51 ; J. M. Fisher et M. Ravizza, *Responsibility and control*, chap. 8 : *Taking Responsibility*.

2. *Cf.* A. Ripstein, « Justice and Responsibility », *Canadian Journal of Law and Jurisprudence*, (2000).

3. J. Wallace, *Responsibility and the Moral Sentiments*, *op. cit.*, chapitres 5 et 6.

caractère métaphysiquement spécifique des actions choisies ou volontaires, on ne voit plus très bien pourquoi le fait qu'un acte soit « choisi » peut suffire – par soi seul – à créer chez celui qui l'accomplit une responsabilité pour les conséquences de cet acte, et servir ainsi à les rendre justes ou légitimes. Ou plus exactement, il n'y a plus lieu de dire que certains actes sont des choix ou sont choisis, car c'est une norme sociale qui définit les actes qui sont considérés comme des choix à partir du moment où les raisons y ont joué un rôle que la règle considère comme suffisamment déterminant pour qu'il soit juste d'attribuer les conséquences de l'action à celui qui l'a accomplie.

Loin, par conséquent, qu'il y ait une rupture tranchée entre les actes choisis et ceux qui ne le sont pas, toutes les actions se situent sur une échelle continue dont les différents éléments ne sont séparés que par des différences de degré et non de nature[1]. Seule une norme sociale – dont la légitimité doit être appuyée sur un critère qui est indépendant de la question de savoir si elle coupe correctement les actes en choisis et non choisis – peut tracer la ligne de démarcation. Mais, précisément, la réinterprétation de la philosophie de l'égalité autour du couple du choisi et du non-choisi voudrait nous faire croire que cette démarcation est par elle-même le critère souverain de la justice, et elle veut ainsi nous contraindre à lier le destin de cette philosophie à celui de l'indéterminisme, car elle paraît incapable de fonctionner dans le cadre d'une philosophie compatibiliste qui ne reconnaît plus que des différences de degré entre les actions dont nous sommes moralement responsables et celles dont il n'est pas socialement admis de dire que nous les avons accomplies « librement »[2].

Donc de deux choses l'une : ou bien certaines actions sont choisies au sens fort (métaphysique), et l'on a de bonnes raisons d'en attribuer la responsabilité à l'auteur du choix et de faire de cette thèse le pivot de la philosophie politique égalitariste. Dans ce cas, outre la position métaphysique difficilement acceptable que cela

1. *Cf.* la réponse de Dworkin à cette objection : « Sovereign Virtue Revisited », *Ethics*, 113, (2002) p. 103-141.

2. *Cf.* Susan Wolf, *Freedom Within Reason*, *op. cit.*, p. 84-87.

implique, on tombe dans une forme de moralisme qui ressemble fort à une position conservatrice justifiant toutes les inégalités au nom de l'idée que si certains sont pauvres, c'est parce qu'ils sont paresseux. Ou bien à l'inverse on adopte une version « faible » du concept de choix, c'est-à-dire l'idée compatibiliste selon laquelle nous sommes responsables de nos actions lorsqu'elles comptent des raisons parmi leurs causes (et lorsque, pour ce motif, la société pense être en mesure de nous en attribuer les conséquences) mais non pas, évidemment, lorsque ces actions sont sans cause, puisqu'une telle chose n'est ni possible ni nécessaire pour penser le statut moral de l'homme. C'est l'option philosophiquement la plus raisonnable mais, dans ce cas, ce concept ne peut plus remplir la fonction de principe discriminant que la théorie du *luck egalitarianism* lui attribue, car le simple fait d'avoir délibéré ne nous rend pas, à lui seul, responsables des conséquences si d'autres facteurs nous ont aussi déterminé à agir comme nous l'avons fait[1]. C'est la norme sociale qui apprécie l'ensemble de causes et qui, le rapportant à la question des devoirs mutuels, se prononce sur la responsabilité.

C'est donc une erreur de prétendre que la théorie de la justice pourrait se fonder sur le principe de responsabilité au nom de l'idée que ce que nous avons choisi est justifié et n'appelle aucune compensation parce que nous en portons la responsabilité. En effet, les versions substantielles du principe de responsabilité, dont on pourrait peut-être penser qu'elles pourraient servir de base à une forme de théorie de la justice de ce genre, ne peuvent nous convaincre que si l'on adopte une conception métaphysique du choix et de la responsabilité qui paraît peu plausible, et que les théoriciens qui tentent de s'appuyer sur la dichotomie du choisi et du non-choisi ne s'efforcent même pas de défendre[2]. La position de ceux qui veulent concevoir la justice en termes de compensation du hasard

1. En ce sens, le compatibilisme laisse sans doute subsister la possibilité de construire une notion morale de responsabilité qui consiste à attribuer certaines actions à certains agents; mais il n'autorise plus la notion de responsabilité à servir de support à une politique de redistribution appuyée sur le recours à la coercition.

2. R. Dworkin se contente par exemple de mentionner son adhésion à une certaine forme de liberté en un sens indéterministe sans chercher à entrer plus avant dans la question. *Cf.* « Equality, Luck and Hierarchy », *Philosophy and Public Affairs*, 31/2, (2003).

hérite des défauts de la position conservatrice au moment même où elle tente d'en capitaliser les avantages puisque, à l'instar de la position conservatrice, elle ne peut paraître convaincante que si l'on accepte une conception métaphysiquement expansive de la nature du choix qui semble vraiment très paradoxale au vu du tissu causal complexe qui, manifestement, détermine la situation de chaque individu dans le monde moderne. Ainsi, pour fonder la théorie de la justice sur la distinction du choisi et du non-choisi, il faut avoir la même foi naïve dans la vérité de l'indéterminisme et la réalité du libre arbitre que celle qui anime les conservateurs.

*

Ces critiques aboutissent donc à l'idée que cela n'a pas de sens de parler de la responsabilité comme les *luck egalitarians* veulent le faire si la volonté n'est pas libre au sens de l'indéterminisme, donc si l'incompatibilisme n'est pas vrai. Elles suggèrent que seul le sens de la liberté qui existe dans l'incompatibilisme (la liberté est un événement d'un genre métaphysique particulier) pourrait justifier la proposition de laisser assumer aux individus la responsabilité de leurs actions, parce que, si la notion de choix doit jouer le rôle de pivot dans la théorie de la justice, elle doit nécessairement renvoyer à un type d'action métaphysiquement singulier et différent par principe de ce dont nous n'assumons pas seuls la responsabilité ni les conséquences.

Certes, le développement des thèses compatibilistes ne prouve pas la fausseté de l'indéterminisme, et il ne nous contraint pas à penser la responsabilité morale selon les modalités qui la rendent compatible avec la détermination des actions humaines. Au demeurant, telle n'était pas l'ambition des promoteurs de ce compatibilisme, qui entendaient seulement montrer que nous n'avons pas besoin que l'indéterminisme soit vrai pour employer un concept cohérent de responsabilité morale, et que ce dernier concept est compatible avec la vérité du déterminisme. Certes, puisque cette philosophie ne nous donne aucune raison qui nous contraindrait à abandonner la conception indéterministe, nous avons tout loisir de demeurer incompatibilistes et de penser que, l'indéterminisme étant vrai, la responsabilité au sens fort est possible[1]. Il demeure donc possible – même en présence du développement d'une forme de compatibilisme – de soutenir que l'indéterminisme est vrai, que nous sommes responsables de certaines de nos actions en un sens métaphysiquement fort, que cette particularité métaphysique de certaines de nos actions est un fondement suffisant pour étayer l'idée que nous devons légitimement supporter les conséquences de certaines de nos actions, et qu'une société qui répartit les ressources en s'appuyant sur ce principe de responsabilité est juste.

Mais cette stratégie intellectuelle, outre qu'elle concède au conservatisme libertarien la totalité de ses revendications, paraît aléatoire, parce que le développement du compatibilisme constitue pour le moins une incitation puissante – ou en tout cas non-négligeable – à abandonner les terres arides de la controverse entre déterminisme et indéterminisme pour resituer la question de l'appréciation morale des actions et de la responsabilité dans des termes indifférents à la solution de cette controverse ou compatibles avec sa solution dans l'un comme dans l'autre sens. Il a en outre l'immense avantage de permettre de séparer la question du fondement de l'appréciation morale que nous portons les uns sur les autres dans notre vie quotidienne – l'éloge et le blâme touchant les actions et les conduites – de la question métaphysique de la détermination ou de l'indétermination de la volonté. Si nous disposons d'une théorie philosophique qui nous permet de comprendre en quoi nous sommes fondés à porter des appréciations morales sur nos actions et qui, en même temps, nous évite d'avoir à affirmer la vérité de l'indéterminisme, c'est une bonne raison de nous y engager. Mais, à l'évidence, cette philosophie ferme la voie à tout projet de réorganisation de la théorie de la justice autour du couple du choix et du hasard car, s'il n'y a entre les deux qu'une différence de degré et non pas de nature, seule une norme sociale – elle-même partie intégrante d'une conception de la justice appliquée à la structure de base de la société et valide pour d'autres raisons – peut nous permettre de faire une distinction praticable entre ce dont nous sommes considérés

1. *Cf.* C. Ginet, « In Defence of the Principle of Alternative Possibilities » *loc. cit.*

comme responsables et ce dont nous sommes considérés comme n'ayant pas à supporter seuls les conséquences. En ce sens, cette distinction ne peut figurer dans une théorie de la justice que si elle est détachée de la distinction entre le choix et le hasard, et si l'on sort de l'attitude consistant à vouloir à tout prix classer des actions individuelles pour s'orienter dans une autre distinction : il existe une règle collective qui fait le partage entre les actions dont les individus doivent assumer les conséquences et celles dont ils n'ont pas à assumer les conséquences; cette règle est elle-même partie intégrante d'une structure institutionnelle à propos de laquelle on peut poser la question de sa validité normative. Mais on devra répondre à cette question de la validité de la structure en montrant qu'elle résout correctement – c'est-à-dire d'une manière qui serait acceptable par tous, qui est mutuellement avantageuse, à laquelle on ne saurait opposer d'objection raisonnable, etc. – le dilemme de la liberté et de la sécurité. Autrement dit, dès le moment où l'on admet qu'il n'y a pas de différence intrinsèque entre deux catégories d'actions – celles que nous choisissons et celles qui nous adviennent – nous devons, si nous voulons continuer à nous servir d'une dichotomie de ce genre, dériver le critère qui permet de faire cette distinction d'un ensemble normatif plus vaste, lui-même doté de justifications indépendantes de la question de savoir s'il fait correctement la coupure entre les deux catégories d'actions. On dira alors que la distinction est valide parce qu'elle dérive d'un ensemble de règles lui-même validé de manière indépendante, et non pas que cet ensemble de règles est valide parce qu'il est en accord avec une manière correcte ou valide de tracer la distinction entre ce dont nous sommes responsables et ce dont nous n'avons pas à supporter seuls les conséquences. La défense du *luck egalitarianism* que l'on pourrait présenter de ce point de vue fait à nouveau sortir la notion centrale sur laquelle il prétend s'appuyer – la responsabilité – de l'aire de définition pré-institutionnelle qui permettrait d'accorder au *luck egalitarianism* les avantages qu'il prétend posséder. Nous n'avons plus affaire, en effet, à une théorie de la justice qui se fonde sur une notion indépendante de responsabilité individuelle, mais à une théorie de la justice qui valide une notion de responsabilité à partir de la validité qu'elle possède par ailleurs indépendamment de cette notion de responsabilité.

CHAPITRE VII

L'ASPIRATION À NEUTRALISER LE HASARD : INCOHÉRENCES DE LA THÉORIE

Le projet de reformuler la théorie de la justice comme une entreprise de neutralisation du hasard se heurte, nous l'avons vu, à deux objections essentielles.

Tout d'abord, ce projet se méprend sur la nature de l'aspiration égalitaire car nous ne concevons pas deux personnes comme égales lorsque leurs situations respectives ne sont plus du tout affectées par le hasard, mais lorsqu'elles ont la possibilité de coopérer l'une avec l'autre en qualité de personnes libres. L'idée que la société est juste si la situation dans laquelle se trouvent les individus porte seulement l'empreinte de leurs propres décisions est dépourvue de tout fondement.

En second lieu, ce projet entraîne la théorie de la justice dans un maquis de questions métaphysiques où elle ne peut entrer sans périr corps et biens. La définition de la société juste ne peut en effet pas être forte consommatrice de notions métaphysiques contestées, dans la mesure où elle doit pouvoir être partagée par des individus animés par des conceptions du bien différentes et que, à ce titre, elle doit pouvoir être inscrite dans la culture publique de la société sans entraîner de clivages irrémédiables. Certes, cette périlleuse immixtion dans les questions métaphysiques n'est nullement indispensable parce que nous disposons d'une conception de la responsabilité qui est compatible avec toutes les positions en présence et qui, en outre, semble en mesure d'intégrer le concept de responsabilité morale – part essentielle de notre grammaire morale – et de lui donner un sens. Le malheur, c'est que cette conception n'est plus assez puissante pour donner à la théorie de la justice le critère discriminant dont elle a besoin.

À ces deux objections essentielles, il convient maintenant d'en ajouter une troisième, mise en avant par Susan Hurley : il est de toute manière incohérent de tenter d'interpréter l'égalitarisme libéral comme une aspiration à neutraliser le hasard, tout simplement parce que la neutralisation du hasard et l'égalisation sont deux choses profondément distinctes et qui ne s'impliquent pas l'une l'autre. Nous pouvons parfaitement supprimer le rôle du hasard dans la situation des individus sans rendre ces situations plus égales; il est même possible que la suppression de l'influence du hasard ait non pas des conséquences égalitaires mais des conséquences inégalitaires[1]. En l'espèce, neutraliser les effets du hasard ne signifie pas rendre les situations plus égales. Par conséquent, si le *luck egalitarianism* est une tentative de reformulation de l'aspiration libérale à la justice et à l'égalité qui prétend en même temps répondre à l'objection conservatrice de l'irresponsabilité et intégrer l'intuition essentielle selon laquelle la situation des individus dans la société devrait être le reflet de leurs choix, il manque entièrement sa cible, car la reformulation proposée ne peut même pas passer pour une conception de la justice et de l'égalité. Il se peut donc qu'elle fasse place à la notion de responsabilité, mais c'est au prix de l'égalité. Or, ce que l'on cherchait, c'était bien une manière d'associer ces deux concepts et de trouver une théorie de la justice (donc de l'égalité) qui soit capable de faire une place à la notion de responsabilité individuelle. Mais, nous allons en avoir un aperçu dans le présent chapitre, la théorie de la justice ne fait place à la responsabilité qu'en cessant précisément d'être une théorie de l'égalité. On a tellement limité l'égalité pour faire place à la responsabilité qu'elle a

1. S. Hurley, *Justice, Luck and Knowledge*, (2003). La thèse de S. Hurley a fait l'objet de nombreuses contestations : K. Lippert-Rasmussen, « Hurley on Egalitarianism and the Luck-neutralizing Aim », *Politics, Philosophy and Economics*, 4/2, (2005), p. 249-265 ; K. Lippert-Rasmussen, « Hurley on Reason Responsiveness, Regression and Responsibility », *Philosophical Books* 46/3 (2005), p. 199-209; M. Fleurbaey « Neutralizing Luck, Rewarding Effort », *Philosophical Books*, 46/3, (2005), p. 188-198.

purement et simplement disparu. Non seulement nous nous trompons sur le sens de l'aspiration égalitaire qui est au cœur de l'idée de justice sociale lorsque nous l'interprétons comme une volonté de supprimer l'influence des facteurs arbitraires dans l'existence des individus, mais il apparaît en outre que l'aspiration à neutraliser le hasard ne peut même pas être interprétée comme une forme d'égalitarisme.

La mise en lumière de ce point devrait nous conduire à la conclusion suivante : la théorie de la justice sociale – c'est-à-dire la théorie de la forme d'égalisation qu'il convient d'introduire dans une vie collective pour que les principes et les résultats puissent en être considérés comme légitimes par l'ensemble des partenaires – ne consiste pas à dire que les situations des individus les uns par rapport aux autres ne devraient pas être influencées par le hasard et qu'elles ne devraient pouvoir se différencier que sous l'impact des choix dont ils peuvent être considérés comme responsables. Elle consiste au contraire à créer les conditions structurelles de l'autonomie de tous, ou à faire en sorte que les relations entre les individus soient exemptes de domination et de pouvoir, et que les partenaires puissent coopérer les uns avec les autres de manière mutuellement avantageuse et en qualité de personnes également libres.

D'une manière assez grossière, on pourrait dire que l'interprétation de la justice sociale en termes d'aspiration à neutraliser l'influence des facteurs arbitraires revient à un appel à distribuer les ressources sociales en fonction du travail de chacun, ou en tout cas de sa contribution personnelle. Les critiques adressées à ce principe convergent sur un point essentiel : le principe de répartition des ressources selon la contribution de chacun ne peut pas être présenté comme un principe de répartition conforme à la justice ni au principe de l'égale valeur des individus. Il ne constitue en aucune manière une traduction concrète du principe de justice qui commande que tous les partenaires de l'association soient traités comme ayant une valeur égale. En d'autres termes, ce principe n'est pas un principe de justice.

Il faut donc lui substituer un principe de répartition qui affirme que les ressources doivent être allouées en fonction des besoins, ou plutôt en fonction de la nécessité que tous les partenaires puissent jouer le rôle de coopérateurs libres et égaux dans une coopération qui sera légitime parce qu'elle sera mutuellement avantageuse. Un tel principe de répartition des ressources suppose une forme de redistribution, dans la mesure où les échanges volontaires ne conduisent pas automatiquement à une situation dans laquelle chacun dispose de ce dont il a besoin pour fonctionner comme personne autonome, libre et égale, disposant d'une faculté équivalente de faire des choix signifiants. Un tel principe paraît injuste parce qu'il implique que les ressources engendrées par les uns servent au moins en partie à la satisfaction des besoins des autres. Mais ce n'est qu'une apparence parce que, à la différence du principe de responsabilité, ce second principe nous apparaît comme une interprétation plausible de l'aspiration égalitaire, ou plus exactement de l'aspiration à conférer à nos rapports sociaux la forme de la justice et de la légitimité qui lui est indispensable. Par ailleurs, comme nous le verrons au chapitre suivant, ce second principe est capable de faire une place aux exigences nées du premier principe (la responsabilité), alors même que le premier principe est incapable de faire une place aux exigences nées du second (l'idée de valeur égale de tous les partenaires).

Pourquoi le projet de neutralisation ou d'annulation des effets du hasard ne peut-il être compris comme un projet égalitaire ? Pourquoi ne peut-il être considéré comme une conception de la justice ou, plus exactement, pourquoi toute tentative de redéfinition de la justice par le biais du couple du hasard et du choix a-t-elle pour effet d'éliminer la justice elle-même ? Pourquoi est-il incohérent de définir la justice par la neutralisation du hasard ?

La raison en est très facile à comprendre : quelle que soit la manière dont on la définit, la justice est une interprétation du concept d'égalité. Or, lorsqu'on regarde attentivement le contenu de l'idée de neutralisation du hasard, on comprend immédiatement que, par elle-même, cette idée n'a pas de portée égalitaire. Il suffit, pour s'en apercevoir, d'envisager l'hypothèse suivante : soient deux personnes qui sont strictement égales (quelle que soit l'acception que l'on donne de cette égalité) ; si elles le sont par le fait du hasard, le fait de neutraliser l'action de ce hasard va les rendre inégales. Il n'y a rien à faire : le hasard produit tout, l'égalité comme l'inégalité et, de ce fait, sa neutralisation n'est pas nécessairement égalitaire.

C'est Susan Hurley qui a mis en valeur ce point capital. Sa démonstration n'est pas exempte de difficultés, mais elle permet de faire progresser substantiellement l'analyse.

Elle examine pour l'essentiel l'hypothèse selon laquelle l'aspiration à neutraliser le rôle du hasard dans la répartition des possibilités que les individus ont d'accéder aux ressources ou aux avantages pourrait constituer le fondement de l'égalitarisme[1]. Cela impliquerait que, si l'on nous pose la question de savoir pourquoi nous voulons introduire une plus grande égalité de ce point de vue entre les partenaires de l'entreprise sociale, nous sommes en droit de répondre de l'une des deux manières suivantes.

Soit en disant que, à notre avis, il est injuste que le hasard joue un rôle dans la détermination de la situation des individus, auquel cas nous affirmons que la neutralisation du hasard *justifie* normativement l'égalitarisme. Nous disons en effet que le hasard est injuste, que certaines inégalités sont dues au hasard et que, en ce sens, elles doivent être supprimées ou compensées. L'aspiration à neutraliser le hasard aurait donc vocation à jouer le rôle d'argument justifiant notre volonté de promouvoir une plus grande égalité, et l'on raisonnerait alors de la manière suivante : pourquoi voulez-vous une égalité accrue entre les membres de la société ? Parce que les inégalités qui les séparent sont les conséquences du hasard. Or le hasard est injuste et ses effets doivent donc être neutralisés ou annulés[2].

Soit en disant que nous *définissons* notre volonté d'égalité comme une volonté de neutralisation du hasard, ou que nous décrivons notre volonté de rendre les situations des individus plus égales comme une volonté de neutraliser l'action des facteurs arbitraires sur leurs situations. Dans ce cas, nous n'attribuons pas de valeur normative à la neutralisation du hasard et nous ne disons pas que le hasard est injuste ou qu'il doit être supprimé. Beaucoup plus

1. S. Hurley, *Justice, Luck and Knowledge*, *op. cit.*, p. 146-149.

2. C'est bien le raisonnement mis en avant par Cohen, comme ce dernier le confirme dans sa réponse aux objections de Hurley : G.A. Cohen, « Luck and Equality : A Reply to Hurley », *Philosophy and Phenomenological Research*, 72/2, (2006), p. 439-446.

modestement, et sans chercher le moins de monde à donner une justification de notre aspiration à l'égalité, nous en donnons une explication descriptive, et nous disons que notre aspiration à l'égalité est en réalité une aspiration à neutraliser le hasard, ou qu'elle peut être conçue comme une annulation des effets du hasard sur l'existence des individus.

La position de Susan Hurley est que ces deux propositions sont fausses l'une et l'autre, c'est-à-dire que non seulement notre aspiration à neutraliser l'action du hasard ne peut pas servir à justifier notre volonté de rendre les situations individuelles plus égales, mais qu'elle ne peut même pas prétendre en constituer une description ou une explication analytique car les deux expressions (neutraliser le hasard et rendre les situations des individus plus égales) ne peuvent en aucun cas être considérées comme ayant la même signification[1].

Qu'est-ce en effet que l'égalitarisme? Même si l'on n'introduit pas l'idée que, en tant qu'interprétation de la justice sociale, l'égalité est une volonté de rendre les pouvoirs et les libertés des individus relativement équivalents – ou du moins de les empêcher de se nier – l'égalitarisme est nécessairement une doctrine qui dit que, pour un *X* donné, une distribution plus égale de cet *X* doit toujours être préférée à une distribution moins égale de ce même *X*. Une doctrine égalitaire est donc nécessairement une doctrine qui affirme que l'égalité est une bonne chose et que ce qui comporte plus d'égalité doit être préféré à ce qui en comporte moins, sans préjuger du fait, bien entendu, qu'une situation moins égalitaire peut être préférable pour d'autres raisons, parce qu'elle comporte une réalisation plus importante d'autres valeurs. En l'espèce, il est possible d'être égalitariste, c'est-à-dire de penser que l'égalité est une bonne chose, sans penser pour autant que l'égalité soit la seule valeur, c'est-à-dire sans penser que l'égalité soit la seule bonne chose qu'il importe de promouvoir. On peut opter pour une égalité moindre si ce sacrifice maximise la situation des moins favorisés par exemple, mais on ne peut pas prétendre que cette valeur accordée à une moindre égalité est une conséquence du concept d'égalité lui-même.

1. S. Hurley, *Justice, Luck and Knowledge*, *op. cit.*, p. 155.

Il est du moins certain qu'une doctrine quelconque ne peut pas être égalitariste si elle se contente de dire qu'une certaine ressource ou une certaine chose doit être distribuée ou redistribuée sans nous dire *comment* elle doit l'être, et en particulier sans nous dire qu'elle doit plutôt l'être de manière égale que de manière inégale[1]. Or, tel est bien le cas de la thèse selon laquelle le hasard doit être neutralisé : elle nous dit bien que le hasard est une chose qui doit être redistribuée, c'est-à-dire une chose dont les effets ne doivent pas être laissés là où ils sont, mais elle ne nous dit pas, par elle-même, qu'il doit être redistribué de manière égale ni même qu'une situation dans laquelle les effets du hasard seraient moins inégalement répartis serait préférable à une situation dans laquelle ils seraient plus inégalement répartis.

Cette affirmation possède un air de paradoxe mais, en réalité, elle est assez simple à comprendre. L'aspiration à neutraliser le hasard pur n'exige en effet pas que l'on affirme que la répartition égalitaire de quoi que ce soit doit être préférable à une répartition inégalitaire, car elle peut considérer comme légitime une situation de très fortes inégalités, à la condition que ces dernières ne soient pas dues à des facteurs contingents mais résultent seulement des choix responsables des individus. Elle conduit même à considérer comme acceptables des situations de domination qui nient la liberté de certains individus pourvu qu'elles soient les conséquences des choix de ces mêmes individus. En l'espèce, elle serait même conduite à accepter l'idée que l'esclavage volontaire est une possibilité[2]. On comprend aisément, à cet égard, que les effets de l'introduction de la notion de

1. S. Hurley, *Justice Luck and Knowledge*, *op. cit.*, p. 149-154; dans sa réponse, Cohen tente de montrer que la volonté de neutraliser le hasard est aussi une indication sur le sens égalitaire que doit nécessairement revêtir sa redistribution : si la justice veut que les individus conservent ce dont ils sont les auteurs, on ne peut pas redistribuer inégalement les effets dont ils ne sont pas les auteurs puisque cela contredirait le principe d'équité qui exige que la répartition des avantages soit en accord avec les choix des individus (*loc. cit.*, p. 445). La réponse de Hurley est péremptoire : la redistribution égalitaire des avantages issus du hasard ne garantirait absolument pas que chacun n'ait que ce dont il est responsable. (*Philosophy and Phenomenological Research*, 72/2, (2006), p. 463).

2. Sur ce sujet, *cf.* A. Ripstein, « Luck and Responsibility », *Canadian Journal of Law and Jurisprudence* (2004). A. Ripstein réactualise l'argument rousseauiste selon lequel tout choix « volontaire » qui anéantit notre faculté d'autonomie est nécessairement illégitime.

responsabilité dans la théorie de la justice, et de la tentative pour réorganiser cette dernière en tenant compte de l'idée que la situation des individus doit être sensible aux choix qu'ils ont faits, puisse avoir des conséquences (potentielles) radicalement inégalitaires.

Inversement, cette même aspiration aurait pour conséquence qu'il convient de considérer comme illégitime une situation très égalitaire si les égalités qui y figurent ont pour cause des facteurs contingents. L'aspiration à neutraliser le hasard pur ne nous donne donc aucune raison indépendante de préférer les répartitions plus égalitaires aux répartitions moins égalitaires; elle nous dit bien que le hasard est une chose qu'il convient de redistribuer, mais elle ne nous dit pas de quelle manière – égale ou inégale – il convient de le faire[1].

On peut généraliser cette observation : dans le concept de hasard, rien n'indique que celui-ci implique la notion d'inégalité en sorte que le hasard peut produire aussi bien l'égalité que l'inégalité, et que la volonté de neutraliser le hasard peut signifier aussi bien la neutralisation des facteurs contingents qui nous rendent égaux – auquel cas elle a pour effet une plus grande inégalité – qu'une neutralisation des facteurs contingents qui nous rendent inégaux, auquel cas sa mise en œuvre aurait bien pour effet de nous rendre plus égaux, mais cette égalité accrue serait non pas une conséquence nécessaire de la neutralisation du hasard, mais une conséquence contingente du fait que le hasard a produit des inégalités au sein d'une situation qui, antérieurement, en contenait moins.

Ceci nous conduit à comprendre que, lorsque nous affirmons qu'il convient de compenser les effets des facteurs contingents qui nous rendent inégaux, on ne dit pas seulement qu'il faut neutraliser le hasard. Il est clair que l'on dit quelque chose de plus, que l'on introduit une préférence normative pour l'égalité, qui est indépendante de l'affirmation selon laquelle il convient de neutraliser les effets du hasard et qui n'en découle en aucune manière. Il est donc tout à fait clair que la thèse selon laquelle il convient de neutraliser les effets du hasard (il est injuste que deux individus soient affectés

1. Hurley, *Justice, Luck and Knowledge*, *op. cit.*, p. 155-156.

par des hasards distincts) n'a pas par elle-même de conséquences égalitaristes[1].

Supposons par exemple qu'une manne tombe du ciel entre les mains d'individus dont les ressources sont inégales et que, par le plus grand des hasards, cette pluie miraculeuse les rende strictement égaux. La neutralisation des effets du hasard impliquerait manifestement que leur situation soit à nouveau rendue aussi inégale qu'elle l'était auparavant. En d'autres termes, il n'y a rien, dans le principe qui commande de neutraliser les effets du hasard, qui exige que nous définissions la situation d'égalité comme celle qui prévaut par défaut ou comme la situation normale, et c'est un évident paralogisme qui nous incline à croire que si la répartition de la manne est inégalitaire, c'est l'effet du hasard, alors que toute répartition égalitaire est nécessairement l'effet de la volonté délibérée d'un répartiteur qui en assume la responsabilité.

La neutralisation des facteurs contingents n'a donc des effets égalitaires que si l'on prend la situation d'égalité comme situation normative initiale, en sorte que la notion de neutralisation ne peut absolument pas servir à valider cette norme initiale ni à la décrire[2].

Dès lors, on peut dire qu'il n'y a aucun lien entre l'idée que les gens doivent posséder ce dont ils sont responsables et l'idée d'égalité. Il est très possible que l'on élimine d'une certaine forme de répartition tous les facteurs qui ont pour effet que les individus ne possèdent pas uniquement ce dont ils sont responsables et que, de cette manière, la répartition en question soit moins égalitaire qu'elle ne l'était auparavant. Inversement, il est très possible que, partant d'une répartition inégale, nous fassions en sorte que les situations soient toutes égales et que le résultat de cette modification soit que,

1. Soient par exemple deux personnes *A* et *B*; *A* possède des ressources 10 et *B* possède des ressources 20. Sur les 10 possédées par *A* 8 sont dues au hasard tandis que sur les 20 possédées par *B* 12 sont dues au hasard. La situation nous paraît injuste parce que le hasard favorise *B* en lui donnant 12 et seulement 8 à *A*. Nous proposons donc de neutraliser le hasard. Mais le résultat n'est pas une plus grande égalité car désormais *A* possède 2 et *B* 8 soit quatre fois plus que *A* (alors que, avant la neutralisation du hasard, il ne possédait que deux fois plus que *A*).

2. S. Hurley, *Justice, Luck and Knowledge*, *op. cit.*, p. 190-191.

désormais, de nombreux individus possèdent des ressources dont il est impossible de leur attribuer la responsabilité[1].

Mais ce raisonnement n'est-il pas lui-même très suspect et ne repose-t-il pas sur un contresens manifeste à propos de la définition de la société juste comme une société dans laquelle l'action du hasard serait neutralisée? Cette définition paraît en effet signifier que nous prenons effectivement la situation d'égalité comme une position neutre, et que nous qualifions ensuite de légitimes les seules inégalités qui se développent dans ce contexte initial d'égalité sous l'impact des choix responsables des individus, à l'exclusion de toutes celles qui auraient des facteurs contingents pour causes. Une conception de ce genre ne se prononce pas sur la question de savoir si la situation initiale d'égalité est ou n'est pas une affaire de hasard, et elle se contente d'affirmer que, s'il existe par la suite des inégalités qui sont dues au hasard, elles doivent être neutralisées[2].

Mais dans ce cas, il faut bien faire la distinction entre la volonté de neutraliser les effets du hasard et la volonté de neutraliser les inégalités nées du hasard. Les deux expressions n'ont pas le même sens car, si l'on adopte la première, on ne peut pas affirmer que lorsque les situations sont égales il n'y a rien à corriger, comme on peut en revanche le faire si l'on adopte la seconde, qui contient l'affirmation implicite selon laquelle il n'y a par définition rien à corriger dans une situation d'égalité.

Nous commençons donc à comprendre qu'une société dans laquelle les gens n'assumeraient que les conséquences de leurs choix, et où l'action des facteurs contingents serait neutralisée, ne serait pas nécessairement une société égalitaire[3]. Il est donc impossible de valider normativement l'égalitarisme en disant qu'il est injuste que les situations des individus soient rendues inégales par

1. S. Hurley, « Luck and Equality », *Proceedings of the Aristotelian Society*, suppl. LXXV, (2001), p. 51-72 (repris dans *Justice, Luck and Knowledge*, *op. cit.*, chap. 6),

2. Les réponses à Hurley soulignent en général ce point : le *luck egalitarianism* entend neutraliser non pas le hasard en tant que tel mais les désavantages dus au hasard. (*cf.* G. A. Cohen, « A reply to S. Hurley », *loc. cit.*, p. 441-443 ; *cf.* aussi G. Lang, « Two Objections to Luck egalitarianism ». S. Hurley a raison de souligner que, dans ce cas, on a besoin d'une prémisse indépendante pour valider l'aspiration égalitaire elle-même.

3. S. Hurley, *Justice, Luck and Knowledge*, *op. cit.*, p. 154.

des facteurs contingents et qu'il convient de corriger cette injustice. Il n'y a pas d'implication entre neutralisation du hasard et égalité, et il est tout aussi impossible de décrire l'égalitarisme en ayant recours au vocabulaire de la neutralisation du hasard puisque, si l'on peut dire, cette dernière est neutre par rapport à la question de l'égalité ou de l'inégalité. Dire que nous sommes en train d'annuler l'impact des facteurs contingents ne peut pas être une manière valide de décrire une politique d'égalisation, car ce que nous faisons lorsque nous procédons à cette annulation pourrait aussi bien-être une politique de promotion de l'inégalité.

Mais peut-être avons-nous omis de dire ce qu'il convenait d'entendre par la neutralisation des facteurs contingents. Susan Hurley pense que la situation du *luck egalitarianism* ne fait qu'empirer si l'on introduit des définitions plus précises de cette notion. Cette neutralisation peut en effet s'entendre de deux manières distinctes, soit dans le contexte d'une comparaison entre la situation d'un individu et celle des autres, ce qui implique que certains sont moins bien traités par le hasard que d'autres, ou encore que le hasard nous affecte inégalement; soit au contraire dans le contexte d'une lecture contrefactuelle qui compare la situation d'une personne, non pas à celle des autres mais à celle dans laquelle elle se trouverait ou pourrait se trouver si le hasard l'avait traitée plus favorablement[1]. Un individu peut donc être défavorisé par le hasard, soit parce qu'il est moins bien loti que les autres sans que sa responsabilité soit en cause, soit parce que, toujours sans que sa responsabilité soit en cause, il est moins bien loti qu'il ne le serait dans un monde où le hasard lui serait moins défavorable.

Une conséquence paradoxale de cette distinction est que le fait d'être défavorisé par le hasard au premier sens n'implique pas qu'on le soit au second. Je peux, sous l'impact de circonstances que je ne maîtrise pas, être dans une situation inférieure à celle des autres (il est tombé moins de manne dans mon jardin que dans celui de mes voisins) et être en ce sens victime d'un hasard négatif du point de vue interpersonnel. En même temps, il est très possible qu'il n'existe pas de monde dans lequel la quantité de manne tombant du ciel, répartie

1. S. Hurley, *Justice, Luck and Knowledge*, *op. cit.*, p. 155-156.

moins inégalement ou même également entre tous, me mettrait dans une situation plus favorable que celle où je suis maintenant[1]. Cela signifie que toutes les chutes égalitaires de manne se traduiraient pour moi par une situation moins bonne que la chute inégalitaire qui a réellement eu lieu. En ce sens, je ne suis pas victime d'un hasard négatif au second sens. Le principe de différence nous a familiarisés avec ce genre de situation dans laquelle un écart accru entre les personnes a pour effet la maximisation de la situation des moins favorisés.

La thèse défendue par Susan Hurley est que, quelle que soit la définition du hasard négatif que l'on adopte, la volonté de neutraliser le hasard n'est pas une forme d'égalitarisme.

Supposons en effet que le hasard négatif soit défini en termes interpersonnels[2]. Dans ce cas il est vrai qu'une politique de neutralisation du hasard (par exemple une redistribution de la manne de manière à ce que chacun en ait une quantité égale) a des effets égalitaristes, mais c'est uniquement parce que l'on a circulairement défini le hasard comme une *inégalité* produite par le hasard et que nous avons en même temps décidé par convention de considérer qu'une répartition égalitaire de la manne ne serait pas due au hasard si elle se produisait. La neutralisation du hasard au sens interpersonnel ne possède un aspect égalitaire que si, absurdement, le hasard est lui-même défini comme produisant nécessairement et exclusivement de l'inégalité.

Supposons à l'inverse que l'on définisse le hasard en termes intrapersonnels : la comparaison entre la situation d'une personne telle qu'elle est effectivement et sa situation telle qu'elle serait si elle n'était pas affectée par le hasard[3]. La neutralisation des effets du hasard peut ici se faire, soit en rendant impossible le monde dans lequel le hasard traiterait cette personne moins défavorablement, soit en l'y transportant en même temps que tous ses concitoyens. La première option ne nous rapproche pas d'une répartition plus égale de quoi que ce soit puisqu'elle nous laisse dans le monde tel qu'il est,

1. S. Hurley, *Justice, Luck and Knowledge*, *op. cit.*, p. 155-156.
2. *Ibid.*
3. *Ibid.*, p. 157-158.

mais elle a bien neutralisé le hasard puisque, désormais, cette personne ne peut pas dire que sa situation est moins bonne que celle dans laquelle elle se trouverait si le hasard ne l'avait pas frappé. Le monde dans lequel le hasard ne l'aurait pas frappé n'existe plus en tant que monde possible en sorte qu'il lui est désormais interdit de dire que le hasard aurait pu mieux la traiter. L'effet du hasard est éliminé mais elle n'est pas mieux lotie et sa situation ne s'est pas rapprochée de celle de ses concitoyens.

La seconde option n'a pas nécessairement de conséquences égalitaires non plus puisque, dans ce monde possible où nous serions tous transportés, la situation de cette personne est certes meilleure (elle est mieux traitée par le hasard puisque son sort est meilleur que celui qu'elle avait dans le monde réel) mais celle des autres peut l'être exactement dans les mêmes proportions, en sorte que l'égalité n'aura pas progressé d'un pas.

Une nouvelle fois, dit Susan Hurley, nous constatons bien à quel point la neutralisation du hasard, quelle que soit la manière dont on l'envisage, est quelque chose de distinct d'une égalisation[1]. Il faut donc se rendre à l'évidence : si l'on suppose un monde où personne n'est responsable de rien (les effets du hasard sont partout), le fait de passer d'un monde de ce genre à un monde où chacun n'a que ce qu'il a choisi d'avoir et dont il est responsable (les effets du hasard sont supprimés) ne garantit en rien que ce second monde sera plus égalitaire que le premier[2]. Celui-ci peut être entièrement dû au hasard mais il peut être très égalitaire, et le passage à un monde gouverné par la responsabilité pourrait fort bien – rien ne l'exclut – le rendre infiniment moins égalitaire. Inversement, si le monde où personne n'est responsable de rien est un monde marqué par l'inégalité, le fait de se convertir à un monde où chacun est responsable de tout ce qu'il a et où chacun n'a que ce dont il est responsable ne garantit en rien que ce monde de responsabilité sera un monde plus égalitaire que celui où il n'est tenu aucun compte de la responsabilité des agents.

1. *Ibid.*, p. 158.
2. S. Hurley, *Justice, Luck and responsibility*, *op. cit.*, p. 174-177.

Est-ce que ce raisonnement n'est cependant pas un sophisme pur et simple qui joue sur la proximité de la justice et de l'égalité ? La proposition de redéfinition de la justice par le concept de la neutralisation du hasard, pourrait-on dire, n'est pas une forme d'égalitarisme et elle ne cherche pas à l'être. C'est une définition de la société juste ou légitime comme une société dans laquelle la situation de chacun n'est pas affectée par des facteurs contingents. La justice consiste simplement dans l'élimination du hasard et dans le fait que chacun ne dispose que des conséquences de ses propres choix. La reformulation de la théorie de la justice se contente donc de dire que les situations des individus ne devraient pas être conditionnées par le hasard, et qu'une société est légitime si et seulement si la situation de chacun n'est affectée que par les conséquences des choix dont il est lui-même responsable[1]. Une telle théorie paraît en mesure d'accepter l'affirmation selon laquelle une égalité due au hasard a autant besoin d'être corrigée qu'une inégalité due au hasard. Elle n'est pas intrinsèquement égalitaire, mais elle se contente de dire qu'une société est juste ou légitime lorsque le hasard – qu'il favorise l'égalité ou l'inégalité – n'affecte en rien les situations individuelles.

Certes, mais en partant de quelle situation ? L'objection paraît de bon sens, mais elle se heurte à une première difficulté qui paraît difficilement surmontable : si nous savons que la situation initiale n'est affectée par aucun facteur contingent, nous pouvons ensuite tenter de dire si les variations par rapport à cette situation initiale sont des effets des choix effectués par l'individu en question ou bien si elles sont dues au hasard (à supposer que les difficultés liées à l'emploi de ces notions soient résolues). Mais comment pouvons-nous nous assurer que les situations initiales ne sont pas affectées par des facteurs contingents ? Quel sens possède une telle affirmation ? Pour corriger le hasard, il faudrait savoir ce que serait la situation que nous avons à corriger si le hasard n'y avait joué aucun rôle

1. Les *luck egalitarians* récusent une telle conception : pour eux, il s'agit bien de dire qu'une société juste doit neutraliser les inégalités dues au hasard. Leur défense consiste donc à dire qu'ils ne se prononcent pas en faveur de la neutralisation du hasard en général mais d'une forme spécifique de hasard : celle qui produit des inégalités. (*cf.* G.A. Cohen, « A Reply to Hurley », *loc. cit.*).

mais, précisément, cette notion paraît incroyablement difficile à définir[1].

Susan Hurley propose d'analyser cette difficulté de la manière suivante. Supposons, dit-elle, trois individus dont nous tentons de comparer la situation réelle et la situation dans laquelle ils se trouveraient si le hasard ne les avait pas affectés ou n'avait exercé aucune influence sur leur situation.

Situations réelles	Situations telles qu'elles seraient si le hasard était neutralisé
$A = 7$ (– 2 à cause du hasard) = 5	$A = 5 + 2 = 7$
$B = 6$ (rôle du hasard nul) = 6	$B = 6 + 0 = 6$
$C = 5$ (+ 2 dus au hasard) = 7	$C = 7 - 2 = 5$

Essayons ensuite de suggérer que la situation qui advient une fois que le hasard est neutralisé n'est pas plus égale, mais qu'elle est plus juste ou plus légitime parce que si les inégalités y sont aussi importantes que dans la situation initiale, elles ne doivent plus rien au hasard mais sont des effets des choix dont les individus doivent assumer la responsabilité[2].

On voit tout de suite pourquoi un tel raisonnement n'est pas envisageable. Pour qu'il soit viable, il faudrait en effet qu'il soit possible de faire clairement la distinction, dans la situation réelle des individus, entre les ressources dont ils disposent effectivement et celles dont ils disposeraient si le hasard n'existait pas. *A* possède 5 mais posséderait 7 si le hasard ne l'avait pas affecté, tandis que, inversement, C possède 7 mais ne posséderait que 5 si le hasard ne l'avait pas favorisé. Comme le montre Susan Hurley, il est parfaitement possible de dire que la situation d'une personne ne serait pas celle qu'elle est si le hasard ne l'avait pas affectée, mais il est en revanche impossible de dire *ce que* serait sa situation si le hasard ne l'avait pas affectée. En d'autres termes, nous pouvons parfaitement dire que nous ne serions pas ce que nous sommes si le hasard ne nous avait pas affectés, mais il nous est en revanche absolument impossible de dire ce que nous serions, quelle serait notre situation, si le

1. S. Hurley, *Justice, Luck and Knowledge*, *op. cit.*, p. 161-162.
2. *Ibid.*, p. 163-165.

hasard ne nous avait pas affectés. En l'espèce, la première proposition est cohérente, mais elle ne permet pas de parvenir à une conclusion déterminée sur les changements qu'il faudrait introduire dans la situation réelle des individus pour la rendre adéquate à ce que serait cette situation si le hasard n'y avait joué aucun rôle puisque, précisément, nous ignorons tout de cette situation contrefactuelle[1]. Le hasard a un impact sur la vie des individus, mais cela n'implique nullement que nous soyons en mesure de dire ce que serait la vie d'un individu si cet impact n'existait pas.

Supposons ainsi que nous soyons dans un monde où les individus possèdent des choses ou des attributs dont ils ne peuvent revendiquer la responsabilité (en supposant bien entendu que cette notion puisse avoir un sens). Supposons ensuite que l'on élimine l'action des facteurs dont les individus ne peuvent revendiquer la responsabilité. Il reste donc uniquement ce dont les individus sont responsables. Mais ceci ne définit rien de déterminé. En d'autres termes, l'expression « ce dont les individus sont responsables » ne peut jouer aucun rôle dans la définition de ce que les individus doivent avoir[2]. Prenons par exemple le cas d'une personne qui est marquée par un facteur arbitraire (une enfance déshéritée), et imaginons que cette personne soit transportée dans un monde où les effets et l'action de cette enfance déshéritée (dont elle n'est pas responsable) sont annulés. Cela ne nous dit pas quelle vie aura cette personne dans ce monde nouveau. On sait que la vie de cette personne sera une vie qu'elle choisira, et on sait que cette vie – sans doute, mais on ne peut pas en être certain – ne sera pas la même que celle qu'elle aurait eue si les conséquences de son enfance déshéritée n'avaient pas été neutralisées ou compensées, mais on ne sait pas du tout de quelle vie il s'agira. La vérité est qu'il y a ici une infinité de possibilités.

Ce problème d'indétermination se pose parce qu'il est tout simplement impossible de séparer le choix responsable et le hasard, ou encore parce qu'il est tout simplement impossible de dire ce que seraient les choix des individus si les effets du hasard étaient autres que ce qu'ils sont, ou ce que ces choix auraient été si le hasard avait

1. S. Hurley, *Justice, Luck and Knowledge*, *op. cit.*, p. 185-187.
2. *Ibid.*, p. 188-190.

été différent[1]. Il est possible que ces choix demeurent les mêmes, mais il est possible aussi qu'une disposition différente des facteurs contingents et de leurs effets sur l'existence des personnes concernées aurait déterminé ces dernières à faire des choix différents. Pour autant que nous le sachions et puissions le savoir, les deux hypothèses sont aussi plausibles l'une que l'autre, et il en résulte que nous ne pouvons énoncer aucune proposition certaine sur ce que serait la situation d'un individu si elle ne subissait en rien l'impact de facteurs contingents. Toute situation individuelle est en ce sens affectée à la fois par le hasard et par les choix et elle en est le produit conjoint, mais il n'est pas possible de déterminer isolément l'influence de chacun des deux facteurs, parce qu'on ne peut jamais exclure que la nature et l'étendue du hasard conditionnent les choix.

Pour que la volonté de neutraliser le hasard puisse se traduire en propositions déterminées portant sur la manière dont il convient de répartir les ressources, il faudrait donc pouvoir formuler des jugements contrefactuels affirmant que, si le hasard était neutralisé, les inégalités qui subsisteraient entre les individus seraient exclusivement des effets des choix qu'ils ont effectués dans le passé. Or il paraît entièrement impossible d'analyser de cette manière une situation hypothétique et d'y déterminer avec quelque fondement quelles sont les inégalités qui y existeraient et qui seraient légitimes parce qu'elles seraient les effets des choix[2]. Il est sans doute possible, dans la situation réelle d'une personne, de dire qu'il y a un certain nombre de composantes qui sont dues au hasard, mais on voit mal comment nous pourrions déterminer ce que serait la situation de cette même personne si le hasard n'avait joué aucun rôle dans la genèse de sa situation. Il est en particulier impossible de déterminer quels seraient ou quels auraient été les choix de cette personne si le hasard dont sa situation est affectée n'avait pas existé ou avait été différent.

On ne peut donc pas se contenter de supposer que le hasard et les choix sont deux éléments séparés en sorte que la personne aurait fait les mêmes choix si le hasard dont elle est victime (ou bénéficiaire)

1. S. Hurley, *Justice, Luck and Knowledge*, *op. cit.*, p. 196-197.

2. S. Hurley, « Roemer on Responsibility and Equality », *Law and Philosophy*, 21 (2004), p. 39-64, Section 4 (repris dans *Justice, Luck and Knowkedge*, *op. cit.*, chap. 7).

n'avait pas existé[1]. À partir de ce que nous savons d'une personne dont la vie est marquée par le hasard, il nous est rigoureusement impossible de savoir ce que serait la vie de cette personne ou ce qu'elle aurait été si le hasard n'y avait joué aucun rôle (ou un rôle différent). On ne peut donc pas savoir ce que seraient les choix d'une personne si le hasard était neutralisé, de même qu'il n'est pas possible de supposer que les choix demeurent constants lorsque le hasard joue un rôle et lorsqu'il n'en joue plus aucun. Il est infiniment probable au contraire que les choix et le hasard sont intimement mélangés.

La notion de ce dont les individus sont responsables est en ce sens rigoureusement indéterminée si on la détache des situations réelles dans lesquelles ces individus se trouvent, car, s'il est sans doute possible de poser la question de la part de la responsabilité et de celle du hasard dans une situation réelle, il n'est plus guère possible de la poser à propos des situations dans lesquelles les individus pourraient se trouver mais dans lesquelles ils ne se trouvent pas effectivement. Comment savoir de quoi les individus seraient responsables, c'est-à-dire ce qu'ils auraient choisi de faire, si le hasard ne les avait pas du tout affectés ou les avait affectés d'une manière différente ? Dès lors, la proposition qui tente de définir la situation dans laquelle deux individus se trouveraient l'un par rapport à l'autre si le hasard ne jouait aucun rôle dans leur existence et dans leurs situations respectives est une proposition à laquelle nous ne pouvons accorder aucun contenu déterminé. Nous ne pouvons tout simplement pas dire ce qu'elle désigne, parce qu'une infinité de situations possibles peuvent correspondre à cette définition.

Ce point apparaît clairement à propos d'un exemple : supposons une personne qui est favorisée par le hasard (elle a des talents naturels, elle a eu une enfance équilibrée, elle est née dans une famille aisée et elle a bénéficié de la meilleure éducation possible) et qui est à la fois travailleuse et énergique. Supposons une autre personne qui est tout aussi travailleuse et énergique, mais qui a été défavorisée par le hasard dans son enfance du point de vue de ses

1. S. Hurley, *Justice, Luck and Knowledge*, *op. cit.*, p. 164-168.

aptitudes naturelles, de son milieu social, et de l'éducation à laquelle elle a eu accès. Cette seconde personne, quoique ayant fait les mêmes choix que la première, est dans une situation moins bonne qu'elle. Il est tentant de dire que cela est injuste et que ces deux personnes devraient être égales du point de vue des avantages auxquels elles ont accès. Mais lorsqu'on examine le genre de jugements qu'il faut pouvoir énoncer pour arriver à cette conclusion, notre conviction vacille nécessairement. On peut certes dire que, si la personne défavorisée avait eu de la chance dans son enfance, elle aurait cependant fait les mêmes choix en faveur du travail que ceux qu'elle a faits dans une situation d'adversité. Mais qu'est-ce qui peut nous garantir que cette proposition est vraie car, après tout, il est tout à fait possible qu'ayant vécu une enfance sans problèmes, la nécessité de se montrer travailleur lui ait totalement échappé, ou que son intelligence supérieure lui ait fait juger que, tout bien considéré, travailler est absurde et qu'il est préférable de vivre aux crochets des autres[1]. On ne peut donc pas du tout faire l'hypothèse simpliste que, si une personne avait des talents différents, elle ferait cependant les mêmes choix, car il y a de très grandes chances pour que les choix soient fonction des talents. Dans le cas précis, on ne voit même pas comment nous pourrions savoir qu'une proposition portant sur les choix qu'une personne aurait faits, si elle n'avait pas eu les mêmes talents que ceux qu'elle a aujourd'hui, est vraie ou pourrait être vraie, car nous ne pouvons absolument rien dire des conditions de sa vérifiabilité. Tout ce qu'il paraît raisonnable de dire c'est que si cette personne avait eu d'autres aptitudes naturelles que celles qu'elle avait, si elle était née dans un autre milieu social, etc., elle aurait pu faire une infinité de choix différents de ceux qu'elle a faits parmi une infinité d'autres. Nous pouvons sans doute dire (et encore) que sa vie aurait été différente, mais nous sommes bien incapables de dire ce qu'aurait été cette vie. Parmi tous les choix qu'elle aurait pu faire, quels sont ceux que nous devons considérer comme ceux qu'elle aurait faits si le hasard l'avait traitée autrement? Si j'avais eu d'autres talents, il y a une infinité de choix que j'aurais pu faire. Lesquels dois-je considérer comme les choix que j'aurais faits si

1. *Ibid.*, p. 165-166.

j'avais eu ces autres talents ? Si j'avais été doué pour les mathématiques (comme je ne l'étais assurément pas), peut-on en conclure de manière certaine que je serais entré à Polytechnique ? J'aurais aussi pu détester les mathématiques et opter pour la vie religieuse. Qui peut le dire ?

Face à cette difficulté, Susan Hurley suggère qu'il peut être tentant d'adopter une forme de fuite en avant. S'il est vrai que les choix individuels ne sont pas dissociables du hasard, et si l'on ne peut pas séparer les avantages dus aux choix et les avantages dus au hasard, pourquoi ne pas dire que tous les choix sont affectés par le hasard et que, en ce sens, les individus ne sont responsables de rien[1] ? Il ne reste plus qu'à conclure que, la totalité des situations individuelles étant l'effet de facteurs contingents, elles doivent être rendues radicalement égales et ramenées à l'égalité en permanence dans la mesure où elles ne s'écartent jamais de cette égalité que sous l'impact de choix qui sont, non pas des choix purs, mais des choix qui, parce qu'ils sont affectés par le hasard, doivent cesser d'être considérés comme des choix. Cette fuite en avant est certes possible, mais l'affirmation sur laquelle elle s'appuie est trop puissante, car elle signifierait que nous éliminons tout simplement la notion de responsabilité en avançant l'idée que toute situation qui est telle que le hasard y joue un rôle est aussi telle que nous ne pouvons pas en être considérés comme responsables. Cette manœuvre réduit à néant l'ensemble de l'entreprise qui consistait à tenter de faire la distinction, dans la situation des individus, entre ce qui est dû à leurs choix et ce qui est l'effet de facteurs arbitraires ou contingents. Si cette distinction nous conduit à de telles extrémités, pourquoi ne pas l'abandonner purement et simplement pour revenir à l'idée que la justice sociale est une entreprise de neutralisation du pouvoir et de ses effets, et non pas une entreprise de neutralisation du hasard ?

Il n'est donc pas possible de résoudre le problème d'indétermination qui apparaît au cœur de la thèse du *luck egalitarianism* en

1. S. Hurley, *Justice, Luck and Knowledge*, *op. cit.*, p. 169-170 ; *cf.* aussi, « Is responsibility Impossible ? » *Philosophical Studies*, 99 (2000), p. 229-268 ; pour une reconstruction de la position de Hurley sur l'idée que la responsabilité est possible, *cf.* P. Pettit, « The Elements of Responsibility », *Philosophical Books*, 46/3, (2006), p. 210-219.

disant que la distinction entre ce dont nous sommes responsables et ce dont nous ne sommes pas responsables peut être résolue par l'application d'une thèse régressive (je suis responsable de *X* si je suis responsable de l'ensemble des causes qui ont concouru à l'existence de *X*). En effet, cette stratégie a pour conséquence non pas d'aboutir à une distinction claire entre la responsabilité et le hasard, mais d'éliminer complètement la notion de responsabilité (si l'on adopte cette thèse, on aboutit à la conclusion immanquable qu'il n'y a rien dont nous soyons responsables). Certes, il ne s'agit pas de dire que cette position est fausse. Au contraire, toutes les analyses que nous avons menées jusqu'à présent ont eu pour objet de montrer la vanité du projet consistant à faire une distinction tranchée entre ce dont nous sommes responsables et ce dont nous n'avons pas à assumer les conséquences et à en faire le pivot d'une théorie de la justice reconstruite de manière à intégrer l'objection conservatrice selon laquelle la redistribution sociale encourage les conduites irresponsables. Il n'y a en effet que deux issues possibles à ce projet : l'incohérence ou l'abandon de l'égalitarisme.

La fuite en avant consistant à dire que le hasard est partout et, par conséquent, la responsabilité nulle part, n'est qu'une conséquence de cette conclusion. Si le hasard souille tout ce qu'il touche, au point que son omniprésence interdit de faire porter à quiconque les conséquences d'une de ses actions, la notion de responsabilité devient parfaitement vide, parce que la totalité des caractéristiques qui composent la situation dans laquelle se trouvent les individus sont dans ce cas dues à des facteurs contingents, ou parce que nous avons de bonnes raisons de les considérer comme étant dues à ce genre de facteurs et d'en conclure qu'il n'y a pas lieu de chercher à déterminer la part de responsabilité de chacun dans la situation qui est la sienne.

Dans cette hypothèse, il demeure possible d'opter pour une forme d'égalitarisme, comme il demeure aussi possible de dire – à l'instar de Nozick – que les effets du hasard doivent être laissés où ils sont. Mais si nous optons pour l'égalitarisme, nous devrons le faire pour des raisons entièrement indépendantes de l'idée que le hasard doit être annulé, neutralisé ou compensé, et de la thèse selon laquelle la situation et le niveau de ressources des individus ne devraient être affectés que par leurs choix et non par des facteurs contingents. Cela signifie que l'égalité ne pourra devoir sa valeur normative au fait qu'elle est la position dans laquelle l'impact du hasard serait nul et, au demeurant, une telle affirmation est dépourvue de fondement. Par elle-même, la thèse de la nécessaire neutralisation du hasard ne fournit aucun fondement normatif à l'égalité et elle ne possède intrinsèquement aucune dimension égalitaire[1]. Elle ne peut donc en aucun cas servir à justifier une proposition consistant à faire progresser la société vers une plus grande égalité dans les ressources ou dans l'accès aux avantages.

En un mot, il n'y a aucune raison de penser que si les individus ne possédaient que ce dont ils sont responsables, leurs situations seraient plus égales qu'elles ne le sont lorsque leurs situations effectives sont affectées par des facteurs contingents. Rien ne saurait en effet exclure *a priori* que ces facteurs contingents aient rendu les situations en question plus égales qu'elles ne le seraient si ces facteurs avaient été absents. Inversement, il est très possible que, dans un contexte où tout le monde aurait une situation égale, les individus ne seraient pas responsables de ce qu'ils ont, car le hasard peut parfaitement avoir fait cette égalité.

Toute l'analyse de Susan Hurley est fondée sur des prémisses compatibilistes : il est, d'après elle, indéniablement possible d'élaborer une notion cohérente de responsabilité, et il est sans doute possible aussi de dire qu'une personne est moralement responsable de certains avantages qu'elle détient, que ceux-ci sont la conséquence des choix qu'elle a faits et que, à ce titre, elle y a droit et qu'il n'y a pas lieu de les redistribuer[2]. Sans doute est-il possible encore de dire que certains avantages sont tels que ceux qui les possèdent ne peuvent s'en prétendre moralement responsables, parce que leur possession ne résulte pas d'une séquence réelle d'actions contrôlée par l'agent au sens que Martin Fisher et John Ravizza donnent à ce concept[3]. Mais toute tentative pour faire de ce concept de respon-

1. S. Hurley, *Justice, Luck and Knowledge*, *op. cit.*, p. 170-173.

2. S. Hurley, « Is responsibility Essentially Impossible ? » *loc. cit.* et *Justice, Luck and Knowledge*, chapitres 2 et 3.

3. Cf. *supra*, chapitre IV.

sabilité le pivot d'une théorie de la justice, c'est-à-dire d'une théorie de l'allocation des ressources ou des avantages, échoue nécessairement, car le fait de savoir qu'une personne n'est pas responsable de certains avantages ne nous dit rien sur les avantages qu'on doit lui enlever pour qu'elle soit dans la situation où elle serait si elle n'avait que les avantages dont elle est responsable. Inversement, le fait de savoir qu'une personne n'est pas responsable de certains déficits d'avantages ne nous permet pas de dire quels sont les avantages ou les ressources qu'elle posséderait si elle n'était pas frappée par ce facteur contingent. La situation est bel et bien désespérée, car la notion de responsabilité peut sans doute nous indiquer ce qui doit être l'objet d'un processus de redistribution et de compensation (toutes les choses dont nous ne pouvons être considérés comme moralement responsables), mais elle est en revanche impuissante, par elle-même, à nous dire comment cet « objet » doit être redistribué, et en particulier à nous fournir de bonnes raisons de préférer une distribution plus égale à une distribution moins égale de cet objet. Sans le secours d'une norme indépendante (égalitariste ou inégalitariste) elle demeure muette sur ce point.

Si l'on emprunte l'option compatibiliste adoptée par Susan Hurley, on peut donc tenter d'utiliser la notion de responsabilité pour déterminer quel est le rapport entre certaines personnes et certains biens[1]. Cette notion nous permet par exemple de dire que, pour la personne *A*, la chose *X* n'est pas le fait du hasard, que la personne *A* en est responsable. Mais ce genre de propositions – qui établit la responsabilité d'un individu et donc un rapport entre une personne et un bien (rapport non arbitraire) – n'est de toute manière d'aucun usage pour fonder une proposition affirmant qu'il est juste que ce dont les individus sont responsables en ce sens doit leur être abandonné. En d'autres termes, la démonstration de Susan Hurley tend à établir que les jugements qui établissent la responsabilité des individus par rapport à certains manques ou à certains avantages sont incapables de nous dire quoi que ce soit sur ce que devrait être la

1. Ce que Ripstein appelle une conception attributive de la responsabilité, « Luck and Responsibility » *Canadian Journal of Law and Jurisprudence* (2004) et dont il montre qu'elle n'est d'aucun usage dans la théorie de la justice distributive.

situation des personnes les unes par rapport aux autres[1]. Il se peut très bien que nous tentions de dire si le rapport entre une personne *A* et une personne *B* est juste et que nous tentions de déterminer s'il y a lieu de redistribuer certaines choses de l'une à l'autre, et que nous connaissons par ailleurs de manière très exacte et indubitable la nature des relations de responsabilité ou de non responsabilité que chacune de ces deux personnes entretient avec les avantages qu'elle possède et avec les désavantages dont elle est victime. Il n'en demeurerait pas moins que cette connaissance exacte ne nous serait absolument d'aucun secours pour répondre à notre question de justice et dire comment la relation entre les deux personnes devrait être corrigée (ni même si elle doit être corrigée ou non). Le fait d'établir que les personnes *A* et *B* sont responsables des avantages qu'elles détiennent ne nous indiquerait pas que l'action consistant à laisser ces avantages où ils sont – ou, inversement, l'action consistant à opérer une redistribution entre ces deux personnes – possède une valeur normative ou qu'elle est juste[2]. Ces informations ne nous permettraient pas de dire, par exemple, s'il est arbitraire ou non que la personne *A* soit dans une meilleure situation que la personne *B* ou bien si c'est l'effet de leurs choix, alors même que nous saurions exactement, dans la situation de chacune de ces deux personnes, ce qui relève de sa responsabilité et ce qui doit être attribué à l'action de facteurs contingents. Et la raison pour laquelle il en est ainsi est très facile à comprendre : si la personne *B*, par exemple, est dans une situation beaucoup moins bonne que la personne *A* et si, dans la situation de cette personne *B*, nous pouvons dire que les éléments défavorables *X*, *Y* et *Z* sont dus à des facteurs contingents, il nous est impossible de dire quelle serait la situation de la personne *B* si ces facteurs n'avaient pas agi, et il nous est par conséquent impossible de dire quelle serait la relation entre les personnes *A* et *B* qui serait telle que nous pourrions considérer qu'elle n'est pas du tout affectée par le hasard mais qu'elle est uniquement l'effet de leurs choix respectifs. Dire de quoi une personne est responsable ne nous permet pas de dire si cette

1. S. Hurley, *Justice, Luck and Knowledge*, *op. cit.*, p. 258-259.
2. *Ibid.*, p. 180-184.

personne peut être considérée comme responsable du fait qu'elle est dans une situation meilleure qu'une autre personne. Inversement, dire qu'une personne n'est pas responsable de certaines caractéristiques de sa propre situation défavorable ne permet pas de dire si elle est ou non responsable de l'écart qui sépare sa propre situation de celle des autres personnes qui se trouvent dans une situation plus favorable que la sienne. Le motif principal de cette impossibilité est bien entendu qu'il est impossible de dire quels sont les choix que les personnes en question auraient faits si le hasard (favorable ou défavorable) qui a contribué à modeler leur situation n'avait pas agi.

Imaginons par exemple un handicapé qui est dépourvu de certains avantages et à propos duquel nous pouvons affirmer avec la plus grande assurance qu'il n'est pas responsable des désavantages qu'il subit. Imaginons par ailleurs une personne qui jouit de grands avantages dans la vie, et à propos de laquelle nous pouvons affirmer qu'elle les doit à une série de loteries génétiques et sociales[1]. Ces deux jugements de responsabilité portant sur des personnes séparées ne nous disent absolument rien sur la question qui nous intéresse : la différence entre la situation de celui qui est handicapé et la situation de la personne favorisée par la chance est-elle contingente et doit-elle être corrigée ou non ? Pour le savoir il faudrait déterminer quel aurait été le comportement du handicapé si le hasard ne l'avait pas ainsi défavorisé, et quels auraient été le comportement et les choix de la personne qui a bénéficié de cette série de hasards favorables si elle avait dû affronter un sort tout à fait inverse. Or ces deux questions sont rigoureusement insolubles. Les jugements de responsabilité que nous porterions sur le handicapé et sur son *alter ego* béni des dieux nous permettraient tout aussi peu de répondre à une seconde question, elle aussi cruciale si nous voulons résoudre des problèmes de justice distributive et de neutralisation du hasard : quel est le rapport entre les situations respectives de ces deux personnes qui serait tel que nous devrions considérer qu'il n'y a rien à corriger en lui parce qu'il n'est pas du tout le produit de facteurs contingents et qu'il ne résulte que des choix responsables effectués par chacune

1. *Ibid.*, p. 219-227.

des deux personnes en présence[1]? À supposer donc que la notion de responsabilité puisse avoir un sens et qu'elle nous donne une réponse à la première question posée par les partisans de la redéfinition de la justice en termes de neutralisation du hasard (qu'est ce qui est dû au hasard et de quoi sommes nous responsables), on ne pourrait pas aller plus loin ni dire comment il faudrait reconfigurer les situations respectives des individus pour que l'on puisse dire que rien, dans leur relation, n'est dû au hasard? C'est tout simplement impossible. La conclusion est claire : la notion de neutralisation du hasard n'est pas une théorie de la justice; ce n'est pas une théorie égalitaire, et elle ne peut en aucun cas servir à fonder une telle théorie.

Cette analyse postule qu'il est possible d'utiliser la notion de responsabilité et de choix comme une notion « objective » qui décrit, comme une propriété du monde entièrement indépendante de toute convention, le fait qu'une personne est responsable d'une action ou d'un élément de sa situation. Elle postule – à juste titre – qu'il n'est nullement nécessaire d'être indéterministe pour affirmer la validité de propositions de ce genre et elle pense qu'il est possible d'en déduire une sorte de classement objectif des actions en choisies et non choisies. On peut avoir des doutes sur la pertinence d'une telle thèse dans la mesure où, comme nous l'avons vu, la distinction entre les deux catégories ne peut être qu'une différence de degré et non de nature. Dès lors, tout classement est exposé à des objections et suppose l'appel à une règle sociale qui en précise les contours, et dont la légitimité ne peut reposer sur le fait qu'elle trace « correctement » la frontière entre les deux genres d'actions, mais uniquement sur le fait qu'elle est en équilibre réflexif avec un ensemble de règles définissant une structure sociale qui pourrait être dite juste pour des raisons indépendantes (elle fonctionne à l'avantage de tous, elle maximise la liberté, elle est telle qu'aucun des partenaires ne pourrait lui opposer d'objection raisonnable, etc.).

Mais en toute hypothèse, ce que l'analyse de Hurley met pleinement en lumière, c'est le fait que même si l'on pouvait parvenir à un classement objectif des actions choisies et de celles qui ne le

1. S. Hurley, *Justice, Luck and Knowledge*, *op. cit.*, p. 229.

sont pas, ce « classement » ne nous permettrait pas de déterminer comment il faut redistribuer les ressources et les avantages entre les différents partenaires de l'entreprise sociale pour que leurs situations respectives soient telles qu'elles auraient été si l'ensemble des éléments qui, dans leurs situations réelles, sont les effets de facteurs contingents, étaient supprimés, annulés ou neutralisés.

CHAPITRE VIII

VERS UNE CONCEPTION DE LA RESPONSABILITÉ EN TERMES DE NORMATIVITÉ SOCIALE : LA THÈSE D'ARTHUR RIPSTEIN

La tentative de redéfinir la justice par la neutralisation du hasard consiste à se demander de quoi une personne est responsable. Or, les difficultés liées à cette notion tendent à établir qu'il n'est pas possible de dire de quoi, individuellement, chacun de nous est responsable, ce que chacun de nous a choisi par opposition à ce qui nous advient par hasard. La raison essentielle de cette impossibilité est qu'une action, quelle qu'elle soit, n'est pas une addition de facteurs volontaires et de facteurs contingents, en sorte que l'on pourrait, par soustraction des facteurs contingents, déterminer contrefactuellement ce que serait une action si seuls les facteurs volontaires présidaient à son accomplissement, ou ce que serait la situation d'un individu si elle avait résulté seulement d'actions intégralement délibérées ou volontaires. Toute action, toute situation humaine, est un mixte indiscernable dans lequel les facteurs contingents et les facteurs « volontaires » – à supposer qu'il existe une telle chose – réagissent les uns sur les autres. Toute tentative pour déterminer la part du hasard et la part du choisi est donc vouée à l'échec, ne serait-ce que parce que tous les choix effectués par un agent sont tributaires des hasards dont il est affecté. Ce qu'il choisirait si ces hasards n'existaient pas constitue donc nécessairement une énigme qu'il est impossible de résoudre.

Au demeurant, il semble difficile – voire impossible – de tenter d'analyser les actions individuelles en prétendant que leur légitimité devrait reposer sur le fait qu'elles sont pures de tout facteur « contingent ». Toute action, toute situation humaine est conditionnée, causée, engendrée par un contexte social auquel elle réagit, en particulier par un contexte de règles et de conventions qui, par rapport à elle, est contingent, au sens où l'agent n'en est pas le maître. En ce sens, il paraît plus rationnel d'aborder la question de la légitimité des actions et des situations respectives des individus par l'autre extrémité : quel est le contexte de règles et de conventions dans lequel elles se produisent ? Si ce contexte est légitime, les actions et les situations qui s'y développent sont elles-mêmes légitimes. C'est la légitimité de la structure qui est au principe de celle des actions et non l'inverse. Ce qui signifie que, au lieu de tenter de définir une action comme juste et de prétendre qu'une société juste est une société qui ne contient que des actions justes, on doit tenter de dire ce qu'est une structure juste, et affirmer ensuite que toutes les actions et les situations qui se produisent en conformité avec les règles ou les principes organisateurs de cette structure juste sont elles-mêmes justes[1].

L'idée de définir une société juste comme une société dans laquelle nul n'aurait à subir les effets d'autre chose que de ses propres choix semble donc mort-née, parce qu'il y a en réalité un continuum absolu entre les choses que nous voulons et celles qui nous affectent, en sorte qu'il est vain, à propos d'un individu isolé, de prétendre faire une coupure entre les deux groupes de choses. Même si, comme l'établissent les travaux de Wallace, Frankfurt, Fisher et Ravizza, la responsabilité est compatible avec le déterminisme et si, en conséquence, cette notion demeure utilisable dans un contexte politique sans engagements métaphysiques discriminants, le rôle qu'elle peut y jouer est inconséquent car, ainsi redéfinie, la notion de responsabilité ne peut pas, par elle-même, servir de critère décisif permettant de distinguer ce qui doit faire l'objet d'une compensation ou d'une neutralisation, et ce dont les individus ont à supporter seuls les conséquences. Elle ne peut jouer ce rôle qu'à la

1. *Cf.* G.A. Cohen, *Self Ownership, Freedom and Equality* (1995).

condition d'être associée à une règle qui indique précisément la manière dont il convient d'opérer cette distinction et de légitimer les conséquences qui s'ensuivent en matière d'allocation des ressources.

On peut sans doute percevoir cette insuffisance du critère de responsabilité à propos de la démonstration proposée par John Roemer[1]. Dans la proposition de Roemer, la question de savoir ce qui est ou ce qui n'est pas sous le contrôle des individus est résolue de manière pragmatique. Chaque société va ainsi dresser la liste des facteurs qui définissent les groupes pertinents auxquels les individus ne choisissent pas d'appartenir: les ouvriers métallurgistes noirs ou les infirmières blanches. Il n'y a donc là aucune métaphysique de la libre volonté, et l'on peut imaginer des sociétés plus ou moins « déterministes » qui incluent une part plus ou moins importante de l'ensemble des caractéristiques des personnes individuelles dans la liste des facteurs de référence en fonction desquels de tels groupes devraient être constitués, laissant ainsi à la « libre détermination de la volonté » une sphère plus ou moins étendue. Une telle décision, dit Roemer, est politique et n'est que la traduction pratique du jugement que la société porte sur les facteurs qui échappent au contrôle des individus et ouvrent droit à une compensation dans le cadre d'institutions équitables[2]. Mais ce jugement n'enregistre pas un fait indépendant : c'est une norme sociale dont il s'agit précisément de savoir si elle est légitime et bien fondée ou non.

En ce sens, l'approche de Roemer correspond bien à une tentative pour introduire une notion indépendante de responsabilité individuelle dans la théorie de la justice. Mais lorsqu'il s'agit de dire quels sont les facteurs dont la responsabilité ne peut pas être imputée aux individus, Roemer nous invite en réalité à fuir toute réponse pré-institutionnelle à cette question et à définir comme relevant de la responsabilité personnelle ce que la société décide de considérer comme tel et, à ce titre, de ne pas le compenser. À nouveau, nous sommes donc tentés de poser la question suivante : nous ne demandons pas ce que la société considère comme devant relever de la

1. Cf. *supra*, chapitre III, p. 137-143.
2. Roemer, *Equality of Opportunity*, *op. cit.*, chap. 1.

responsabilité de l'individu, mais nous demandons ce qu'elle *devrait* considérer comme relevant de la responsabilité de chacun. Dans la solution proposée par John Roemer, on a besoin de savoir si la société pourrait légitimement prendre la décision de ne considérer aucun facteur comme relevant de la responsabilité personnelle, ou s'il lui serait possible, en d'autres termes, de décider que chaque individu constitue un groupe à lui tout seul, en sorte que la totalité des facteurs par lesquels chacun est significativement différent des autres relève du hasard. Par elle-même, la notion de responsabilité ne permet pas de répondre à cette question.

L'approche proposée par Roemer nous conduit donc dans une impasse, car nous ne voulons pas savoir quels sont les facteurs dont la société à laquelle nous appartenons nous demande de porter la responsabilité et quels sont au contraire ceux qu'elle considère comme indépendants de notre contrôle et comme ne justifiant donc pas les différences qu'ils produisent. Nous voulons savoir si la classification que notre société opère entre ces deux catégories d'événements est légitime ou non. Même si, statistiquement, les hommes noirs de soixante ans ont en moyenne fumé plus longtemps que les femmes blanches du même âge, on ne voit pas pourquoi on devrait en conclure que la différence qui en résulte en termes de risque de contracter un cancer *devrait* être considérée comme ne relevant pas de la responsabilité des individus concernés. C'est une norme sociale qui le dit et qui constitue les groupes pertinents ; c'est elle qui dit que les individus n'ont pas à supporter les conséquences spécifiques, en matière d'exposition aux risques de maladie, de l'appartenance à un sexe, à une race ou à une profession, et c'est sur la légitimité de cette règle que nous devons nous interroger : est-ce qu'elle est telle qu'il soit impossible d'y faire des objections raisonnables, est-ce qu'elle maximise la liberté de tous ?

Comme le montre Arthur Ripstein, cela n'a donc aucun sens de se demander – dans le but de faire une utilisation politique de la réponse pour organiser la répartition des ressources sociales – si une personne est responsable de telle ou telle action, si elle la contrôle et si, de ce fait, les conséquences peuvent lui en être imputées en sorte qu'elle doit les supporter seule sans pouvoir escompter l'assistance des tiers[1]. La responsabilité – du moins celle qui doit servir de critère de répartition sociale des ressources – est une notion qui n'a de sens que dans un contexte où il existe une norme collective qui définit quels sont les intérêts des autres dont l'agent doit tenir compte dans son action : s'il ne ménage pas les intérêts en question en agissant, il fait courir aux autres un risque que la définition sociale de la responsabilité conçoit comme un risque qu'il n'est pas légitime de leur faire courir. Si ce risque se matérialise, l'agent devra en supporter les conséquences et il en assume la responsabilité[2]. Mais il n'en est pas responsable parce qu'il l'a choisi ou parce qu'il en est la cause. Inversement, si l'agent ménage les intérêts des tiers dans ses actions, c'est-à-dire s'il respecte la norme sociale définissant les intérêts des autres qui doivent être ménagés, les effets de cette action que les autres pourraient considérer comme indésirables sont néanmoins à leur charge, bien qu'à l'évidence, ils leur arrivent par hasard et qu'ils ne les aient pas voulus. Ainsi, l'opticien qui a le désagrément de voir une boutique concurrente s'ouvrir à quelques dizaines de mètres de la sienne ne peut pas prétendre qu'il n'a pas à assumer les conséquences des actions de son concurrent sous prétexte qu'il ne les a pas voulues. La règle sociale veut qu'il les assume et cette règle est fondée, c'est-à-dire que la forme de répartition des responsabilités qu'elle organise serait préférée à toute autre règle possible derrière un voile d'ignorance, parce qu'elle organise de manière acceptable pour tous la coexistence des libertés individuelles[3].

On voit par conséquent qu'il y a des effets dommageables pour autrui que nous avons voulus, ou dont nous sommes manifestement la *cause,* mais dont nous ne sommes pas responsables parce que, en les produisant, nous avons respecté la norme sociale qui définit les intérêts légitimes des tiers que notre action devait respecter[4]. Inversement, il y a des effets que nous n'avons en rien voulus et dont

1. *Cf.* A. Ripstein, *Equality, Responsibility and the Law (*1998); « Equality, Luck and Responsibility » *Philosophy and Public Affairs*, 23/1, (1994), p. 3-23 ; « Justice and Responsibility », *Canadian Journal of Law and Jurisprudence* (2004).

2. A. Ripstein, *Equality, Responsibility and the Law*, *op. cit.*, p. 50-58.

3. A. Ripstein, « Justice and Responsibility », *loc. cit.*, p. 6.

4. A. Ripstein, *Equality, Responsibility and the Law*, *op. cit.*, 96-100.

on pourrait raisonnablement soutenir qu'ils sont le fait du hasard, mais dont nous sommes responsables parce qu'ils résultent d'une action dans laquelle nous avons négligé ou violé la norme qui définit ce que nous devons aux autres lorsque nous agissons.

Il est très important de remarquer ici que l'agent peut être tenu pour responsable de ce qu'il n'a pas voulu (peut-être n'a-t-il même à aucun moment envisagé que certaines des conséquences de son action qui se sont effectivement matérialisées pouvaient se produire) et que, inversement, chacun peut être amené à subir les conséquences d'une action qui sont, pour lui, entièrement contingentes et qui ne relèvent en rien d'un choix. Si, dans leurs actions, les autres ont tenu compte de mes intérêts (ils ont respecté la législation qui me protège) et que, néanmoins, il existe des conséquences négatives pour moi, ces conséquences ont beau être entièrement dues au hasard en ce qui me concerne, j'aurai à les assumer seul[1]. Ce n'est pas le hasard qui, par principe, donne droit à une compensation à celui qui en est victime, mais le fait que l'action dont il est victime viole la règle qui détermine les intérêts légitimes des tiers dont on doit tenir compte lorsqu'on agit.

La notion de responsabilité est donc une notion sociale – elle n'a de sens que dans un contexte de relations sociales – et elle suppose une norme qui définit quand, comment, et dans quelle mesure chacun doit modérer ses propres actions à la lumières des intérêts des autres que le groupe social définit comme des intérêts qui doivent être préservés, c'est-à-dire qui ne peuvent pas être entravés par la manière dont les individus agissent (mais ils peuvent l'être, bien entendu, par des événements naturels dont aucune personne particulière n'a à endosser la responsabilité)[2]. Nous devons assumer les conséquences de nos actes, non pas lorsque nous les avons voulues, mais lorsque nous avons omis, dans nos actions, de ménager les intérêts des tiers considérés comme légitimes par une

1. A. Ripstein, « Equality, Luck and responsibility », *loc. cit.*, p. 8.

2. Beaucoup de catastrophes « naturelles », comme l'a montré J-P. Dupuy, sont rien moins que naturelles, car les dommages qu'elles causent résultent en réalité du fait que certains acteurs ont violé des normes existantes ou des normes qui devraient exister pour que la société soit légitime, par exemple des normes antisismiques dans la construction des immeubles (*cf.*.J.-P. Dupuy, *Pour un catastrophisme éclairé*, Paris, 2004).

norme collective que nous considérerions nous-mêmes comme juste dans une situation de rationalité idéale.

Pour Ripstein, la définition – collective et normative – de la responsabilité dans une société est donc une forme de mise en équilibre de la liberté des uns et de la sécurité des autres[1]. Si chaque agent était responsable de l'intégralité des conséquences de ses actions qui sont indésirables pour les autres, ces derniers seraient pour ainsi dire dans une situation de sécurité absolue puisqu'ils ne seraient jamais affectés par ce qu'ils n'ont pas eux-mêmes choisi, voulu ou désiré, quelle que soit la manière dont nous tentions d'interpréter ce concept de choix. Mais cette sécurité radicale des uns signifierait l'absence totale de liberté pour les autres, qui ne pourraient agir sans avoir à assumer la totalité des conséquences de leurs actes que les autres considèrent comme indésirables. Il est évident qu'aucune collectivité qui prétend garantir une forme de liberté ne peut ainsi laisser les agents à la merci du jugement privé de ceux qui les entourent, c'est-à-dire à la merci du fait que ceux qui sont touchés par ces actions pourraient les trouver indésirables. Toute action, quelle qu'elle soit, touche une infinité de personnes dans une mesure plus ou moins importante, positivement ou négativement, et si l'agent devait réparer tous les « dommages » qu'il crée sans exception, l'action deviendrait impossible. Nous avons besoin d'une norme collective qui définit la manière dont chaque agent doit intégrer la considération des intérêts des autres dans sa propre action, et non pas laisser chacun juge de l'étendue de ses intérêts. C'est cette règle qui définit ce que l'on doit considérer comme un dommage pour lequel l'agent doit des réparations s'il l'occasionne[2].

Inversement, il va de soi que si l'agent n'était jamais tenu d'assumer les conséquences de ses actions pour les autres, sa liberté serait sans doute entière (et il pourrait agir de manière absolument *irresponsable*, sans jamais avoir à tenir compte des intérêts légitimes des autres), mais la sécurité des tiers serait réduite à néant. En bref, si chacun de nous était responsable de tout ce qui peut arriver aux autres du fait de nos actions, la sécurité des autres serait

1. A. Ripstein, *Equality, Responsibility and the Law*, *op. cit.*, p. 55.
2. A. Ripstein, « Justice and Responsibility », p. 10.

maximale – c'est-à-dire qu'ils n'auraient jamais à subir les conséquences indésirables pour eux de nos actions – mais notre liberté serait nulle; et si, inversement, nous n'étions responsables d'aucun des effets de nos actions sur les autres, notre liberté serait maximale et la sécurité des autres serait nulle[1]. Aucun agent ne peut donc être dit responsable de quoi que ce soit indépendamment d'une norme sociale qui énonce le genre d'actions dont, précisément, son auteur doit assumer la responsabilité. Du même coup, cette norme sociale énonce les intérêts des autres que chacun doit ménager dans son action, et elle équilibre les exigences respectives de la liberté et de la sécurité, le besoin que nous avons de pouvoir mener certaines actions sans avoir à tenir compte des effets négatifs pour les tiers, et le besoin inverse des tiers de ne pas subir certains effets de nos actions[2]. Quiconque viole cette norme (c'est-à-dire quiconque se conduit d'une manière qui ne ménage pas comme il convient les intérêts légitimes des tiers) devra assumer la responsabilité des conséquences négatives de ses actes pour les autres (au cas où ces conséquences négatives existent)[3].

Bien entendu, c'est la légitimité de cette norme qu'il convient d'apprécier, mais cette légitimité ne repose pas sur le fait qu'elle attribue correctement les responsabilités au sens où elle attribue à chacun ce qu'il a effectivement causé. Elle repose sur le fait qu'elle organise les responsabilités d'une manière à ménager un équilibre optimal entre les valeurs de la liberté et de la sécurité. À son tour, cette règle fait partie d'une forme d'organisation de la structure sociale dont les individus ne peuvent juger la validité qu'à l'aune d'un critère indépendant de toute question factuelle sur les causes des actions et des situations : cette forme d'organisation ménage-t-elle, pour tous, la possibilité d'agir comme un agent autonome et de coopérer sur un pied d'égalité et de réciprocité avec tous les autres[4] ?

1. A. Ripstein, *Equality, Responsibility and the Law*, *op. cit.*, p. 6-7.

2. A. Ripstein, « Justice and Responsibility », *loc. cit.*, p. 8-10.

3. A. Ripstein, « Equality, Luck and Responsibility », *loc. cit.*, p. 8.

4. A. Ripstein, *Equality, Responsibility and the Law, op. cit.*, p. 272-278 ; « Justice and Responsibility », *loc. cit.*, p. 27 ; *cf.* les critiques formulées par R. Arneson, « Critical notice », *Canadian Journal of Philosophy*, 31/2, (2001), p. 245-262 [http ://philosophy.ucsd.edu/faculty/rarneson/ripsteinreview.pdf].

Il n'en demeure pas moins que certains événements catastrophiques pour le bien-être ou le niveau de ressources de certains individus ont lieu sans que personne en soit responsable, c'est-à-dire qu'il ne s'agit en rien de conséquences d'une action dont l'agent aurait négligé de tenir compte des intérêts légitimes des tiers. Tous les acteurs concernés ont agi dans les limites des dispositions qui leur enjoignaient de respecter les intérêts légitimes des tiers et, néanmoins, le hasard affecte négativement certains membres de la société[1]. Il existe à cet égard, selon Ripstein, une responsabilité de la collectivité envers chacun de ses membres, à qui elle garantit qu'il ne sera pas contraint de descendre au-dessous d'un seuil minimal de ressources et qu'il ne sera pas privé des moyens d'une action autonome. Cette responsabilité collective est à son tour la condition *sine qua non* de la responsabilité individuelle, car c'est parce que les individus disposent de moyens équivalents de tenir compte des intérêts légitimes des tiers dans leurs actions qu'il est possible de les tenir pour comptables des conséquences lorsqu'ils s'en abstiennent[2].

Les questions de responsabilité ne sont donc pas des questions de fait mais des questions de droit. Il est absurde de demander, à propos de tel ou tel individu, considéré à part de toute norme sociale, s'il est responsable ou non de telle ou telle chose ou si l'on doit considérer qu'elle lui advient par hasard et qu'il ne l'a pas choisie ni voulue[3].

1. A. Ripstein, « Equality, Luck and Responsibility », *loc. cit.*, p. 18-23.

2. A. Ripstein, *Equality, Responsibility and the Law*, *op. cit.*, p. 266-271; *cf.* R. Arneson, « Critical Notice » *loc. cit.*

3. A. Ripstein (*Equality…*, *op. cit.*, p. 279-284) est convaincu que la thèse défendue par Dworkin est en réalité proche de sa propre conception et ne consiste qu'en apparence à vouloir distinguer factuellement, à propos d'un individu donné, ce dont il est responsable parce qu'il l'a choisi et ce dont il n'est pas responsable parce que cela lui advient sous l'impact de facteurs arbitraires. Dans sa théorie, Dworkin s'écarte d'un critère de ce genre et pratique en réalité un critère social normatif : dans le schéma des assurances hypothétiques, ce que les individus voudraient protéger, c'est en effet leur faculté de fonctionner comme des individus autonomes et c'est en fonction de cet impératif qu'ils décideraient, derrière un voile d'ignorance, le niveau minimum de revenu qu'ils voudraient se garantir. Il s'agit donc bien, non pas de distinguer entre ce dont nous sommes responsables et ce qui nous advient, mais ce que nous voulons collectivement considérer comme relevant de notre responsabilité et ce que, au contraire, nous voulons considérer comme ouvrant droit à une compensation. Il s'agit bien d'une norme sociale et non pas d'une description empirique. Derrière le voile d'ignorance dworkinien, les individus décideraient de socialiser le risque consistant à ne pas jouir d'un revenu minimum et à ne pas être en mesure de fonctionner comme un partenaire libre, égal et

Comment résoudrions-nous cette question? En nous demandant s'il aurait pu agir autrement? Nous avons vu ce qu'il convenait de penser de cette hypothèse. En nous demandant s'il en est la cause? Cette réponse nous entraîne, comme le montre Susan Hurley, vers une conception régressive de la responsabilité qui aboutit à son élimination. En nous demandant s'il la contrôle au moyen d'un processus qui est tel qu'il comprend des raisons, ou que l'action répond au moins en partie à ces raisons, et en nous assurant que ce processus de production de raisons est bien celui de l'agent dont l'action est examinée? Cette réponse, à l'évidence, ne peut servir de base à une théorie politique de la justice qui s'emploierait à distribuer des ressources en s'efforçant de compenser, dans la situation des individus, ce dont ces derniers ne sont pas responsables, car la frontière qu'elle cherche à tracer entre ce dont nous sommes responsables en ce sens et ce dont nous n'avons pas à assumer la responsabilité est bien trop imprécise pour cela[1]. Sans parler, évidemment, de la forme de paternalisme inquisitorial qu'il faudrait mettre en œuvre pour déterminer les responsabilités de cette manière, ni de la difficulté évoquée plus haut et qui consiste à savoir comment ramener les individus à la situation qui serait celle dans laquelle ils se trouveraient s'ils n'avaient eu à assumer que les conséquences de leurs propres choix.

Toutes ces tentatives pour déterminer factuellement ce qui, dans la situation d'un individu, relève ou ne relève pas de la responsabilité de ce dernier sont donc fondamentalement insatisfaisantes, dit Ripstein, pour deux raisons essentielles[2].

Tout d'abord, parce qu'elles sont incapables d'expliquer pourquoi et comment le fait de tenir les gens pour responsables est une partie intégrante et essentielle d'un système de rapports équitables entre les individus. La responsabilité est avant tout une

maître de ses choix. Le critère de la raison pratique – pour reprendre les termes de Rispstein – s'efface devant un critère objectif et normatif : il ne s'agit pas de déterminer ce que nous avons choisi ou ce à quoi nous nous identifions, mais bien de nous prononcer collectivement sur ce que nous nous devons les uns aux autres en matière de ressources et de possibilités de vivre de manière libre et autonome.

1. A. Ripstein, « Justice and Responsibility », *loc. cit.*, p. 25-27.

2. A. Ripstein, *Equality, Responsibility and the Law*, *op. cit.*, p. 268-272.

question qui porte sur ce que nous devons aux autres, sur la manière dont nous devons tenir compte de leurs intérêts dans nos actions; il s'agit donc d'un problème de traitement équitable, qui appelle une réponse à la question de savoir s'il est juste de traiter les autres de telle ou telle manière quand nous agissons. En un mot, il n'est pas possible de dire ce que sont des relations équitables entre des individus sans dire de quoi ils sont responsables les uns envers les autres. La responsabilité est bien en ce sens une notion normative qui fait partie d'une conception de l'équité.

En second lieu, elles sont incapables d'expliquer pourquoi, alors même que les conséquences négatives pour les tiers peuvent être exactement identiques, les sanctions coercitives sont appropriées dans certains cas (lorsque l'agent n'a pas respecté dans son action la norme qui énonce la nature des intérêts des autres qu'il doit respecter et de quelle manière il doit les respecter) et pas dans d'autres (lorsque l'agent n'a violé aucune norme de ce genre)[1]. Si la responsabilité devait être examinée factuellement à propos d'un individu isolé et en utilisant la notion de cause, cette différence entre les deux situations serait absolument incompréhensible. Pourtant, si j'emboutis votre voiture, c'est bien moi qui suis la cause du dommage que vous subissez et les conséquences sont exactement les mêmes, soit que je me sois comporté de manière imprudente, soit que j'aie strictement respecté les règles du code de la route qui définissent ce que je dois aux intérêts des autres lorsque je conduis un véhicule. Pourtant, je suis responsable et je mérite une sanction dans le premier de ces deux cas, mais pas dans le second.

Il faut donc, dit Ripstein, comprendre ensemble les notions d'égalité et de responsabilité au sein d'un idéal général de réciprocité[2]. Déterminer en quoi des partenaires d'une entreprise commune sont égaux, c'est déterminer ce qu'ils se doivent les uns aux autres, de quelle manière ils doivent se traiter ou éviter de se traiter pour que cela soit constitutif de leur égalité morale. À son tour, la question de savoir comment ces individus doivent se traiter implique la solution de la question de la responsabilité : chacun doit se comporter de

1. A. Ripstein, *Equality, Responsibility and the Law*, *op. cit.*, p. 18.
2. A. Ripstein, « Justice and Responsibility », *loc. cit.*, p. 6-11.

manière à ménager les intérêts légitimes des tiers. Si notre conduite porte atteinte à ces intérêts légitimes, nous sommes responsables de ces effets et nous leur devons une réparation ou une compensation. Cette définition de la responsabilité des individus ne peut bien entendu être introduite que lorsque les exigences de la responsabilité de la collectivité envers chacun de ses membres sont satisfaites, c'est-à-dire lorsque chacun se voit garantir la possession d'un seuil minimal de biens premiers permettant l'exercice d'une existence autonome.

L'idée que les individus doivent supporter les coûts de leurs choix impose donc certaines exigences en matière de distribution économique. Pour qu'une personne puisse être responsable des coûts indus que ses choix imposent aux autres, elle doit être capable de faire des choix et cette capacité requiert l'opportunité de faire des choix. Si cette opportunité est limitée par l'extrême pauvreté ou par une santé déficiente, il est inéquitable de tenir la personne pour responsable de ses choix. En ce sens, nous assumons en commun le risque de ne pas avoir les biens premiers indispensables pour faire des choix signifiants[1], et ces biens premiers doivent être répartis de telle manière que chacun en ait une quantité suffisante pour pouvoir être considéré comme responsable de ses choix malheureux. Par conséquent, si certaines infortunes sont affrontées en commun, ce n'est pas parce que, dans le cas contraire, les parts détenues par les uns et par les autres seraient arbitrairement amenées à diverger, mais parce que, faute d'une telle solidarité, certaines personnes se trouveraient en dessous du niveau minimal exigé pour faire des choix signifiants et pour en assumer la responsabilité[2]. Si on socialise la médecine, c'est-à-dire si l'on affronte en commun le risque de la maladie, ce n'est pas du tout parce que la maladie nous frappe par hasard ou parce qu'elle échappe à notre contrôle, mais seulement parce qu'elle est un obstacle à notre capacité à vivre la vie que nous choisissons. Les biens premiers, en ce sens, ne sont pas des éléments de bien-être; ce sont les pré-conditions d'un choix autonome[3]. Et la

1. A. Ripstein, *Equality, Responsibility and the Law*, *op. cit.*, p. 273.
2. *Ibid.*, p. 272-275.
3. *Ibid.*, p. 273.

garantie pour tous des conditions d'une existence autonome est à son tour indispensable pour qu'il soit possible de disposer d'une règle légitime équilibrant la liberté des uns et la sécurité des autres.

Lorsque ce contexte équitable est en place, et si l'on suppose que le droit qui définit les normes auxquelles les actions individuelles doivent être conformes pour ménager et respecter les intérêts légitimes des tiers est appliqué, chacun est en effet individuellement responsable de la qualité de l'existence qu'il est en mesure de se procurer. Les hasards qui nous affectent – comme les choix que nous faisons – demeurent pour ainsi dire à notre charge tant qu'ils nous laissent au-dessus du seuil des conditions minimales d'une action autonome.

Pour que les interactions entre les individus soient équitables, il faut que certains risques soient affrontés en commun. Si aucun risque n'est couru en commun, c'est-à-dire si chaque individu est tenu d'assumer seul la conséquence de l'ensemble de ses choix, la liberté n'existe pas de la même manière pour tous. Inversement, si tous les risques sont courus en commun, y compris ceux qui résultent du fait que les gens se comportent de manière criminelle ou insouciante, la sécurité n'existe plus, car les autres peuvent indûment nous faire porter les conséquences de leurs actions et de leur choix (par exemple celui de ne pas travailler).

Nous sommes donc face à la question de savoir quels sont les risques ou les facteurs que les individus doivent affronter en commun. Dans la théorie de la justice qui propose de redéfinir cette dernière par la neutralisation du hasard, on envisage de faire une distinction entre les cas dans lesquels le hasard est pur et totalement arbitraire (*brute luck*) et les cas dans lesquels ce hasard frappe les gens à la suite des choix qu'ils ont faits (*option luck*). La distinction paraît reposer tout entière sur la notion de contrôle[1] : dans le cas du hasard pur, notre situation est modifiée sous l'effet de facteurs contingents qui échappent entièrement à notre contrôle, en sorte que, apparemment, nous n'en sommes pas responsables ou nous n'avons pas à en supporter seuls les effets. Cette proposition n'est cependant pas acceptable, car elle aboutit à faire porter le poids de

1. A. Ripstein, « Justice and Responsibility », *loc. cit.*, p. 8.

ces accidents malheureux à des gens qui n'en sont pas plus responsables que ceux qui en ont été victimes et qui, pas plus que ces derniers, ne disposaient du moindre pouvoir de les contrôler. Ce dont nous avons besoin, c'est donc d'une théorie qui nous dise quand il est légitime de ne pas laisser les pertes là où elles tombent, indépendamment de la question de la causalité; ou plutôt, d'une théorie qui nous dise quelles sont les responsabilités que les individus doivent assumer les uns envers les autres. Quand et dans quelles conditions avons-nous le droit de faire porter le poids des dommages subis par certains individus à d'autres qu'à ceux qu'ils affectent dans la réalité empirique? Dans quel cas est-il possible de transférer ou de partager ces pertes? Dans quel cas, en revanche, serait-il contraire à notre idée de ce que nous nous devons les uns aux autres de demander à autrui de partager avec nous les pertes ou les dommages que nous subissons[1].

Le critère qui doit nous guider dans cette recherche est simple : non pas celui de la causalité mais celui de la possibilité d'une coopération entre égaux. Il est juste de faire porter aux autres le poids des pertes ou des dommages qui nous font tomber en dessous du seuil de ressources qui nous permet de fonctionner comme des partenaires libres et égaux alors même que nous acceptons les obligations liées à cette qualité (en particulier lorsque nous acceptons de travailler). Une personne qui a travaillé toute sa vie ne doit pas, par exemple, tomber en dessous d'un niveau décent lorsqu'elle atteint l'âge de la retraite. Nous ne disons donc pas que tous les hasards sont compensables et doivent être supportés en commun, mais seulement qu'il faut compenser les hasards qui ont pour effet de placer certaines personnes en dessous du seuil de ressources nécessaires pour fonctionner comme un partenaire libre, égal et autonome, et qu'il existe une responsabilité de tous envers chacun à cet égard.

Nous avons vu que, pour faire cette distinction d'une manière objective, Ripstein avance l'idée qu'il faut balancer ou équilibrer deux intérêts : d'une part l'intérêt pour la liberté, c'est-à-dire l'intérêt que chaque personne éprouve pour le fait de fixer lui-même ses propres finalités; d'autre part l'intérêt pour la sécurité, c'est-

1. A. Ripstein, *Equality, Responsibility and the Law*, *op. cit.*, p. 260-263.

à-dire pour le fait que les autres ne puissent pas indûment nous faire porter le poids de leurs actions, quelles qu'elles soient. Si j'assume moi-même l'ensemble des risques de mes actions, je ne peux plus agir car la peur des conséquences limite alors ma liberté. Pour que la liberté soit effective, il faut donc que certains risques soient assumés en commun. Mais d'autre part, j'ai un intérêt pour la sécurité, c'est-à-dire pour ne pas avoir à supporter les effets des actions des autres, ou pour être protégé contre de tels effets. Or si tous les risques sont communs, quels qu'ils soient, c'est-à-dire si toutes les pertes sont supportées par la communauté sans considération de la responsabilité individuelle dans la manière dont ces pertes adviennent, ma sécurité est nulle, car je suis exposé aux conséquences des actions des autres sans aucune discrimination. On pourrait donc dire qu'une coopération se fait selon des termes raisonnables et équitables si elle traite les personnes comme égales en donnant à chacune d'elles une possibilité équivalente de choisir ses propres fins (donc une liberté égale) et en donnant de même à chacune d'entre elles un même degré de protection contre la possibilité que les autres auraient de lui faire porter le coût et le poids de leurs actions (donc une sécurité égale). La liberté n'existe pas si le coût que je peux avoir à supporter seul du fait de mes propres actions n'est pas limité dans des proportions équivalentes pour tous ; la sécurité n'existe pas si le coût que les autres peuvent me faire porter du fait de leurs actions n'est pas limité dans les mêmes conditions[1]. La liberté requiert en ce sens qu'une partie des coûts possibles que je peux avoir à supporter du fait de l'exercice de ma liberté soient transférables sur les autres (sur la collectivité) ; plus précisément, les autres doivent supporter les coûts que représente pour moi le fait d'exercer une liberté égale à la leur. Si l'exercice effectif de la liberté dont nous voulons collectivement jouir (que nous avons décidé de nous garantir comme indispensable à un fonctionnement comme partenaires libres et égaux) requiert, par exemple, une forme d'éducation que les circonstances dans lesquelles je suis placé m'interdisent d'acquérir, les autres me doivent les moyens d'instruction qui me permettront d'exercer ma liberté de cette manière. Ils doivent les mettre à ma

1. *Ibid.*, p. 265-266.

disposition, mais je ne suis évidemment pas obligé de m'en servir ; je dois seulement disposer de cette possibilité.

Inversement, la sécurité requiert que le coût des choix effectués par les autres ne puisse pas m'être transféré de manière intégrale mais seulement en partie. Par exemple, si j'ai une bourse pour étudier à l'université mais que, pour des raisons qui me sont propres, je décide de ne pas travailler pour passer mes examens, je n'ai pas droit à une deuxième année de bourse si j'échoue. Mais ce n'est pas une question de choix ou de hasard ; c'est ce que la société décide d'exercer en matière de responsabilité envers ses membres[1]. On voit donc que, si toutes les pertes sont socialisées, la sécurité devient impossible ; inversement si aucune perte n'est socialisée, la liberté est impossible[2]. L'équilibre entre les deux intérêts impose donc qu'il y ait effectivement une limite aux coûts que les individus peuvent se faire supporter les uns aux autres du fait de leurs activités (l'absence de toute limite de ce point de vue anéantit la sécurité), mais aussi une limite aux coûts qu'ils peuvent avoir à supporter seuls (l'absence de limites de ce point de vue anéantit la liberté). Ou encore, comme l'écrit Ripstein, « si les individus ont la responsabilité de modérer leur activité à la lumière de la part équitable de ressources qui leur revient, il ne leur incombe pas de faire tout ce qui est en leur pouvoir pour éviter d'imposer des coûts aux autres »[3]. Par exemple, je prends le risque de me consacrer à une carrière artistique, mais si je dois assumer seul le risque majeur qui peut en résulter, à savoir celui de mourir de faim parce que mes œuvres ne se vendent pas du tout, ma liberté se trouve réduite et inexistante. Je suis tenu de ne pas faire porter aux autres le poids de tous les risques que je prends (je ne peux donc exiger que, quelle que soit la volonté des acheteurs de payer pour mes œuvres, j'aie le même revenu

1. Collectivement, une société peut donc décider que certains choix qui mènent à des déficits de ressources ouvrent un droit à des compensations, par exemple qu'une assistance est due à des femmes qui décident de demeurer au foyer pour s'occuper de leurs enfants ou, plus largement, à tous ceux qui commettent ce que Arneson appelle des « imprudences vertueuses ». La société peut aussi décider d'offrir une « seconde chance » à certains, mais la justice de cette mesure ne peut être établie qu'en réfléchissant aux conditions effectives de la liberté et non en se demandant si certains « choix » doivent être compensés pour des raisons utilitaires.

2. A. Ripstein, « Equality, Luck and Responsibility », *loc. cit.*, p. 19.

3. A. Ripstein, *Equality, Responsibility and the Law*, *op. cit.*, p. 267.

garanti par la collectivité), mais je ne suis pas tenu de ne leur faire porter le poids d'aucun risque (si mes œuvres ne se vendent pas, j'ai sans doute droit à un revenu minimal et à une couverture maladie). Si je peux leur faire porter le poids de tous les risques que je prends, ma propre sécurité est maximale et la leur est nulle, car ils sont purement et simplement à la merci de mes choix et de mes fantaisies. Mais si je ne peux leur faire porter le poids d'aucun des choix que je prends, ma liberté est nulle.

Le principe général est qu'il ne suffit pas du tout, comme dans l'approche des *luck egalitarians*, qu'un risque soit tel qu'une personne aurait pu éviter de le prendre pour qu'il ne soit pas susceptible d'être supporté ou affronté en commun. La question est de savoir si l'exercice de la forme de liberté que nous voulons nous garantir les uns aux autres (en particulier, dans l'exemple proposé, la liberté de choisir notre profession, la chose à laquelle nous voulons consacrer notre vie) suppose que ce risque soit couvert, en sorte que tous les membres de la société puissent le courir dans des conditions équivalentes (au lieu que, si ce n'est pas le cas, seuls les enfants des familles favorisées peuvent faire le choix d'embrasser certaines professions). La collectivité m'assiste si le risque que j'ai pris figure au nombre des risques que l'on doit pouvoir prendre dans une société qui prétend garantir la liberté réelle de ses membres. Une personne qui mène de longues études et qui, ensuite, ne trouve pas d'emploi parce que la qualification qu'elle a acquise est entre-temps et de manière imprévisible devenue obsolète, a certainement droit à une allocation qui lui permet de procéder à sa reconversion professionnelle[1].

Au demeurant, il est tout à fait évident que tous les risques sont tels que ceux qui les ont pris pouvaient dans une certaine mesure éviter de les prendre. Si je suis par exemple frappé par un tremblement de terre, on peut me dire que je n'avais qu'à m'installer dans une région où il n'y a pas de phénomènes telluriques de ce genre, et que je suis responsable de ce qui m'arrive. La question n'est donc pas de savoir si l'on a choisi ou non, mais elle est de faire en sorte que chacun ne supporte seul que les risques dont il serait déraisonnable

1. A. Ripstein, « Equality, Luck and Responsibility » *loc. cit.*

de faire porter les conséquences aux autres, que les risques que les autres n'ont aucune bonne raison de supporter, qui seraient tels que, si les autres les supportaient en commun avec moi, cela porterait atteinte à leurs intérêts légitimes, en particulier à leur intérêt légitime pour la sécurité. Ou encore, il s'agit de faire en sorte que chacun ne supporte seul que les risques dont il n'accepterait pas d'avoir à supporter le coût s'il avait à résoudre la question derrière un voile d'ignorance rawlsien et que nous affrontions ensemble les risques face auxquels la solidarité nous paraîtrait au contraire, derrière ce même voile, une condition de la justice et de la légitimité de l'association civile.

Cette analyse est fondée sur l'idée qu'il n'est tout simplement pas possible de définir ce qui dépend de moi, ce que j'ai choisi, ce que je dois considérer comme relevant de mes choix. On ne peut résoudre cette question qu'en se demandant quelle est l'importance relative des différents intérêts en présence. Il est tout à fait clair que mon intérêt pour la liberté me porte à me dédouaner et à me déclarer non-responsable, car si les autres m'aident, l'exercice de ma liberté est plus facile. Mais inversement, les autres ont un intérêt tout à fait légitime pour leur sécurité, c'est-à-dire un intérêt à ne pas être indûment exposés aux conséquences de l'exercice de ma liberté et de mes choix. La réponse à la question de savoir ce dont nous devons assumer seuls la responsabilité ne peut être trouvée que dans une manière d'équilibrer ces deux intérêts, et non dans une recherche sur les choses que je contrôle.

Ripstein reconnaît qu'une théorie de ce genre paraît paradoxale, parce que nous faisons tous les jours des jugements par lesquels nous blâmons ou louons des individus d'avoir fait telle ou telle chose. Or, de tels jugements semblent bien attribuer à des personnes la responsabilité de certaines de leurs actions. Mais précisément, dit Ripstein, il convient de bien faire la distinction entre les affirmations que nous faisons dans le contexte de l'appréciation morale des actions, et celles qui peuvent avoir cours dans le domaine politique et juridique de l'appréciation de la responsabilité des personnes[1]. Dans le premier domaine, il est effectivement question du rapport

1. A. Ripstein, *Equality, Responsibility and the Law*, *op. cit.*, p. 290-291.

entre une personne et ses actions, alors que, dans le second, il n'est question que du rapport entre les personnes et de la manière de le rendre légitime[1].

On a en effet beaucoup glosé sur l'interprétation du concept de choix. Dworkin prétend par exemple que l'on doit considérer que les gens ne sont responsables que des choix aux conséquences desquels ils s'identifient. Cohen et Arneson affirment que les seuls choix dont nous sommes responsables sont ceux que nous faisons avec une pleine connaissance de leurs conséquences. Roemer, quant à lui, avance que nous ne pouvons être considérés comme responsables de nos choix que si ces choix sont tels que d'autres personnes ne les auraient pas faits dans les mêmes circonstances (s'il est établi que tous, dans les mêmes circonstances, auraient fait les mêmes choix, nous ne sommes pas du tout responsables de les avoir faits). Mais dans tous les cas, ce sont les caractéristiques des actions que l'on souhaite définir comme des choix qui sont scrutées, avec l'ambition de dire si oui ou non ces choix sont authentiques, s'ils sont bien les nôtres, et l'on cherche à faire de la *raison pratique* de l'agent et des modalités de son exercice le fondement sur lequel on lui attribue une responsabilité[2]. Or la manière dont une personne fait son choix, si elle est pertinente pour déterminer l'éloge et le blâme, n'est pas pertinente lorsqu'il s'agit de dire si la personne en question doit ou non assumer les conséquences et les coûts de ses actions[3]. Il faut donc bien faire la distinction, dit Ripstein, entre choisir un risque et le prendre ou le courir; la seconde question seule est en rapport avec le problème qui consiste à dire si ce risque « appartient » à cette personne lorsqu'il se matérialise, c'est-à-dire si elle doit en supporter le coût et si elle en est responsable. Une personne peut très

1. Pour une position du même ordre, *cf.* S. Scheffler, « Responsibility, Reactive Attitudes and Liberalism in Philosophy and Politics », *Philosophy and Public Affairs*, 21/4, (1992), p. 299-323; « Distributive justice and economic desert », *in* S. Olsaretti (éd.) *Desert and Justice* (2003), p. 69-91; *cf.* aussi, M. Matravers, *Responsibility and Justice* (2007), p. 65-110.

2. A. Ripstein, *Equality, Responsibility and the Law*, *op. cit.*, p. 289.

3. Schmidtz/Goodin, *Social Welfare and Individual Responsibility*, *op. cit.*, p. 151.

bien choisir un risque sans l'assumer seule et, inversement, elle peut l'assumer seule sans l'avoir choisi[1].

Par exemple, nous choisissons de circuler en voiture – ou même de marcher dans la rue – mais nous n'assumons pas seuls la totalité des risques qui peuvent se matérialiser à l'occasion d'activités de ce genre. Si la route sur laquelle nous circulons est soudain affectée d'un glissement de terrain et que notre voiture est accidentée, nous ne sommes pas responsables de ce fait, même s'il est une conséquence du choix que nous avons fait de sortir en voiture et de passer par cette route. En revanche, si nous violons le code de la route, l'accident qui en résulte nous incombe.

Inversement, nous pouvons prendre un risque sans même en avoir conscience, et par conséquent sans l'avoir choisi. C'est le cas lorsque, par exemple, on manipule des produits dangereux sans être averti de leur nature alors que nous devrions en être informés et que l'on pourrait nous reprocher notre ignorance devant un tribunal. Si nous avions eu connaissance du caractère dangereux du produit, nous nous serions conduits autrement, mais nous sommes néanmoins responsables[2].

Comme le montre Ripstein, les critères liés à la raison pratique de l'agent conduisent tous à une forme d'unilatéralité, et c'est précisément la raison pour laquelle, s'ils sont pertinents pour apprécier la qualité morale de l'action, ils cessent de l'être lorsqu'il s'agit de régler les rapports de droit entre les personnes. C'est le cas du critère dworkinien (je suis responsable de ce avec quoi je m'identifie) qui conduit à être juge de ce dont les autres ont à annuler les conséquences (si je juge que mon intoxication tabagique n'est pas une partie de ma personne, les autres doivent assumer le coût du traitement médical qui va m'en délivrer). C'est aussi le cas de l'ensemble des critères qui définissent la responsabilité de l'agent par la notion de contrôle car, à supposer que l'on puisse établir qu'une personne ne contrôlait pas son action ou n'en était pas le maître, cela suffirait pour établir que les autres ou la société doivent en assumer les conséquences. On voit immédiatement ce qu'un tel raisonnement a

1. A. Ripstein, *Equality, Responsibility and the Law*, *op. cit.*, p. 268-269.
2. *Ibid.*

d'absurde, car il ferait que les rapports entre les personnes seraient réglés par des faits qui ne concernent que des personnes isolées[1]. De cela seul qu'une personne ne peut contrôler l'une de ses actions, une autre personne (ou la collectivité) serait tenue d'en acquitter le coût, en sorte que la nature du rapport entre elles serait fixée par les conséquences de l'action de l'une d'entre elles sans que l'autre ait son mot à dire. L'absurdité est patente, car un rapport entre deux personnes ne peut être légitime que s'il est construit d'une manière qui paraît raisonnable à l'une *et* à l'autre : derrière un voile d'ignorance, nul n'accepterait la possibilité d'être exposé à toutes les conséquences négatives du fait qu'une autre personne ne s'identifie pas à ses propres actions ou prétend qu'elle ne les contrôle pas. Cette règle – « les autres sont tenus de compenser ce qui m'advient par hasard » – ne serait acceptée par personne parce que chacun verrait qu'elle aboutit à une insécurité maximale et qu'elle est impraticable.

Il n'est donc pas possible de déterminer ce dont une personne est responsable en citant uniquement des faits qui concernent cette personne et elle seule, car cette responsabilité ne peut être déterminée que par rapport à une norme collective qui dit quels sont les intérêts des tiers dont nous devons tenir compte dans nos actions. Par ailleurs, nous pouvons presque tout contrôler d'un certain point de vue, c'est-à-dire qu'il n'y a aucun trait de notre existence, et surtout pas nos goûts, dont nous puissions dire qu'il nous était impossible de faire quoi que ce soit pour ne pas en être affectés. Inversement, on pourrait tout aussi bien dire, d'un autre point de vue, qu'il n'y a rien que nous puissions contrôler, car nous ne sommes jamais maîtres de l'ensemble de la série des causes de nos actions. Le critère du contrôle est donc évidemment dénué de pertinence.

Toute décision et tout critère qui aboutit à attribuer à une personne la responsabilité de certaines caractéristiques de la situation dans laquelle elle se trouve est donc aussi une décision sur ce dont cette même personne n'est pas responsable et dont, par conséquent, les autres doivent assumer le coût. Or, il y a une absurdité manifeste à déterminer ce qui incombe aux autres à partir de l'examen des caractéristiques propres à un individu. Si les autres

1. *Ibid.*, p. 283-84.

doivent payer, c'est en vertu d'une norme collective à laquelle ils donneraient leur assentiment dans certaines conditions d'impartialité, et non pas en vertu d'une description de la personne dont on cherche à dire de quoi elle est responsable, description qu'ils peuvent très bien ne pas considérer comme valide[1].

Tous les critères proposés par les *luck egalitarians* pour distinguer ce dont nous sommes responsables et ce dont nous sommes affectés (ceux de Cohen et de Roemer en particulier) font donc, selon Ripstein, la même erreur : ils confondent le fait d'être *blâmable* pour une chose et le fait d'en être *responsabl*e, la question de savoir qui est l'auteur d'une action et celle de savoir qui doit en supporter les coûts ou les conséquences. Les explications de Roemer, Cohen et Arneson tournent toutes autour des facteurs qui permettent d'excuser quelqu'un d'avoir agi d'une certaine manière (« je n'avais pas les facultés intellectuelles ou la puissance rationnelle qui m'auraient permis de faire le bon choix », « tous les autres auraient fait comme moi dans la même situation »). Mais les excuses ne dispensent pas de la responsabilité : ainsi, je suis excusable d'avoir pris votre manteau à la place du mien, mais cela ne me dispense pas de payer si je l'ai perdu ou détérioré, ni de le restituer quand je m'aperçois de mon erreur. Je suis excusable de pénétrer dans votre chalet au cœur d'une tempête de neige et de consommer vos provisions, mais je vous dois une compensation pour la porte brisée et pour ce que j'ai pris dans le frigidaire[2].

Le fait de tenir quelqu'un pour responsable des choix qu'il a faits ne revient pas à le blâmer d'un point de vue moral ou du point de vue de la raison pratique. Une personne peut être tout à fait exempte de blâme et être responsable néanmoins. Inversement, elle peut être blâmable sans être responsable. La responsabilité, en ce sens, n'est pas une question d'appréciation morale de la personne, mais une question d'équité entre des personnes, une question qui porte toujours sur la mesure dans laquelle chacun de nous est en droit de faire supporter aux autres le coût de ses propres actions. Par conséquent, si les institutions sociales veulent trancher entre ce dont

1. A. Ripstein, « Justice and Responsibility », *loc. cit.*, p. 12-13.
2. A. Ripstein, *Equality, Responsibility and the Law*, *op. cit.*, p. 16-164.

les gens sont responsables (qui n'est pas compensé) et ce dont ils ne sont pas responsables, elles doivent cesser de se demander de quoi les gens sont moralement blâmables, car il ne faut pas confondre les conditions auxquelles une personne peut être excusée (qui sont une affaire d'appréciation morale de la conduite d'une seule personne), et les conditions auxquelles une personne peut être reconnue non-responsable de ce qu'elle fait (qui sont une affaire de critère public, portant sur un rapport entre des personnes et sur les conditions de la légitimité de leur coexistence)[1].

Toutes les problématiques qui se concentrent sur la notion de choix au lieu de se concentrer sur la notion de risque (de risque pris) perdent donc le contact avec l'idée essentielle que les individus doivent, lorsqu'ils agissent, prendre en compte les intérêts légitimes des autres[2]. Selon Ripstein, la racine de ces difficultés est bien une tentative pour comprendre la responsabilité en termes de raison pratique, de « responsabilité » morale, de cause d'une action, de choix. Il se peut que ce soit la meilleure manière d'approcher la question de la liberté de la volonté, mais cette approche perd tout contact avec la question de savoir qui doit supporter les coûts de quoi. La plupart du temps, dans des questions de ce genre, on a affaire à des gens qui n'ont rien voulu, qui n'ont pas choisi un risque, mais ils l'ont couru, et c'est l'essentiel lorsqu'il s'agit de dire s'ils doivent en assumer la responsabilité. La question politique et juridique porte sur la manière dont nous voulons vivre les uns avec les autres et sur l'équilibre que nous voulons construire entre le fait d'être libre d'agir et le fait d'être garanti contre les conséquences des actions des autres ; mais ce n'est pas une question morale.

Pour déterminer de quoi nous sommes responsables il faut donc introduire l'idée d'une personne raisonnable[3] : les limites de la responsabilité sont fixées par la question de savoir si le fait de faire porter à un individu le poids de tel ou tel facteur représente pour lui un poids qu'une personne raisonnable considérerait comme justifié. Or une personne de ce genre – un spectateur impartial de type

1. A. Ripstein, *Equality, Responsibility and the Law*, *op. cit.*, p. 197-198.
2. *Ibid.*, p. 290-191.
3. *Ibid.*, p. 105-106 et p. 291-294.

rawlsien – considérerait qu'il est déraisonnable de faire porter à un individu un poids qui l'empêche de satisfaire un intérêt fondamental, ou qui représente un obstacle insurmontable à l'exercice de sa liberté. Ainsi le fait de faire porter aux individus le coût d'un handicap physique et d'un manque d'éducation qui l'empêche d'être un citoyen autonome est déraisonnable, ce qui signifie que, derrière un voile d'ignorance, tout partenaire ferait des objections bien fondées à une règle qui proposerait d'abandonner les victimes d'un handicap de ce genre aux conséquences de sa situation. Chacun verrait en effet qu'une telle règle est en contradiction avec le sens même d'une entreprise sociale légitime, qui ne peut consister qu'à tenter de garantir à chaque personne une capacité équivalente de fonctionner comme un citoyen libre et autonome. En revanche, le fait de faire porter à l'amateur de champagne le coût d'une passion qui l'empêche d'être aussi heureux que le buveur de bière n'est pas déraisonnable même s'il ne peut pas contrôler son goût pour le champagne (à supposer que cette remarque ait un sens)[1].

Quant à la manière de procéder pour déterminer ce que sont les intérêts fondamentaux des citoyens, qui affecte bien entendu la définition de ces mêmes intérêts, il peut y avoir une pluralité de conceptions, comme il y en a dans la théorie de la justice. On peut avoir une approche contractualiste, qui tente de déterminer quels sont les intérêts fondamentaux que les individus voudraient protéger derrière un voile d'ignorance, ainsi que les moyens qu'ils mettraient en œuvre pour cela. On peut avoir une approche assurancielle qui tente de procéder contrefactuellement pour déterminer quel est le niveau de revenu et de garanties que les citoyens souhaiteraient se procurer s'ils avaient à en décider dans l'ignorance de la probabilité qu'ils ont de ne pas l'atteindre par les effets du seul marché des biens et des personnes. On peut aussi déterminer les intérêts fondamentaux des citoyens par une approche conséquentialiste, dans laquelle les institutions sont conçues pour maximiser la réalisation de valeurs politiques comme la non domination[2]. Mais, dans ces trois

1. A. Ripstein, *Equality, Responsibility and the Law*, *op. cit.*, p. 292.

2. *Cf.* P. Pettit, « Consequentialism » *in* M. Baron, p. Pettit, M. Slote (éds.) *Three Methods of Ethics, A Debate* (1997); « Non Consequentialism and Political Philosophy » *in*

approches, les individus peuvent être tenus pour légalement responsables de ce qu'ils n'ont ni voulu ni choisi et, inversement, être exonérés de toute responsabilité juridique pour des choses qu'ils ont choisies (toujours en supposant que cette notion possède un sens). Il apparaît en effet que, lorsqu'on se demande si une personne doit supporter le coût d'une certaine conduite ou d'un certain comportement, la question de savoir par quel cheminement et par quel raisonnement elle en est venue à adopter cette conduite ou ce comportement n'est pas du tout pertinente car, à chaque fois, la vraie question est ailleurs : la règle qui fait supporter aux individus les conséquences de la conduite en question serait-elle adoptée derrière un voile d'ignorance ? Les partenaires choisiraient-ils de se garantir contre les conséquences possibles d'une telle conduite sur un marché hypothétique des assurances ? Une telle règle a-t-elle pour effet de maximiser la liberté ?

L'idée que la vie d'une personne ne devrait être affectée que par ce qu'elle a elle-même voulu et choisi est certes séduisante – en apparence – mais elle devient manifestement injuste à l'examen, parce qu'elle implique que cette personne a le droit de faire supporter aux autres le poids de toutes les circonstances qu'elle n'a pas choisies. Outre le fait que cette catégorie est indéfiniment extensible, une telle idée serait certainement valable dans le cas d'un individu au service duquel tous les autres seraient dévoués corps et âme en sorte qu'ils seraient disposés à consacrer leur existence et leurs ressources à son bien-être, en particulier à compenser toutes les pertes qu'il pourrait subir du fait du hasard. Mais elle ne convient pas du tout au cas d'une pluralité de personnes qui tentent de vivre ensemble selon les termes d'un respect mutuel[1]. Si une personne avait le privilège exorbitant de n'être affectée que par ce qu'elle a elle-même choisi, sans que jamais les facteurs sur lesquels elle n'exerce pas un contrôle intégral soient en mesure de faire une

D. Schmidtz (éd.) *Robert Nozick* (2002), p. 83-104 ; « Non Consequentialism and Universalisability » *Philosophical Quarterly*, 50, (2000), p. 175-190 ; *A Theory of Freedom : From the Psychology to the Politics of Agency* (2003).

1. A. Ripstein, « Justice and Responsibility », *loc. cit.*, p. 622-628 ; « Equality, Luck and Responsibility » *loc. cit.*, p. 21-23 ; *cf.* aussi A. Ripstein et Coleman « Mischiefs and Misfortunes », *McGill Law Journal*, 91, (1995).

différence dans son existence, cela voudrait dire que les autres seraient à la merci de ses choix, qu'elle dicterait aux autres les conditions de leur existence, et qu'elle fixerait unilatéralement les termes de son interaction avec eux. Mieux vaut penser qu'il nous appartient collectivement de déterminer quelles sont celles de nos actions dont nous acceptons de supporter le poids ensemble et quelles sont au contraire celles dont nous devons assumer la responsabilité.

Tout système acceptable de responsabilité, dit Ripstein, repose donc sur l'idée que les individus doivent modérer leurs exigences en fonction des intérêts légitimes des autres[1]. Mais il n'appartient évidemment pas à chaque personne de décider quels sont les intérêts des autres qu'elle doit respecter, et quelles sont de ce fait les bases sur lesquelles elle doit s'appuyer pour modérer ses propres revendications. Dans le cas contraire, les intérêts des autres ne seraient pas du tout respectés, et nous pourrions leur imposer à volonté le coût de tous nos choix, qu'ils seraient toujours tenus d'acquitter. Ce dispositif les mettrait sous notre coupe et serait unilatéral. Mais inversement, il va de soi également que ce n'est pas aux autres de dire quels sont ceux de leurs intérêts qui possèdent un caractère fondamental exigeant que nous modérions nos propres revendications pour leur permettre de les satisfaire. L'effet serait le même dans l'autre sens.

Supposons par exemple qu'une personne s'identifie à une préférence qui est effectivement en elle, mais pas à une autre qui y est également présente : puisqu'elle n'a pas choisi cette dernière, elle ne doit pas en assumer seule les conséquences et les autres sont tenus de l'assister. Par une telle affirmation, il est sans doute vrai que cette personne ne se prononce pas directement sur ce que sont les intérêts légitimes des autres qui méritent d'être protégés, et qu'elle se contente de dire ce qui donne du sens à sa vie et d'expliquer en particulier qu'il y a dans sa vie des choses qui l'empêchent indûment (car elles sont là par hasard) de poursuivre ses propres buts. Mais lorsqu'elle en conclut que les autres doivent intervenir pour neutraliser l'action de ce facteur handicapant qui fait qu'elle a moins de chances que les autres de réussir son existence, elle se prononce

1. A. Ripstein, *Equality, Responsibility and the Law*, *op. cit.*, p. 292.

bien de manière indirecte (mais très réelle) sur les intérêts légitimes des autres, puisqu'elle décide, en affirmant que certaines préférences sont telles qu'elle ne s'identifie pas avec elles, qu'ils doivent consacrer certaines de leurs ressources à la guérir de cet obstacle, ou à en neutraliser l'action en elle[1]. Ils sont donc sous sa coupe : il suffit qu'elle ne sente pas cette préférence comme sienne pour qu'ils aient l'obligation de l'aider à en neutraliser les effets négatifs, ce qui a tous les caractères d'une assertion inacceptable dans une association fondée sur l'idée que tous les partenaires ont une valeur égale et ont droit à un égal respect[2].

Au demeurant, il se produit très souvent que les individus agissent d'après des préférences avec lesquelles ils ne s'identifient pas pleinement. Lorsque c'est le cas, le coût de la satisfaction de ces préférences ne disparaît pas pour autant (il faut acheter les cigarettes même si je suis convaincu que je serais une meilleure personne si je ne fumais pas) et il faut que quelqu'un les assume: pourquoi les autres puisqu'ils n'ont pas non plus choisi ces préférences?

Il faut donc conserver l'idée essentielle: mesurer ce que représente le coût de mes préférences (choisies ou pas, peu importe) pour les autres et déterminer ensuite quel est le coût que l'on peut *raisonnablement* faire peser sur les autres, en admettant qu'il n'y a aucun lien de principe qui nous permette de conclure de la situation d'une préférence sur l'échelle qui mène de ce que nous subissons à ce que nous choisissons à une assertion valide affirmant que le coût que nous supportons du fait de cette préférence doit ou ne doit pas être supporté par les autres[3]. Le coût d'une action ou d'une préférence (ses conséquences) n'a pas à être assumé par les autres parce que cette action ou cette préférence est non choisie ou non volontaire, mais en fonction de la manière dont les différentes règles possibles en la matière affectent la liberté générale et l'équilibre entre celle-ci et la sécurité. Par la règle qu'elle décide de suivre, la société ne dit pas que certaines actions sont choisies ou voulues par certaines personnes, mais elle dit que, si les conséquences de ces

1. A. Ripstein, *Equality, Responsibility and the Law*, *op. cit.*, p. 283.
2. *Ibid.*, p. 284.
3. *Ibid.*, p. 236-239.

actions n'étaient pas assumées de telle et telle façon, la liberté et la sécurité ne pourraient pas être équilibrées de manière raisonnable aux yeux d'un spectateur impartial.

Il n'est donc pas possible de prétendre que les autres n'ont aucun coût à supporter de fait de la situation dans laquelle je me trouve, faute de quoi l'idée même que la liberté doit être la même pour tous disparaîtrait purement et simplement. Mais il n'est pas possible non plus de prétendre que tous les coûts que je subis du fait de préférences ou de caractéristiques que je décide de considérer comme des accidents (car il n'y a pas de critère objectif en la matière mais seulement un critère subjectif, tributaire de surcroît de théories de la raison pratique que tout le monde n'est pas tenu de partager) doivent être supportés par les autres, car cela réduirait à néant la sécurité à laquelle ils aspirent légitimement. Cela les mettrait en effet sous ma coupe et me confierait un pouvoir exorbitant (et incompatible avec l'idée d'égalité) de fixer unilatéralement les modalités de mon interaction avec eux.

Il est surprenant de constater, dit Ripstein, que la manière dont les *luck egalitarians* tentent de construire la notion de responsabilité est semblable à celle des libertariens[1]. Ces derniers entendent en effet contourner la question de savoir quels sont les intérêts des autres que nous devons ménager dans nos actions. Ou plutôt, ils pensent que cette question n'est pas discutable parce qu'elle est résolue par un appel à un fait : qui est cause du désavantage que je subis ? L'idée essentielle du libertarisme est ainsi que seules les actions dont la volonté humaine est la cause peuvent poser des problèmes de responsabilité, et que les dommages dont personne n'est la cause (intentionnelle ou non) sont nécessairement à la charge de ceux qui en sont affectés ; ils incombent à ceux sur qui le hasard les a fait tomber, et ces personnes les supportent, non pas parce qu'elles les méritent (ce n'est pas vrai, elles n'en sont pas la cause), mais parce que personne n'en est la cause. Si ceux qui sont victimes des infortunes en faisaient porter le poids à d'autres – qui n'en sont pas non plus la cause – ce serait comme s'ils leur faisaient subir un dommage. Autrement dit, si je suis pauvre parce qu'une

1. A. Ripstein, *Equality, Responsibility and the Law*, *op. cit.*, p. 32-35.

catastrophe naturelle ou un manque de talents ne me permettent pas de gagner ma vie, je peux certes dire que je n'en suis pas la cause et que c'est l'effet de facteurs contingents, mais je ne peux pas en conclure que je n'ai pas à en assumer seul les conséquences. En effet, si je tirais une telle conclusion, cela impliquerait que je demande aux autres d'assumer les conséquences de ces facteurs contingents dont je suis affecté ; or c'est parfaitement incohérent car, si l'assertion selon laquelle celui qui n'est pas cause d'un dommage ne doit pas en assumer les conséquences vaut dans mon cas, elle vaut encore plus à propos des autres qui ne sont pas non plus la cause du dommage que je subis du fait du hasard et qui, par suite, n'ont pas plus que moi à en assumer les conséquences. Leur faire supporter ces conséquences reviendrait en fait à leur causer volontairement un dommage. Les infortunes ou les dommages dont le hasard est la cause sont donc tels que personne n'en est responsable parce que personne n'en est la cause.

Liant ainsi la notion de responsabilité à celle de cause, le libertarisme distingue trois hypothèses, toutes les trois fondées sur l'idée que la frontière qui définit les intérêts légitimes des individus – c'est-à-dire ceux que les actions des autres doivent impérativement respecter – est une conséquence de la nature et de la séparation physique de ces mêmes individus, ou encore que ce à quoi j'ai droit est une conséquence de ce que je suis et non pas l'objet d'un accord entre toutes les personnes présentes considérées comme des personnes raisonnables.

Si je subis un dommage du fait de mes propres actions (j'en suis la cause), je dois en assumer le coût. Si je subis un dommage du fait des actions des autres, les autres en sont la cause (volontaire ou involontaire) et ils doivent en assumer le coût. Si je subis un dommage sans que personne en soit la cause (volontaire ou involontaire), c'est le hasard qui est en jeu, la responsabilité n'est assumée par personne et les dommages restent pour ainsi dire « là où ils sont tombés »[1].

Pour la conception libertarienne, la question de la responsabilité est donc bien liée à celle de la causalité car, dans les trois cas, la catégorie centrale est celle de la cause : qui est cause, moi ou autrui ?

1. *Ibid.*, p. 33.

Celui qui est cause assume les conséquences. Qui casse paie. Mais si personne n'a cassé, personne ne paie.

Ripstein est alors en mesure de montrer pourquoi cette approche en termes de causalité est erronée. La question n'est en effet pas de savoir qui est la cause du dommage, mais si ce dommage est la conséquence d'une action qui tient compte des intérêts légitimes des tiers. Je peux être cause d'un dommage sans en être responsable si mon action a tenu compte des intérêts des tiers comme elle le devait. Ainsi, je peux être cause d'un accident (j'ai renversé un piéton) sans être responsable (ce piéton traversait une voie rapide la nuit dans un endroit non protégé). La question est donc non pas celle de la causalité mais celle de la responsabilité de l'agent : a-t-il ou n'a-t-il pas agi de manière responsable, en tenant compte des intérêts légitimes des tiers ? L'approche libertarienne a pour effet de mettre de côté toutes les questions portant sur la responsabilité de l'agent[1] : il est cause, certes, mais est-ce qu'il a agi de manière négligente, est-ce qu'il s'est comporté de manière déraisonnable ? De telles questions portent non pas sur la question de savoir qui a fait quoi, mais sur la question de savoir si celui qui a agi était dans des conditions normales en sorte que l'on peut lui imputer les conséquences de son action ; est ce qu'il a agi comme on doit agir raisonnablement ? Elles portent donc sur ce que nous nous devons les uns aux autres, sur la règle structurelle qui serait susceptible d'être raisonnablement acceptée par tous. Les libertariens ont raison (de leur point de vue) de repousser ces questions parce qu'elles peuvent aboutir à justifier une redistribution dont l'objet serait de protéger les conditions de l'action raisonnable ou responsable pour tous. Il est évident, en effet, qu'une personne ne peut être tenue pour responsable si la responsabilité exige d'elle d'agir selon des modalités qui ne lui sont pas accessibles, ou accessibles seulement au prix d'un effort et dans des conditions qui ne sont pas imposées à d'autres. Par exemple, si un chauffeur routier dépasse le nombre d'heures de conduite

1. Ils tentent de naturaliser cette question c'est-à-dire de prétendre qu'elle ne se pose pas à la collectivité : il y a des frontières naturelles entre le moi et l'autre et la notion de cause n'est que la traduction de cette naturalisation. *Cf.* A. Ripstein, « Equality, Luck and Responsibility », *loc. cit.*, p. 18.

autorisées par tranche de 24 heures parce que son patron le menace de licenciement au cas où la livraison n'est pas faite à temps, il n'est pas responsable de l'accident qu'il provoque.

Il semble donc que ce soit une bonne idée, lorsque nous cherchons à savoir si quelqu'un est responsable de certaines conséquences, de se demander non pas s'il en est la cause, mais s'il a agi de manière raisonnable ou négligente, s'il a agi de manière à rendre aux autres le respect qui leur était dû. Il semble donc raisonnable de se demander en premier lieu si le contexte qui permet à chacun de respecter les normes définissant les intérêts des tiers que chacun doit ménager dans ses actions était effectivement réalisé. Si ce n'est pas le cas, il faut redistribuer les ressources de manière à égaliser les possibilités que tous ont d'agir de manière responsable et non négligente. Et il importe de se demander en second lieu si l'agent a respecté ces normes dans sa conduite (en postulant qu'il avait une égale possibilité de les respecter; le chauffeur routier qui est sous une menace de licenciement n'est pas dans ce cas).

La question est donc celle-ci: dans quelles conditions les individus sont ils responsables de leurs actions ? Dans quelles conditions est-il équitable de les tenir pour responsables de leurs actions ? Quel degré de soin et de préoccupation devons-nous à la sécurité des autres ? Ce sont des questions que les libertariens aimeraient bien éviter au profit d'une question plus simple : qui a fait quoi ? Mais le malheur, c'est qu'il est absolument impossible de répondre clairement à cette question.

La responsabilité, en un sens, implique que je passe la frontière entre vous et moi (votre personne, vos biens) mais cette frontière n'est pas fixée par la nature; il y a d'innombrables cas où je suis cause de dommages à un tiers sans pour autant franchir cette frontière et sans qu'on puisse par conséquent me tenir comptable du dommage causé: par exemple si j'endommage votre voiture en ouvrant mon garage alors que vous étiez clairement averti qu'il vous était interdit de garer votre voiture à cet endroit, c'est bien mon action qui est la cause du dommage que vous subissez, mais comme mon action n'a pas négligé ce qui vous était dû, je ne suis pas responsable de ce dommage[1]. Il faut commencer par définir les frontières qui sont pertinentes pour l'attribution de la responsabilité, et dire ensuite que, si quelqu'un a négligé de prendre les précautions qui étaient dues au tiers, le fait qu'il soit la cause du dommage l'en rend responsable; mais le fait d'être cause, en dehors de ce contexte normatif qui définit les précautions qui sont dues aux tiers, ne suffit pas par lui-même à engendrer la responsabilité. La cause est importante mais pas par elle-même.

1. A. Rispstein, « Justice and Responsibility », *op. cit.*, p. 13-15.

CONCLUSION

Peut-on accepter une théorie de la justice distributive qui, comme celle de Rawls, récuse l'idée que l'équité consiste à attribuer à chacun ce dont il *est* responsable, ce qui est la conséquence de ses choix ou de ses décisions ? Peut-on accepter une théorie de la justice qui refuse de faire de cette distinction entre ce que nous avons voulu et ce qui nous advient le centre organisateur du processus de distribution sociale? En d'autres termes, peut-on accepter la thèse « institutionnaliste » selon laquelle ce sont uniquement les institutions justes qui permettent de dire de quoi les individus sont responsables, sans que la justice de ces institutions soit fondée sur leur aptitude à enregistrer correctement les relations de responsabilité entre les agents et leurs actions ou les situations dans lesquelles ils se trouvent? Peut-on s'écarter ainsi de l'idée, pourtant si naturelle, selon laquelle la justice consiste à attribuer à chacun les conséquences de ses actes et à supporter ensemble les conséquences de ce que personne n'a délibérément voulu? L'idée que le hasard ne devrait pas être en mesure de faire des différences et que les seules inégalités légitimes sont celles qui découlent de nos choix n'est-elle pas une acception naturelle de la justice[1] ?

La réponse est non pour trois raisons distinctes.

La première est que l'idée de neutralisation du hasard méconnaît la nature exacte de l'aspiration à la justice dans les sociétés humaines. Cette aspiration est clairement libérale, c'est-à-dire

1. L'idée qu'il serait absurde d'attribuer à une personne la responsabilité morale de ce qui est dû au hasard a été mise en valeur par B. Williams, *Moral Luck* (1981) ; *cf.* aussi T. Nagel, *Mortal Questions* (1979).

qu'elle veut jeter les bases d'un fonctionnement social permettant à tous les partenaires de coopérer pour leur avantage mutuel en tant que personnes libres et égales. Son projet n'est pas d'interdire de profiter du hasard – ce qui est de toute manière impossible – mais de faire en sorte que les relations entre les individus soient exemptes de domination, et que les bases de l'autonomie et du respect de soi soient garanties à tous.

Paradoxe insoutenable, dira-t-on, car si certains se conduisent de manière à tomber dans la dépendance ou à se priver de tout moyen de mener une existence autonome, pourquoi incomberait-il aux autres de les sauver des effets de leurs propres actions ou de leur rendre les moyens de l'autonomie alors qu'ils les ont perdus par leur propre faute ? Pourquoi faudrait-il maximiser la position des moins favorisés sans s'interroger sur les causes qui ont conduit les individus dans cette situation ? C'est justement ce principe qui encourage les comportements irresponsables.

Cet argument nous conduit aux deux autres raisons de rejeter l'idée que la justice consiste à faire en sorte que la situation des individus ne soit définie que par leurs choix, et non par des facteurs contingents.

Comment distinguer ce dont nous sommes responsables et ce dont nous n'avons pas à porter les conséquences ? L'indéterminisme est une solution mais cette solution est fortement consommatrice sur le plan métaphysique et elle ne peut servir de base à une conception politique de la justice. Il faut donc incliner vers une solution compatibiliste, qui implique qu'il n'y a pas de différence de nature entre les deux catégories d'actions. Mais dans ce cas, la notion de responsabilité ne peut plus jouer un rôle central, c'est-à-dire qu'il devient impossible d'isoler la question de la responsabilité pour faire de la réponse que l'on y donne la base de l'organisation d'une société juste. Il faut, au contraire, partir d'un ensemble de principes organisant la structure de base, et intégrer à cet ensemble une règle qui, comme nous l'avons vu avec Arthur Ripstein, définit les responsabilités sous la forme d'une mise en équilibre entre la valeur de la liberté et celle de la sécurité. Une théorie de la justice de forme rawlsienne est alors capable d'intégrer une notion cohérente de responsabilité sans en faire le point de départ de l'ensemble de la théorie et sans assigner à cette dernière l'objectif consistant à enregistrer correctement – comme un fait indépendant – la césure entre ce dont les individus sont responsables et ce dont ils ont à porter seuls les conséquences. Cette césure n'existe tout simplement pas comme un fait isolé, et elle ne peut fonctionner que comme partie d'un ensemble de principes qui définissent les relations équitables entre les personnes. À nouveau, il convient bien de souligner que les relations entre les personnes ne sont pas équitables parce qu'elles enregistrent correctement les responsabilités respectives des individus ; elles sont équitables pour des raisons indépendantes – le système qu'elles forment est mutuellement avantageux, il organise la coopération entre les personnes comme une coopération entre partenaires libres et égaux, il maximise la liberté et la possibilité pour chacun de faire des choix autonomes – et ce sont ces relations équitables qui impliquent ou enveloppent une définition de la responsabilité. En d'autres termes, les institutions qui forment la structure de base de la société ne sont pas justes parce qu'elles allouent à chacun ce qui lui revient, ou ce dont il est responsable, ou ce qui résulte de ses choix ; elles sont justes pour d'autres raisons et, parce qu'elles sont justes, la manière dont elles allouent les responsabilités – c'est-à-dire les règles dont elles se servent pour les déterminer – est équitable. En ce sens les individus peuvent à bon droit être considérés comme responsables de ce dont des institutions justes leur reconnaissent la responsabilité.

Ceci permet de répondre à l'objection essentielle contre une théorie de la justice qui, soi-disant, ne tiendrait pas compte des arbitrages que certains feraient en faveur des loisirs ou de l'assistance et aux dépens du travail. Des institutions justes comprennent nécessairement une règle qui dit que l'assistance n'est pas due à ceux qui refusent de travailler quand ils en ont la possibilité.

Ronald Dworkin est en effet mal fondé à prétendre que, si l'on applique le principe rawlsien de différence, on va permettre à des individus qui ont fait le choix de ne pas travailler de vivre aux dépens de ceux qui ont fait le choix de travailler dur. Il va de soi, dit-il, que si ces deux personnes ont des talents égaux et ont un accès égal à des emplois, en sorte que la différence entre leurs niveaux de vie respectifs est exclusivement due aux différentes options qu'ils ont prises, le fait que l'une des deux soit dans une situation moins favorisée que l'autre ne justifie en rien que cette dernière lui transfère une partie des ressources qu'elle doit à son propre choix de travailler dur.

Passons sur le manque de respect que la société devrait manifester envers certains de ses membres pour établir que leur situation défavorisée n'est pas due à leurs choix et qu'ils ont droit aux transferts, et remarquons que ceci est une pure caricature, car jamais Rawls ne postule que ceux qui refusent de travailler ont droit à des compensations. Le groupe des moins favorisés comprend les individus qui sont disposés à travailler un nombre normal d'heures et qui, soit sont incapables de trouver du travail, soit ne peuvent se procurer, en travaillant, qu'un revenu extrêmement faible.

Il est vrai que, parmi ce groupe, peuvent figurer des individus à qui leurs talents permettraient sans aucun doute de gagner plus et donc de ne pas prétendre aux transferts sociaux réservés au groupe le moins favorisé. Mais est-il légitime d'affirmer qu'ils n'ont pas droit à ces transferts sous prétexte que, s'ils le voulaient, ils pourraient faire en sorte de ne pas en avoir besoin ? Une réponse positive à cette question serait manifestement en contradiction avec le principe de liberté, qui s'étend au choix de la profession. C'est donc le groupe des personnes qui travaillent « normalement », ou qui sont à la recherche d'en emploi sans parvenir à en trouver, qu'il faut considérer. Ce groupe est constitué de l'ensemble de ceux qui ont la position la moins favorisée du point de vue des biens premiers, et ses membres ont droit aux transferts sociaux qui les amèneront à une position telle qu'il n'existe pas de structure sociale alternative dans laquelle la position des moins favorisées serait meilleure[1].

La personne qui, à talents égaux, travaille plus peut-elle se plaindre que celui qui a des talents égaux aux siens, mais qui a choisi de ne pas les développer, ou qui a choisi une profession moins rémunératrice, l'exploite et se sert d'elle comme d'un moyen ? Une telle plainte est-elle justifiée du point de vue de l'équité ? Il semble

1. *Cf.* M. Matravers, *Responsibility and Justice*, *op. cit.* ; R. Goodin, « Social Welfare as a Collective Social Responsibility » *in* Schmidtz/Goodin, *Social Welfare and Individual Responsibility*, *op. cit.*, p. 116-154.

que non, dans la mesure où celui qui a choisi de développer et de mettre en œuvre ses talents touche les dividendes de ses choix sous forme du salaire élevé que la société lui a promis en échange d'un tel comportement. Inversement, il faudrait, pour valider la conclusion selon laquelle celui qui a choisi de ne pas développer ses talents et d'exercer une profession moins rémunératrice exploite ses concitoyens qui ont fait le choix inverse, rendre les individus prisonniers de leurs talents et aller à l'encontre même du principe de responsabilité que l'on prétend défendre.

Reste le troisième argument. Supposons que la notion de responsabilité puisse avoir un sens politique, c'est-à-dire qu'il soit possible de l'inscrire dans une culture publique à laquelle aucun citoyen ne pourrait faire d'objection raisonnable, et qu'il soit possible de la faire fonctionner comme un critère fondamental de démarcation indépendant de toute règle sociale et de toute enquête sur la justice de la structure de base de la société. La question pratique demeurerait insoluble : si la justice consiste à passer d'un état dans lequel la situation des individus est déterminée à la fois par des facteurs contingents et par les effets de leurs choix à un état dans lequel cette situation serait déterminée uniquement par les facteurs du second genre, il faudrait que nous soyons en mesure d'affirmer que les deux séries de facteurs peuvent être analysées et comprises indépendamment l'une de l'autre, et de dire par conséquent ce que seraient les choix des individus dans l'hypothèse où le hasard n'existerait pas. Or la réponse à cette question est nécessairement indéterminée. Dans un monde où le hasard n'agirait plus, les choix des individus seraient peut-être les mêmes que ce qu'ils sont dans un monde affecté par la contingence, ou peut-être très différents. Mais nul ne peut dire ce qu'ils seraient dans ce monde sans contingence, s'il dispose seulement des informations portant sur ce que sont les choix dans le monde réel où la contingence affecte nos actions et la situation dans laquelle nous nous trouvons.

Cette approche contient sans aucun doute une dimension révisionniste par rapport au sens commun puisqu'elle prétend rompre avec l'idée qu'une société juste est une société où chacun récolterait le fruit de ses efforts et de ses choix sans que la contingence ait jamais le loisir de venir troubler la répartition des ressources qui en résulterait. Mais cette révision n'est pas interdite car elle est capable de donner un sens cohérent à la notion de responsabilité en montrant que celle-ci, loin d'enregistrer un fait naturel indépendant, dérive d'une règle sociale qui équilibre les valeurs partagées de la liberté et de la sécurité. Elle est capable en outre d'organiser l'une avec l'autre l'intuition selon laquelle il existe une pratique bien fondée consistant à distribuer l'éloge et le blâme dans la vie ordinaire et dans les relations privées, donc à supposer que les individus ont choisi de faire certaines choses pour lesquelles la morale est en droit de les juger, et l'intuition selon laquelle l'attribution des responsabilités dans le contexte d'une répartition des ressources est quant à elle une pratique sociale qui propose une norme pour régler de manière légitime les rapports entre les individus, et non la description d'un rapport indépendant que chacun entretient avec ses actions

Elle est en outre capable de répondre à l'objection conservatrice, car aucune règle qui dit que ceux qui refusent d'employer leurs capacités dans des conditions normales ont droit à des compensations ne peut faire partie du système de principes définissant une structure de base équitable. Le résultat d'une telle règle serait que certains membres de la société en emploieraient d'autres comme de simples moyens, et elle serait en contradiction avec les critères de maximisation de la liberté et de coopération entre égaux qui définissent l'équité. Ce serait le cas également d'une règle qui dirait que les individus doivent, en toute circonstance, être abandonnés aux conséquences de leurs choix. Une société juste n'est tout simplement pas organisée autour de ce principe : elle n'entend ni dire que les choix sont tous indifférents ni dire qu'aucun d'entre eux ne l'est. Elle affirme au contraire que certains choix sont compensés : ceux qui sont vertueux, ceux dont l'imprudence est utile ou excusable, ceux qui sont motivés par des circonstances dont les individus ne pourraient être considérés comme responsables sans que la possibilité même d'une action autonome leur soit niée (comme le manque d'instruction ou d'information dans de très nombreux cas) et sans que cela fasse obstacle à l'idée que la société doit être une coopération entre personnes libres et égales.

Si cette révision n'est pas interdite, elle n'est cependant pas nécessaire car, après tout, on peut demeurer indéterministe, penser que la liberté de la volonté en un sens métaphysique est une vérité, que les pauvres n'ont qu'à s'en prendre à eux-mêmes de la situation défavorisée dans laquelle ils se trouvent, que la solidarité sociale engendre les conduites qu'elle prétend guérir et les maux qu'elle veut atténuer. C'est sans doute possible d'un point de vue intellectuel, mais peut-on sérieusement affirmer que dans un monde où l'État redistributeur aura disparu, la pauvreté se sera évanouie avec lui ? L'expérience du passé enseigne le contraire.

On pourrait donc avancer, comme l'a montré Samuel Scheffler à propos de la notion de mérite, que la théorie libérale de la justice comme équité représente une révision acceptable de la thèse du sens commun parce qu'elle se contente d'affirmer que l'idée de responsabilité individuelle, prise au sens d'un fait indépendant, est incompatible avec une affirmation à laquelle il nous paraît difficile de renoncer : le postulat de l'interdépendance des individus et, en particulier, la thèse holiste selon laquelle il n'est pas possible de parler d'une situation ou d'une action comme résultant des choix ou du comportement d'un individu considéré à part de tous les autres et surtout du contexte de règles dans lequel il est inséré.

On peut donc réviser l'idée que la justice consiste à allouer les ressources en fonction de la responsabilité individuelle parce qu'elle exclut de conférer à la théorie de la justice un caractère structurel ou holistique. La théorie libérale de la justice comme équité est en effet une théorie structurelle qui considère que la question de savoir si la part de droits et de ressources qui revient à un individu est juste est dépourvue de sens, parce que seul le système de règles institutionnelles de répartition, ou la structure de base de la société, peut être juste ou injuste[1].

Comme l'indique Rawls, c'est le cas aussi bien de sa propre théorie de la justice comme équité que de la théorie utilitariste. Cette dernière affirme en effet que la part de *X* est une part juste si elle fait partie d'une structure qui maximise l'utilité (globale ou moyenne). Mais cette part n'est pas juste intrinsèquement, c'est-à-dire qu'il n'est pas possible de prétendre qu'elle est juste si elle fait partie

1. S. Scheffler, « Distributive Justice and Economic Desert » *in* S. Olsaretti (éd.), *Desert and Justice*, *op. cit.*, p. 81.

d'une structure de répartition qui ne maximise pas l'utilité. Il en va exactement de même dans le cas de la théorie de la justice comme équité : il n'est pas possible de dire que la part de *X* est juste parce qu'elle est exactement celle qu'il aurait si la structure de base était conforme aux deux principes de la justice comme équité, alors même que la structure dans laquelle cet individu est réellement inscrit est une structure de base qui n'est pas conforme aux deux principes de la justice comme équité. Inversement, toute part, quelle qu'elle soit, qui échoit à un individu dans le contexte d'une structure de base qui obéit aux principes de la justice comme équité est *ipso facto* juste bien que, sans aucun paradoxe, il y ait sans aucun doute plusieurs systèmes concrets de répartition satisfaisant aux exigences des deux principes et que, de ce fait, la part allouée à un individu occupant une position identique peut varier lorsqu'on passe d'un système concret à l'autre. La justice est en effet la propriété d'une structure, pas d'une situation individuelle.

Cet aspect structurel possède un caractère intuitif incontestable et représente une position normativement séduisante, dans la mesure où elle intègre l'idée essentielle de l'interdépendance des destins individuels. Il est par exemple impossible de fixer la valeur de la contribution de l'un des partenaires parce que cette contribution dépend de la demande des autres, mais aussi de leurs talents, de leurs capacités, etc. Ma contribution n'a pas la même valeur selon que je suis le seul partenaire capable d'offrir une prestation ou qu'il en existe de nombreux autres possédant cette même capacité. Or le nombre d'individus possédant les mêmes caractéristiques que moi n'est pas l'une de mes caractéristiques. Il en va de même des talents dont la « valeur » varie en fonction du nombre de gens qui les possèdent et du nombre de gens qui souhaitent en acheter les produits. Cela n'a donc aucun sens d'essayer d'évaluer la justice de la part de ressources que détient un individu isolé sans tenir compte de ce que détiennent les autres, comme cela n'a aucun sens non plus de dire qu'un individu pourrait émettre une revendication normativement fondée sur une quantité de ressources *X* indépendamment de toute considération portant sur la justice ou l'injustice de la répartition des ressources qui prévaut dans l'ensemble de la société[1]. Une des raisons essentielles pour lesquelles la théorie de la justice exclusive de toute conception de responsabilité pré-institutionnelle rejette cette notion, c'est justement qu'elle est incompatible avec des considérations holistes de ce genre.

Cependant, comme le remarque Scheffler à propos de la question du mérite, la théorie libérale reconnaît que les considérations holistiques ne gouvernent pas l'ensemble du champ de la justice puisqu'elles ne valent que dans le domaine de la justice distributive mais pas dans celui de la justice rétributive. Dans ce second domaine, l'idée de responsabilité est à sa place, car il n'y est pas question de dire, comme dans le cas de la distribution, que la justice y est liée à la question du partage des avantages de la coopération, ou à l'idée qu'il y a toujours une rareté relative, et qu'il est en ce sens impossible de satisfaire conjointement toutes les demandes, ou, enfin, à l'idée que toute allocation à l'un des partenaires affecte ce qui est disponible pour les autres. Aucune de ces trois idées n'a cours dans le cas de la justice rétributive, où il ne s'agit pas de répartir des ressources limitées entre des personnes qui ont la même valeur morale, mais de se demander comment la société peut avoir le droit d'imposer une punition à certains de ses membres. La justice rétributive n'est pas une réponse sociale à des problèmes de répartition mais une réponse sociale à des comportements intolérables ou déviants.

Les théories de la justice qui nous demandent d'abandonner toute référence à la notion de responsabilité pré-institutionnelle sont donc bien « révisionnistes » dans la mesure où elles nous demandent d'abandonner une conviction à laquelle beaucoup de gens demeurent fermement attachés, à savoir que les ressources dont disposent les individus devraient être proportionnelles aux choix de chacun. Cependant, quand on creuse cette dernière idée, on s'aperçoit que la forme la plus courante en est une forme plutôt atténuée qui dit que le niveau de revenu devrait être sensible aux efforts déployés; or, les

1. Il est donc absurde de prétendre avoir droit à une quantité donnée de ressources sociales sans aucune considération de la question de savoir combien de ressources sont disponibles dans l'ensemble.

théories qui rejettent toute notion pré-justicielle de responsabilité montrent une capacité d'intégrer ce genre de considérations plus importante que celles dont font preuve les théories qui ont recours à la notion d'une responsabilité indépendante de toute règle sociale lorsqu'il s'agit d'intégrer les considérations d'ordre holistique. Cela leur permet d'apparaître comme moins révisionnistes, ou moins éloignées du sens commun, qu'elles semblaient l'être initialement.

BIBLIOGRAPHIE

ANDERSON, E. « What is the Point of Equality ? », *Ethics*, 109, (1999).

ARMSTRONG, C. « Equality, Risk and Responsibility : Dworkin on the Insurance Market », *Economy and Society*, 34 (2005), p. 451-73.

ARNESON, R. « Distributive Justice and Basic Capability Equality : Good enough is not good enough » *in* A. Kaufman (éd.), *Capabilities Equality : Basic Issues and Problems*, Londres (2005).

– « Desire Formation and Human Good » *in* S. Olsaretti (éd.) *Desert and Justice*, Oxford (2003).

– « Does Social Justice Matter? Brian Barry's Applied Political Philosophy » *Ethics*, 117, (2007).

– « Egalitarianism and Responsibility » *Journal of Ethics*, 3/3 (1999), p. 244-245.

– « Egalitarianism and the Undeserving Poor », *Journal of Political Philosophy*, 5/3 (1997).

– « Equality of Opportunity for Welfare Defended and Recanted », *The Journal of Political Philosophy*, 7, 1999, p. 488-497.

– « Joel Feinberg and the Justification of Hard Antipaternalism », *Legal Theory*, 11, (2005), p. 259-284.

– « Luck and Equality », *Proceedings of the Aristotelian Society*, sup. Vol. (2001).

– « Luck Egalitarianism, an Interpretation and Defense », *Philosophical Topics*, 32/1-2 (2004), p. 1-20.

– « Luck Egalitarianism and Prioritarianism », *Ethics*, 110/2, (2000) p. 339-349.

– « Perfectionism and Politics », *Ethics*, 111 (2000), p. 45.

– « Why Justice Requires Transfers to Offset Income and Wealth Inequalities ? », *Social Philosophy and Policy* 19/1 (2002), p. 172-200.

– « Against Rawlsian Equality of Opportunity », *Philosophical Studies*, 93/1 (1999).

– « Cracked Foundations of Liberal Equality », *in* J. Burley (éd.) *Dworkin and his Critics*, Oxford, (2004).

– « Critical Notice on Ripstein », *Canadian Journal of Philosophy*, 31/2 (2001), p. 245-262.

– « Equality and Equal Opportunity for Welfare », *Philosophical Studies*, 56 (1989), p. 77-93.

– « Liberalism, Distributive Subjectivism and Equal Opportunity for Welfare », *Philosophy and Public Affairs*, 19/ 2 (1990), p. 158-194.

– « Moral Limits on the Demands of Beneficence », *in* D.K. Chatterjee (éd.), *The Ethics of Assistance. Morality, Affluence and the Distant Needy*, Cambridge, (2004) p. 33-58.

– « Opportunity for Welfare, Priority and Public Policy », *in* S. Cullenberg and K. Pattanaik (éds.) *Globalization, Culture and the Limits of the Market : Essays in Economics and Philosophy*, Oxford U.P., (2004)

– « Rawls, Responsibility and Distributive Justice », *in* M. Salles and J. Weymark (éds.), *Justice, Political Liberalism and Utilitarianism : Themes from Harsanyi and Rawls*, Cambridge, (2008).

– « The Smart Theory of Moral Responsibility », *in* S. Olsaretti (éd.) *Desert and Justice*, Oxford, (2003), p. 233-258.

– « Welfare should be the Currency of Justice », *Canadian Journal of Philosophy*, 30/4 (2000), p. 497-524.

– « Desert and Equality » *in* N. Holtug et K. Lippert-Rasmussen (éds.) *Egalitarianism. New Essays on the Nature and Value of Equality*, Oxford, (2007), p. 262-293.

BARRY, N. « Defending Luck egalitarianism », *Journal of Applied Philosophy*, 23/1 (2006) p. 90-107.

BARRY, B. « Does Responsibility undermine equality ? », Online unpublished working paper.

– *Why Social Justice Matters*, Polity Press, Cambridge, (2005).

CHAMPEAU, S. « Ronald Dworkin, le libéralisme et l'égalité », *Revue Philosophique de Louvain*, 97 (1999) p. 550-580.

CHRISTOFIDIS, M. C. « Talent, Slavery and Envy in Dworkin's Equality of Resources », *Utilitas, A Journal of Utilitarian Studies*, 16 (2004).

CLAYTON, M. « Liberal Equality and Ethics », *Ethics*, 113, (*A Symposium on Sovereign Virtue*) (2002), p. 8-22.

COHEN, G. A. « Expensive Tastes Ride Again », *in* J. Burley (éd.), *Dworkin and his Critics*, p. 3-29.

– « Equality of What ? On Welfare, Goods and Capabilities », *in* M. Nussbaum et A. Sen (éds.) *The Quality of Life*, Oxford, (1993).

– « On the Currency of Egalitarian Justice », *Ethics,* vol. 99/4, (1989), p. 906-944.

– *Self Ownership, Freedom and Equality*, Cambridge, (1995).

– « Luck and Equality : A Reply to Hurley », *Philosophy and Phenomenological Research*, vol. 72/2(2006), p. 439-446.

DANIELS, N. « Equality of What ? Welfare, Resources or Capabilities », *in* Daniels, *Justice and Justification, Reflective Equilibrium in Theory and Practice* (Cambridge, 1996), p. 208-231.

DARWALL, S. « Contractualism, Root and Branch, A Review Essay », *Philosophy and Public Affairs*, 34/2, (2006) p. 193-214.

DIETSCH, P. « Is Sen a Luck egalitarian ? » (Online paper, from LES-CPNSS).

DOWDING, K. « Luck and Responsibility », *in* M. Matravers et L. Meyer (éds.) *Democracy, Equality and Justice*, Londres, Routledge, (2008).

DUPUY, J-P. *Pour un catastrophisme éclairé*, Paris, (2004).

DWORKIN, R. « Objectivity and Truth : You'd Better Believe It », *Philosophy and Public Affairs*, 25/1, (1996), p. 87-139.

– *A Matter of Principle,* Harvard University Press, (1985).

– *Is democracy possible here* ? Princeton, (2006).

– *Taking Rights Seriously*, Oxford, (1978).

– « Comment on Narveson; In Defense of Equality », *Social Philosophy and Policy*, (1983) p. 24-40.

– « Do Liberty and Equality Conflict », *in* P. Barker (éd.) *Living as Equals*, Oxford, (1996).

– « Foundations of Liberal equality » in S. Darwall (éd.), *Equal Freedom, Selected Tanner Lectures on Human Values* (Ann Arbor, Michigan, 1995).

– « Sovereign Virtue Revisited », *Ethics*, 113, (2002).

– « The Roots of Justice », *in* S. Wesche et V. Zanetti (éds.), *Dworkin, un débat*, Bruxelles, (1999).

– *Sovereign Virtue, The Theory and Practice of Equality*, Harvard, (2000).

– *Justice in Robes*, Harvard (2006).

– « Equality, Luck and Hierarchy », *Philosophy and Public Affairs* 31/2 (2003).

FEINBERG, J. « Justice and Personal Desert », in *Doing and Deserving : Essays in the Theory of Responsibility*, Princeton, (1974).

FISHER, J. M. *Free Will, Critical Concepts in Philosophy*, vol. III : *Libertarianism, Alternative Possibilities and Moral responsibility* et vol. IV : *Free Agency, Moral Responsibility and Scepticism*, Londres, (2005).

– « Recent Work on the Problem of Responsibility » *Ethics*, 110, (1999).

FISHER J. M. and RAVIZZA M. (éd.), « A *précis* of *Responsibility and Control* », *Philosophy and Phenomenological Research*, vol. LXI/2, (2000), p. 441-445.

— (éd.) *Responsibility and Control: A Theory of Moral Responsibility*, Cambridge, (1993).

— (éd.) *Perspectives on Moral Responsibility*, Cornell U.P., (1993).

FLEURBAEY, M. « Neutralizing Luck, Rewarding Effort », *Philosophical Books* 46/3, (2005), p. 188-198.

– « Equality of Resources Revisited », *Ethics*, 113 (2002) p. 82-105.

FRANKFURT, H. « Equality as a Moral Ideal », *in* Frankfurt, *The Importance of What We Care About*, Cambridge, (1988), p. 134-158.

– *The Importance of What We Care About*, Cambridge, (1988).

GINET, C. « In Defence of the Principle of Alternative possibilities », *Philosophical Perspectives*, 1, (1996), p. 403-417.

GOODIN R. and SCHMIDTZ, D. *Social Welfare and Responsibility ; For and Against*, Cambridge, (1998).

HART, H.L.A. « Rawls on Liberty and its Priority », *in* N. Daniels (éd.) *Reading Rawls*, Oxford, (1975).

HEATH, J. « On the Scope of Egalitarian » http : //www.chass.utoronto.ca/~/jheath/scope.pdf.

HINTON, T. « Must Egalitarians Choose Between Fairness and Respect ? », *Philosophy and Public Affairs*, 30 /1 (2001), p. 72-87.

HORIN, A. « Single Parent ? Prove It. », *The Sydney Morning Herald*, 30 juin 2005.

HURKA, T. *Perfectionism*, Oxford, (1993).

HURLEY, S. « Is Responsibility Essentially Impossible ? », *Philosophical Studies*, 99 (2000), p. 229-268.

HURLEY, S « Roemer on Responsibility and Equality », *Law and Philosophy*, 21, (2004), p. 39-64.

– « Responsibility, Reason and Irrelevant Alternatives », *Philosophy and Public Affair*, n°28 (2000), p. 205-241.

– *Justice, Luck and Knowledge*, Harvard, (2003).

– « Luck and Equality », *Proceedings of the Aristotelian Society*, suppl. Vol LXXV, (2001), p. 51-72 (repris dans *Justice, Luck and Knowledge*, op. cit. chap. 6).

– « Luck, Responsibility and the Natural Lottery », *Journal of Political Philosophy*, 10/1 (2002), p. 79-94.

– « Troubles with Responsibility » *Boston Review*, 20/2, (1995).

KEKES, J. *Against Liberalism*, Ithaca and London, (1997).

– *A Case for Conservatism*, Ithaca, (1998).

– *The Illusions of Egalitarianism*, Ithaca and London, (2003).

KNIGHT, C « In Defence of luck egalitarianism » *Res Publica* 11 (2005) p. 55-73

LAKE, C. *Equality and Responsibility*, Oxford, (2001).

LANG, G. « Two objections to luck egalitarianism » www.trinitinture.com/documents/lang.pdf.

LIPPERT-RASMUSSEN, K. « Hurley on Egalitarianism and the Luck-neutralizing Aim », Politics, *Philosophy and Economics*, vol. 4/2, (2005), p. 249-265.

– « Hurley on Reason Responsiveness, Regression and Responsibility », *Philosophical Books*, 46/3, (2005), p. 199-209

– « Arneson on Equality of Opportunity for Welfare », *The Journal of Political Philosophy*, vol. 7/4 (1999), p. 478-487.

MATRAVERS, M. « Responsibility, Luck and the "equality of what?" Debate », *Political Studies*, vol. 50 (2002), p. 558-572.

– *Responsibility and Justice*, Polity Press, (2007).

MULHALL, S. et SWIFT, A. *Liberals and Communitarians*, Oxford, (1992)

MURRAY, R. *Losing Ground, American Social Policy 1950-1980*, New York, Basic Books, (1984).

NAGEL, T. *Mortal Questions*, Cambridge, (1979).

NOZICK, R. *Anarchy, State and Utopia*, Oxford, Blackwell, (1974).

O'CONNOR, T. « Freedom and Indeterminism, Some Unsatisfactory Proposals », *in* J. M. Fisher (éd.) *Free Will. Critical Concepts in Philosophy*, vol. III.

OTSUKA, M. « Luck, Insurance and Equality », *Ethics*, 113 (2002), p. 40-54.

PARFIT, D. « Equality and Priority », *Ratio,* new series, X/3 (1997).

PETTIT, P. « Consequentialism », *in* M. Baron, P. Pettit, M. Slote (éds.) *Three Methods of Ethics, A Debate*, Blackwell, (1997).

– « Groups with Minds of their Own » *in* F. Schmitt (éd.) *Socializing Metaphysics*, New York, (2004).

– « Non consequentialism and Political Pphilosophy » in D. Schmidtz (éd.) *Robert Nozick*, Cambridge, (2002), p. 83-104.

– « The Elements of Responsibility », *Philosophical Books*, 46/3, (2006), p. 210-219.

– « Two Construals of Scanlon's Contractualism », *The Journal of Philosophy*, vol. XCVII/1 (2000).

– *A Theory of Freedom : From the Psychology to the Politics of Agency*, Oxford, (2001).

– *The Common Mind : An Essay on Psychology, Sociology and Politics*, Oxford, (1996).

– *Republicanism, A Theory of Freedom and Government* Oxford, (1996).

– « Non Consequentialism and Universalisability », *Philosophical Quarterly*, vol. 50, (2000), p. 175-190.

PETTIT, P. and BRAITHWAITE, J. *Not Just deserts*, Oxford, (1995).

RAWLS, *A Theory of Justice*, Harvard University Press, (1971).

– « Social Unity and Primary Goods », *in Philosophical Papers* (S. Freeman éd.), Harvard, (1999), p. 369-370.

– « La théorie de la justice comme équité, une conception politique et non pas métaphysique » *in Justice et Démocratie*, Paris (1993).

– *Justice as Fairness : a Restatement*, Harvard, (2001).

– *Libéralisme politique*, trad. fr. Paris (1995).

RAZ, J. « Principles of Equality », *Mind*, New series, vol. 87, (1978), p. 321-342.

RIPSTEIN, A. « Equality, Luck and Responsibility », *Philosophy and Public Affairs*, 23/1, (1994), p. 3-23.

– *Equality, Responsibility and the Law*, Cambridge, (1998).

– « Justice and Responsibility », *Canadian Journal of Law and Jurisprudence* (2004).

– « Liberty and Equality », *in* A. Ripstein (éd.) *Ronald Dworkin*, Cambridge, (2007), p. 98-104.

RIPSTEIN, A. et COLEMAN, J. « Mischiefs and Misfortunes », *McGll Law Journal*, 91 (1995).

ROEMER, J. *Equality of Opportunity*, Harvard, (1998)

– « Equality of Opportunity », *New Palgrave Dictionary*, Londres, (2005)

– *Theories of Distributive Justice* (1996).

– « A Pragmatic Theory of Responsibility for the Egalitarian Planner », *Philosophy and Public Affairs*, 22 (1993), p. 146-166.

– « Equality and Responsibility », *Boston Review*, vol. 20, (1995) http: //www.bostonreview.net//BR20.2/roemer.html

SANDBU, M. E. « On Dworkin's Brute-luck/Option-luck Distinction and the Consistency of Brute-luck Egalitarianism », *Politics, Philosophy and Economics*, 2004, n°3, p. 283-312.

SANDEL, M. *Democracy's discontent, America in Search of a Public Philosophy*, Harvard, (1996).

– *Liberalism and the Llimits of Justice*, Cambridge, (1998 [2]).

SCANLON, T. « When does equality matter », http: //www.cuhk.edu.hk/puo/weilun/Scanlon/Prof%20Scanlon.htm

– « The Significance of Choice », *The Tanner Lectures on Human Values*.

– « Contractualism and Utilitarianism », *in* A. Sen and B. Williams (éds.) *Utilitarianism and Beyond*, Cambridge, (1982).

– *What we Owe to Each Other*, Harvard (2000).

SCHEFFLER, S. *The Rejection of Consequentialism*, Oxford, (2003).

– « Distributive Justice and Economic Desert » *in* S. Olsaretti, (éd.) *Desert and Justice*, Oxford, (2003), p. 69-91.

– « Natural rights, Equality and the Minimal State » *in* J. Paul (éd.), *Reading Nozick, Essays on* Anarchy, State and Utopia, Totowa, (1981) p. 148-168.

– *Boundaries and Allegiances : Problems of Justice and Responsibility in Liberal Thought*, Oxford (2001).

– « What is Egalitarainism ? » *Philosophy and Public Affairs*, 31 (2003), p. 5-39.

– « Rawls and Utilitarianism » *in* S. Freeman (éd.) *The Cambridge Companion to Rawls*, Cambridge, (2003) p. 440-448.

– « Responsibility, Reactive Attitudes and Liberalism in Philosophy and Politics », *Philosophy and Public Affairs*, 21/4 (1992), p. 299-323.

– « Choice, Circumstance and the Value of Equality », *Politics, Philosophy and Economics* vol. 4/1, (2005), p. 5-28.

– « Equality as the Virtue of Sovereigns : A Reply to Ronald Dworkin », *Philosophy and Public Affairs*, 31/2, (2003), p. 199-206.

– « Is the Basic Structure Basic ? » *in* C. Sypnowitch (éd.) *The Egalitarian Conscience : Essays in Honour of G.A. Cohen*, Oxford, (2007).

SEN, A. « Equality of What ? » in *Inequality Reexamined*, Harvard, 1(992) p. 12-30.

– « Capability and Well being », *in* Nussbaum and A. Sen (éds.) *The Quality of Life*, Oxford, (1993) p. 30-53.

– « Utilitarianism and Welfarism » *Journal of Philosophy* 76, (1979), p. 463-489.

SHER, G. *Beyond Neutrality, Perfectionism and Politics*, Cambridge, (1997).

– *Desert*, Princeton, (1987).

SHERWIN, E. « How liberal is Liberal equality ? A Comment on Dworkin's Tanner Lectures », *Legal Theory*, 1 (1995).

SLOTE, M. *Beyond Optimizing, A Study of Rational Choice* (1989).

SMART, J. J. « Free will, Praise and Blame », *Mind*, vol. 70 (1961).

SOBEL, ARNESON, R., CHRISTIANO, P. « Comments on Anderson's « What is the point of equality », *in Brown Electronic Article Review Service*, J. Dreier et D. Estlund (éds.) (1999).

STEINER, H. « How Equality Matters? », *Social Philosophy and Policy*, vol. 19 (2002), p. 342-356.

STRAWSON, P.F. « Freedom and Resentment », *Proceedings and Addresses of the British Academy*, 48 (1962), p. 1-25.

TEMKIN, L. « Egalitarianism Defended », *Ethics*, 113 (2003), p. 764-782.

VALLENTYNE, P. « Brute Luck, Equality and Desert », *in* S. Olsaretti (éd.) *Desert and Justice*, Oxford, 2003.

– « Brute Luck, Option Luck and Equality of Initial Opportunities », *Ethics*, 112 (2002), p. 529-557.

– « S. Hurley on Justice and Responsibility », *Philosophy and Phenomenological Research*, vol. 72/2 (2006), p. 433-438.

VAN DER VEEN R. « Equality of talent Resources; Procedures or Outcomes », *Ethics*, 113 (2002), p. 55-81.

VAN INWAGEN, P. « Ability and Responsibility », *in* J. M. Fisher, (éd.) *Free Will. Critical Concepts in Philosophy*, vol. III, p. 260-279.

VAN PARIJS, P. *Real Freedom for all. What (if Anything) can Justify Capitalism?* Oxford, (1995).

VARIAN, H. « Dworkin on Equality of Resources », *Economics and Philosophy*, 1, (1985) p. 110-121.

WALDRON, J. *Law and Disagreement*, Oxford, (1999).

WALLACE, R. J. *Responsibility and the Moral Sentiments*, Harvard, (1994).

WALZER, M. *Spheres of Justice, A Defence of Pluralism and Equality*, New York (1983).

WATSON, G. « Reason and Responsibility », *Ethics*, vol. 111 (2001) p. 374-394.

– « Soft Libertarianism and Hard Compatibilism », *Journal of Ethics*, 3, (1999) p. 351-365.

– *Agency and Answerability*, Oxford (2004).

WHITE, S. *Equality*, Londres (2007).

– « Is Conditionality Illiberal », *in* L. Mead and C. Beems (éds.) *Welfare Reform and Political Theory*, Russell Sage Foundation, New York, (2005).

– « Is Conditionality Unfair? » *in* P. Collins and A. Rossiter (éds.), *On condition*, Social Market Foundation, (2004).

– *The Civic Minimum, The Rights and Obligations of Economic Citizenship*, Oxford, (2003).

– « Universal Capital Grants; The Issue of Responsible Use » *in* W. Paxton and S. White (éds.) *The Citizen's Stake: Exploring the Future of Universal Assets Politics*, Polity Press, Bristol, (2006).

WILLIAMS, B. *Moral Luck*, Cambridge (1981)

WOLF, S. *Freedom within Reason*, Oxford (1990).

WOLFF, J. « Fairness, Respect and the Egalitarian Ethos », *Philosophy and Public Affairs*, 27/2 (1998), p. 97-122.

TABLE DES MATIÈRES

DEUXIÈME PARTIE

CRITIQUE DE L'« INTUITION ÉGALITARISTE FONDAMENTALE » SELON LAQUELLE NUL NE DEVRAIT SUBIR UN DÉSAVANTAGE DU FAIT DU HASARD OU SANS FAUTE DE SA PART

Achevé d'imprimer en juillet 2024 sur les presses de
La Manufacture - *Imprimeur* – 52200 Langres – Tél. : (33) 325 845 892
Imprimé en France – N° : 240616 – Dépôt légal : novembre 2008